大事如皋

CHRONICLE OF EVENTS IN RUGAO

江苏省如皋市档案馆 编

2023

方志出版社
Publishing House of Local Records

图书在版编目(CIP)数据

大事如皋. 2023 / 江苏省如皋市档案馆编. —北京：方志出版社，2024.8 —ISBN 978-7-5144-6288-3

Ⅰ. K295.34

中国国家版本馆 CIP 数据核字第 2024FJ9180 号

责任编辑：李晓晓
责任校对：张玉霞
责任印制：梅中英
出 版 者：方志出版社
地　　址：北京市朝阳区潘家园东里 9 号（国家方志馆 4 层）
邮　　编：100021
网　　址：http://www.zgfzcb.cn
发　　行：方志出版社图书营销中心（010-67110500）
印　　刷：南通彩虹印刷有限责任公司
开　　本：889 毫米×1194 毫米　1/16
印　　张：18
字　　数：566 千字
版　　次：2024 年 8 月第 1 版
印　　次：2024 年 8 月第 1 次印刷
定　　价：300.00 元

《大事如皋(2023)》编纂委员会

2023年“记忆如皋——桥”摄影作品征集活动获奖作品

如皋古邑双河环绕，水绘全城，如皋的桥，每一座都是一片风景。无论是古朴的砖木桥，厚重的石板桥，还是现代的钢筋水泥桥，都体现着如皋特有的风土人情，充分展示了如皋深厚的历史文化底蕴。2023年，如皋市档案馆组织开展“记忆如皋——桥”摄影作品征集活动，并邀请专家进行评审，共评出获奖作品83幅(组)，其中一等奖3名、二等奖10名、三等奖20名、优秀奖50名。现将获一、二、三等奖作品集中进行展示，以飨读者。

一等奖作品

《八桥通达小康路》

(张宝生　摄)

《惠政路桥》　　(陈　果　摄)

《龙游河大桥》　　(吴树建　摄)

二等奖作品

《如皋长江大桥》　　　（李修定　摄）

《白蒲镇绘春园百岁桥》　　　（李漪程　摄）

《倒影十字桥》　　　（宗周祥　摄）

《古城桥韵》　　　（顾小军　摄）

《龙池港北桥春光》　　（王海松　摄）

《龙游连城河桥（组图）》　（王舒华　摄）

《宏坝河五孔桥》　　（王玉华　摄）

《五彩斑斓仙鹤桥》　　（孙　琴　摄）

《长青沙十七拱桥春光美》　　(李美英　摄)

《雉水游龙(龙游河彩虹桥)》　　(陈正祥　摄)

三等奖作品

《惠政路桥夜景》　　　(陈邦林　摄)

《晨(水绘园明代石桥延庆桥)》　　　(孙洁彬　摄)

《北门大桥夜色》　　(张艳霞　摄)

《观风夜色(龙游河与外城河交汇处廊桥)》　　(孙宗宜　摄)

《海阳大桥》 (张　翎　摄)

《薛窑大桥》 (朱玉霞　摄)

《宏坝河景观廊桥》　　(陈邦林　摄)

《久隆闸桥》　　(薛　冯　摄)

《水绘园水明桥》　　(刘为民　摄)

《水绘园东北角廊桥》　　(王　燕　摄)

《通仓桥》　　　（陈　杨　摄）

《万绿丛中一点红(水绘园三拱桥)》　　　（陈圣银　摄）

《益人桥的故事》　　（沙　欧　摄）

《水绘园逸桥》　　（朱小楠　摄）

《迎春桥》 （余萍芳 摄）

《赵庄桥》 （唐永杨 摄）

《白蒲镇文昌桥》　　(李晓南　摄)

《燕桥(草行头桥)旧影(1986年改建,现已重建)》　　(康　健　摄)

《健康桥旧影(2005 年改建,现已重建)》　　(夏宇欣　摄)

《农桥新貌(丁堰镇北沙桥)》　　(宗位泽　摄)

序

岁月不居，时节如流。2023年，外部环境复杂严峻，压力挑战超出预期。如皋市全市上下再吹攻坚“冲锋号”，做好发展“必答题”，在新时代的大考中，交出了一份满意答卷。坚持稳中求进，砥砺前行，以习近平新时代中国特色社会主义思想为指导，笃学笃行，唯实唯勤，如皋在全国综合实力百强县(市)名单、全国科技创新百强县(市)名单中分别位居第19位和第10位，“强富美高”新如皋现代化建设步伐铿锵有力。如皋，在长江三角洲城市集群的百花园中灼灼其华。

如皋如画。这里离长江近，离黄海近，离远古文明的源头更近。距离中国式现代化如皋新实践律动音符最近的，是摄影爱好者全神贯注的聚焦成像。景深大，直抵春秋时期海滨苇荡的曦曦晨光；广角宽，在1470平方千米东皋大地起幅落幅。推拉摇移间，尽显创新之魂、文化之韵、生态之美。

水含笑，风含情。如皋，因水而名，逐水而生，循水而美，依水而兴。长江、龙游河的浪涛，古寺、石桥的敦朴，长巷、老街的深邃，盆景、花圃的芬芳，都是微笑之城如皋的“表情包”，是中国最具幸福感城市如皋最真诚坦荡的“写真”。

如皋如歌。瞩目宜居宜业地，寻踪逐梦圆梦城，触摸江苏历史文化名城的经络脉搏，追踪华东红色革命摇篮的星光火焰，聚焦中国花木盆景之都的俊秀葳蕤，溯源世界长寿养生福地的根魂精髓，镌刻建设“强富美高”新如皋的铿锵足迹，定格全国文明城市的卓然风采。城乡融合的如皋“脸谱”俊美，城市品质提升、全面乡村振兴、全域生态建设稳步推进。

纵笔挥写尽锦章，古韵新风满庭芳。张靖皋长江大桥、北沿江高铁建设方兴未艾，通皋大道二期、S226等工程有条不紊。获评省生态文明建设示范区，焦港幸福河湖建设通过国家级复核评估，入选国家创新型县市建设名单，“美丽如皋”的魅力指数满格，全国文明城市建设常态长效，国家历史文化名城创建渐入佳境，群众安全感满意度连续三年稳居No.1。

图文并茂，包罗万象。《大事如皋（2023）》脉络分明，卷首彩页先声夺人。“关怀指导”中，领导褒奖的话语里满是殷殷期盼；“热点聚焦”里，全市重大事件中尽是吸睛指数；“新闻人物”担纲重任；“发展成就”月异日新；“荣誉先进”各领风骚；“组织机构”职责分明；“要文选录”提纲挈领；“大事记”涓滴不漏。一部概述如皋的年度“史记”，密密匝匝地留下勠力同心的跋涉足迹！

用奋斗解题，以实干兴业。弘扬治沙优良传统，大力提振“四敢”精神，加快谱写中国式现代化如皋新篇章，加速建成国家历史文化名城。使命在肩，目标在前，142万如皋人民正迈着矫健的步伐，潇洒走秀长江三角洲的T台。

一切过往皆为序，唯有拼搏续华章。欣逢太平盛世，恰在追梦路上。今天的纪实文字，是明天的历史。感恩时代，镜像留存；再创新高，文字作证！

风雅地，五色土，长寿乡，如意城！镜头、手机、键盘、画笔准备就位，期待定格、镌刻属于2024的精彩！

编　者

2024年5月

编 辑 说 明

一、《大事如皋》以马克思列宁主义、毛泽东思想、邓小平理论、“三个代表”重要思想、科学发展观、习近平新时代中国特色社会主义思想为指导，坚持辩证唯物主义和历史唯物主义的立场、观点和方法，力求全面、系统、真实地逐年记录如皋市自然、政治、经济、文化、社会和生态文明建设等方面情况，旨在充分发挥存史、资政、育人功能，为各级领导决策提供依据，为如皋经济社会发展服务，为各界人士了解和研究如皋提供翔实、准确的信息。

二、《大事如皋(2023)》记录和反映如皋市2023年度全市范围内发生的大事、要事、新事，以图文并茂的形式记述市委、市政府的重要工作、重大活动和重大政策、各部门的重大活动、各界人士关注的重大事件、与人民群众生活密切相关的重大项目，记录成就，展示风貌，保存史料。个别内容为保持事物完整性，适当上溯或下延。

三、本书资料主要源于当年度如皋市级官方媒体，兼采用市各有关单位补充供稿。

四、全书设卷首彩页，以及关怀指导、热点聚焦、新闻人物、发展成就、荣誉先进、组织机构、要文选录、大事记8个部类。

关怀指导 主要记录和反映重要领导以及社会重要人物在如皋的活动情况。

热点聚焦 选取全市2023年事关全局、有广泛和长远影响的大事、要事、特事，重点加以记述。

新闻人物 简要介绍2023年度作出重大贡献、获得全国性表彰、取得突出成就，或产生重大影响，或担任重要职务的市内外如皋籍人士，以及在如皋工作的非如皋籍人士的重大成就、重要事迹、重要活动。

发展成就 记录和展示全市2023年经济社会发展所取得的重大成就和亮点,记述市委、市政府确定的为民办实事项目的落实情况。

荣誉先进 选录获得国家级、省部级、南通市级和如皋市级奖励和荣誉称号的人物、成果、活动等,以时间为序进行记述。

组织机构 反映2023年度新进市领导履历、全市组织机构设置和四套班子、各单位各部门2023年度在职的正、副职负责人员名录。2023年度职务有变动的,则注明任职、免职时间。

要文选录 选录市委、市政府重要专题报告和相关部门的情况公报。

大事记 按时间顺序逐条记载2023年如皋经济、政治、军事、文化、社会、生态文明等方面的情况、部门工作动态、重大活动和事(案)件等。

五、数字用法、标点符号用法分别采用国家标准《出版物上数字用法》(GB/T 15835—2011)、《标点符号用法》(GB/T 15834—2011),计量单位采用国家技术监督局1993年12月发布的《量和单位》系列国家标准。

六、本书大事记所记大事按发生时间,一事一记,分条目编写。同一天有两条及以上大事条目,首条前写日期,以后各条用"△"标示。具体时间不详的大事,列当月或当年最后。

目 录

■关怀指导

■热点聚焦

重要会议

大事如皋 2023

重大活动

重要事件

重大项目

重要成果

■新闻人物

劳模典范

行业精英

■发展成就

■荣誉先进

■组织机构

■要文选录

重要讲话

政府工作报告

部门公报

■大事记

关怀指导

全国人大常委会委员、全国人大外事委员会副主任委员郭雷到如皋考察调研

6月15日，全国人大常委会委员、全国人大外事委员会副主任委员郭雷率队到如皋考察调研。江苏省人大民宗侨外委主任委员李国华、南通市人大常委会副主任姜永华以及如皋市人大常委会领导司祝建、张百璘参加考察。

郭雷一行实地考察梦百合家居科技股份有限公司，对该公司涉外情况进行专题调研。

市人大常委会主任司祝建介绍如皋市经济社会发展情况和人大特色亮点工作。一直以来，如皋市一体化推进"产业兴市、创新强市、生态立市"三大战略，高质量打造南通跨江融合发展样板区，以多链融合推动产业转型、以全面协同激活创新动能、以专业园区强化发展支撑、以优质生态装扮城市特色、以系统思维共建美好生活，综合实力稳步提升、创新动能持续迸发、城乡融合展现新貌、民生福祉不断殷实，2022年县域经济综合实力成功跻身全国百强县(市)第19位，位居全国科技创新百强县(市)第12位，经济社会保持良好发展态势。如皋市人大常委会以建设忠诚人大、担当人大、奋进人大、民主人大、硬朗人大"五型人大"为抓手，踔厉奋发，创新创优，全面推动人大工作迈上新台阶，有力助推如皋市经济社会高质量发展。

在听取相关工作情况汇报后，郭雷对如皋市在产业发展、科技创新等方面的做法点赞，并对如皋市人大常委会担当作为取得的成效给予肯定。他表示，如皋正处于飞速发展的阶段，此次到如皋考察调研，深刻感受到如皋经济社会发展的显著成就和良好态势，希望如皋更好地融入新发展格局，奋力推动高质量发展走深走实走远。

住房和城乡建设部总经济师、中国城市规划学会理事长杨保军调研如皋历史文化保护传承工作

8月27日至29日，住房和城乡建设部总经济师、中国城市规划学会理事长杨保军带队到如皋调研历史文化保护传承工作。中国城市规划学会常务副理事长兼秘书长石楠，江苏省住房和城乡建设厅厅长王学锋，省住房和城乡建设厅副厅长金文，南通市住房和城乡建设局党组书记、局长王开亮，何益军、王鸣昊、司祝建、张元健、丁兴华等如皋市四套班子领导参加活动。

在如皋历史文化名城保护工作汇报会上，市委书记何益军在致辞时说，千年的文化积淀和宜人的自然环境，造就了如皋"江苏历史文化名城、华东红色革命摇篮、中国花木盆景之都、世界长寿养生福地"的美誉。希望与会领导专家对如皋历史文化价值进行深入挖掘、为相关工作出谋划策，如皋市将认真梳理、充分借鉴，让古城"活起来"，持续提升群众生活品质。

副市长崔建村汇报如皋历史文化名城保护工作。一直以来，如皋市以申报国家历史文化名城为主要抓手，带领全市干群建设更具历史底蕴和文化厚度的文明城市，进一步激发人民群众的文化自信和

城市自豪。

王学锋在讲话时要求，如皋要以此次活动为契机，进一步摸清历史文化资源、总结提炼历史文化价值，并结合经济发展、城市建设、人居环境改善等发展实际，保护好、传承好、发展好历史文化，打造可复制、可推广的典型案例。省住建厅也将继续支持如皋申报国家历史文化名城，全力做好相关指导、推动、组织工作，助力如皋经济社会发展、城市品质提升。

8月27日，住房和城乡建设部总经济师、中国城市规划学会理事长杨保军（右一）带队实地调研东大街历史文化街区

（汤乾玮　摄）

会上，相关单位分别汇报《如皋历史文化名城保护规划（2021—2035）》编制工作以及历史文化片区保护规划项目。

在随后的历史文化保护与传承研讨会上，来自住房和城乡建设部、中国城市规划学会、中国城市规划设计研究院、清华大学等相关部门和单位的专家学者，围绕“突出价值特点、价值的分析提炼、与时俱进落实历史文化名城制度”等主题，为如皋市提供了一批具有前瞻性、可操作性的意见建议。

杨保军在讲话时指出，在历史文化保护方面，如皋资源丰富、领导重视、基础扎实，相关工作值得肯定。他希望，如皋要在新的高度谋划推动工作，从国家层面整体系统地看待如皋的历史文化价值，从延续性、唯一性、独特性等维度深入发掘价值，以精准的文字表达揭示价值，让历史文化更加可观可感。要做好新时代历史文化名城保护利用，积极借鉴先进经验，扎实推进资源普查、要素配置、建章立制、社会动员等方面的工作，全面提高群众知晓度和参与度，让更多有情感、有故事、有价值的历史文化重现，让历史文化发挥更多新的作用。

为深入学习贯彻习近平总书记在文化传承发展座谈会上的重要讲话精神，杨保军还应邀为如皋市委理论学习中心组作题为《和合共生　守正创新——高质量推进城乡历史文化保护传承》的辅导报告，从充分认识保护传承工作的重要意义，守好保护底线、做到系统完整保护，以用促保、充分发挥遗产使用价值等方面，分享了他在历史文化名城保护方面的研究成果和思考，并紧密联系如皋发展实际、工作实际，解答相关问题。

就之后的工作开展，何益军表示，全市上下要提高站位，深化认识，全面掌握历史文化保护传承工作新态势；要突出重点、精准施策，推动历史文化保护传承工作再上新台阶；要落实责任、细化任务，全力开创历史文化保护传承工作新局面。

在如皋期间，杨保军一行实地调研水绘园风景区、东大街历史文化街区、中山路钟楼、华夏电影展示馆、白蒲镇“市大街”等处，与如皋市有关部门进行交流，为如皋市保护和传承好历史文化，加快申报国家历史文化名城指明方向、拓宽思路。

国家文物局党组成员、副局长罗文利到如皋调研

12月13日，国家文物局党组成员、副局长罗文利（左二）在李昌钰刑侦科学博物馆调研　　（汤乾玮　摄）

12月13日，国家文物局党组成员、副局长罗文利带队到如皋调研如皋国家历史文化名城申报和博物馆高质量发展工作。国家文物局博物馆与社会文物司司长刘洋，南通市委常委、宣传部部长、市政府副市长陈冬梅，国际著名刑侦鉴识专家、李昌钰鉴识科学研究中心创始人李昌钰博士，如皋市领导何益军、王鸣昊、张元健、张炜龙、崔建村参加活动。

罗文利一行在李昌钰博士的引导下，详细参观李昌钰刑侦科学博物馆内各个展区，全面了解法庭科学知识体系、国内外前沿刑侦技术研究成果、世界刑侦（法庭）科学的发展历史等内容。作为全球首家刑侦科学类博物馆，李昌钰刑侦科学博物馆以李昌钰博士捐赠的藏品和其他专家学者捐献的展品为载体，以法庭科学发展史为索引，将法庭科学专业知识和李昌钰博士的经验总结贯穿始终，着力打造具有里程碑意义的公共教育平台。

市委书记何益军在交流时表示，如皋一如既往地支持李昌钰刑侦科学博物馆的各项建设工作，努力将其打造成司法刑侦鉴识科学公共教育和国际司法警政交流平台。同时，他希望各位专家多为博物馆的建设出谋划策，不断优化提升博物馆策展水平和服务能力，努力让观众在舒适、休闲的环境下，更好地读懂展览，同时满足专业人士和普通观众对刑侦科学知识的需求，为大众提供一个高质量的学习交流平台。

陈冬梅表示，南通将积极支持李昌钰刑侦科学博物馆的建设发展，助力将其打造成中小学校外培训基地，通过正向引导的形式，展示有关犯罪的刑侦活动、法庭科学等内容，建设一座面向青少年参观群体的正能量博物馆；助力将其打造成刑侦文化展示的窗口，深化国际警务交流合作，不断推动刑侦科学理论发展和技术进步；助力将其打造成国际文化交流的窗口，建设世界刑侦鉴识科学的重要公共教育平台，为培养专业刑侦鉴识人才、国际特色文化交流活动提供广阔天地。

罗文利对李昌钰博士支持家乡发展、博物馆建设作出的努力表示感谢。他表示，国家文物局将全力支持李昌钰刑侦科学博物馆的建设发展。他希望，博物馆要聚焦文化底蕴挖掘、服务设施建设等方面开展各项工作，切实提高公共服务水平和影响力；要讲清楚刑侦学发展历史，借助李昌钰博士的经验总结和生动案例，向青少年传递刑侦科学概念，培养青少年思辨能力；要科学策划展览主题，让当前先进的鉴识科学技术与中国灿烂悠久的历史文化相结合，在全世界博物馆舞台上迸发出美丽的“火花”。

随后，罗文利一行还实地参观如皋市博物馆、中山钟楼、水绘园风景区、东大街历史文化街区、如皋丝毯艺术博物馆等处，对如皋市国家历史文化名城申报和文物保护工作进行现场调研指导。罗文利

对如皋市历史文化保护工作给予肯定。他希望，如皋要保护好城市历史文化遗存，守住城市的“根”和“魂”，不断延续城市文脉；要盘活用好历史文化资源，讲好讲透如皋的历史文化故事，切实推动历史文化资源在保护传承中实现创新发展。

江苏省副省长徐缨调研如皋教育工作

3 月 10 日，江苏省政府副省长徐缨带队到如皋调研教育工作。省教育厅副厅长、党组成员，省委教育工委委员顾月华，如皋市领导何益军、许敬乔、顾凡参加活动。

在如皋师范学校附属小学，徐缨一行参观大成殿、功正书屋、沙氏百草园等处，详细了解学校发展历程、办学特色、延时服务、学生作业负担等方面内容，仔细询问学校“双减”工作推进情况，并叮嘱学校负责人要持续强化素质教育，丰富课后服务内容，尽可能多给学生提供多元化的成长路径和成长方式，多措并举促进学生全面发展、健康成长。

3 月 10 日，江苏省政府副省长徐缨（中）带队调研如皋教育工作（汤乾玮　摄）

一直以来，如皋市坚持突出教育优先发展战略地位，以推动高质量发展为主题，以改革创新为动力，以办好人民满意的教育为宗旨，积极推动城区教育均衡走向全域教育均衡，义务教育优质均衡走向全阶优质均衡，全面建设“全域均衡、全阶优质、全面发展”的“高质量教育样板城市”。自“双减”实施以来，如皋市把“双减”工作纳入优质均衡发展和现代化教育体系建设的整体布局进行课化，全市各义务教育学校严格落实国家、省市“双减”要求，从实际出发，强化组织保障，健全体制机制，创新工作思路，优化教育服务，切实提升学校育人水平。

徐缨对如皋市教育工作取得的实效表示肯定。她指出，教育是国之大计、党之大计，一头系着国运，一头连着民生。要深入学习贯彻党的二十大精神，以“办好人民满意的教育”为目标追求，积极落实立德树人根本任务，全力聚焦教育热点难点，用心用情用力，努力把青少年培养成为中国特色社会主义的建设者和接班人；要提高育人质量，强化培根铸魂，善于从五千年中华传统文化中汲取优秀的东西，真正把青少年培养成为拥有“四个自信”的孩子；要更新工作理念，拓宽工作思路，积极推动高效课堂建设，不断提高教师教育教学水平，传承优良教学传统，创新人才培养模式，满足学生个性化、差别化、实践性学习需求；要提高协同水平，以开放的思维，协力推进家庭、社会、学校共同管理教育，努力为学生构建和谐、健康、稳定、有序的成长环境。

市委书记何益军表示，如皋将继续锚定“打造‘高质量教育县域样板、长三角北翼教育名城’”目标不放松，以立德树人为根本，以学生的全面发展为重点，以“双减、四创、一高地、人民满意”为核心，持续打造"南通第一、江苏一流、全国知名"的"教育如皋"品牌,全力创建高质量教育样板城市,让每一个孩子都能因教育而精彩。

江苏省委组织部副部长、省委编办主任李伟调研如皋经济发达镇改革情况

3月7日,省委组织部副部长、省委编办主任李伟带队到如皋调研经济发达镇改革情况。南通市委常委、组织部部长封春晴,南通市委组织部副部长、市委编办主任奚荣华,如皋市领导何益军、朱莹滢参加活动。

在长江镇镇域治理现代化指挥中心,调研组听取平台建设情况的汇报,详细了解平台内化工园区智慧监管、长江大保护智能化"护江盾"等特色应用场景运行细节。李伟对平台的信息高度集成、事件高效流转、工作全流程闭环表示肯定,指出智慧平台的搭建有助于第一时间发现、处置各类问题,有力解决基层治理中的难点、堵点问题,较好地实现综合指挥中心与企业控制中心的联通互动,有效激发经济发达镇的发展活力。他希望,长江镇继续深化"大数据+指挥中心+N"的治理模式,进一步开发个性化实战应用,不断丰富指挥中心治理手段,持续提升治理精细化、智能化水平,推动基层治理现代化水平向更高层次迈进。

"长江镇便民服务中心的端口有多少?""高频审批服务事项有多少?"在长江镇便民服务中心,李伟实地了解长江镇自"放管服"改革以来,在推进"政务服务一窗口""一枚印章管审批""重大项目绿色通道""不见面审批服务"等方面的举措成效。李伟希望,长江镇要深入推进审批服务便民化改革,不断创新服务方式,为群众"量身定制"预约服务、延时服务、集中办理服务等,化解群众办事难点堵点,推进放权赋能提质增效,不断提升企业群众的满意度和获得感。

李伟对如皋市经济发达镇改革工作给予肯定。他表示,长江镇在坚持加强党的全面领导基础上,持续深化"审批服务一窗口、综合执法一队伍、基层治理一网格、指挥调度一中心"的基层治理模式,"接好""用活"赋权事项,探索出一条行之有效的特色路径。就下一阶段推进经济发达镇改革工作,李伟强调,要进一步优化基层体制机制,完善配套支持政策,围绕"高质量发展、高效能治理、高品质生活"的目标,激发经济发达镇发展内生动力,提升社会治理效能。

江苏省住建厅厅长王学锋调研如皋住房和城乡建设工作

6月16日,江苏省住建厅厅长王学锋率队到如皋调研住房和城乡建设工作。如皋市领导王鸣昊、张元健、顾留忠、崔建村参加活动。

王学锋一行先后实地走访宏坝河及花港片区城市更新项目现场、如皋市水务集团有限公司、江苏江中集团有限公司、城北街道平园池村等处，详细了解如皋市在城市建设、城市供排水安全、建筑业发展、特色田园乡村建设等方面的工作情况。

座谈会上，市委副书记、市长王鸣昊表示，如皋市以城建体制机制改革为支撑，持续激发城市发展动能，从体制机制、流程再造、统筹协调等方面入手，深度融合住建、规划、城管、财政等部门职责职能，以“绣花”功夫推动城建工作高质量发展；以国家历史文化名城申报为抓手，持续厚植城市文化底蕴，结合城市建设、全域旅游文化，不断提升城市品位，持续推进国家历史文化名城申报工作走深走实；以建筑业风险化解为目标，持续推动建筑业健康发展，加大建筑业担保链风险化解力度，接续出台相关激励政策，全力以赴推动建筑业高质量发展、行稳致远。市住建局主要负责人汇报近年来住建工作情况。

王学锋对如皋市住建工作取得的成绩给予肯定。就做好下一阶段住建工作，她要求，在国家历史文化名城申报工作方面，要做好历史文化价值的挖掘，建立完善机制，稳妥推进各项行动；在城乡建设方面，要在高标准高质量上做文章，不断提升如皋的城乡人居环境、空间品质；在发展工作方面，要围绕房地产和建筑业两大行业多加思考，对头部企业在金融支持上进一步加力，在行业转型上进一步加强指导，在其他要素支撑上进一步加强统筹协调；在安全生产工作方面，要重点抓好既有建筑、自建房安全，充分发挥乡镇网格化作用，强化信息化平台建设和数字化监管，为全省住房城乡建设工作迈上新台阶提供更多新路径、创造更多新经验。

江苏省人大常委会副主任、省总工会主席魏国强到如皋调研

12月6日，江苏省人大常委会副主任、省总工会主席魏国强一行到如皋调研。南通市人大常委会副主任、南通市总工会主席葛玉琴，南通市总工会党组书记、副主席葛志娟，如皋市委副书记、市长王鸣昊，市人大常委会主任司祝建参加活动。

魏国强一行实地踏勘如皋市老工人文化宫以及汽车客运站、龙游河三期西岸、龙游湖时尚街区等处，就如皋市新工人文化宫意向性选址进行走访调研，并现场给予指导。

如皋市新工人文化宫项目拟分为职工综合服务、职工教育培训、职工文化阅读、职工休闲健身四大功能区，包括游泳馆、舞蹈馆、健身房、棋牌活动室、图书馆、电子阅览室、工人影剧院等文体活动场所以及职工技能培训场所、附属配套设施、停车场、景观绿化设施等。

一直以来，如皋市以增强工会工作政治性、先进性、群众性为主线，发挥工会作为广大职工群众“娘家人”的作用，大力实施“工会在身边”系列活动，持续开展形式多样的关爱活动，不断延伸服务触角、优化服务措施，竭尽全力为职工群众办实事、做好事、解难事，全面提升全市职工群众的生活品质，让广大职工群众感受到工会“娘家人”的贴心关怀。如皋市将致力于把新工人文化宫建成集“职工服务、教育培训、文化阅读、文艺会演、休闲健身”于一体的现代时尚的城市文化综合体，以及具有丰富室内外空间与场所、多层次广场与平台，且开放亲民的城市客厅。

调研中，魏国强对如皋市工会工作开展情况给予肯定。就如皋市新工人文化宫项目推进，魏国强指出，工人文化宫项目是惠及广大职工群众、提升城市品质的重要工程，要突出特色，把握公益性、文

化性、服务性方向；要科学规划，打造具有社会影响力的职工乐园；要明确定位，切实提高职工群众的获得感与幸福感。

南通市政协主席黄巍东率队到如皋调研

8月4日，南通市政协主席黄巍东(前排右二)率队到如皋调研活动现场　　(尤振宇　摄)

8月4日，南通市政协主席黄巍东率队到如皋，围绕“丰富有事好商量协商议事制度化实践　走好新时代群众路线”开展专题调研。如皋市领导何益军、张元健、张亚鸾、陈小燕参加活动。

黄巍东一行先后实地调研长江镇“章艾华委员工作室”、长江镇“有事好商量”协商议事室、市政协经济界委员（二）组活动室、城北街道平园池村等处，听取政协委员密切联系界别群众，助力生态环境建设、经济发展、基层治理等方面的工作介绍；了解基层政协依托有事好商量协商议事平台，倾力打造协商品牌，解决要事实事难事的创新举措和实际成效；调研有事好商量赋能民主监督，助力社会主义新农村建设的典型案例和特色做法。

黄巍东指出，如皋推动有事好商量工作出新意、有成效，带动委员联系界别群众工作水平不断提升，推动融合式人民民主监督新机制日臻完善，助力解决党政关注的要事、民生改善的实事、社会治理的难事，走出协商民主的新路子，形成基层民主的新格局，为打造南通有事好商量升级版、完善委员联系界别群众机制和民主监督制度提供新经验、好范本。他要求，要夯实党委领导，聚焦党政关注的重点，围绕污染防治、经济转型等工作开展协商议事，当好党委、政府的“好帮手”；要发挥委员主体作用，用好协商议事这个联系界别群众的载体和沟通群众的窗口，努力成为本职工作的模范、政协工作的先锋、界别群众的代表，当好人民群众的“连心桥”；要不断丰富有事好商量协商议事制度化实践，形成一套规范的制度机制，在基层广泛推行，形成行之有效的制度化实践，积极调动老百姓的主人翁意识，让老百姓主动融入生态环境治理中；要打好民主监督“组合拳”，推动协商议事成果落实落细，切实转化为民主监督的实招硬招和基层治理的实际成效，努力创造协商议政、委员履职、民主监督贯通融合整体联动的工作新局面。

调研中，市委书记何益军表示，如皋市将以该次调研活动为契机，深入贯彻落实党的二十大关于加强人民政协民主监督的新部署新要求，努力使民主监督在助推市委、市政府决策部署和民生改善中发挥更大作用，推动有事好商量工作再上新台阶。

南通市委书记吴新明率队到如皋调研

11月29日，南通市委书记吴新明（右二）在南通斯密特森光电科技有限公司调研　　（如皋市委办公室　提供）

11月29日，南通市委书记吴新明率队到如皋调研，他强调，要深入学习贯彻习近平总书记对江苏工作重要讲话精神，坚定扛起使命担当，完整、准确、全面贯彻新发展理念，聚焦产业发展，强化创新驱动，锚定各项目标任务，真抓实干，奋勇争先，为南通实现高质量发展作出更大贡献。如皋市市委书记何益军陪同调研。

梦百合家居科技股份有限公司是一家专业从事功能性记忆棉研发、生产、销售的国家高新技术企业，营销网络遍布世界各地。“市场销量怎么样？”“产品的优点是什么？”吴新明与企业负责人深入交流，详细询问企业面临的市场环境和生产经营情况，他说，梦百合家居在塑造新产品上的成效令人耳目一新，科技创新是开辟新赛道、激活新动能的关键所在，希望企业瞄准市场需求，积极抢抓“双十二”销售的“黄金期”，力争再创新高。

南通超达装备股份有限公司是国内为数不多的能够实施全流程制造及服务的汽车内外饰模具企业，企业坚持产品和技术的持续创新，已经获得百余件有效专利。吴新明到企业的生产车间，察看产品的研发、生产流程，希望企业积极抢抓新能源汽车发展新机遇，加强与各类车企合作，进一步增强研发设计能力，不断提高产品附加值。

南通海泰科特精密材料有限公司专业从事高端汽车零部件、特种发动机零部件的研发生产，2023年1—11月应税销售同比增长22%。吴新明与技术人员交流生产工艺，认真听取企业产品应用、市场前景等情况，他对企业在技术研发、市场拓展、应用服务等方面取得的成果表示肯定，勉励企业坚定发展信心，持续加大科技研发投入，紧盯技术前沿信息，加快抢占更大发展机遇。

南通斯密特森光电科技有限公司的产品广泛用于天文学、户外旅游观测天文景象和天体拍摄、航天等重要行业和领域，市场占有率很高。吴新明详细了解企业运营模式和技术优势，叮嘱如皋市和相关部门要多关心支持企业，及时了解企业诉求，以更加优质精准的服务，为企业生产经营和高效运转提供有力保障。

调研中，吴新明详细了解如皋市经济社会发展状况，他强调，如皋市要在产业培育、科技创新、平台打造等方面加强与上海、苏南协同对接，积极招引更多优质项目，汇聚更多顶尖人才。要进一步强化服务意识，出台更具操作性和引导性的政策措施，持续加大对科技型企业的扶持力度，着力营造更好的营商环境和创新氛围。要加压奋进、真抓实干，聚力冲刺全年目标任务，科学谋划2024年工作，高效统筹发展和安全，努力为南通高质量发展大局勇挑重担、多作贡献。

热点聚焦

中国人民政治协商会议如皋市第十五届委员会第二次会议召开

1月10日，中国人民政治协商会议如皋市第十五届委员会第二次会议在市行政中心礼堂开幕　　（邱宇　摄）

1月10—12日，中国人民政治协商会议如皋市第十五届委员会第二次会议在市行政中心礼堂召开。来自全市各行各业的市政协委员履行政治协商、民主监督、参政议政职能，为如皋市“高质量建设南通跨江融合发展样板区”“全面推进中国式现代化如皋新实践”建言献策。

市委书记何益军代表中共如皋市委向大会的召开表示热烈的祝贺，并发表题为《发挥独特优势，彰显为民情怀，为书写好中国式现代化如皋答卷担当作为》的讲话。市政协主席张元健代表政协如皋市第十五届委员会常务委员会向大会作工作报告，并致闭幕词。市政协副主席张亚鸾向大会报告市政协十五届一次会议以来提案工作情况。

2023年，共提交提案477件，经审查，立案386件，交由67家承办单位办理，提案办复率100%。在386件提案中，所提问题已经解决或相关建议已被采纳363件，占94%；列入2023年或后期办理计划16件，占4.2%；所提问题留作参考或因客观原因暂不能解决7件，占1.8%。委员对提案办理结果满意率和基本满意率达100%。

会议通过大会《选举办法》，李小军当选为市政协十五届委员会常委。会议通报政协如皋市第十五届委员会第二次会议提案审查情况，并一致通过《中国人民政治协商会议如皋市第十五届委员会第二次会议决议》。

如皋市第十八届人民代表大会第二次会议召开

1月11—13日，如皋市第十八届人民代表大会第二次会议在市行政中心礼堂召开。来自全市各行各业的人大代表，肩负着全市人民的重托，发扬人民当家作主的精神，积极履行宪法赋予的神圣职责和使命，以高度的政治责任感和饱满的履职热情出席大会。

1月11日，如皋市第十八届人民代表大会第二次会议开幕现场

（邱宇　摄）

此次大会开、闭幕式应到代表420名，实到代表分别为385名、367名，符合法定人数。大会执行主席、主席团常务主席司祝建主持开幕式，大会执行主席、主席团常务主席刘晓洁主持闭幕式。

市委副书记、市长王鸣昊向大会作政府工作报告。王鸣昊在报告中总结回顾如皋市2022年各项工作，并指出，2023年是全面贯彻落实党的二十大精神的开局之年，也是“十四五”规划承前启后的关键一年。走好新征程，我们必须保持奋发有为的精神状态，步调一致、勇毅前行；走好新征程，我们必须抢抓大有可为的难得机遇，应势而谋、乘势而上；走好新征程，我们必须锤炼善作善为的过硬本领，直面挑战、从容应战；走好新征程，我们必须展现事在人为的实十担当，敢于斗争、赢得未来。

2023年政府工作的指导思想是：坚持以习近平新时代中国特色社会主义思想为指导，全面贯彻党的二十大以及中央、省委经济工作会议精神，坚持稳中求进工作总基调，完整准确全面贯彻新发展理念，主动服务和融入新发展格局，更好统筹疫情防控和经济社会发展，更好统筹发展和安全，着力推动高质量发展，持续保障改善民生，维护社会大局稳定，高质量建设南通跨江融合发展样板区，推动中国式现代化如皋新实践开好局起好步。

会议通过《如皋市人民代表大会议事规则》《关于如皋市人民政府工作报告的决议》《关于如皋市2022年国民经济和社会发展计划执行情况与2023年国民经济和社会发展计划的决议》《关于如皋市2022年财政预算执行情况和2023年财政预算的决议》《关于如皋市人大常委会工作报告的决议》《关于如皋市人民法院工作报告的决议》《关于如皋市人民检察院工作报告的决议》。

中国共产党如皋市第十三届纪律检查委员会第三次全体(扩大)会议举行

2月16日,中国共产党如皋市第十三届纪律检查委员会第三次全体(扩大)会议现场　　(汤乾玮　摄)

2月16日,中国共产党如皋市第十三届纪律检查委员会第三次全体(扩大)会议举行。市委书记何益军出席会议并讲话,动员全市上下以彻底的自我革命精神,一刻不停推进全面从严治党,坚决打赢反腐败斗争攻坚战持久战,不断巩固发展风清气正的政治生态,为奋力开辟高质量发展新境界、书写好中国式现代化的如皋答卷提供坚强保证。王鸣昊、司祝建、张元健、丁兴华等市四套班子领导出席会议。市委常委、市纪委书记、市监委主任秦金春主持会议,并代表市纪委常委会作工作报告。

就如何做好2023年纪检监察工作,何益军要求,要深化认识、提高站位,在深刻领会"十年磨一剑"的历史性成就中坚定政治自觉,在准确理解"大党独有难题"的重大命题中保持政治定力,在全面把握"构建全面从严治党体系"的重大部署中扛起政治责任。要聚焦重点、靶向发力,奋力开创全面从严治党崭新局面,以更高要求强化政治监督,切实打通贯彻执行中的堵点难点;以更严标准推进作风建设,锲而不舍落实党中央八项规定精神;以更实举措全面加强党的纪律建设,牢固树立干事创业导向;以更大决心一体推进"三不",坚决打好反腐败斗争攻坚战持久战;以更大力度健全完善监督体系,持续深化纪检监察体制改革。要振奋精神、敢为善为,充分释放全面从严治党综合效应,打造"引导纠治齐抓"的良好环境,树立"重实干、重实绩"的用人导向,营造"头雁领航""群雁齐飞"的浓厚氛围。

秦金春代表市纪委常委会作题为《深入贯彻党的二十大精神 坚定不移正风肃纪反腐 为全面推进中国式现代化如皋新实践提供坚强保障》的工作报告。他指出,2023年重点工作主要有六个方面:一要强化政治监督,服务大局更加有为;二要强化"三不腐"协同,一体推进更加系统;三要强化"四风"纠治,正风肃纪更加深入;四要强化巡察利剑,震慑治本更加精准;五要强化改革创新,联动监督更加高效;六要强化队伍建设,铁军锻造更加有力。

会议审议通过秦金春代表市纪委常委会所作的工作报告和《中国共产党如皋市第十三届纪律检查委员会第三次全体(扩大)会议决议》。

全市持续推进“营商环境提升年”动员暨2022年度总结表彰大会召开

3月9日，全市持续推进“营商环境提升年”动员暨2022年度总结表彰大会现场
（汤乾玮　摄）

3月9日，全市持续推进“营商环境提升年”动员暨2022年度总结表彰大会召开。会议动员全市上下以党的二十大精神为指引，认真贯彻省委、南通市委全会精神，全面落实南通“营商环境提升年”部署安排，提振“四敢”精神拼状态、弘扬如皋治沙优良传统比实绩，以奋斗姿态全面推进中国式现代化如皋新实践。何益军、王鸣昊、张元健、丁兴华等市四套班子领导出席会议。市委副书记、市长王鸣昊主持会议。

会上，市委副书记丁兴华宣读《市委、市政府关于表彰2022年度先进集体和先进个人的决定》；市委常委、常务副市长顾留忠通报2022年度如皋市优化营商环境典型案例，解读2023年“万事好通·如皋如意”营商环境优化提升举措新81条。

市委书记何益军讲话，就下一步工作开展，何益军要求，要深入学习贯彻习近平总书记关于优化营商环境的重要论述，把优化营商环境作为推动高质量发展的重要支点、促进跨江融合的先导工程、激发市场活力的当务之急，以对标一流、争创一流、超越一流为价值追求，以“四敢”精神为行动导向，全力将“万事好通·如皋如意”营商环境品牌擦得更亮、叫得更响，为推动中国式现代化如皋新实践提供硬核支撑。要着力打造高效协同的政务环境，强化政策引领，加快数字赋能，推进服务升级；要着力打造公平有序的市场环境，优化资源要素配置、健全市场监管机制、加快信用体系建设；要着力打造公正透明的法治环境，大力推进柔性执法、切实强化公正司法、积极引导全民守法。

何益军强调，无论是高质量发展还是优化营商环境，都少不了实干奋斗。全市上下要用“敢为”的担当砥砺苦干实干的作风，用“敢闯”的拼劲昂扬争先进位的豪情，用“敢干”的行动积蓄扎根拼搏的动能，用“敢首创”的氛围激发创新创业的活力。他希望，全市上下要以坐不住、等不起、慢不得的紧迫感，全力拼开局、抢进度、保安全，持续打造好“万事好通·如皋如意”营商环境品牌，为奋力谱写中国式现代化的如皋篇章作出新的更大贡献。

就贯彻落实好会议精神，王鸣昊要求，要踔厉奋发、勇争一流，把思想集中在想干事上；要迎难而上、善作善成，把本领运用在会干事上；要踏实唯实、真抓实干，把作风体现在干成事上。相关部门要围绕“有求必应、无事不扰”要求，持续深化“放管服”改革，简化行政审批程序，优化提升服务效能，推动营商环境品牌做深做实，让企业获得实实在在的便利。

会议为优化营商环境典型案例单位，“强富美高”新如皋现代化建设先进集体、先进个人，综合考核优秀单位，服务地方先进单位颁奖；长江镇、磨头镇、市发展改革委、康瑞新材料科技（南通）有限公司负责人进行交流发言。

会前，市四套班子领导还参观“营商环境提升年”双十佳案例巡礼展板。

全市庆祝中国共产党成立102周年大会暨“七一”大党课举行

6月30日，全市庆祝中国共产党成立102周年大会暨“七一”大党课会议现场，何益军为老党员代表颁授“光荣在党50年”纪念章　　（邱宇　摄）

6月30日，全市庆祝中国共产党成立102周年大会暨“七一”大党课举行，回顾党的光辉历程，展望未来光明前景，进一步动员和激励全市广大党员干部，以习近平新时代中国特色社会主义思想和党的二十大精神为指导，践行“四敢”担使命，真抓实干勇争先，奋力谱写中国式现代化如皋实践的崭新篇章。何益军、王鸣昊、司祝建、张元健、丁兴华等市四套班子领导参加会议。会议由市委副书记、市长王鸣昊主持。

会上，市委书记何益军以《聚力“四敢”扬劲帆 砥砺实干勇争先 奋力谱写中国式现代化如皋实践的新篇章》为题，给全市党员上了一堂专题党课。他强调，要千方百计激励干部发扬斗争精神、知责担当负重，推动“干部敢为”，让广大干部在知责担当负重中不断锤炼“敢”的意志、砥砺“为”的品格；要坚定不移鼓励地方敢于探索示范、勇于扛旗争先，推动“地方敢闯”，蹚出发展新路径、打开事业新天地；要毫不动摇支持企业大胆创新创造、迸发生机活力，推动“企业敢干”，切实发挥企业在现代化建设中的主体作用；要想方设法激发群众内生发展动力、释放智慧力量，推动“群众敢首创”，激发更多行业新业态、打开更多发展新空间。

会上，何益军为老党员代表颁授“光荣在党50年”纪念章。市委副书记丁兴华宣读“七一”表彰决定。与会领导为如皋市先进基层党组织、五星级村（社区）党组织、优秀共产党员、优秀党务工作者、“五强”型村（社区）党组织书记标兵进行颁奖。8位践行“四敢”要求先进典型作交流发言。

会后，与会领导还参观雉水先锋·如皋市机关党员政治生活馆并重温入党誓词。

中共如皋市委十三届七次全体(扩大)会议召开

8月1日，中共如皋市委十三届七次全体(扩大)会议现场

（邱宇　摄）

8月1日，中共如皋市委十三届七次全体(扩大)会议在市行政中心礼堂召开。会议的主要任务是坚持以习近平新时代中国特色社会主义思想为指导，深入学习贯彻习近平总书记考察江苏重要讲话精神和党中央决策部署，全面落实“四个走在前”“四个新”重大任务和省委、南通市委全会精神，认真总结上半年工作，研究部署下半年任务，动员全市上下牢记嘱托、感恩奋进，坚定攻坚克难信心、加快稳中求进步伐、保持奋勇争先状态，为全力完成年度各项目标任务，加快“强富美高”新如皋现代化建设步伐而努力奋斗。

全会由市委常委会主持。市委书记何益军代表市委常委会作《稳中求进谋发展 实干拼搏共奋进 加快“强富美高”新如皋现代化建设步伐》的讲话。市委副书记、市长王鸣昊部署当前工作。

全会审议并通过《中国共产党如皋市第十三届委员会第七次全体(扩大)会议决议》。

全会肯定2023年以来的工作，就做好下半年工作，全会要求，全市上下必须坚持以习近平新时代中国特色社会主义思想为指导，全面贯彻党的二十大精神和习近平总书记对江苏工作重要讲话精神，深入落实省委、南通市委全会要求，坚持稳中求进工作总基调，统筹推进五位一体总体布局，协调推进四个全面战略布局，完整、准确、全面贯彻新发展理念，全面落实“四个走在前”“四个新”重大任务，在攻坚克难中稳增长、保预期，在实干拼搏中增动能、优结构，在统筹发力中解难题、惠民生，圆满完成全年目标任务，尽最大努力拼出最好结果，加快“强富美高”新如皋现代化建设步伐。要全力以赴稳经济，以更强定力厚植发展根基；要多维联动促创新，以更快步伐实现动能跃升；要坚定不移抓项目，以更大力度强化投入支撑；要精致精细建城乡，以更优质态深化协调发展；要用心用情惠民生，以更高水平创造美好生活；要持之以恒强治理，以更严标准维护和谐稳定。

全会指出，根据党中央和省委部署安排，2023年9月份开始，如皋市将参加第二批学习贯彻习近平新时代中国特色社会主义思想主题教育。全市上下要深入学习习近平总书记关于主题教育的重要讲话重要指示精神，贯彻落实党中央和省市委决策部署，牢牢把握总要求，紧紧锚定目标任务，在以学铸魂中永葆政治本色，在以学增智中提高履职本领，在以学正风中涵养政治生态，在以学促干中激昂奋进力量。

会议期间，与会人员进行分组讨论。市科技局、市发展改革委、如皋市申报国家历史文化名城工作领导小组、市委政法委、高新区等单位在会上作交流发言。

会前，与会领导共同观摩“龙虎榜”展板，并听取项目建设、招商引资、人才引培、科技创新等工作情况的汇报。

如皋市历史文化保护传承工作推进大会召开

10月12日，如皋市历史文化保护传承工作推进大会现场 （汤乾玮 摄）

10月12日，如皋市历史文化保护传承工作推进大会召开。市领导何益军、王鸣昊、司祝建、张元健、张炜龙、崔建村、张亚鸾参加会议。

2023年以来，全市上下围绕历史文化保护传承做了大量工作，建立“市委主要领导挂帅、市政府重点推进、政协深度参与”的工作体系，复建中山钟楼，考古挖掘运盐河、古县衙甬道、古中禅寺等唐宋遗迹，与祥源文旅、单项空间等知名文化品牌开展合作，规划编制、古城更新、文物认定等工作也在有序推进，“一城两镇”申报工作取得阶段性成效。

就下一步工作推进，市委书记何益军强调，做好历史文化保护传承和申报国家历史文化名城工作，是保护传承如皋历史文化遗产、彰显独特文化魅力的内在需要，是增加城市内涵、提升城市综合竞争力的重要抓手，全市上下要凝聚共识，提高站位，持续深化历史文化保护传承的思想认识，切实增强开展这项工作的责任感和使命感。要坚持历史文化保护传承与学习贯彻习近平文化思想紧密结合，让“文化自信”的步伐更加铿锵坚定；要坚持历史文化保护传承与提升城市核心竞争力紧密结合，走出一条历史文化与经济社会融合发展之路；要坚持历史文化保护传承与建设青年友好型城市紧密结合，让城市更友好、青年更有为。

何益军指出，丰厚的历史文化底蕴是如皋的灵魂底色和精神基因，承载着如皋的精神品格和理想追求，要充分发挥千年古城的资源禀赋优势，坚持战略坚定性和策略灵活性的有机统一，系统谋划，重点突破，全力提升历史文化保护传承的品质内涵。要以系统观念推进保护与传承，强化规划引领、抓好普查认定、突出重点领域，不断完善历史文化保护传承工作部署，健全全方位历史文化保护传承体系；要以辩证思维推进互补与提升，加快申报认证、持续改造更新、统筹城市发展，按照“文在城中、文城一体”的思路，靶向发力、错位发展，实现功能互补、齐头并进；要以活化利用推进融合与发展，做优“文化+服务”，做强“文化+产业”，做好“文化+数字”，推动历史文化与现代生活互鉴融通，不断提升文化附加值。

会上，何益军为如皋市历史文化保护传承突出贡献人物和志愿者代表颁发证书，并为“如皋市规划建筑设计院名城所”揭牌；市住建局、市文体广旅局等相关单位作交流发言。

中共如皋市委十三届八次全体(扩大)会议召开

12月29日,中共如皋市委十三届八次全体(扩大)会议现场 (邱宇 摄)

12月29日,中共如皋市委十三届八次全体(扩大)会议在市行政中心礼堂召开。会议的主要任务是坚持以习近平新时代中国特色社会主义思想为指导,深入贯彻党的二十大、二十届二中全会精神和习近平总书记关于江苏工作重要讲话重要指示精神,全面落实"四个走在前""四个新" 重大任务,按照中央、省委经济工作会议和省市委全会部署要求,回顾总结2023年工作,研究部署2024年任务,动员全市上下牢记嘱托、感恩奋进,弘扬治沙优良传统、勇担高质量发展使命,踔厉奋发、勇毅前行,加快"强富美高"新如皋现代化建设步伐,为中国式现代化江苏新实践作出更大贡献。

全会由市委常委会主持。市委书记何益军代表市委常委会作《知责担责勇争先 踔厉奋发走在前 以高质量发展推进中国式现代化如皋新实践》的工作报告。市委副书记、市长王鸣昊部署当前工作。

全会书面审议《中共如皋市委常委会2023年度落实全面从严治党主体责任情况报告》,审议并通过《中国共产党如皋市第十三届委员会第八次全体(扩大)会议决议》。

全会肯定2023年以来的工作,就做好2024年工作提出要求,全市上下必须坚持以习近平新时代中国特色社会主义思想为指导,全面贯彻党的二十大精神和习近平总书记关于江苏工作重要讲话重要指示精神,深入落实中央、省委经济工作会议和省市委全会部署要求,坚持稳中求进、以进促稳、先立后破,牢固树立正确的政绩观和科学的发展观,全面落实"四个走在前""四个新"重大任务,紧扣"一体化"和"高质量",聚力打造跨江融合发展样板区,加快建设国家创新型县(市)、强化主功能区支撑、提升园区专业化水平,知责担责、求真务实、善作善成,持续推动经济实现量的合理增长和质的有效提升,增进民生福祉,保持社会稳定,以高质量发展推进中国式现代化如皋新实践。

全会结束前,何益军作总结讲话,王鸣昊部署当前工作。

会议期间,与会人员进行分组讨论。如皋经济技术开发区、高新区、长江镇、市发展改革委、市商务局、市科技局在会上作交流发言。

会前,与会领导共同观摩展板,听取全市项目招引、双月收官冲刺产业项目、2023年科技人才洽谈会签约项目推进等情况的汇报。

如皋未来健康食品创业投资峰会暨长三角新生代好食品创业汇举行

3月17日，如皋未来健康食品创业投资峰会暨长三角新生代好食品创业汇举行，共同探讨健康食品产业发展，共叙合作愿景、共谋美好未来。市委书记何益军参加活动。

活动中，如皋高新区与道夫子食品国际公司签订战略合作协议，共建科创飞地，优化项目合作。

3月17日，如皋未来健康食品创业投资峰会暨长三角新生代好食品创业汇活动现场 （邱宇 摄）

何益军在致辞时说，近年来，如皋主动顺应新一轮科技革命和产业变革趋势，坚持走创新驱动发展之路，聚焦生命健康等六大主导产业，深入推进省级农高区创建、高新区“一区多园”改革和“飞地孵化器”建设，高标准打造长寿未来农业园等平台载体，加快推动合成生物学产业技术源头创新、项目转化和农文旅融合发展。他希望，道夫子食品国际公司充分发挥自身人脉、资源、平台等优势，全力对接、孵化一批优质人才和项目，为如皋健康食品以及合成生物学产业发展贡献力量。他期待，各位专家教授能够借助如皋独特的长寿文化优势、资源优势和合成生物学发展“东风”，把如皋作为科研创新和产学研合作的重要基地，共享发展成果、共谋前沿创新；各创投机构和企业家积极融入南通跨江融合发展样板区建设大局，深耕如皋这片健康食品产业的成长“福地”，共逐产业发展“新蓝海”。

“新蛋白或者说替代蛋白是当今世界上备受关注的话题之一，不仅可以满足人们对健康、环保、可持续发展的需求，也为食品产业的发展注入新的动力。”道夫子食品国际公司共同创始人张涛致辞表示，希望通过此次活动，给新蛋白领域的初创企业搭建一个展示和对接各方资源的平台，也给潜在创业者更多了解新蛋白领域的机会，激发创业热情和活力。同时，他也希望以此次活动作为开端，与如皋长期合作，协同各方资源，进一步扶持和加速新蛋白产业的发展，推动产业升级。

道夫子食品国际公司是一家专注于新蛋白食品创新的具有行业影响力的投资和孵化机构，迄今为止，已在中国及全球投资近20家新蛋白初创企业，被专业知名杂志评选为15家未来改变全球肉类行业的创新公司之一，2019年荣获卢森堡国际气候金融加速器的特别奖，基础实力雄厚、专业能力突出。此次合作将以共同促进新蛋白、健康食品行业以及地方经济发展为目标，共建科创飞地，为符合条件的初创企业提供潜在的资金、研发、生产、市场拓展等支持。

活动中，5 家新蛋白初创企业进行路演；与会嘉宾代表围绕“新蛋白及健康食品领域投资趋势与机会”开展圆桌讨论。

国际低碳可持续发展大会(南通)在如皋市举行

3 月 23 日，国际低碳可持续发展大会(南通)在如皋市举行 （邱宇 摄）

3 月 23 日，由瑞典贸易与投资委员会、斯堪尼亚制造(中国)有限公司、中瑞(如皋)智能制造合作创新园(筹)主办的国际低碳可持续发展大会(南通)在如皋市举行。

此次大会以“低碳产业 绿色园区 共话可持续”为主题，聚焦绿色低碳转型的美好愿景，展望中瑞企业合作未来，共绘可持续发展的生动蓝图。中瑞企业代表以及相关领域专家学者共聚一堂，分享低碳可持续发展的技术和经验，重点交流和讨论可借鉴的国际经验和可持续发展与碳中和目标实现的战略和创新实践。

江苏省商务厅二级巡视员李明双，南通市人民政府副市长、秘书长凌屹先后致辞。

如皋市委书记、如皋经济技术开发区党工委书记何益军感谢与会嘉宾给予如皋发展的关心支持。他希望，各位企业家以中瑞(如皋)智能制造合作创新园筹建为契机，深耕如皋这片绿色低碳产业的成长“福地”。如皋将以更加开放的姿态、更加务实的举措、更加优质的服务，与企业家们共享发展机遇、共商合作前景，共拓产业蓝海。

“国际合作是有效应对全球气候变化的关键。”瑞典驻华大使宋莲介绍，斯堪尼亚在如皋建立世界级重型卡车生产基地，不仅标志着斯堪尼亚在中国开拓和投资的重要战略实施，同时也受到瑞典工商界的广泛关注。她希望中瑞企业相互之间加强了解，积极拓展在绿色低碳转型、可持续发展前沿及相关科技创新等方面的持续交流，探讨研究潜在合作的机会。

会上，宋莲大使和商务部欧洲司一级调研员夏阳共同为中瑞(如皋)智能制造合作创新园(筹)揭牌。中瑞企业代表围绕“固废管理”“环保+新能源双引擎战略下的低碳、零碳新产业”“有机质资源生态处理”等相关主题作经验分享。

会前，与会人员围绕低碳可持续发展、促进南通与瑞典的经贸交流等内容进行会谈。

如皋经济社会发展(上海)恳谈会在上海举行

4月2日,如皋经济社会发展(上海)恳谈会在上海举行。上海市原副市长沙麟,中国科学院院士、东华大学材料科学与工程学院院长朱美芳,上海市政协秘书长、机关党组书记黄国平,全国政协委员、全国工商联常委、上海市江苏商会会长、月星集团董事局主席丁佐宏等嘉宾,以及何益军、王鸣昊、司祝建等如皋市四套班子领导参加会议。

4月2日,如皋经济社会发展(上海)恳谈会现场 (汤乾玮 摄)

市委书记何益军在致辞时介绍如皋市城市特色和发展前景。他表示,如皋始终把接轨上海作为融入长三角一体化发展、承接机遇红利的最重要抓手。随着跨江交通格局的进一步打开,如皋区位优势愈加凸显,与上海的时空距离大幅缩短,人才、创新等方面的对接更加频繁。他希望在沪乡贤积极为家乡建设多提好建议、多谋金点子,助力家乡在时代大潮中大步前行;也希望更多企业家把如皋作为产业发展成长的福地,借助独特资源优势,共同打造产业高地,为如皋全面接轨上海牵线搭桥,实现优势互补、合作共赢。如皋也将以更加开放的姿态、更加务实的举措、更加优质的服务,全力为创新创业营造江苏领先、全国一流的营商环境。

沙麟在讲话时说,家乡如皋在新时代、新征程中,取得城市建设、经济发展等方面的骄人成绩,作为一名如皋子弟,感到十分骄傲、备受鼓舞。他希望,如皋在市委、市政府的坚强领导下,在全体市民的努力拼搏、真诚奉献下,谱写出更加辉煌的高质量发展篇章。

丁佐宏在致辞时说,作为听着张謇、沙元炳等先贤故事长大的一代人,自己深受老一辈企业家精神的感召。他希望广大企业家继续在奋斗中创业,在创业中成长,多到如皋走走看看,了解政策红利,感受城市魅力,进一步熟悉如皋、投资如皋。

会上,市委常委、副市长陈鸣华围绕区位优势、营商环境、产业链发展、科技创新、园区配套等方面,进行如皋城市发展推介。

在随后的如皋城市发展(上海)高峰论坛上,市委副书记、市长王鸣昊就如皋市发展现状和相关需求,进行具体介绍。与会嘉宾结合各自专长,就制造业助力经济社会发展、双方合作领域等方面,提出看法和建议。

2023 全国精品盆景展暨盆景交易大会和第十二届中国生态文化高峰论坛在如皋开幕

4 月 26 日,2023 全国精品盆景展暨盆景交易大会和第十二届中国生态文化高峰论坛开幕式现场　　(如皋市花木盆景联合会　提供)

4 月 26 日,2023 全国精品盆景展暨盆景交易大会和第十二届中国生态文化高峰论坛在如皋国际园艺城开幕。国际竹藤组织董事会联合主席、中国花卉协会会长、中国生态文化协会专家指导委员会主任委员江泽慧,国家林业和草原局副局长谭光明,江苏省自然资源厅副厅长、省林业局局长王国臣,南通市委常委、常务副市长陆卫东,以及如皋市领导王鸣昊、丁兴华等参加开幕式。

江泽慧宣布大会开幕,与会领导共同完成启动仪式。如皋市委副书记、市长王鸣昊介绍如皋市经济社会发展情况。

中国花卉协会副会长赵良平在讲话时指出,全国精品盆景展已经连续 5 年在如皋举办,取得丰硕成果、产生积极影响,得到行业和社会各界的广泛好评。此次大会内容丰富、形式多样,积极推动展贸结合、以展促销,既有创意,又有实效。他希望,大家以推进花卉高质量发展为主题,优化产业布局、调整产业结构、推动科技创新、突出文化引领,加快建设完备的现代花卉产业体系,用缤纷花朵装点祖国大地。

活动中,中国花卉协会将如皋市确定为“全国盆景标准化生产示范基地”,中国生态文化协会授予如皋绿园“全国生态文化示范基地”称号。活动还宣布此次精品盆景展评选出的获奖作品,与会领导为其中的金奖和特等奖作品进行现场颁奖。

稍后举办第十二届中国生态文化高峰论坛。论坛以“匠心筑梦现代化 自然和谐百姓家”为主题,来自全国各地花木盆景领域的专家学者齐聚一堂,共谋绿色发展大计。

论坛上,如皋市委书记何益军、南通市副市长陈冬梅和王国臣、谭光明先后致辞,江泽慧以《匠心筑梦现代化 自然和谐百姓家》为题作主旨报告,与会嘉宾代表围绕“我国盆景产业发展现状及展望”“肇自然之性,成造化之功:盆景、山水画与园林造景中的生态美学”等主题作特邀报告。

“长寿之乡·诗意小城”如皋市第十一届文化旅游节开幕式暨徐家桥遗址考古成果发布会举行

5月12日，“长寿之乡·诗意小城”如皋市第十一届文化旅游节开幕式暨徐家桥遗址考古成果发布会举行。江苏省人大常委会教科文卫委员会原主任、大运河文化带建设研究院理事长周琪，省人大常委会外事委员会原主任司锦泉，如皋市领导王鸣昊、司祝建、张元健、张炜龙、刘晓洁、顾凡、崔建村参加活动。

5月12日，如皋市第十一届文化旅游节开幕式暨徐家桥遗址考古成果发布会现场

（如皋市文体广电和旅游局　提供）

活动中，南京大学历史学院教授、博士生导师，南京大学文化与自然遗产研究所所长贺云翱发布如皋徐家桥遗址发掘、勘探成果。

徐家桥遗址是古运盐河如皋段的重要遗迹之一。2200多年前的西汉时期，吴王刘濞从扬州茱萸湾开运盐河至如皋蟠溪，从此古运盐河就和如皋有不可分割的联系。两千多年里，古城如皋因水而生，因水而兴，古运盐河如皋段印证着如皋城市发展的历史年轮，佐证着如皋经济繁荣的传奇佳话，见证着如皋文化兴盛的千载流韵。此次对徐家桥遗址的考古发掘，考古人员发现不晚于唐代的古运河遗迹及晚唐五代时期的灰沟，宋代的古河道、灰沟、灰坑等各类遗迹11处，出土唐代至宋代的文物标本200多件，包括瓷器、釉陶器、铁器、铜钱、铜像、砖瓦、建筑构件等，确认徐家桥遗址为古通扬运河沿岸晚唐五代到宋代的聚落遗址，是古通扬运河沿线的首次聚落考古，为研究大运河盐文化、江海城市文化起源发展、海上丝绸之路遗迹等相关历史提供重要资料。

随后，现场通过轻松愉快、形式新颖的推介方式，向观众宣传推介“江苏历史文化名城、华东红色革命摇篮、中国花木盆景之都、世界长寿养生福地”如皋旅游四张名片，从景点到美食、从历史到名贤、从文旅到体育……一本立体的、有声有色的画册徐徐打开，带领观众领略千年古邑的底蕴，感受活力之城的文化，触摸古城的历史脉搏，品味小城的古朴风雅。

市委副书记、市长王鸣昊在致辞时说，第十一届文化旅游节开幕式暨徐家桥遗址考古成果发布会的举行，将推动如皋丰厚的历史文化资源与独特的旅游资源深度融合，进一步拓展如皋旅游的历史文化内涵。如皋将以深化“国家全域旅游示范区”创建和“国家历史文化名城”申报为抓手，进一步完善基础设施、健全产业体系、优化发展格局，加快提升旅游综合竞争力，持续擦亮如皋旅游品牌，致力打造长三角一流休闲养生旅游目的地。

开幕式演出现场高潮迭起、精彩纷呈。主副舞台联动，古今隔空对话，历史画卷缓缓展开，将千年如皋城市发展的历史年轮、经济繁荣的传奇佳话、文化兴盛的千载流韵，如诗如画般娓娓道来，赢得现场观众热烈好评。

2023国际氢能科创发展大会（如皋）举行

6月9—10日，2023国际氢能科创发展大会（如皋）举行。中国工程院院士、中国矿业大学（北京）教授彭苏萍，国务院原参事、国家能源局原局长徐锭明以及如皋市领导王鸣昊、陈鸣华、卢志敏参加活动。

市委副书记、市长王鸣昊在致辞时说，如皋是我国抢抓氢能发展机遇最早的城市之一，先后招引落户20多家氢能企业，建成长三角地区三省一市唯一具备检测资质的“国家氢能源汽车研究检测公共服务平台”，并加快布局制氢加氢设备、氢燃料电池关键零部件等多个领域。他希望大家以此次活动为契机，分享真知灼见、碰撞智慧火花，多到如皋考察交流、拓展合作。如皋市将一如既往地营造放心投资、安心创业、顺心发展、舒心生活的良好环境。

荷兰贸促会南京代表处首席代表董威廉在发言时介绍荷兰氢能产业基本情况。他表示，将进一步搭建荷兰与如皋的沟通渠道，发挥代表处平台优势，为氢能产业的合作共赢提供支撑。

江苏省科学技术协会二级巡视员李政在讲话时说，省科学技术协会与如皋在氢能领域有着良好的合作成果，协会将在企业创新等方面，继续做好服务、对接等工作。

中国能源研究会副秘书长王凡对如皋在相关领域取得的成绩表示肯定。他说，中国能源研究会将围绕能源产业发展政策，深入研究、加强创新，以高水平、建设性的研究成果，助力如皋市氢能产业高质量发展。

活动发布《如皋氢能产业园产业发展专项规划（2023—2030年）》，并为如皋氢能科技服务站进行揭牌。与会领导嘉宾共同见证6个项目的集中签约。

随后，氢能高峰论坛、氢能与燃料电池技术创新论坛和圆桌讨论相继举行，与会院士、专家学者、业界精英，共同分享前沿学术知识和先进技术成果，为如皋市在氢能领域的发展出谋划策。

与会人员还参观国家级经济技术开发区科创中心、上海机动车检测认证技术研究中心有限公司江苏分公司、江苏清能动力科技有限公司、势加透博洁净动力如皋有限公司等处。

苏中片区农村人居环境整治提升现场推进会在如皋召开

6 月 21 日，苏中片区农村人居环境整治提升现场推进会议现场

（邱宇　摄）

6 月 21 日，苏中片区农村人居环境整治提升现场推进会在如皋市召开。江苏省副省长徐缨，省政府副秘书长刘建，省委农办主任、省农业农村厅厅长季辉，南通市副市长刘洪，如皋市领导何益军、王鸣昊、丁兴华、卢志敏、黄文斌参加会议。

与会人员先后参观如城街道顾庄社区、城南街道桃北村、磨头镇丁冒村、城北街道平园池村等点位。顾庄社区以盆景强村富民、装点环境；桃北村在居住河河坡种植麦冬、河内养殖鱼类，补贴管护费用；丁冒村积极推进农厕改革，探索经济实用的农村污水处理新模式；平园池村结合村情民意，引入积分制，引导群众参与环境治理……一系列有特色、有成效的经验做法，给与会人员留下深刻印象。

会上，徐缨在讲话时指出，如皋在农村人居环境整治提升方面取得的成绩值得肯定，相关经验做法充分调动老百姓积极性，可进一步推广运用。就做好下一阶段工作，徐缨要求，苏中各地要提高政治站位，凝聚农村人居环境整治提升的共识，在思想认识上不回避，在组织推动上重统筹，在工作效果上显实绩。

如皋市委书记何益军在会上进行交流发言。他说，近年来，如皋市全面落实上级决策部署，乡村颜值不断提升，累计获评省特色田园乡村 8 个，成功入选全国水系连通及水美乡村建设试点县、全国村庄清洁行动先进县。如皋市聚焦三项重点，打好环境整治“组合拳”、畅通污水处置“微循环”、找准河道管护“发力点”，筑牢“镇村一线”管护基础；抓实三项机制，“积分制”兑出积极性、“清洁日”扫出好环境、“庭院评比”评出新气象，构建“最后一米”治理体系；用足三种力量，突出政策撬动力、榜单引导力、考核驱动力，形成“上下一体”工作格局。下一步，如皋将认真贯彻此次会议精神，积极发扬“四敢”精神，锚定目标，埋头苦干，努力谱写人居环境整治提升新篇章，为加快推进农业农村现代化贡献如皋力量。

会上，南通市、泰州市、扬州市江都区、仪征市相关负责人也进行交流发言，省级有关部门进行书面交流。与会人员共同观看苏中地区村庄环境突出问题暗访情况专题片。

全省深化源头治理推进矛盾纠纷多元化解“一站式”平台建设苏中片区现场会在如皋召开

8月2日，全省深化源头治理推进矛盾纠纷多元化解“一站式”平台建设苏中片区现场会活动现场　　（邱宇　摄）

8月2日，全省深化源头治理推进矛盾纠纷多元化解“一站式”平台建设苏中片区现场会在如皋市召开。江苏省委常委、政法委书记刘建洋出席会议并讲话，省人民法院院长夏道虎出席会议，省检察院检察长石时态主持会议。省委主题教育办有关人员到会指导。南通市领导吴新明、张彤、沈雷、高山、凌屹，如皋市领导何益军、王鸣昊、程瑞琴、卢志敏、陈刚参加有关活动。

会议深入学习贯彻党的二十大精神和习近平法治思想，深入学习贯彻习近平总书记重要讲话重要指示精神，贯彻落实中央和省委部署要求，认真落实省委主题教育专项整治工作要求，坚持和发展新时代“枫桥经验”“浦江经验”，总结推广基层矛盾纠纷多元化解典型经验，部署深化源头治理，推进矛盾纠纷多元化解“一站式”平台建设重点任务。

在现场参观阶段，刘建洋一行先后考察如皋市市、镇、村三级矛盾纠纷多元化解平台，如皋经济技术开发区（城北街道）社会治理综合服务中心，城北街道平园池村，如城街道顾庄社区等地，了解基层矛盾纠纷多元化解各方面情况。

在下午的会议上，南通市、扬州市邗江区、泰兴市分别介绍有关经验做法，如皋市委书记何益军就相关工作进行交流发言。省法院、省司法厅、省信访局分别作工作部署。

省委政法委有关负责人员，省司法厅、省信访局主要负责人员，省委平安江苏建设领导小组有关成员单位分管负责人员，南通、扬州、泰州市县两级党委政法委和有关单位领导人员参会。

2023 如皋(上海)“招商引资·招才引智”推介会在上海举行

8 月 31 日,2023 如皋(上海)“招商引资·招才引智”推介会签约仪式现场

(邱宇　摄)

8 月 31 日,2023 如皋(上海)“招商引资·招才引智”推介会在上海举行。来自长三角地区知名企业、创投机构、商协会,复旦大学、同济大学等高校,以及相关科技园的负责人齐聚一堂,共谋发展。如皋市领导何益军、丁兴华、朱莹滢、陈鸣华、卢志敏、杜晓峰参加活动。

市委书记何益军致辞,向长期以来关心支持如皋发展的各界朋友表示衷心感谢。他表示,如皋正围绕打造江海平原中部历史文化旅游名城、扬子江城市群科创智造功能节点、上海大都市圈绿色共享长寿之城,聚焦产业兴市、创新强市、生态立市战略之需,坚持以诚信扮靓城市、以信用赋能发展、以真诚护航企业。2022 年“如皋如意”营商环境综合评价全省县级市第一,“更友好城市”对“更有为青年”的吸引力持续增强。他诚挚邀请广大企业、各路精英投资如皋这片发展热土,加盟创业皋地,共同在长三角一体化发展的大潮中,追江赶海、踏浪前行。

推介会上,与会人员集中观看城市宣传片《这就是如皋》;副市长杜晓峰作如皋投资环境推介;市委常委、副市长、高新区党工委书记陈鸣华推介如皋科技政策;市委常委、组织部部长、统战部部长朱莹滢推介如皋人才政策;部分企业、高校代表进行交流发言。

活动中,高纯湿电子化学品及配套项目、思源储能系统及电力电子项目、高端装备集成模块项目、康瑞钛合金金属材料项目、港华零碳园区打造项目、年产 20 万吨胶乳项目等 48 个项目进行签约。

2023 如皋智能路网产业创新发展大会在如皋举行

10 月 26 日,2023 如皋智能路网产业创新发展大会在如皋举行。业内专家、知名行业协会负责人、产业链头部企业代表、产业投资机构代表等齐聚一堂,共商高质量发展新路径。上海社科院原副院长何建华,如皋市领导何益军、王鸣昊、顾留忠、陈鸣华、郭超参加会议。

市委书记何益军在致辞时向与会嘉宾介绍如皋市经济社会发展情况。近年来，如皋主动顺应经济和科技发展规律，在电子信息等优势主导产业的加持下，以智能路网产业细分领域为突破口，不断拓展新赛道、新业态、新领域、新应用，成功引入智慧互通科技股份有限公司、九识智能科技有限公司等一批优质企业，智能路网产业发展初显特色、来势向好。希望各位企业家抢抓新赛道，推动签约的合作项目尽快落地、早日达效，在壮大战略性新兴产业中加速成长，加快形成新质生产力；也希望与会嘉宾进一步加深对如皋的了解，把更多的投资红利释放给如皋，把更多的优质项目和应用场景布局在如皋。如皋市将继续秉持“亲商、安商、富商”的理念，倾情倾智倾力为企业提供一流服务，努力实现企业、产业和城市的共赢发展。

10 月 26 日，2023 如皋智能路网产业创新发展大会现场　　（邱宇　摄）

会上，何建华以《经济发展地图与如皋产业机遇观察》为题，结合发展大势和如皋实际，带来一场主旨演讲。他表示，随着长三角一体化发展战略的实施，如皋将成为沪通盐发展轴战略节点。他希望，大家能聚焦像如皋这样产城人协同、具有增长潜力与空间的区域，双方携手并进、共创未来。

市委常委、副市长、如皋高新区党工委书记陈鸣华推介高新区的投资环境。会议发布《智能路网白皮书 2.0》，作《如皋智慧停车与智能路网建设的思路与实践》的报告。

与会领导共同见证 7 个项目的集中签约，其中涵盖数字孪生城市、智慧交通软件服务开发、静态交通物联网感知等多个尖端领域。会议为智慧交通车态感知国家新一代人工智能开放创新平台南通中心、九识智能配送车南通区域运营中心进行揭牌，成立智能路网产业链投资联盟。

会议还以“人工智能与智能路网建设投资趋势前瞻”为主题，邀请业内知名企业、投资机构、律师事务所的负责人参与圆桌论坛，畅谈相关行业的风险机遇，为如皋市智能路网产业发展出谋划策。

2023 年如皋科技人才洽谈会开幕

10 月 28 日，2023 年如皋科技人才洽谈会开幕。中国科学院院士、南京理工大学教授陈光，中国科学院院士、清华大学教授费维扬，南通大学党委副书记、校长杨宇民等来自全国近 30 所知名高校、院所的 200 多位专家学者和国内外部分知名企业、院校、机构、协会负责人，以及如皋籍在外高端人才齐聚一堂，共话发展。江苏省科学技术厅党组成员、副厅长蒋洪，江苏省商务厅党组成员、副厅长孙津，南

10 月 28 日，2023 年如皋科技人才洽谈会活动现场　　　　（汤乾玮　摄）

通市委副书记、政法委书记沈雷以及何益军、王鸣昊、司祝建、张元健、丁兴华等如皋市四套班子领导出席活动。

此次洽谈会主题为“智汇皋地　共创未来”。市委副书记、市长王鸣昊主持开幕式。与会嘉宾首先共同观看如皋市科技人才宣传片《登“皋”致远　创赢未来》。

市委书记何益军以《智汇皋地　共创未来》为题作主旨演讲，从如皋文脉、如皋美景、如皋情怀、如皋品质等方面进一步推介如皋。他说，如皋是“江海文化”中“江海城市化”的起源之地，是中国大运河重要支线“通扬运河”最早与海洋交汇的城市，创新因子植入历史血脉、融入城市灵魂。当前的如皋正借力跨江融合，在一体化发展的格局中奋力前行；正致力产业转型，在高质量发展的赛道上疾速奔跑；正致力竞争突围，在协同化创新的征程上突破奋进；正致力功能提升，在高品质城市的打造上倾心聚力。如皋将全力打造诚意满满的政策新矩阵、要素集聚的投资新洼地、全省领先的环境新沃土，诚邀各路精英与如皋一起在长三角一体化发展的大潮中，追江赶海、踏浪前行。

沈雷在致辞时表示，如皋是南通最具创新活力和发展潜力的板块之一，出彩的创新发展赋予这片土地无限机遇和无限可能。随着长三角一体化发展等多重国家战略的深入实施，南通迎来新一轮跨越式发展黄金机遇期，站上千载难逢的绝佳“窗口”。南通比以往任何时候都需要人才、渴求人才，也比以往任何时候都更有条件、更具优势吸引人才、成就人才。他希望各位专家持续关心南通、关注如皋，把目光锁定这里，把资源投向这里，把成果留在这里。南通将一如既往地为广大人才施展才华、干事创业，创造广阔舞台和发展空间。

蒋洪在讲话时指出，创新驱动的实质是人才驱动，科技人才洽谈会是汇集人才资源、促进资源深度融合的有效途径。他希望如皋以此次活动为契机，吸引更多高校院所、一流企业的重大平台和创新人才“落地生根”，加快培育打造具有竞争力的创新型产业集群，为推动全省县域创新体系建设提供如皋样板，为打造具有全球影响力的产业科技创新作出如皋贡献。省科技厅也将一如既往地关心支持如皋科技创新工作，大力支持如皋高水平建设国家创新型县（市），加快培育高新技术企业和科技型中小企业，积极探索引才育才的新模式、新路径，鼓励更多的技术人才走进如皋开辟新赛道、建功新征程。

孙津在讲话时表示，如皋要继续以未来产业发展为舵，以汇聚八方英才为帆，在开放创新融合发展的航道上拼搏展望，不断取得丰硕的成果。他希望各位院士、专家、国内外各界朋友把更多的目光投向如皋、投向江苏，这里是产业发展的沃土、科技创新的沃土、人才成长的沃土，更是孕育成功的沃土。

随后，陈光宣布 2023 如皋科技人才洽谈会开幕，与会领导共同完成启动仪式。市委常委、副市长，如皋高新区党工委书记陈鸣华发布《如皋市建设国家创新型县（市）三年行动方案》；市委常委、组织部部长、统战部部长朱莹滢发布《如皋市青年和人才友好型城市建设行动方案》;市委常委、常务副市长顾留忠发布《如皋市深化国家信用示范区建设三年行动计划》;重点企业、高校、客商代表围绕各自领域进行交流发言。

活动还为"如皋市 2023 年科技强企人物"、第十一届"创业江苏"科技创业大赛氢能源专项赛获奖选手、第九届如皋市"梦想之星"创新创业大赛决赛获奖企业进行颁奖;为"国家创新型县(市)""国家社会信用体系建设示范区""思源全球工程技术服务中心""如皋合成生物中试熟化基地"揭牌。

开幕式上,如皋市产业、科创和人才等 49 个重点项目进行集中签约,总投资 190.5 亿元。

2023 年新型电力装备发展大会在如皋举办

11 月 3 日,2023 年新型电力装备发展大会在如皋举办,来自全国各地的 200 多名行业翘楚、专家学者相聚如皋,为新型电力装备产业高质量发展共商良策、聚势赋能。工信部装备工业二司重大技术装备处处长片飞,江苏省工信厅副厅长徐军,南通市副市长凌屹,如皋市领导何益军、王鸣昊、卢志敏、孙得利参加活动。

市委副书记、市长王鸣昊主持大会开幕式。

市委书记何益军在开幕式上致辞。他表示,此次大会为助力如皋市产业转型、激发新质生产力提供更多机遇,如皋市将积极响应"双碳"战略,坚持以创新为引领、智能为引擎、绿色为导向,深化区域合作联动、大院大所协同创新,加快推动智能物联、氢能储能等新兴技术与电力装备深度融合,全力打造国家级先进制造业中小企业集群。他也诚挚邀请更多优质企业、行业专家、高端人才,用好如皋扎实的产业基础、专业的载体平台、政策的发展红利,把如皋作为科研创新、成果转化、创业圆梦的理想高地,共享发展成果、共谋产业创新。如皋市将持续巩固全省领先的营商环境新优势,竭尽所能为项目落地、企业发展、人才创新提供一流服务,真正做到让国企敢干、民企敢闯、外企敢投。

凌屹在致辞中介绍南通及如皋新型电力装备产业发展情况。他说,此次大会搭建了一个高质量、专业化的沟通交流平台,必将为推动产业强链补链延链、实现创新转型发展注入强劲动能。南通、如皋两级政府将进一步强化政策引领、平台支撑和要素保障,不遗余力提供最优质的营商环境,与大家共享机遇、共谋发展、共赢未来。

徐军在讲话中表示,江苏是新型电力装备大省,产业规模近万亿元,拥有一批百亿级行业骨干企业和一大批专精特新"小巨人"企业,特别是如皋作为新型电力装备的重点产区,技术水平和市场占有率行业领先。他希望大家以此次大会为契机,积极分享前沿动态,发表真知灼见,多出新观点新方案,帮助行业更好地把握趋势、抓住重点、推动转型,共同推动新型电力装备产业高质量发展。

会上,中国工程院院士沈国荣发表视频致辞;片飞就《电力装备行业稳增长工作方案(2023—2024 年)》进行解读;部分与会嘉宾围绕"创新 智能 绿色——新型电力装备高质量发展之路"主题作专题报告。

大会还举行江苏省新型电力装备集群专家委员会成立仪式、产教融合两化融合人才联合培养签约仪式以及产业项目落户签约仪式,并对《2023 新型电力装备集群优秀创新案例》和《新型电力(智能电网)行业揭榜挂帅项目需求》进行发布。

会前,与会领导和嘉宾集中参观江苏思源赫兹互感器有限公司、江苏思源高压开关有限公司等处。

2023全国老年人健步走大联动主会场启动仪式暨江苏省老年人体育节闭幕式在如皋举办

11月11日,2023全国老年人健步走大联动主会场启动仪式暨江苏省老年人体育节闭幕式现场　　（邱宇　摄）

11月11日,2023全国老年人健步走大联动主会场启动仪式暨江苏省老年人体育节闭幕式在如皋市举办，来自全市的1300多名老年人相聚如皋龙游河畔，以健步走的方式结伴同行,共赏古城美景，畅享运动乐趣。中国老年人体育协会副主席兼秘书长林洁,江苏省老年人体育协会会长王雪非,江苏省体育总会副会长熊伟,南通市委常委、宣传部部长、市政府副市长陈冬梅,如皋市领导何益军、司祝建、刘晓洁参加活动。

与会领导和嘉宾共同启动2023全国老年人健步走大联动主会场活动。

市委书记何益军在致辞中介绍如皋经济社会发展情况以及老年文体事业发展情况，并表示此次活动是对如皋老年文体综合实力的一次大检阅,希望各位领导和嘉宾借此机会,多到如皋走一走、看一看,领略千年古邑的底蕴,感受活力之城的文化,品鉴长寿之乡的美食,常来如皋、认识如皋、熟悉如皋,感受江海风韵、体验长寿生活、共创美好未来。

熊伟在讲话中表示,将围绕老年人多样化健身服务新需求,继续以健康老龄化为老年体育工作目标,进一步建立健全惠及全体老年人的公共体育服务体系。他同时也希望社会各界广泛关注和支持老年人体育事业的发展,营造为老年人参加体育健身多办实事、多办好事的良好社会氛围,为构建健康、幸福、和谐的老年人生活圈贡献体育力量。

启动仪式后,与会领导、嘉宾和1300多名老年人沿着龙游河健身步道进行健步走运动。

活动中,大家集中观看大型体育健身节目展演以及如皋老年人体育工作宣传片《这里的夕阳格外红》。

10日晚,在如皋市文化馆还举办2023全国老年人健步走大联动主会场、江苏省老年人体育节闭幕式暨江苏省老年人体育协会成立40周年文艺汇报演出。

第一届长三角（如皋）合成生物产业发展大会暨江苏省食品科学与技术学会2023年度学术会议正式启动

11月15日，第一届长三角（如皋）合成生物产业发展大会暨江苏省食品科学与技术学会2023年度学术会议举行启动仪式。来自全国各地的高校科研院所专家学者、合成生物学及食品产业领域的知名企业、基金及投资机构代表齐聚一堂，共赴学术盛宴、共襄产业盛会。中国工程院院士、中国科学院上海生命科学研究院研究员杨胜利，华东理工大学校长轩福贞，江南大学党委常委、副校长顾正彪，江苏省科学技术协会党组成员、副主席李千目，南通市委副书记、市长张彤，以及如皋市领导何益军、陈鸣华、许敬乔、郭超参加活动。

11月15日，第一届长三角（如皋）合成生物产业发展大会暨江苏省食品科学与技术学会2023年度学术会议现场 （邱宇 摄）

张彤、顾正彪、李千目、轩福贞先后在会上致辞。如皋市委书记何益军向与会嘉宾介绍如皋经济社会发展情况。近年来，如皋市扎实推进"一线孵化+如皋转化""大城市总部+如皋产业协同基地""产业概念认证中心+如皋中试熟化基地"的创新发展模式，携手中科院、江南大学等大院大所共建9家新型研发机构，与上海交大、华东理工等共建4家"双飞地"孵化器，累计引进包含合成生物学等新兴产业领域的高质量孵化项目83个，落户百林科、霖鼎光学、依诺基科等产业化项目19个。何益军表示，如皋市将持续放大全省领先的营商环境新优势，深入推进专业化平台建设，持续推动全链条延伸，打造长三角合成生物产业发展的重要高地。他希望专家学者、企业家、创投机构能够借力如皋独特的世界长寿乡优势、扎实稳固的产业基础，与如皋市合力构建一流产业生态，共逐新赛道、共创新未来。

会上，高新区相关负责人从区位优势、产业基础、扶持政策、配套服务等方面，推介如皋长寿未来农业园。相关企业代表进行交流发言。

与会领导分别为如皋合成生物中试熟化基地、江苏省中国科学院植物研究所如皋合成生物产业研究院进行揭牌，并共同见证7个项目的集中签约。

随后，杨胜利等业内学术大咖围绕数字合成生物学、粮油营养健康加工新技术、高值化合物合成、合成生物学国内外发展态势等主题，作学术报告。

2023年亚太森博BM13开机仪式暨客户交流会在如皋举行

11月23日，2023年亚太森博BM13开机仪式暨客户交流会在如皋举行。金鹰中国董事长陈昱廷，如皋市委书记何益军，市委常委、常务副市长顾留忠等参加活动。活动现场，行业领导、近百名来自全国各地的优秀战略合作伙伴齐聚一堂，见证这一重要时刻，共同探讨展望行业和企业发展的绿色未来。

亚太森博(江苏)一期年产100万吨白卡纸项目(BM13)坐落在如皋市长江镇，于2022年5月正式动工，一期项目投资64.8亿元，2023年10月20日正式建成投产。

何益军为活动作开幕致辞。他说，如皋地处长三角经济圈核心区，四方通达，底蕴深厚，金鹰(如皋)产业园所处的长江镇更是跨江融合发展的桥头堡，拥有众多高新技术产业集群。而金鹰集团是绿色制造业的行业标杆，向着世界一流智能制造产业基地的建设目标，与如皋通力合作，合力赋能，有力推动亚太森博白卡纸的提前开机，以高质量合作跑出高能级速度。如皋也将继续秉承开放共赢的合作理念，继续全方位打造有利于项目发展最优的营商环境。希望金鹰以此次项目开机为契机，继续踏着科技创新的浪潮，趁着跨江融合的东风，抢抓信息化、智能化、历史化发展的机遇，用好如皋市宝贵的港口资源和空间优势，继续放大头部企业和重特大项目的优势，加速集聚上下游企业，营造极具竞争力的区域产业生态，乘风破浪，再创辉煌。

陈昱廷在活动上致辞。对于亚太森博(江苏)百万吨白卡纸生产线BM13提前成功投产，她表示，BM13的成功投产将掀开金鹰集团绿色制造的新篇章，也将引领整个造纸行业未来高质量发展的新风向。她指出，江苏是金鹰在华第一站，也是金鹰投资规模最大、业务门类最齐全的省份，而如皋市依托陆海江黄金交汇点的地理优势，成为现代产业集群的摇篮，形成千亿级产业集群，此外，其优良的营商环境也让金鹰坚定不移地加码投资，让金鹰(如皋)产业园成为金鹰在中国单一城市、单一省份投资最大的综合性项目，金鹰始终相信新加坡金鹰集团主席陈江和所说："企业的经营要对当地人民有利，对所在国家有利，对环境有利，对客户有利，只有这样才能对企业有利，才能实现可持续发展。"

最后，参加活动的嘉宾深入项目现场，从纸机车间、自动化卷包车间再到零排放车间，参观工厂生产线。

如皋市召开新能源汽车产业发展研讨会

12月23日，由市工商业联合会(总商会)、如皋经济技术开发区汽车及零部件产业园、如皋市汽车及零部件商会主办的新能源汽车产业发展研讨会在开元名都大酒店召开，来自全国各地的专家学者、主机厂代表、部分汽车零部件商(协)会代表齐聚一堂，共商产业新机遇，共谋发展新未来。国家信息中心副主任、高级经济师、国家发展和改革委员会高级经济师评审委员会委员、国家发展和改革委员会

12 月 23 日，如皋市新能源汽车产业发展研讨会活动现场 （邱宇 摄）

战略性新兴产业专家委员会专家、商务部市场战略专家徐长明，清华大学汽车发展研究中心主任、清华大学教授、博士生导师李显君，南通市委统战部副部长、南通市工商联党组书记吴亚军，何益军、王鸣昊、司祝建、张元健等如皋市四套班子领导参加活动。

市委书记何益军在致辞时说，如皋抢抓新一轮科技革命和产业变革加速孕育的大势，持之以恒发展汽车及零部件产业，建成国家级科技企业孵化器、国家火炬特色产业基地、国家知识产权试点园区等创新载体，形成以“公路之王”斯堪尼亚为龙头，江苏华永、势加透博等企业为支撑的产业链条，五年内产值有望突破 500 亿元。他希望大家准确把握机遇，在智能制造、低碳节能、绿色环保、产品研发、技术创新等方面，积极作为、狠下功夫，提升产业链现代化水平，强化竞争力，也希望各位行业企业的专家学者更加关注如皋、宣传如皋、支持如皋，多到如皋走一走、看一看，寻找发展机遇，携手共创未来。

吴亚军表示，汽车及零部件是南通市重点发展的 16 条优势产业链之一。此次研讨会是推进新能源汽车产业信息互通、合作交流的有效平台，也是促进如皋汽车及零部件产业转型升级、加快发展的良好机遇。他希望，如皋以此次研讨会为契机，建立政府、园区、商会、企业之间密切沟通机制，推动政企深度合作，为新能源汽车产业高质量发展提供有力支撑，同时也希望如皋市工商联积极营造“敢为敢闯敢干”的浓厚氛围，全面开启以“两个健康”引领民营经济高质量发展的新模式，持续为企业提供支持，提振民营企业发展信心，为企业高质量发展注入强劲动能。

活动对如皋市汽车及零部件产业发展进行推介；李显君、徐长明分别就《汽车产业核心趋势与传统车企转型》《新形势下汽车产业发展趋势》作学术报告，分析当下国内汽车市场发展趋势和新能源汽车产业的竞争格局、机遇与挑战，并从产业发展核心趋势、产业新生态、传统车企战略转型规划等方面为如皋市汽车及零部件企业的未来发展指明方向。

活动中，如皋市汽车及零部件商会分别与江苏省工商联汽车销售商会、宁波市新能源产业商会、常州市汽车产业协会等商（协）会进行签约；一汽解放集团股份有限公司、三一重卡研究院等主机厂企业代表作企业介绍。

·重要事件·

如皋市举办“兔年迎新 钟声祈福”活动

1月21日，如皋市在中山路钟楼举办“兔年迎新 钟声祈福”活动　　　　（汤乾伟　摄）

1月21日（除夕）晚，如皋市举办“兔年迎新 钟声祈福”活动，通过在中山路钟楼进行灯光表演、敲迎新钟声、抢守岁红包等方式，迎接兔年春节。市委书记何益军以视频形式向全市人民致以新春祝福。副市长崔建村在中山路钟楼参加活动。

活动现场，“兔年贺岁”“如皋如歌”“花开富贵”等主题灯光表演轮番上演，现场的市民纷纷拿起手机拍照、录影、参与互动，记录下这一美好的时刻……不少市民都是一家人一起早早赶来现场，共同迎接久违的节日狂欢。

“3——2——1，新年快乐！”当天晚上10点整，寓意“十全十美”的十下钟声响起。现场欢呼一片，人们相聚在一起，一边祈愿、一边期待兔年春节的到来。“希望新的一年工作顺利！”“祝大家兔年心飞扬，万事皆顺畅。”“祝阖家幸福，万事如意，快乐常在！”伴随着现场的欢呼声，倾诉心愿、互送祝福的声音此起彼伏。

“岁序更替，华章日新。值此辞旧迎新之际，我谨代表市委、市政府，向全市人民致以新春的祝福！向所有关心、支持和参与如皋发展事业的社会各界朋友，致以最诚挚的问候和最美好的祝愿！”“十全十美”的钟声落下，何益军第一时间在视频中向全市人民送去新春祝福，并恭祝大家阖家幸福、万事如意。

时隔28年，中山路钟楼的钟声再次在如皋这片土地上响起。在旧时，这座钟楼主要用于报时和警戒，1995年，因旧城改造，钟楼被拆除，2022年，如皋市委、市政府响应广大市民的呼吁，重建钟楼。建成后，钟楼钟声再一次在阖家团圆、共迎新春之际响起，带给全市市民的，不仅是穿越时光和记忆的那一份独一无二的仪式感，更是新一年生机盎然的新未来。不少居民表示，时隔多年，大家一起在钟楼迎新年的场景还能重现，让人感到格外的欣喜。他们希望，新的一年，大家都能像重现的钟楼和钟声一样，以新面孔、新姿态迎接崭新的未来。

如皋市在沪企业家商会举行换届大会

4月2日,如皋市在沪企业家商会换届大会活动现场

(如皋市工商联 提供)

4月2日,如皋市在沪企业家商会换届大会在上海举行。上海市原副市长沙麟,中国科学院院士、东华大学材料科学与工程学院院长朱美芳,上海市工商联副主席杨茜,全国政协委员、全国工商联常委、上海市江苏商会会长、月星集团董事局主席丁佐宏等嘉宾,以及何益军、王鸣昊、司祝建等如皋市四套班子领导参加会议。

会议宣读如皋市在沪企业家商会第二届领导班子选举结果和《关于同意中共如皋市在沪企业家商会支部委员会选举结果的批复》。

与会领导分别为商会高级顾问颁发聘书,为商会会长、商会党支部书记、商会执行会长、副会长、秘书长、监事长,商会青年分会、妇女联合会等分会负责人以及商会九个片区联络负责人授牌。

市委书记何益军对该商会成立以来取得的工作成效表示肯定,就做好商会下一阶段工作,何益军要求,要用心服务,充分整合在沪如皋元素,探索创新扁平化服务体制,完善协调联络、互助合作机制,搭建集人才服务、技术支持、政策信息等功能于一体的服务平台,当好政企沟通的桥梁、企业合作的枢纽、开放交流的窗口。要用力传承,秉承如皋先贤沙元炳重实业、兴教育、造福乡里的宝贵精神财富,呼吁更多新乡贤在经济社会发展的方方面面作出贡献,争做有立场、有理想、有情怀、有坚守、有匠心的新时代"如商"。要用情守护,发挥人脉广、市场熟、理念新的优势,在经贸洽谈、引资引智、科技合作、文化交流等方面,为如皋高质量发展添砖加瓦。市委、市政府也将大力弘扬"四敢"精神,持续擦亮营商环境全省第一的金字招牌,写好"总部+产业协同基地""孵化在上海、转化在如皋"的精彩篇章。

杨茜希望,如皋市在沪企业家商会要加强学习,帮助企业家树立信心,提高认知模式,既学习好党的二十大精神和相关政策方针,也学习好专业知识。要做实服务,以企业需求为中心、以企业目标为导向,帮助企业抓住机遇、增强本领。要增强凝聚力,培塑如皋企业家形象,建立共同价值追求,明确核心定位,实现自我超越,真正做到抓好机遇、守正创新、蓬勃发展。

会上,如皋市在沪企业家商会与5家银行共同签订战略合作协议。

如皋市社会治理综合服务中心正式启用

5月24日，如皋市社会治理综合服务中心揭牌仪式现场　（汤乾玮　摄）

5月24日，如皋市举行“如皋市社会治理综合服务中心”暨“华东政法大学新时代枫桥经验与中国式现代化研究院理论研究实践基地”揭牌仪式。浙江省新时代枫桥经验研究院院长、浙江大学新时代枫桥经验研究院院长金伯中，华东政法大学政府管理学院院长、新时代枫桥经验与中国式现代化研究院院长任勇，南通市委政法委常务副书记殷蓓，如皋市领导何益军、丁兴华、程瑞琴、缪爱诚、陈刚、陈小燕参加活动。

如皋市社会治理综合服务中心，位于如城街道福寿路、益寿南路东南，2023年3月完成建设。中心整合市综治中心、市域社会治理现代化指挥中心（如皋市网格化服务管理中心）、矛盾纠纷调处中心、人民来访接待中心、诉讼服务中心、公共法律服务中心、行政复议办案中心、法律援助中心、特殊人群管理服务中心、非诉讼服务中心、涉法涉诉联合接访中心等。一楼设置诉求表达、利益协调、权益保障三大通道，分为综合服务大厅和信访矛盾综合调处区，前端服务窗口与后端接待化解，形成“前店后厂”式的综合解纷新模式。

市委书记何益军在致辞时指出，社会治理综合服务中心要坚持高站位开局，围绕“一站式受理”“一揽子调处”“全链条服务”，在共建共治共享上下功夫、在提升服务能力上动真章、在便民利民惠民上出实招；要坚持高标准推进，把民意诉求作为第一信号、把群众满意作为第一标准、把化解矛盾的质量效率作为第一目标，全力打造市域治理“如皋样板”；要坚持高效率办理，进一步聚合为民服务的生命力、联动协作的凝聚力，在解决基层群众面临的难题上做好示范，在解决基层发展面临的难点上打好头阵，将中心合力打造成综合治理的“参谋部”、基层治理的“枢纽站”、矛盾调处的“终点站”，推动新时代“枫桥经验”在如皋落地生根。

殷蓓在致辞时表示，如皋市委、市政府高度重视社会治理现代化创新实践，大力弘扬治沙优良传统，深入推进县镇两级社会治理综合服务中心建设，创新实施基层社会治理“三年百村精品”工程，“长安雉水、法治如皋”取得实质性成效，群众安全感连续多年位于全省前列，为南通社会治理创新和更高水平平安建设贡献积极力量。她希望，如皋以此次揭牌仪式为契机，进一步坚持和发展新时代“枫桥经验”，进一步推进社会治理现代化体制机制创新，进一步研究完善矛盾纠纷化解“路线图”和平台机制建设、信息系统建设，在法治化轨道上更好化解各类矛盾纠纷，切实把问题隐患解决在县域、化解在基层，不断提升人民群众的安全感、幸福感和获得感。

活动中，殷蓓与何益军共同为“如皋市社会治理综合服务中心”揭牌；华东政法大学政府管理学院党委副书记、副院长贾萍与如皋市委副书记丁兴华共同为“华东政法大学新时代枫桥经验与中国式现代化研究院理论研究实践基地”揭牌。

如皋市历史文化名城保护中心正式揭牌

6 月 16 日，如皋市历史文化名城保护中心正式揭牌。江苏省住建厅厅长王学锋，如皋市领导何益军、张元健、顾留忠、崔建村参加活动。

活动中，王学锋与如皋市委书记何益军共同为如皋市历史文化名城保护中心揭牌。该中心将致力于保护如皋市历史文脉、推进城市更新、提升城市形象，扩大城市知名度、美誉度和影响力。

该中心的正式揭牌，标志着如皋申报国家历史文化名城和历史文化保护工作走上新的征程。活动要求，各镇（区、街道）要进一步提高站位，凝心聚力、加压奋进，以更加务实的举措推进如皋市历史文化保护与传承，为申报国家历史文化名城、建设古老文化和现代文明相交融的新如皋共同努力。

6 月 16 日，如皋市历史文化名城保护中心揭牌仪式现场 （邱宇 摄）

随后，王学锋一行实地调研水绘园风景区、东大街历史文化街区、中山路钟楼等处，通过历史遗存、文字史料、名人旧事、盆景古木，深入感受如皋市独特绵长的长寿文化、盆景文化、水绘文化等。

调研中，王学锋表示，如皋有着深厚的历史文化底蕴，相关古迹保存完好，工作人员研究深入，特别是历史街区既传承生活功能，又进行有效的旅游推广，申报国家历史文化名城工作取得阶段性成效。就做好下一步工作，王学锋要求，在水绘园风景区建设方面，要以慎之又慎的态度，做好东水关等文化遗产的修缮展示工作，从材料、样式等细节入手，保证景观的“原真性”；要提前把关建设方案，引入专业团队广泛参与，深入挖掘蕴含在历史建筑中的文化内涵，理清文化脉络，全面提升景区的历史厚重感和文化品位。在东大街历史文化街区打造方面，要在保留“烟火气”的基础上，充分尊重街区布局和地方文化，适当增加经营、旅游、文化等业态；要解放思想，坚持“自下而上”的原则，积极引导社会资本、文化群体、年轻人群等多方力量共建共治，保持街区发展的多样性，激发老街区的新活力；要守住街区原有风貌，及时推进老旧危房改造、破损路面维修等基础性工作，最大限度展现如皋古城特有的文化属性，让古城在新时代焕发新的生机，推进传统文化创造性转化、创新性发展。

季恺事迹馆正式开馆

9月3日，季恺事迹馆开馆仪式现场　　（邱宇　摄）

9月3日是中国人民抗日战争暨世界反法西斯战争胜利78周年纪念日，当天上午，位于如皋市东大街历史文化街区的季恺事迹馆正式开馆。中国共产主义运动先驱李大钊之孙、安徽省政协原副主席、“七一勋章”获得者、党的二十大代表李宏塔，江苏省委统战部副部长徐东海，南通市委常委、秘书长王洪涛，及如皋市领导何益军、王鸣昊、朱莹滢、黄文斌、张亚鸾参加活动。

季恺，1903年出生于江苏如皋。从大革命时期的反“清党”，到土地革命时期的资助枪支弹药，再到抗日战争时期成立抗日自卫大队、助力新四军东进，季恺舍生取义、侠肝义胆、爱国报国，诠释着“把一切交给党安排”的赤子之心。季恺事迹馆共分“初觉醒 求进步”“巧统战 助东进”“心向党 志不移”三个篇章。丰富的历史照片、珍贵的实物资料、精彩的纪录短片，从不同时期、不同角度展示季恺从民主人士到共产党人统战尖兵的奋斗历程，形象立体地呈现季恺“铁心向党”的传奇人生。

市委书记何益军在开馆仪式上致辞，他说，季恺事迹馆的建成，进一步丰富拓展如皋爱国主义教育基地，对于各级党组织和广大党员群众感悟革命精神，凝聚起全市上下加快“强富美高”新如皋现代化建设的磅礴力量，具有重大而深远的意义。如皋将以事迹馆开馆为契机，牢记先烈功勋、继承先辈遗志，传承红色基因、赓续精神力量，发扬革命先辈们不畏艰难、敢于斗争、敢于胜利的革命精神，以市第十三次党代会擘画的“十四五”发展蓝图为目标，奋力推动如皋经济社会高质量发展。

王洪涛表示，打造季恺事迹馆是如皋依托革命老区优势、立足红色资源与统战工作融合互促的生动实践。他希望，如皋要进一步擦亮统战工作“鲜红底色”，全方位展示如皋厚重的红色历史文化和丰富的革命历史遗存，不断拓展统战工作的空间与阵地；要进一步打响统战教育“红色品牌”，将“红色统战”与教育相结合，依托实体资源，梳理主题主线，开发精品课程，丰富教育形式，服务统战领域的教育培训工作；要进一步提升统战文化“红色影响”，着眼于统战历史宣传和统战文化弘扬，加强事迹馆推介力度，让广大人民群众在感受统战文化的过程中，了解党的统战政策、支持党的统战工作，不断夯实大团结大联合的社会基础。

揭牌仪式由市委副书记、市长王鸣昊主持。李宏塔，徐东海，何益军，南通市委统战部常务副部长、二级巡视员马建清，无锡市住房和城乡建设局党委委员、副局长刘韶岭，季恺孙女季凡渝共同为季恺事迹馆揭牌。市委常委、统战部部长、组织部部长朱莹滢代表市委统战部接受季恺哥哥季藩后人、济南市长清区政协原主席周宝华赠送的《季恺纪念文集》。

随后举办季恺事迹座谈会，季恺后代及亲属、与季恺经历有关联的革命后代、老党史工作者、新四军研究会有关领导等分别讲述自己祖辈、父辈与季恺有关的故事，并就新时期如何更好地传承红色基因、汲取奋进力量进行交流发言。

如皋市举行电视纪录片《沙元炳》首映式

9月11日，电视纪录片《沙元炳》首映式在如皋市文化馆小剧场举行。上海市原副市长、沙元炳曾孙沙麟，江苏省政协原副主席、江苏国际文化交流中心理事长、江苏省张謇研究会名誉会长罗一民等嘉宾应邀而来，与数百名如皋各界人士一起走进岁月深处，重温先贤荣光。南通市政协党组副书记、副主席，张謇企业家学院院长单晓鸣，以及王鸣昊、司祝建、张元健、丁兴华等如皋市四套班子领导参加活动。

9月11日，大型电视纪录片《沙元炳》首映式在如皋市文化馆小剧场举行　（邱宇　摄）

首映仪式由市委常委、宣传部部长张炜龙主持。市委副书记、市长王鸣昊在首映式上致辞；副市长崔建村介绍电视纪录片摄制相关情况；知名电视片导演、《沙元炳》纪录片总编导夏骏介绍纪录片的创作背景和重要意义；王鸣昊为沙麟和罗一民颁发电视纪录片《沙元炳》总顾问聘书。

单晓鸣表示，沙元炳作为张謇先生的事业伙伴，身上具有爱国爱乡、守正创新、勇挑重担的优良品格，值得我们传承和弘扬。她希望如皋以此次首映式为契机，继续加强对本地历史文化名人资源的挖掘研究和开发利用，让更多的人了解和爱上本土文化，助推南通文化事业发展再上新台阶。

“沙元炳是中国早期现代化的先行者。”罗一民希望，如皋和南通的各行各界能够关注、研究、弘扬沙元炳的精神，从历史当中汲取营养，激励信心和斗志，谱写好地方上中国式现代化的新篇章，为建设“强富美高”新江苏作出新的更大的贡献。

“先祖沙元炳辞官归里，办教育、兴实业，探索兴国之路，他一生清正坦荡、爱乡爱民的博大胸怀值得后辈崇敬。”沙麟表示，先贤们留下的珍贵精神遗产将鼓舞我们勇毅前行，在中国式现代化的康庄大道上把家乡建设得更加美好。

活动最后，大家一起观看大型电视纪录片《沙元炳》。《沙元炳》全片共分上、下两集，总时长约112分钟，以翔实的历史事实为依据，结合实地采风、寻找实物遗存、专家访谈等表现手法，向观众展现沙元炳那份震古烁今的企业家精神、教育家思想,以及爱国爱乡的为民情怀。

活动当天,如皋市还召开沙元炳企业家精神座谈会,数十位专家学者以及如皋文化、工商等各界代表齐聚一堂,共同挖掘、传承、弘扬沙元炳企业家精神。市委书记何益军向积极弘扬沙元炳企业家精神、关心支持如皋经济社会发展的与会嘉宾表示衷心的感谢,并就进一步传承弘扬沙元炳企业家精神提出要求。座谈会上,与会嘉宾为如皋重视历史文化传承的相关做法和已取得的实际成效点赞,并围绕沙元炳的生平考证以及他对如皋的长远影响、给现实生活带来的启示等方面,畅谈各自对沙元炳先生优秀精神品质的研究和理解。

江苏省如皋中学举行建校 121 周年、独立办学 100 周年高质量发展大会

10 月 3 日,江苏省如皋中学建校 121 周年、独立办学 100 周年高质量发展大会现场 (江苏省如皋中学 提供)

10 月 3 日,江苏省如皋中学建校 121 周年、独立办学 100 周年高质量发展大会在如皋中学芝兰剧场举行,历届优秀校友代表济济一堂,畅叙教育励志情怀,共谋教育发展大计。江苏省教育厅副厅长顾月华,省政府办公厅一级巡视员、省副总督学邹宁华,南通市委常委、宣传部部长、市政府副市长陈冬梅,以及何益军、王鸣昊、张元健等如皋市四套班子领导参加活动。

活动由市委副书记、市长王鸣昊主持。校友代表南京大学党委常委、副校长邹亚军,资深电视编导、制片人夏骏,江苏红豆基金管理有限公司董事长、总经理汤嵩寅和高校代表全国政协常委、民盟中央常委、东南大学副校长金石进行交流发言。

市委书记何益军代表如皋市委、市政府向如皋中学全体师生以及广大校友表示诚挚的祝贺,向长期关心支持如皋和如皋中学事业发展的社会各界人士致以崇高的敬意和衷心的感谢。他说,如皋坚持“立德树人”宗旨,以“办人民满意的教育”为奋斗目标,加快推进如皋教育全域均衡、全阶优质、全面发展。他希望,如皋中学明确定位,扛起教育事业高质量、现代化发展的大旗,全力争创省高品质示范高中;广大校友发挥资源优势,主动对接发展需求,为如皋中学发展献计献策,为如皋繁荣贡献力量,奋力谱写“高质量教育样板城市”的精彩篇章。

如皋中学党委书记、校长季小军介绍学校发展情况。十年树木，百年树人。100 年来，如皋中学作为如皋高中教育的领头雁和排头兵，始终秉持“让每一个学生得到全面而个性化的发展”的办学理念和“尊崇生命，彰显个性”的办学特色，开启课改立校、德育兴校、质量强校的高质量发展之路，先后培养出 4 万多名各行各业的优秀人才，如中学子遍布大江南北、五湖四海，在各个岗位上作出不平凡的贡献。

顾月华在致辞时指出，如皋中学英才辈出，贡献卓著，是全省高质量发展的优秀高中代表。她希望，如皋中学要以此次大会为契机，赓续学校“崇实、求是”的优良传统，弘扬自强不息、开拓进取的时代精神；要政治坚定，勇于担当，胸怀国之大者，全面贯彻新发展理念，认真践行“培根铸魂”的神圣职责；要始终牢记初心使命，坚持人民立场，追求高品质示范高中发展目标，办人民满意的教育，全面提高人才培养质量，为中国式现代化建设输送更多卓越人才。

陈冬梅表示，如皋中学的发展，叠印着中国近现代基础教育的足迹。学校不仅成为如皋这座城市的精神家园，更擦亮了南通“教育之乡”的品牌，为江海大地的高质量发展提供了智力支撑和人才保障。她希望，如皋继续以教育之力厚植人民幸福之本，以教育之强夯实社会发展之基，带着感情带着责任继续办好人民满意的教育。各位老师树立“躬耕教坛、强国有我”的志向和抱负，争当守护三尺讲台的“筑梦人”，培养出更多的栋梁之材。各位同学练就真才实学，习得过硬本领，借助南通处于绝佳发展“风口”的大势，回到可爱的家乡，建设美丽南通和美丽如皋。

活动颁发“百年如中优秀校友突出贡献奖”，并举行文艺演出、主题为“县中内涵式高质量发展路径”的高质量发展座谈会、科技讲座、无人机表演等活动。

电视纪录片《胡瑗》在如皋开机

公元 993 年，胡瑗出生于江苏如皋，世称“安定先生”，是北宋著名的教育家、思想家。他的文化思想和教育理念既影响宋代学术风气，也历经千百年，传承至今。为进一步挖掘和弘扬胡瑗先生的精神财富，11 月 15 日，大型电视纪录片《胡瑗》拍摄开机仪式在如皋市安定小学举行。国际著名刑侦鉴识专家、

11 月 15 日，大型电视纪录片《胡瑗》拍摄开机仪式在如皋市安定小学举行　（邱宇　摄）

美国纽黑文大学终身教授李昌钰博士及其夫人蒋霞萍，何益军、司祝建、张元健等如皋市四套班子领导，知名电视片导演、《胡瑗》纪录片总编导夏骏，电视纪录片《胡瑗》赞助人、江苏九鼎集团董事长顾清波参加活动。

开机仪式上，市委书记何益军为李昌钰等嘉宾颁发“历史文化名城特别贡献奖”；与会嘉宾共同为电视纪录片《胡瑗》揭彩开机；市委常委、宣传部部长张炜龙以及李昌钰博士先后致辞。

电视纪录片《胡瑗》是继《沙元炳》之后，又一部以如皋名贤为主角的大型电视纪录片。该片将立足信史，结合实地采风、文物遗存、专家访谈，以历史再现、实景拍摄、动漫插画等艺术表现手法，在故事化的讲述中，重温这位伟大教育家、思想家道济天下的不倦追求，以及对后世的深远影响。作为电视纪录片《胡瑗》的总编导，夏骏表示，接下来一段时间，他会尽全力打造好《胡瑗》纪录片，为家乡，也为中华文化的建设贡献自己的一份力量。

活动中，副市长崔建村宣读中华文化促进会主席王石对《胡瑗》纪录片开机拍摄发来的贺信；顾清波围绕“民族企业助推文化事业发展”作交流发言；安定小学的学生们献上精彩演出。

李昌钰刑侦科学博物馆二期开馆

11 月 17 日，与会领导和嘉宾共同为“李昌钰刑侦科学博物馆二期开馆”剪彩　（邱宇　摄）

11 月 17 日，李昌钰刑侦科学博物馆二期开馆仪式暨第四届国际司法警政刑侦科学教育文化大会开幕式在如皋市举行。国际著名刑侦鉴识专家、李昌钰鉴识科学研究中心创始人李昌钰博士，中国科学院院士杨焕明，最高人民法院咨询委员会副主任、中国法学会案例法学研究会会长胡云腾，江苏省委统战部副部长、省侨办主任徐开信，江苏省侨联党组书记、主席刘标，南通市委常委、统战部部长王小红，以及何益军、司祝建、张元健、丁兴华等如皋市四套班子领导，与来自 20 多个国家和地区的法庭科学和刑事司法领域 300 多位领导和专家参加此次活动。

李昌钰刑侦科学博物馆二期工程位于一期西侧，总建筑面积约 8400 平方米，地下一层，地上四层。新馆一至三层为常设展区，以李昌钰博士捐赠的藏品和其他专家学者捐献的展品为载体，以李昌钰博士专业生涯同轨的法庭科学发展史为索引，以李昌钰博士传奇人生和科学逻辑为展览主线，将法庭科学专业知识和李昌钰博士的经验总结贯穿始终，突出刑侦(法庭)科学各个学科展示、世界刑侦(法庭)科学的发展史。二期工程建成后将全面展示法庭科学知识体系和国内外前沿刑侦技术研究成果，是司法刑侦鉴识科学公共教育平台和国际司法警政交流平台，对于宣传法庭科学知识、强化司法警政刑侦科学教育交流、提高如皋市国际知名度具有重要意义。

如皋市委书记何益军在致辞时向参与博物馆建设、关心支持如皋经济社会发展的各界人士表示感谢。

李昌钰博士在讲话时表示，李昌钰刑侦科学博物馆是一个向世界展示如皋勤奋发展、安居乐业的平台，也是一座如皋通往世界的桥梁。博物馆的顺利建成，离不开很多人的努力，它并不属于个人，而是大家的共同财富。他希望当前先进的鉴识科学技术与如皋灿烂悠久的历史文化相结合，迸发出美丽的“火花”，共同在如皋的发展历程中写下辉煌的一页。

活动中，王小红、徐开信先后致辞，克罗地亚法医专家和遗传学专家德拉甘·普里莫拉茨、波兰华沙大学法学院院长塔德乌什·托马谢夫斯基和中国科学院院士杨焕明发表演讲。

仪式上，何益军接受部分与会专家代表捐赠的物品。李昌钰博士宣布李昌钰刑侦科学博物馆二期开馆。与会领导和嘉宾共同为“李昌钰刑侦科学博物馆二期开馆”剪彩，随后参观新落成的李昌钰刑侦科学博物馆。

陈从周纪念馆在水绘园落成

2023年恰逢陈从周先生105周年诞辰，为纪念陈从周，挖掘放大如皋传统文化资源。11月26日，纪念陈从周先生105周年诞辰活动暨陈从周纪念馆落成仪式在如皋水绘园风景区内举行。陈从周长女陈胜吾，市领导何益军、崔建村参加活动。

11月26日，纪念陈从周先生105周年诞辰活动暨陈从周纪念馆落成仪式现场 （邱宇 摄）

陈从周作为集风景园林、古建筑、绘画、书法、诗词散文、文物鉴定、戏曲评论于一身的一代园林宗师、人文巨匠，在弘扬中国传统文化以及建设现代文明上有着不可磨灭的贡献。陈从周有著名的“造园三章”，重建水绘园便是他最为生动的造园实践之一。此外在他的极力推动下，如皋“双河环绕”城市格局得以保留，东大街明清民居错落有致，老街小巷古朴典雅，古城如皋如获新生，城市文化得以传承、城市文明得以延续。

陈从周与如皋渊源颇深，“如皋好，信步冒家桥”，一首《忆江南》至今仍是一代如皋人的共同回忆。市委书记何益军在致辞时说，近年来，如皋聚焦历史文化名城打造，从陈从周“动观静观，小中见大”的造园理念、“严谨专注、精益求精”的工匠精神中，不断汲取养分，全力书写文化本身“挖掘阐释、传承弘扬”，遗址遗迹“保护管理、提升利用”，文旅融合“龙头带动、以旅弘文”的大文章，推动古城保护与开发相协调、融合与创新相结合，城市的历史文化与现代文明交相辉映。他希望各位专家为“水绘文化”的深入挖掘出谋划策、多提意见。如皋将认真梳理，吸收借鉴，把古城保护和文化传承作为赓续历史文脉的千年大计，以规划引领绘就“最靓底色”、以修旧如旧讲好“如皋故事”、以活化利用展现“最佳价值”、以统筹兼顾实现“最强共振”，让古城“活”起来，持续提升人民群众生活品质，全力将如皋打造成历史文化旅游名城、沿江科创智造产业基地、绿色生态宜居康养城市。

陈从周纪念馆落成仪式由副市长崔建村主持。与会领导嘉宾共同为纪念馆揭牌；何益军为陈胜吾姐妹颁发名誉馆长证书；国家外汇管理局首任局长、中国人民银行原副行长、中国交通银行原董事长殷介炎向陈从周纪念馆赠送瓷瓶；何益军、陈胜吾共同为陈从周铜像揭幕。

仪式结束后还举行纪念陈从周先生 105 周年诞辰暨第 5 期“水绘讲堂”开讲活动，正式成立“名匠工作站”和“水绘园风景区保护与发展专家委员会”，邀请众多专家、学者共同参与，助力水绘园内部品质提升，推动水绘园回归文化属性，为如皋市城乡建设、历史文化保护传承和历史文化名城名镇名村保护等工作“把脉问诊”。

康瑞高性能金属复合材料及零部件制造项目正式投产

2月6日，康瑞高性能金属复合材料及零部件制造项目投产启动仪式现场 （邱宇 摄）

2月6日，康瑞新材料科技（南通）有限公司高性能金属复合材料及零部件制造项目正式投产。该项目从签约到投产仅用100天，2023年预计销售收入超20亿元。南通市委副书记、市长吴新明，南通市政府副市长、秘书长凌屹，江苏康瑞新材料科技股份有限公司董事长朱卫，如皋市领导何益军、王鸣昊、丁兴华、顾留忠、卢志敏、杜晓峰等参加启动仪式。

启动仪式由如皋市委副书记、市长王鸣昊主持。

如皋市委书记何益军在致辞时期待康瑞新材料以此次量产为新的起点，抢抓产业发展机遇、融入创新发展大局，加快推进后续项目和研发中心建设，坚定不移走智能化、绿色化和品牌化发展道路，用敢为、敢闯、敢干、敢首创不断刷新创新发展“新高度”。同时表示，如皋市将深入落实南通持续推进“机关作风建设提升年”“营商环境提升年”工作要求，一如既往地为项目建设提供鼎力支持、为企业壮大做好优质服务。

吴新明代表南通市委、市政府对康瑞新材料高性能金属复合材料及零部件制造项目投产表示祝贺。他希望康瑞新材料抢抓机遇、坚持创新，进一步加大产品研发投入，持续推出更多更具竞争力的新产品，努力抢占更多市场份额；同时，他也诚邀各位企业家朋友和投资人考察南通、了解南通，把更多优质项目落户到南通、更多合作伙伴引荐到南通。他表示，南通将全心全意当好服务企业的“店小二”，全力打造“万事好通”营商服务品牌，为企业可持续发展排忧解难、保驾护航。

朱卫对南通、如皋两级市委、市政府对项目顺利投产给予的大力支持表示感谢。康瑞南通工厂项目位于如皋经济技术开发区，一期总投资20亿元，立足于向世界提供高性能异种金属复合材料及零部件，未来将成为康瑞科技最重要的发展载体，现二期、三期项目建设规划正在积极推进中，康瑞将在如皋努力耕耘，用研发创新、产品创新、管理创新为企业持续发展增添新的动力。

启动仪式上，与会领导、嘉宾共同为项目投产按下启动键；启动仪式前，与会领导、嘉宾还进行会谈，并参观企业研发中心及生产线。

新金属材料国家重点实验室南通正海研发基地在如皋揭牌

6月28日，新金属材料国家重点实验室南通正海研发基地揭牌仪式现场　　（邱宇　摄）

6月28日，南通正海磁材有限公司投产典礼暨新金属材料国家重点实验室南通正海研发基地揭牌仪式举行。全国政协常委、中国工程院院士李卫，中国科学院院士、南京理工大学教授陈光，正海集团有限公司党委书记、董事长秘波海，南通市副市长、秘书长凌屹，以及如皋市领导何益军、王鸣昊、陈鸣华、刘晓洁参加活动。

南通正海磁材有限公司是创业板上市公司烟台正海磁性材料股份有限公司的全资子公司。此次高性能稀土永磁体研发生产基地项目由南通正海磁材有限公司投资建设，项目总投资50亿元，占地面积515亩，全部达产后，年产高性能永磁材料18000吨，预计年销售额90亿元，将是全球最大的稀土永磁体研发生产基地。

正海集团有限公司总经理、烟台正海磁性材料股份有限公司董事长王庆凯在致辞时为如皋优质的营商环境点赞。他说，项目的顺利投产，离不开各级党委政府的大力支持，相关专业团队在项目备案、规划、前期准备、后期保障等方面充分整合资源、精准高效对接，高质量的服务让项目快速推进，让发展信心更加充足。该项目投产后将有力支撑新能源汽车、风力发电、智能装备等战略性新兴产业的发展，企业将以工艺先进、物流高效、自动智能、环境友好的现代化工厂为目标，持续加大投入，打造行业新标杆。

如皋市委书记何益军向与会嘉宾介绍如皋经济社会发展情况。何益军表示，高性能稀土永磁体项目的顺利投产和研发基地的揭牌，将有力促进如皋市新材料产业链做大做强，也必将会为如皋高质量发展注入强劲动能。他希望正海磁材抢抓机遇、深耕主业、不断创新，持续增强核心竞争力，加快向世界一流企业迈进；他同时希望更多专家和企业家关心如皋、支持如皋，共享发展机遇、共创美好未来。如皋市委市政府将秉持亲商、富商、安商的理念，以更加优质的“如皋如意”营商环境，让企业安心投资、放心发展。

凌屹在讲话时指出，新材料是南通重点培育的优势产业之一。南通正以产业整合、链条延伸、平台建设等为抓手，大力引培重点项目、龙头企业，积极推进智能化改造、数字化转型。他希望各位专家多为南通新材料产业发展出谋划策、传经送宝；期待正海集团更加信赖南通、投资如皋，结出更多合作硕果。

李卫表示，稀土是宝贵的战略资源，应用在生产生活的方方面面，对我国制造业的发展有着不可或缺的作用。正海磁材的企业发展史一定程度上反映我国稀土新材料产业的发展史，企业的长远眼光、高校院所的技术支持和如皋的优质营商环境，必将促使正海磁材在相关领域取得更大突破。

活动中，秘波海宣布南通正海磁材有限公司正式投产，与会嘉宾共同为新金属材料国家重点实验室南通正海研发基地及正海磁材—北京科技大学前沿材料联合研究中心南通实验室揭牌。该研发平台由正海磁材与北京科技大学联合建立，由李卫、陈光等十位院士、专家组成学术委员会，将在科学研究、成果转化、人才培养等方面开展一系列合作。

活动中，相关协会、供应商、客户代表围绕深度合作，进行交流发言。随后，与会人员实地参观企业厂区。

江苏皋鑫电子半导体芯片项目开工

8月18日，江苏皋鑫电子有限公司半导体芯片项目举行开工仪式。市委书记何益军，市委常委、副市长、如皋高新区党工委书记陈鸣华，副市长孙得利参加活动。

活动中，与会领导和嘉宾共同为开工项目培土奠基。

8月18日，江苏皋鑫电子有限公司半导体芯片项目开工仪式现场

（孙蒙露　摄）

江苏皋鑫电子有限公司是由浙江中晶科技股份有限公司和南通皋鑫电子股份有限公司合资设立。浙江中晶科技股份有限公司是一家专业从事半导体单晶硅材料、芯片元件研发生产销售的国家高新技术企业，于2020年12月18日在深交所主板上市，公司产品实现在细分领域的进口替代，解决半导体材料生产的卡脖子工程，产品供给境内大部分芯片制造企业，以及境外日本、美国等高端分立器件、功率器件芯片制造企业和终端用户，是国内半导体材料的头部企业。此次开工的半导体芯片项目主要从事半导体材料与器件的生产研发，总投资10亿元，项目建成后预计年产1200万片器件芯片用硅扩散片、8亿支特种高压二极管和4亿支汽车用高功率二极管，预计实现年应税销售10亿元，税收4500万元。

陈鸣华在仪式上致辞。他希望项目投资方和施工单位要按照既定投资计划和时间节点，高标准建设、高质量管理、高效能推进，确保项目早投产、快见效；市级相关部门要坚持用户思维，进一步提升工作效能，聚焦项目审批和用电用工等要素保障，为企业提供全面、细致、周到的服务。他表示，高新区全体同志将全力为项目提供最优服务，进一步强化统筹协调、破解瓶颈制约，以更高质量的营商环境保障企业聚力创新、跨越发展。

如皋高新区——颐高集团园区合作暨入驻项目集中签约仪式举行

9月19日，如皋高新区——颐高集团园区合作暨入驻项目签约仪式现场

（邱宇　摄）

9月19日，如皋高新区—颐高集团园区合作暨入驻项目集中签约仪式举行。颐高集团副总裁蔡晓君，如皋市领导何益军、王鸣昊、陈鸣华参加签约仪式。

颐高集团是全国领先的数字经济、产业园区投资运营商。十多年来，一直在科创载体孵化运营上深耕细作，尤其以数字经济、人力资源、文化创意等领域的科创赋能为标识，成为行业的翘楚，先后被评为“中国电子商务百强企业”、“国家中小企业公共服务平台”、浙江省第一家民营“国家级科技企业孵化器”、浙江省“首批数字经济园运营商”等。此次签约后，颐高集团将与如皋软件园在数字经济、软信服务、总部经济等方面展开合作，共同赋能“青年友好型城市”建设，打造“创业青年打卡点”，续写众多的创业故事。

签约仪式上，市委书记何益军对颐高集团一行的到来表示诚挚的欢迎。他说，作为如皋创新发展的主阵地，高新区一直以“高”“新”引领全市新兴产业的发展。如皋软件园是全市重点培育发展的专业化园区，2009年就获得“省级软件园”称号，是国家火炬计划软件产业基地，是上海大都市圈空间协同规划当中一个重要的县级节点，在整个长三角地区也是极其稀缺的软件与新一代信息技术产业发展的重要集聚地。近年来，如皋软件园无论是载体建设、项目培育，还是青年友好型的服务配套，都取得良好的成绩。他表示，下一步，高新区要向专业化、品牌化、高端化转型，做好入驻项目的服务，加快打造具有鲜明标识度的青年人才集聚、双创氛围浓厚的软件信息产业发展集聚区。希望颐高集团能够与如皋软件园开展深度合作，引入一批更高质态的科创项目、总部经济项目入驻，共谋发展、共创辉煌。

蔡晓君感谢如皋市委、市政府对颐高集团的关心。他说，颐高集团是中国最早的一批民营的国家级科技孵化器企业，在科技创新、人才创新、数字赋能等方面有非常丰富的经验，也有非常完善的资源体系。如皋软件园是一个非常好的创新载体，有非常好的区位优势、产业政策和服务团队，他希望越来越多的企业家能够尽早落户如皋，积极投身到如皋的大发展当中。他表示，颐高集团将把南通、如皋作为 2023 年企业发展的重点，尽全力把项目做好，把资源优势发挥出来，让更多年轻人汇聚到如皋，在这片发展的热土上安心工作，为如皋的将来创造更大的价值和贡献。

活动中，颐高集团还与杭州软通信息技术服务有限公司、杭州元杰环保科技有限公司、杭州罗丽网络科技有限公司、浙江糖禾农业科技发展有限责任公司进行首批入驻项目集中签约。

斯堪尼亚动力总成项目暨全市重大产业项目集中开工仪式举行

10 月 29 日，如皋市举行斯堪尼亚动力总成项目暨重大产业项目集中开工仪式。南通市委书记、南通市人大常委会主任吴新明，以及何益军、王鸣昊、司祝建、张元健、丁兴华等如皋市四套班子领导参加活动。

10 月 29 日，斯堪尼亚动力总成项目暨全市重大产业项目集中开工仪式现场 （邱宇　摄）

斯堪尼亚亚洲工业运营总裁 Ruthger de Vries 向与会嘉宾介绍项目情况。至 2023 年，斯堪尼亚已连续 6 年获得绿色卡车奖，在保有低油耗动力总成系统的同时，将开发一套全新的动力系统，使用新系统的卡车可降低 15%~20%的二氧化碳排放量。该项目将生产出世界领先水平的动力总成系统，在未来引领潮流。Ruthger de Vries 希望，接下来各方可以展开更加紧密的合作，共同为如皋、客户、斯堪尼亚打造“三赢”的方案，让如皋成为中国卡车中心，谱写卡车行业发展新篇章。

斯堪尼亚亚洲工业运营副总裁 Ino Moberg 进行交流发言。他说，自 2020 年开始，斯堪尼亚与如皋保持着良好的合作关系。动力总成作为二期项目将包括发动机、变速箱、车桥组装、涂装、测试及物流等，预计于2025年建成，设计年产能为5万台。希望大家围绕“安全、质量、交付”三个主题，着力消除风险，建设质量工厂，让项目早日投产达产。

如皋市委书记何益军在致辞时介绍如皋市经济社会发展情况。他指出，此次动力总成项目的开工代表着一个企业与一座城市，在共同的发展理想牵引下，谱写着深度合作的续章、开启一段又一段携手奔赴的新征程。如皋市将以集中开工仪式为新起点，掀起新一轮全员拼抢好项目、全力攻坚大项目的热潮，为产业高质量发展积蓄新动能；将与斯堪尼亚集团加强深度合作、拓展政企合作领域，进一步携手开拓政企互利共赢发展新局面；将集中力量、集成政策、集聚资源，提供高质量、精准化的服务，不断润养项目成长。

活动中，与会领导共同为项目开工培土奠基。此次共有13个重大产业项目集中开工，预计总投资125亿元，涵盖汽车及零部件、电力装备、新材料以及生命健康等多个领域，将为如皋市产业高质量发展提供更有力的支撑、注入更强劲的动能。

随后，各镇（区、街道）分别汇报开工项目情况，表示将奋力冲刺四季度，确保完成全年目标任务。何益军就项目推进情况，逐一进行点评。

如皋市举行年产2万吨高性能芳纶及复合材料项目签约仪式

12月10日，如皋市举行年产2万吨高性能芳纶及复合材料项目签约仪式　　（邱宇　摄）

12月10日，如皋市举行年产2万吨高性能芳纶及复合材料项目签约仪式，又一中国行业创新引领企业落户如皋经济技术开发区。中芳新材料有限公司总经理连业科，如皋市领导何益军、王鸣昊、丁兴华、顾留忠、卢志敏、杜晓峰、孙得利参加活动。

中芳新材料有限公司是专业从事芳纶纤维及其复合材料研发与生产的企业，先后被认定为山东省“专精特新”中小企业、山东省技术创新和产学研合作先进单位、山东省创新转型优胜企业、东营市科技型企业、国家高新技术企业，成立山东省省级中小企业“一企一技术”研发中心、山东省高强纤维材料工程实验室等研发平台，致力于打造具有全球竞争力的世界一流高性能纤维企业。

市委书记、如皋经济技术开发区党工委书记何益军对项目签约落户表示欢迎。他说,这次如皋和中芳新材料有限公司的合作,是中国的行业创新引领企业和国家创新型县(市)的美好结合。近两年来,如皋市相继获批江苏省创新型示范县市、“科创江苏”试点县市,入围国家创新型县(市),跃居全国科技创新百强县(市)第10位,科技创新主要指标均处于南通第一方阵。他强调,相关部门要用更加求真务实的工作,用全方位贴心的服务,围绕项目落户和下一步进展,提供一流的营商环境服务。他希望,企业能加强与如皋的深度合作,在芳纶层面往前沿去做,往下游去做,打造整个生态产业链,带动更多的资源到如皋发展,在长寿之乡如皋厚积薄发打造百年企业、长寿企业。

中芳新材相关负责人表示,公司与如皋结缘已久,在如皋体会到市委、市政府对企业的关心和支持,感受到浓厚的大抓项目氛围和优质营商环境,对项目落地和投资如皋有很强的信心。下一步,公司将尽快推进项目开工建设,在行业细分领域不断加强与如皋的深度合作,为促进如皋经济社会发展作出积极贡献。

活动中,中芳新材料有限公司还与中国农业银行如皋支行签订全面合作框架协议。

如皋市获评2022年度全国村庄清洁行动先进县

3月2日,农业农村部、国家乡村振兴局印发《关于通报表扬2022年全国村庄清洁行动先进县的通知》,对94个措施有力、成效突出、群众满意的村庄清洁行动先进县予以通报表扬。江苏省仅3个县(市、区)获此殊荣,如皋市榜上有名。

2022年,如皋市在继获得全省农村人居环境整治提升工作评估第一等次的基础上,接续实施农村人居环境整治提升五年行动,弘扬治沙优良传统,全面掀起整治新高潮,促进全市农村人居环境整体提升。村庄清洁行动深入开展。2022年全市各村(社区)共组建保洁队伍535支,吸纳农村保洁人员3885名,开展村庄清洁行动53555场,组织动员参与村庄清洁行动60万余人次,清运垃圾185万立方米,清理村内河塘沟渠、排水沟46209处。农村生活污水治理和农村水环境治理持续推进。至2022年,全市共有农村生活污水治理施工队伍82支,投入施工人员550余人,已完工12000户,完成率100%;2022年全年建设农村生态河道36条,建成"水美乡村"水环境治理网红打卡地4个。农村厕所革命稳步推进。2022年全年新建改造农村户厕13404座;整村推进项目村整改达标户2422座。乡村绿化美化水平大幅提升。通过"整""议""改""评"将"庭院评比"落到实处,再好中选优,2022年全市共评选出"美丽庭院示范户"197户,共有13个村(社区)参与省级绿美村庄创建工作。乡村风貌保护持续加强。截至2022年,全市共8个村庄获得省级特色田园乡村命名,6个村庄获得省级传统村落命名。农村生活垃圾治理大力推进。各镇(区、街道)共计取缔垃圾池2436个,完成312个村级生活垃圾中转点改造工作,"户分类投放、村分拣收集、镇回收清运、有机垃圾生态处理"的四分类收集处理体系建设稳步推进。村庄公共环境持续改善,2022年建成约40千米通居路,建成9条美丽农村路,消灭存量危桥,农村公路隐患治理率达100%。农村住房条件持续改善。重点推进1980年前建的农房改造改善,支持鼓励1981年至2000年所建农房进行改善,对有安全隐患的优先及时改造。截至2022年,已完成农村住房条件改善1100户。

下一步,如皋市将继续围绕农村人居环境整治提升五年行动目标,积极探索"自己的河道自己管护、自己的道路自己清扫、自己的庭院自己整理"的长效工作机制,不断激发群众参与度,推动农村人居环境持续改善,建设美丽宜居乡村。

如皋市人民检察院荣膺全国巾帼建功先进集体

3月，全国妇联表彰2022年度全国三八红旗手标兵、全国三八红旗手、全国三八红旗集体和全国巾帼建功标兵、全国巾帼文明岗、全国巾帼建功先进集体等一批先进典型，如皋市人民检察院获评“全国巾帼建功先进集体”，是全省检察系统唯一获此殊荣的单位。

7月28日，南通市妇联为如皋市人民检察院颁发“全国巾帼建功先进集体”荣誉奖牌　　（如皋市检察院　提供）

近年来，如皋市人民检察院充分发挥院妇联的“娘家人”作用，为女性干警搭台铺路，90%以上女性干警斩获市级以上荣誉，“半边天”作用得到充分发挥，为该院荣获全国文明单位、全国模范检察院等22项省级以上综合性荣誉贡献不可或缺的力量。

守护公平正义，巾帼展英姿。市人民检察院鼓励女检察官在司法办案中做匡扶正义的“女中豪杰”。2020年以来，女检察官办理案件2128件，占全院总办案数的45.47%，办理的黄金大盗案被最高检选为向全国人大常委会专项报告时唯一视频案例。

服务发展大局，巾帼勇担当。市人民检察院将服务法治化营商环境、助力污染防治攻坚战等重点项目交办给女性检察官及检察官办案组，让大家在历练中成长成才、实现价值。女性检察官勇挑重担，探索企业合规改革试点，帮助73家“专精特新”高成长企业合规“体检”，为民营企业发展提供优质司法服务，相关经验全国推广；推动建成全国县级首家“生态环境保护执法司法联动中心”，全省首建“公益诉讼检察指挥中心”，创设企业生态环保“绿黑榜”，主导建成“长江生态修复公益林”，入选全省长江大保护和绿色发展特色工作。

呵护祖国未来，巾帼显柔情。市人民检察院设立由青年女检察官组成的未成年人检察部门，打造“青春守护站”品牌，落实“最有利于未成年人”原则，创新女童保护、入职查询等机制，牵头推进侵害未成年人案件强制报告制度落实，组建8090法治宣讲团，选派20名优秀青年干警担任“法治副校长”，覆盖如皋市全部镇（区、街道），惠及师生80000余人，持续擦亮全国“青少年维权岗”名片。

如皋市人社局获评全国法治人社建设优秀单位

3 月 17 日，人力资源和社会保障部印发《关于表扬法治人社建设优秀单位的通知》，对工作突出的 100 个单位给予表扬，江苏省共有 5 家单位入选，如皋市人力资源和社会保障局位列其中。

近年来，如皋市人力资源和社会保障局持续深化主体责任落实，组建法务学践活动小组，强化法治队伍建设，提升依法行政水平；开展根治欠薪“春雷行动”，打造集体劳动争议案件“绿色通道”，及时化解劳资关系纠纷，有效维护劳动者与用人单位的合法权益；深入推进“放管服”和“不见面审批”，推进省一体化平台“一网通办”，开辟“24 小时自助政务驿站”，打造优质营商环境，为人社事业高质量发展提供有力法治保障。

下一步，市人力资源和社会保障局将进一步聚焦执法关键环节，加大监督力度，规范执法行为；进一步深化仲裁裁审衔接，推进“不欠薪”城市创建，构建和谐劳动关系；进一步创新创优服务模式，加深信息共享，持续提升工作效能，更高质量推动法治人社建设。

如皋市成功入选国家创新型县(市)建设名单

5 月 10 日，科技部发文公布第二批创新型县(市)建设名单，如皋市成功入选，这标志着如皋市“创新强市”建设取得重要的阶段性成果，全面开启“科创皋地”建设新征程。

创新型县(市)是以科技创新为经济社会发展的核心驱动力，对建设创新型城市和创新型省份发挥显著支撑引领作用。此次科技部公布的第二批创新型县(市)建设名单，全国仅有 92 个县(市)入围。

如皋市坚持“创新强市”目标定位，成功获批江苏省首批创新型示范县市、“科创江苏”试点县市。2022 年跻身全国科技创新百强县(市)，位列第 12 位。如皋市坚持完善顶层设计，凝聚“大创新”建设共识；健全工作体制，形成“大创新”工作格局；谋划空间布局，优化“大创新”发展环境；强化主体培育，发展“大创新”产业集群；集聚创新要素，统筹“大创新”发展资源，让“如鱼得水、如鸟归林”的一流创新生态加速形成。

接下来，如皋市将以国家创新型县(市)建设为契机，着力在科技要素配置力、创新平台支撑力、科创人才吸引力等方面进行更大突破，聚力打造科技支撑高质量发展的县域城市典范，全面开启“科创皋地”建设新征程。

下原镇科技创业中心获评国家级科技企业孵化器

5月19日，科技部公布2022年度国家级科技企业孵化器名单，下原镇科技创业中心榜上有名。

下原镇科技创业中心　　（下原镇　提供）

下原镇科技创业中心位于下原镇兴原路，于2014年7月通过江苏省级科技企业孵化器认定、2023年4月获得国家级科技企业孵化器认定。10多年来，这里逐步形成“政府搭建平台，平台聚集资源，资源服务创业”的运作模式，真正成为促进科技成果转化、培养高新技术企业和企业家的双创服务载体。截至2023年5月，下原镇科技创业中心累计孵化企业121家，其中在孵企业57家，毕业企业28家，期满出园企业25家，累计为社会提供就业岗位近1600个。孵化项目涵盖医疗器械、先进制造、新能源、新材料、电子信息、软件开发、科技服务、现代农业、文化创意等领域。

“国字号”孵化器的认定，从侧面体现下原镇双创孵化载体建设的提质增效。近年来，下原镇高度重视科技创新工作，把科技企业孵化器、众创空间等双创孵化载体建设作为支持创新发展的“最初一公里”、激发新动能的“重要一环”。该镇通过政府推动和政策引导，组建高素质专职管理服务团队、特聘创业导师团队、优化精准辅导服务、开展各类创新创业活动等，不断创新孵化模式，提升综合服务水平，营造浓厚的创新创业氛围，有效促进企业、人才、资金、服务等创新要素的集聚。

下一阶段，下原镇将加大载体的硬件投入，完善配套设施，并优化企业培育奖励等政策，为双创孵化载体可持续、高质量发展提供丰沃土壤。

如皋市企业中电山河数字科技（南通）有限公司入选全国性产业联盟

5月份，中电山河数字科技（南通）有限公司（以下简称中电山河）顺利通过工业互联网产业联盟审核，成为工业和信息化部指导成立的全国性“工业互联网产业联盟”会员单位。

工业互联网产业联盟是2016年2月1日在工业和信息化部的指导下，由中国信息通信研究院牵头，联合工业、信息通信业等相关领域企业、高校、科研院所等单位共同发起成立，旨在搭建工业互联网相关领域产学研用各方协同发展平台，快速推进工业互联网产业发展，已经成为我国最具有国际影响力的工业互联网产业生态载体。

中电山河由央企中国电子下属中电工业互联网有限公司(以下简称中电互联)与如皋市交通产业集团有限公司旗下江苏瑞利山河建设工程质量检测有限公司,于2022年12月在如皋市发起成立。

作为如皋市引进中电互联在本地设立的跨区域功能型总部企业及中国电子旗下主责主业聚焦“工业互联网+双碳”的三级子公司,中电山河重点专注于数字化能碳管理、智改数转、数字政府领域,打造双碳工业互联网平台解决方案以及智能数据采集调度终端、虚拟数据库等产品,深入推动工业互联网与绿色发展深度融合。

中电山河将以加入工业互联网产业联盟为契机,充分发挥“央地合作”资源汇聚优势,立足如皋,辐射长三角,为企业高质量发展提供有力支撑,助力区域打造现代产业体系。

如皋市企业首次上榜“中国独角兽企业”榜单

和府捞面如皋吾悦广场店 (刘宁宁 摄)

6月20日,在“2023中国(苏州)独角兽企业大会”上,长城战略咨询重磅发布《中国独角兽企业研究报告2023》,江苏和府餐饮管理有限公司榜上有名,实现如皋市中国独角兽企业零的突破。

独角兽企业是指成立时间不超过10年、估值大于10亿美元、获得过私募投资且未上市的高成长性创新企业,是新经济发展的风向标。这些企业拥有独创性核心技术、创新性产品或服务、颠覆性商业模式,而且成长速度较快、发展潜力较大。

江苏和府餐饮管理有限公司成立于2012年,是一家以面食为特色的中国传统特色餐饮连锁企业。2016年、2017年连续两年被美国创业邦评为中国高成长连锁企业50强,获得2016—2018上海年度最具影响力连锁品牌、2019年CCFA连锁品牌最具成长力奖、红鹰奖2019年度中国杰出餐饮品牌、2021年度中国餐饮品牌力百强等荣誉,同时也是未上市餐饮企业中估值最高和最受追捧企业。

2023 赛迪“百强县”榜单发布　如皋位列全国第 22 名

7 月 25 日，赛迪顾问县域经济研究中心发布 2023 赛迪“百强县”榜单，如皋位列第 22 名，较 2022 年前进一位。

2022 年，面对复杂严峻的国内外形势和多重超预期因素冲击，如皋市围绕“高质量建设南通跨江融合发展样板区”目标，交出一份“稳中有进、难中有为、干中有成”的发展答卷。2022 年，如皋地区生产总值突破 1500 亿元、增长 3%；一般公共预算收入（还原口径）84.5 亿元、增长 8.6%；全社会研发投入占地区生产总值比重 2.4%；固定资产投资 530 亿元、增长 6%，社会消费品零售总额 540 亿元、增长 1%；城镇、农村居民人均可支配收入分别达 56583 元、28120 元，分别增长 5.3%、7%。

近年来，如皋市积极抢抓长三角一体化发展、上海大都市圈建设等机遇，深入实施“产业兴市、创新强市、生态立市”三大战略，聚焦六大优势产业链，大力推进专业化园区建设，深化“全国研发、一线孵化、如皋转化”项目招引模式，持续强载体、增活力、优生态，成功入选国家创新型县（市）建设名单，在全省县域率先建设“无证明城市”，营商环境评价位居全省县（市、区）第一。

赛迪顾问股份有限公司隶属于工业和信息化部中国电子信息产业发展研究院，是中国首家上市的咨询企业。赛迪县域高质量发展评价从经济实力、增长潜力、富裕程度、绿色水平四个维度进行设置，在对“量”的考量基础上融入对“质”的关注，既考察经济规模、收入水平等发展现状，也关注科技创新、节能环保等情况。赛迪“百强县”榜单推出 7 年来，影响力日益提升，成为衡量县域高质量发展水平的风向标。

如皋市两家企业入选 2022 年度中国轻工业二百强企业名单

7 月 20 日，2023 年中国轻工业百强企业高峰论坛在北京举行。论坛发布 2022 年度中国轻工业二百强企业名单，如皋市梦百合家居科技股份有限公司、南通荣威娱乐用品有限公司榜上有名，分别排名第 100 位、第 116 位。

梦百合家居科技股份有限公司厂房

（如皋市发展改革委　提供）

梦百合家居科技股份有限公司

梦百合家居科技股份有限公司成立于 2003 年，现为全球重要的记忆绵生产基地，目前已在中国、美国、塞尔维亚、西班牙、泰国建立了横跨东西方的五大生产基地，在全球拥有 38 家控股公司。

梦百合以全球化的视野布局市场，多渠道的营销网络遍布世界各地，产品畅销中、美、日、英等全球 73 个国家和地区。公司在发展过程中，在智能制造、品牌质量、研发能力等多领域获得认证，在智能制造领域相继获得省工业化和信息化两化融合试点企业、省级示范智能车间、省两化深度融合创新试点企业、省级五星级上云企业、省级智能制造先进单位、省先进制造业和现代服务业深度融合试点企业、两化融合贯标(AA)等荣誉称号。

南通荣威娱乐用品有限公司厂区

（如皋市发展改革委　提供）

南通荣威娱乐用品有限公司

南通荣威娱乐用品有限公司是百适乐集团控股有限公司旗下主要的制造基地。南通荣威自 2008 年投产以来，在如皋经济技术开发区稳步、快速发展，生产规模不断扩大的同时，创造的税收也是迅猛增长，2022 年公司销售收入达到 64.7 亿元人民币。

2022 中国轻工业二百强企业评选，通过各轻工行业协会、省级工信厅、省级轻工行业组织推荐以及重点企业数据直报四个渠道，组织企业参评，由中国轻工业联合会对申报企业 2022 年度的营业收入、利润总额、营业收入利润率、税收占利税比重、研发投入及营业收入增速六项指标进行统计，按统一标准体系进行评价，旨在鼓励轻工企业做大做强，促进行业竞争力不断提升，推动轻工业高质量发展。

中国轻工业二百强企业是轻工行业的优秀代表，是构建轻工业现代化产业体系的先锋力量。如皋市两家上榜企业表示，将不断完善企业科技创新体系，扎实推动数字化转型工作，并加大品牌培育力度，进一步提高企业产能、产品品质和品牌美誉度，以企业更高质量的发展为如皋市轻工业发展作出积极贡献。

轻工业是我国国民经济传统优势产业和重要民生产业。下一步，如皋市将加大科技创新、企业培育、产业集群建设等工作力度，优化产业布局，推动如皋市轻工业发展取得新突破。

如皋黑塌菜入选国家级农业品牌精品培育名单

9 月 28 日，农业农村部公布 2023 年农业品牌精品培育名单，69 个品牌纳入 2023 年农业品牌精品培育计划，如皋黑塌菜上榜。

2023 年精品培育品牌自发布之日起，有效期为 4 年。其间，各级农业主管部门将为精品培育品牌在渠道升级、营销推广、消费促进、海外推广等方面提供服务，支持精品培育品牌提高品牌综合效益和市场竞争力。

如皋黑塌菜，9 月下旬播种，10 月中旬至 11 月上旬移栽，12 月中旬至翌年 2 月下旬采收，以霜冻后采收品质为佳。如皋常年初霜日出现在 11 月中旬，黑塌菜经霜冻后味道鲜美、质地柔嫩、清香爽口，富含膳食纤维、维生素 B、维生素 C、叶绿素、钙、叶酸、叶黄素等营养元素，其中维生素 C 含量高达 156 毫克/100 克。黑塌菜生长周期中不用任何化学农药，被视为青菜中的珍品。

如皋黑塌菜系列产品，2022 年 12 月参加首届江苏品牌农产品营销促销大赛（如皋市农业农村局　提供）

近年来，如皋市农业农村局全力推进黑塌菜规模化、标准化、品牌化全产业链发展，与南京农业大学合作成立如皋长寿特色农产品研究院，强化黑塌菜提纯，从源头保证质量，运用低温技术开发出冻菜产品，营养和口感得到很好的保持；制定省市标准 8 个，探索品质保险机制，采取“公司+基地+农户”模式，通过以国企为首的 4 家龙头加工企业引领带动，建成标准化规模种植基地 68 家，面积超 3 万亩，亩均效益 3000 元左右，实现“一棵菜”撑起一片产业、造福一方百姓。

如皋黑塌菜先后获得国家地理标志证明商标、全国名特优新农产品、江苏省农业区域公用品牌、江苏农业品牌精品培育名单等荣誉，如皋获评江苏省首批绿色蔬菜产业（黑塌菜）特色县，入选江苏省特色农产品优势区，“清炒黑塌菜”入选省百道乡土地标菜，如皋黑塌菜科技小院被中国农村专业技术协会评为最美科技小院，“中皋农产品”牌黑塌菜系列产品获第十二届省园艺博览会一等奖。

下一步，如皋市将立足农业资源禀赋，坚持以品牌兴农、质量强农的部署要求，进一步挖掘如皋农产品内涵，塑造鲜明的品牌个性，加强农业特色品牌宣传，积极开展农产品营销促销活动，以更大力度促进富民增收，不断提升人民群众的幸福感和满意度。

“如皋火腿”获批国家地理标志保护产品

如皋火腿风干车间

（如皋市场监督管理局　提供）

11 月 20 日，国家知识产权局发布第 555 号公告批准“如皋火腿”为国家地理标志保护产品。这是自 2018 年地理标志管理职责统一划归知识产权部门以来，江苏省首个获批的国家地理标志保护产品，为如皋市知识产权强市建设再添一张新名片。

地理标志产品，是指产自特定地域，所具有的质量、声誉或其他特性本质上取决于该产地的自然因素和人文因素，经审核批准以地理名称进行命名的产品。

如皋火腿与浙江金华火腿、云南宣威火腿齐名，并称“全国三大名腿”。因如皋位置在北，故被称为“北腿”。

如皋火腿的生产始于清咸丰元年（公元 1851 年），历史悠久。其精选如皋地区出产的尖头细脚、皮薄肉嫩、瘦肉率高的“东串猪”鲜腿为原料，经多道工序精细加工制成，严格控制产品质量，形如琵琶，色红似火，风味独特。自 1895 年如皋广丰制腿栈生产的火腿获得美国檀香山国际博览会奖以来，如皋火腿屡获大奖，享誉海内外。

为促进如皋火腿产业更好更快发展，提升其产品知名度和产品竞争力，如皋市于 2021 年底正式向国家知识产权局提出“如皋火腿”地理标志产品保护的申请。地理标志在服务乡村振兴、壮大特色产业、推动富民增收等方面发挥着重要作用。近年来，如皋市立足区域特点和产业结构，深入挖掘地理标志优势资源、积极探索地理标志助力乡村振兴新路径，截至 2023 年，如皋市已拥有“如皋黄酒”“如皋火腿”2 个国家地理标志保护产品，“如皋盆景”“如皋黑塌菜”“如皋白萝卜”“如皋香堂芋”“白蒲黄芽菜”5 个地理标志证明商标。

如皋市 2 家企业荣获“江苏省优秀企业”称号

10 月 23 日，为表彰先进、树立典型，激励更多企业做强做优做大、积极投身现代化建设新征程，省委、省政府决定，授予 100 家企业“江苏省优秀企业”称号，如皋市江苏神马电力股份有限公司、江苏力星通用钢球股份有限公司荣获“江苏省优秀企业”称号。

此次“江苏省优秀企业”重点评选具有世界影响力的领军企业、引领行业发展的领航企业和细分领域专精特新“小巨人”企业。

江苏神马电力股份有限公司主要从事电力系统变电站复合外绝缘、输配电线路复合外绝缘和橡胶密封件等产品的研发、生产与销售，已有 20 余年的发展历史，先后研发出 9 大类技术填补国内国际空白、性能达到国际领先水平的新产品，其产品、解决方案成功应用于全球的 100 多个国家和地区。

江苏力星通用钢球股份有限公司是一家专业生产与销售高精度轴承滚动体的国家高新技术企业、国家单项冠军企业，深耕于精密轴承滚动体的研发、制造、销售。2022 年，公司成功创建成国家企业技术中心，实现了如皋市国家级企业创新平台零的突破。

企业活跃在市场最前沿，是技术创新、产业创新的关键主体。近年来，如皋市扎实开展高企倍增三年行动，引导企业加大研发投入、产学研合作力度，加快形成以创新龙头企业为引领、高新技术企业为支撑、科技型中小企业、小微企业为基础的创新型企业集群，同时支持企业与高校院所共建新型研发机构，让更多“科研之花”结出“产业之果”。

获奖的两家企业表示，将进一步发挥先锋带头作用，引导和激励更多企业主动适应新时代发展要求，迎难而上、做大做强，持续推动企业高质量发展，为如皋工业经济高质量发展作出更大的贡献。

丁堰镇获评第九批江苏省历史文化名镇

丁堰古镇鸟瞰图 （丁堰镇 提供）

12 月 22 日，江苏省政府印发《省政府关于公布第九批江苏省历史文化名镇名村的通知》，批准 5 个镇为第九批江苏省历史文化名镇，如皋市丁堰镇成功入选。截至 2023 年，如皋市共有两个省级历史文化名镇，分别为白蒲镇、丁堰镇。

丁堰镇位于如皋市东部，因三国时期东吴大司马吕岱筑丁字形堰堤而得名，正式见于典籍为遣唐日本僧人圆仁和尚《入唐求法巡礼行记》，至今已有近 1200 年历史。

丁堰镇历史源远流长，是千年盐镇、运河枢纽、红色沃土、非遗文化的融汇之地，有丁堰闸桥、盐运埠头、关帝庙、观音山寺等人文古迹，截至 2023 年有历史街巷 10 条、文物保护单位 8 处、革命文物 2 处、历史建筑 12 处、古井 13 口、古埠头 2 座、古树名木 9 棵，另外还有通扬运河（运盐河）和老菱河 2 条古河道，丁堰脆饼和陈草賨 2 项非物质文化遗产。历史上的三元宫、奶奶庙、祖师庙虽已不存在，但现存街巷、水系、民居空间特色鲜明，“三桥三河、一街九巷”肌理格局自明代延续至今，传统建筑仍能体现运河古镇特色风貌。

同时，丁堰镇还保留有新四军烈士纪念碑、苏中战役皋南战斗与丁林战斗遗址等红色印记，是如皋乃至整个东部沿海地区红色革命的重要根据地，彰显丁堰的红色底蕴。

近年来，如皋市坚持在保护中发展、在发展中保护，更好推动历史与现代、保护与发展、建设与传承的有机融合，着力让历史文化名城名镇名村在新时代焕发新生、绽放光彩，为谱写“强富美高”新如皋现代化建设新篇章贡献力量。

新闻人物

如城街道新民社区蔡建明获评“全国优秀城乡社区工作者”

蔡建明

1月份,民政部发布《关于表彰全国先进基层群众性自治组织、全国优秀城乡社区工作者的决定》,对近年来在基层社会治理中表现突出的先进基层群众性自治组织和优秀城乡社区工作者进行表彰。如城街道新民社区党总支书记、居委会主任蔡建明获评“全国优秀城乡社区工作者”。荣誉的背后,是蔡建明始终坚持为社区谋发展、为老百姓办实事的初心。

蔡建明,男,1971年10月出生,中共党员,1992年2月参加社区工作,2012年2月任现职。30年来,他扎根基层,坚持为老百姓办实事、谋发展,以行动表明态度、用实践兑现承诺。秉承合心合力的思想观念,社区干群在蔡建明的带领下,通过“六微”“合力微治”工作法,将群众信得过、有威望的党员、村民代表、退休教师等力量组织起来形成合力,着力构建乡村治理新机制,助推乡村治理现代化。2022年新民社区还入选全省首批40个新型农村社区治理服务省级示范点。

2014年,在蔡建明的带领下,新民社区探索实施“居民小组自治”,建立健全居民小组自治网络,选举产生24名小组长,带头收集民意、传达政策、调解纠纷、维护治安,民情第一时间被知晓、问题第一时间得到处理,把社区管理服务功能延伸到了庭院和楼栋,把联系服务群众落实到社区的“神经末梢”,形成人人有责、人人尽责、人人享有的社会治理共同体。如今,新民社区大变样,不仅邻里和谐、百姓幸福,而且村集体经济也不断壮大。

全国优秀城乡社区工作者的荣誉,对蔡建明来说,既是动力,更是压力。蔡建明表示,“这次获得荣誉,反而让我觉得有了更大的责任,接下来,我会扎根农村,将新民社区建设得更美好,同时将‘居民小组自治’模式向周边地区推广,推动居民自治走向深入”。

如皋市卞煜、蒋晨宇被评为“全国优秀共青团员”

4月17日,共青团中央下发《关于表彰全国五四红旗团委(团支部)、全国优秀共青团员、全国优秀共青团干部的决定》。其中,如皋市2人获评“全国优秀共青团员”,分别是江苏省如皋市中医院医务科

卞煜

工作人员卞煜、江苏御锦置业有限公司员工蒋晨宇。

卞煜，女，1995 年 8 月出生，共青团员，大学本科学历，如皋市中医院医务科工作人员。2022 年 5 月被评为南通市优秀共青团员。作为市中医院医务科的一名工作人员，卞煜在疫情防控、医务管理、疫苗接种等各个方面表现突出；积极参加志愿服务、道德讲堂、文体竞赛等活动，在青年中有较好的带头作用。疫情以来，科室人手紧张，她积极参与医院入口体温检测、核酸采样、疫苗接种等各项工作，特别是在孕期坚守后方，主动承担上级分配的各项工作，当先锋、做表率，用实际行动诠释医务工作者的使命和担当，真正做到“平常训练有素、关键时刻站得出来、危急关头豁得出去”。

蒋晨宇

蒋晨宇，女，1999 年 9 月出生，共青团员，大学本科学历，江苏御锦置业有限公司员工。曾获评 2021 年度南通市优秀共青团员。江苏御锦置业有限公司是如皋市青年商会的会长单位，蒋晨宇作为如皋市青年商会秘书，入职仅仅一年多，她组织协调筹划多场大型会议，号召青年企业家积极入会，加强全市青年企业家的沟通交流，服务青年精英人才，整合各方优秀资源，架设政府与青年企业家之间沟通交流的桥梁，拓宽合作共赢纽带，并做好对外宣传，不断扩大商会影响力。

如皋市韩燕飞荣获“全国五一劳动奖章”

韩燕飞

4 月 26 日，中华全国总工会公布 2023 年全国五一劳动奖和全国工人先锋号评选表彰名单。其中，如皋市双钱集团(江苏)轮胎有限公司炼胶保证机修小组班组长韩燕飞荣获 2023 年“全国五一劳动奖章”。

韩燕飞，男，1981 年 4 月生，中共党员，双钱集团(江苏)轮胎有限公司员工。2004 年 5 月，韩燕飞进入双钱集团(江苏)轮胎有限公司工作，被分配到胶料制备保证工区。从一名学徒工成长成一名机修小组班组长，从掌握单一的电气设备维修到熟练进行多种电气设备的安装、调试、维修的多面手，韩燕飞立足岗位，近 20 年如一日，脚踏实地，一步一个脚印。

2013 年，公司建立“韩燕飞技能大师工作室”，他发挥“领头人”和“传帮带”作用，组建“提技攻关”突击队，攻克现场难题 200 多项、安全改造 100 多项、立项课题 100 多项。最近几年，韩燕飞和团队一起完成密炼机投料时间优化、密炼机驱动系统改进等多项课题，为公司的设备性能优化、降本增效等起到关键作用。2023 年,韩燕飞承担 6 号密炼机三区水温控制装置自制课题,他带领团队画图、下料、制作、安装调试、成功投用,为公司节省近 12 万元。这些年,他还为公司培养大批技师、高级工,炼胶班组大部分组员都是他的徒弟。“韩燕飞技能大师工作室”先后被评为“南通市技能大师工作室”“江苏省示范性劳模创新工作室”“华谊集团劳模创新工作室”“上海市职工创新工作室”。

韩燕飞先后获得 2009 年“如皋市有突出贡献技术能手”、2010 年“如皋市五一劳动奖章”、2011 年“南通市劳动模范”、2014 年“江苏省首席技师”、2016 年“江苏省劳动模范”等多项荣誉。对此,韩燕飞却表现得很淡然:“荣誉已经成为过去,我会继续钻研技术,把手艺传给年轻一代,让我们的努力被大家看见,让更多的产业工人‘闪闪发光’。”

江苏力星通用钢球股份有限公司季世平获“江苏省五一劳动奖章”

季世平

4 月 11 日,江苏省总工会印发《关于表彰 2023 年省五一劳动奖和省工人先锋号的决定》,其中,江苏力星通用钢球股份有限公司季世平获“江苏省五一劳动奖章”。

季世平,男,1973 年 1 月生,如皋市东陈镇尚书村 4 组村民,江苏力星通用钢球股份有限公司小球磨球一线带班长。

1996 年,季世平进入江苏力星通用钢球股份有限公司后,先后在冲球、光球、磨球三个岗位上工作,每到一个岗位,他都认真钻研工作中的难点和解决窍门,成为公司业务的行家里手。他凭借着“细磨钢球、精炼人生”的理念和一颗“爱岗敬业、精益求精”的匠心,在一次又一次的磨砺中,从一名磨球工成长为“江苏省五一劳动奖章”获得者。

翻开季世平的成长历程,闪耀着一串串闪光的足迹:入职 26 年,多次被评为公司劳模;2014 年,获评“如皋市劳动模范”;2020 年,获评“南通市劳动模范”;2023 年,获得“江苏省五一劳动奖章”……谈及荣誉,季世平笑得有些腼腆:“我们一线劳动者就跟钢球一样,可能我们的存在感不高,但我们承担的责任是很重的,必须要坚持高质量,坚守好生产第一线。”

如皋市快递小哥张鑫当选敬业奉献类“江苏好人”

张鑫

9月16日，由省委宣传部、省文明办、省美德基金会主办的2023年第二季度“江苏好人榜”发布仪式暨江苏省道德模范与身边好人现场交流活动在泗阳县市民广场举行。活动现场发布2023年第二季度“江苏好人榜”名单，如皋市13年收派快递40万件无差错的快递小哥张鑫当选敬业奉献类“江苏好人”。

张鑫，男，1982年1月生，中共党员，南通顺丰速递有限公司如皋何庄营业点收派员。2010年，张鑫成为一名乡村快递员，为了提高业务水平，他自学考取高级快递员资格证。13年来，他收派快递40多万件，没延误过一个班期，没丢失一封邮件，没收到一个差评。他常说的一句话是：我送的不是快递，是快乐。2022年，张鑫荣获全国五一劳动奖章。

如皋市退休干部石秀峰被授予“江苏省见义勇为模范”称号

石秀峰

11月13日，江苏省第十三届见义勇为英雄模范表彰会在南京举行，如皋市人大常委会退休干部石秀峰被授予“江苏省见义勇为模范”称号。在人民生命财产受到严重威胁的关键时刻，他挺身而出，用实际行动践行了见义勇为、见义敢为的人间大爱。

石秀峰，男，1944年10月生，如皋市人大常委会退休干部。2021年2月14日下午3时许，石秀峰在长江镇东屏花苑附近河边散步时，发现有人溺水。眼见溺水男子逐渐失去知觉，石秀峰不顾刚做完心脏搭桥手术的虚弱身体，冒着天寒地冻毅然跳入冰冷的河水中，竭尽全力拽住落水男子，后在岸上群众的协助下，合力将落水男子营救上岸。

“当时只有一个想法，那就是一定要把人救上来！”回想救人经过，石秀峰说，任何人遇到这样的情况都会这么做。尽管年事已高，石秀峰表示，自己绝不会躺在荣誉簿上止步不前，将继续行好事、做好人，尽己所能、贡献光热。

如皋籍著名艺术家马列波在如皋举办画展

马列波

1月1日，由南通大学、南通市文联和如皋市委宣传部联合主办的“如皋籍著名艺术家作品回乡展——我们的中国梦，文化进万家‘列波画展’”在如皋市文化馆拉开帷幕。

此次画展从元旦当天持续到1月31日，共展出55幅黑白木刻版画和10幅油画，吸引了众多美术爱好者到场参观。其中，《决战大武汉》系列版画作品通过黑白木刻版画，将武汉标志性建筑黄鹤楼、武大樱花、拔地而起的雷神山、火神山医院以及火速驰援武汉的汽车等元素融合于版画中，体现了人们在逆境中不怕困难、勇往直前的精神。《丝路韵》系列作品用密集而紧凑的线条勾勒出栩栩如生的古丝绸之路上的千年古树形象，作品意象气势磅礴，又着眼于细微处，刻画出千年古树与大自然顽强斗争的拼搏姿态，展现出昂扬向上、积极进取的精神风貌。

马列波，1963年生于江苏如皋，1979年毕业于江苏省石庄高级中学，1989年毕业于南通师专美术系，2002年毕业于南京理工大学人文学院，先后于苏州丝绸工学院工艺美术系、南京艺术学院美术系进修学习。现任江苏省高校艺术教育研究委员会理事，南通市美术家协会版画艺委会副主任，江苏省美术家协会会员，南通大学艺术学院副教授、艺术交流中心执行主任、版画艺术研究所副所长。其作品曾参加国家、省、市展且多次在中国美术馆、江苏省美术馆、南通市美术馆等专业展馆展出并获奖，在全国核心期刊上发表学术论文20余篇。2021年，其个人美术创作工作室被中共南通市委宣传部授予“南通市文艺家马列波工作室”荣誉称号。2022年，《决战大武汉》等5幅作品入选“中国美术南通现象——南通籍书画名家新作展”。

作为土生土长的如皋人，马列波对家乡感情深厚。他说，如皋的水土和风情成就了今天的他，从小耳濡目染的“治沙精神”也为他的创作提供了不竭动力，他希望自己的作品能够给大家带来正能量。他表示，自己将继续努力，争取创作出更多优秀的作品，为家乡美术事业的发展贡献一份力量。

如皋籍教授黄志伟、刘钢获“新基石研究员项目”资助

1月13日，“新基石研究员项目”揭晓首期资助名单，来自数学与物质科学、生物与医学科学两大领域的58位杰出科学家，成为首批新基石研究员。其中，两位如皋籍教授——哈尔滨工业大学教授、生命科学与技术学院院长黄志伟，华东师范大学数学科学学院教授刘钢入选，将获得项目资助。

“新基石研究员项目”是一项聚焦原始创新、鼓励自由探索、公益属性的新型基础研究资助项目。

腾讯公司将在 10 年内投入 100 亿元人民币，长期稳定地支持一批杰出科学家潜心基础研究，实现“从 0 到 1”的原始创新。“新基石研究员项目”重在“选人不选项目”，支持富有创造力的科学家开展探索性与风险性强的基础研究，期待他们提出重要科学问题、开拓学科前沿、推动原创突破。“新基石研究员项目”资助类别分为两类：实验类不超过 500 万元每人每年，理论类不超过 300 万元每人每年，并连续资助 5 年。

黄志伟

黄志伟，1979 年 5 月生，如皋市吴窑镇人，1998 年毕业于原如皋市城西中学，哈佛大学免疫与感染疾病系博士后，2018 年入选教育部“长江学者奖励计划”特聘教授，国家杰出青年科学基金获得者，现任哈尔滨工业大学教授、生命科学与技术学院院长，长期从事免疫与感染疾病方向的基础研究。

黄志伟教授此次入选的项目，其研究概要为“免疫细胞如何识别抗原和激活免疫信号通路，通过解析抗原介导的免疫细胞受体（TCR、BCR）信号转导及其调控机制，揭示适应性免疫反应的基本科学规律，并为免疫疗法提供新理论和新技术”。

刘钢

刘钢，1984 年生，江苏如皋人，2001 年至 2005 年就读于南京邮电大学，2008 年获北京大学硕士学位，2013 年获美国明尼苏达大学博士学位，现任华东师范大学数学科学学院基础数学系教授。曾获美国国家自然科学基金资助，曾获 2017 年斯隆研究奖、2020 年科学探索奖，受邀在 2022 年国际数学家大会上作报告。主要研究方向为基础数学的复几何，涉及多个数学方向的交叉，如微分几何、代数几何、多复变函数、拓扑及偏微分方程等。

刘钢教授此次入选的项目，其研究概要为“复几何是数学的核心研究方向之一，与多个数学分支紧密相连。通过关注复几何中曲率、拓扑、复结构、代数结构等之间的相互关系，争取在单值化猜想深入与延伸、凯勒流形极限正则性研究、几何相关的全纯函数研究等方面获得全新突破”。

张新峰博士成功入选中国科协海智计划特聘专家

2 月，中国科学技术协会发布 2022—2023 年度中国科协海智计划特聘专家名单，如皋市江苏卓远半导体有限公司张新峰博士成功入选。

“海智计划”由中国科协 35 家海外科技团体共同发起，2004 年正式启动实施，旨在加强与海外华人科技团体的联系，充分发挥海外人才智力优势，通过开展学术交流、项目合作、技术咨询引进、专项考察等活动，为海外人才为国服务搭建平台，助力国家社会经济建设。

张新峰，1984 年 11 月生，博士，曾任职世界 500 强企业瓦克集团，半导体热场专家、研发部总工程师，江苏卓远半导体有限公司创始人，先后入选和担任了国家重大工程 A 类专家、科技部外专项目评

张新峰

审专家、江苏省双创人才、江苏省“333”高层次培养工程、江苏大学产业教授，著有《泡生法蓝宝石单晶生长工艺与技术》，已由中国科学出版社出版。

江苏卓远半导体公司成立于2018年，现占地面积46亩，公司现有职工100余人，其中科研技术生产人员52人，2人获评“国家重大工程A类”专家。公司自成立以来一直专注于宽禁带半导体晶体材料及其装备的研发生产与制造，拥有自主知识产权的SiC衬底材料制备及芯片设计核心技术，自主研发的MPCVD金刚石长晶炉打破了“瓦森纳协定”对我国半导体行业的技术封锁，目前金刚石MPCVD基片技术国内领先，碳化硅衬底技术位居国内前列。

公司先后获得高新技术企业、中国创新创业大赛“优秀企业”、省专精特新中小企业、省潜在独角兽企业等荣誉；公司建有外籍院士工作站、省工程技术研究中心、省外国专家工作室等研发平台，同时获批科技部高端外专项目、国家重大人才计划、省重点研发计划项目、省国际合作项目、省科技成果转化项目等多个项目，实现如皋市“零”的突破。通过ISO9001:2015质量体系认证，资信等级AAA。

作家徐可创作讲座在如皋举办

徐可

3月12日，作家徐可创作讲座在如皋举办。此次活动由如皋市文学艺术界联合会主办，市作家协会承办。

徐可，1965年生，江苏如皋人，北京师范大学文学硕士、哲学博士，中国作家协会全委会委员、鲁迅文学院常务副院长、启功研究会理事，曾获中国新闻奖、中国报人散文奖、百花文学奖、丰子恺散文奖、冰心散文奖、汪曾祺散文奖等奖项，著译有《仁者启功》《三更有梦书当枕》《胸有丘壑》《背着故乡去远行》《人间圣境》等二十余部作品。

活动中，徐可畅谈家乡文学的繁荣，解读创作文艺作品与创建中国“文学之乡”的互动关系，鼓励如皋本土作家辛勤耕耘，拥抱文学的春天。

在徐可的眼中，家乡文学的春天有三层内涵：一是创作的春天。如皋不仅拥有历史悠久的文学史，而且还拥有繁花似锦的当代文学史。在浓郁的文艺创作氛围中，如皋本土作家应当珍惜新时代温暖如春的创作环境，用心阅读，潜心写作，不惧失败，大胆投稿。他还期盼如皋本土作家前往鲁迅文学院深造。

二是创新的春天。无论散文的创作手法，抑或文学的传播方式，都要力求创新，不断学习。他娓娓道来，从散文理论的角度，谈及有关散文创作求新的理念。徐可提倡散文家董桥的理论：散文须学、须识、须情。结合自己创作大型历史散文《司马迁的选择》的经验，他鼓励散文写作者要通读古典、经典文学作品，感悟生活，感触历史，才能写出有品质、有个性的散文。徐可还赞誉《春泥》复刊，结合《如皋日报》副刊，确保家乡的文学作品拥有畅通的传播方式。三是创建的春天。如皋本土作家坚持创作、创新，助力如皋创建中国"文学之乡"的工作。作为在外游子，徐可一直关注支持家乡的文学事业的发展，认为如皋正迎来创建工作的春天。

徐可老师的讲座主题鲜明、内容丰富、深入浅出，结合自身的创作经验，既有理论高度，又有实践广度，更有思维深度，具有很强的指导意义和学习价值。在场作家和文学爱好者积极互动，纷纷表示听过徐可老师有关散文的论述，深有感触，以后将继续奋力创作，不负文学春天好时光，为支持家乡创建中国"文学之乡"贡献自己的力量。

李昌钰博士获"金灯笼终身成就奖"

李昌钰

美国当地时间10月13日，2023年度"金灯笼奖"颁奖典礼在华盛顿肯尼迪艺术中心举行，如皋籍美国华裔法医学家、刑事鉴识专家李昌钰获颁"金灯笼终身成就奖"。

"金灯笼奖"评选创立于2021年，由华盛顿美国华人博物馆主办。该奖旨在表彰美国华裔所取得的卓越成就、领导才能以及对华人社区等作出的突出贡献。

灯笼是中华文化的标志。金灯笼既象征着华人群体所取得的杰出成就，同时也寓意华人群体为社区和美国社会所作出的贡献。每一位"金灯笼"获奖者背后激励人心的故事，都彰显了独特的优秀传统和华人精神。

李昌钰博士，1938年生于江苏如皋，是杰出的美籍华人代表，此前已获得过800多项荣誉，其中包括：中华人民共和国国务院外专局颁发的"友谊奖"、美国鉴识科学学会颁发的鉴识科学领域的最高荣誉奖——刑事领域杰出服务奖、美国法庭科学学会颁发的杰出成就奖、国际鉴识学会终身荣誉奖、美国司法基金会最高司法荣誉奖、世界杰出华人奖等。

他在此次获奖致辞时表示，随着一代代美国华人的努力奋斗，华人群体的优秀代表已不再局限于中餐等个别领域。他鼓励年轻一代华裔青年发挥才智，在各行各业展现自身的能力与才华。

如皋市青年作家倪苡获第八届紫金山文学奖短篇小说奖

倪苡

12月20日晚，江苏省第八届紫金山文学奖在南京颁奖。如皋市青年女作家倪苡凭借短篇小说《失语》获得第八届紫金山文学奖短篇小说奖，这也是如皋文学史上首位获得该荣誉的本土作者。

紫金山文学奖作为江苏省最具权威性的文学大奖，自1997年设立以来，已走过26年历程，在全国文学界具有较高的知名度和美誉度。该奖每三年评选一次，本届紫金山文学奖的评奖范围是2020—2022年正式发表出版的作品及涌现的优秀文学编辑、文学新人；评奖工作于2023年3月启动，经初评、终评两个阶段，最终评出48部（篇）获奖作品。

倪苡，本名倪瑞美，出生成长在南通如皋（老家磨头场北），教师。倪苡饱有女性的温婉与宁静，但同时，她内敛坚韧，追求新的自我，2018年开启小说创作生涯，2020年在《作家》杂志“金短篇”发表小说《苏姗的夜晚》，另有多篇作品在《钟山》《中国作家》《青年文学》《雨花》《延河》《小说选刊》《小说月报》等知名报刊发表或转载，出版有短篇小说集《女人和猫》，曾连续三届在南通文艺创作大赛中获奖，2023年10月取得中国作家协会会员资格。

这次获奖的短篇小说《失语》十分精巧，将视角定格在一个中产家庭的女主人身上。事业有成，晋升在望的医生丈夫，即将参加中考的儿子，看似花团锦簇的家庭生活在丈夫的出轨行径下显得荒诞可笑。年初的出轨被丈夫模糊过关后，愈发不可收的变本加厉令主人公难以面对，由一次感冒引起的失语正好契合了窘迫的境地，从此独自唱戏，甚少与人交流，一种无声的悲凉弥散在小说之中。作者从微弱无力的生活缝隙中力图展现出人性与人心的多种维度，家庭、伦理、道德与自我选择，如高墙般困囿心灵的自由。《失语》演绎了一出“人生如戏，戏如人生”的现实主义舞台情景剧。

发展成就

2023年如皋市主要经济指标情况表

2023年如皋市主要经济指标情况表

表1

行业	指标名称	单位	2023年	
			绝对数	同比增长(%)
综合	地区生产总值	亿元	1534.39	5.9
	第一产业增加值	亿元	—	3.3
	第二产业增加值	亿元	—	7.0
	第三产业增加值	亿元	—	4.9
	人均地区生产总值	元	125698	6.2
	城镇新增就业人数	万人	1.07	—
	城镇登记失业人数	人	3786	—
	户籍人口	万人	137.57	—
	年末全市常住人口	万人	121.91	—
	常住人口城镇化率	%	63.8	—
	全年人口出生率	‰	—	4.34
	全年人口死亡率	‰	—	11.88
财政和金融	全年财政总收入	亿元	232.58	9.8
	一般公共预算收入	亿元	77.01	4.76
	全年财政总支出	亿元	202.16	-14.04
	一般公共预算支出	亿元	146.31	7.6
	金融系统本外币存款余额	亿元	2327.67	16.79
	金融系统本外币贷款余额	亿元	2179.10	19.92
农业	农林牧渔业总产值	亿元	147.46	3.8
	粮食总产量	万吨	68.21	0.5

续表 1

行业	指标名称	单位	2023 年	
			绝对数	同比增长(%)
全部工业	全部工业应税销售	亿元	1961.67	6.6
	全部工业实缴税金	亿元	55.36	42.7
	全部工业用电量	亿千瓦时	53.13	13.77
规模工业	规模以上工业企业总产值	亿元	1699.04	8.6
	高新技术产业产值	亿元	960.31	6.9
能源	规模以上工业企业综合能源消费量	万吨标准煤	93.03	9.8
	万元产值综合能耗	吨标准煤/万元	0.0609	0.5
建筑业	建筑业总产值	亿元	1789.99	10.0
	建筑业从业人数	万人	47.2	—
投资	全社会固定资产投资增幅	%	1.3	—
	第二产业投资增幅	%	-11.2	—
	第三产业投资增幅	%	26.3	—
	房地产开发投资增幅	%	19.1	—
贸易	社会消费品零售总额	亿元	560.6	4.4
	批发零售业	亿元	491.08	4.0
	住宿餐饮业	亿元	69.52	7.0
外经	进出口总值	亿元	306.1	18.8
	出口超亿元企业数	个	48	—
	实际利用外资	亿美元	1.7081	-58
	年末在外劳务人员数	人	7243	-21.8
交通	交通设施投入	亿元	2.64	—
	公路总里程	公里	3277	—
	铁路总里程	公里	87	—

续表 1

行业	指标名称	单位	2023 年	
			绝对数	同比增长(%)
交通	公路客运量	万人次	427	—
	公路货运量	万吨	2380	—
	水上货运量	万吨	1420	—
	港口货物吞吐量	万吨	8665.28	1.13
科技	全年专利授权量	件	5342	-5.13
	每万人发明专利拥有量	件	38.3	17.61
	高新技术企业数	家	634	—
社会保障	基本医疗保险参保人数	万人	122.22	—
	职工基本医疗保险参保人数	万人	34.94	—
	城乡居民基本医疗参保人数	万人	87.28	—
	企业职工养老保险参保人数	万人	24.54	—
	城乡居民养老保险参保人数	万人	29.11	—
环境保护	空气质量优良天数比率	%	81.6	—
	可吸入颗粒物(PM_{10})年平均值	微克/立方米	51	—
	可吸入颗粒物($PM_{2.5}$)年平均值	微克/立方米	32	—

注:本表数据由如皋市统计局提供

2023年全市工作回顾

2023年是全面贯彻党的二十大精神的开局之年，是三年新冠疫情防控转段后经济恢复发展的一年。面对严峻复杂的外部环境、多重超预期的困难挑战，如皋市政府在中共如皋市委的坚强领导下，在市人大、市政协的监督支持下，坚持以习近平新时代中国特色社会主义思想为指导，深入学习贯彻习近平总书记考察江苏重要讲话重要指示精神和党中央决策部署，紧紧围绕“走在前、做示范”的重大要求和“四个走在前”“四个新”的重大任务，勇于挑重担、扛重责，承压前行尽责担当，埋头苦干奋勇争先，“强富美高”新如皋现代化建设迈出坚实步伐。

一、迎难而上、承压前行，经济“好”的态势更趋稳定

工业经济扩量提质。预计实现规模工业产值和工业应税销售1708.4亿元、1507亿元，分别增长9.2%、2.5%，六大优势产业链销售占比84.8%。新增50亿元企业1家、20亿元和10亿元企业各2家、新开业规模工业企业37家。新增国家专精特新“小巨人”企业5家、省跨国公司地区总部1家、省服务型制造示范企业1家。特高压装备产业集群入选省中小企业特色产业集群。金融机构人民币存贷款余额均超2000亿元。万达轴承成为全国首家运用直联机制后成功申报北交所的公司，新增新三板挂牌和报会企业各2家。

2023年9月，如皋市5家企业正式跻身第五批国家级专精特新“小巨人”企业名单。图为江苏天南电力股份有限公司厂区 （如皋高新区 提供）

现代服务业扩容提优。组织开展“长寿皋地·苏新消费”等消费促进活动，新增规模以上服务业企业63家、省级养老服务高质量发展示范企业2家，完成服务业开票销售1794亿元。如皋港现代综合物流园、如皋软件外包产业园获评省现代服务业高质量集聚示范区。实现旅游综合收入156亿元、增长32.8%，获评省乡村旅游业态创新示范项目2个，万仟梦工厂创成省级工业旅游区。

现代农业扩能提效。粮食生产再获丰收。完成农业农村重大项目投入24.5亿元，建成高标准农田7.9万亩。国家级农业绿色发展先行区通过国家评审，绿色优质农产品比重达71.7%。建成省级特色农业全程机械化示范基地4个，新增省级示范家庭农场6家。磨头镇获评首批国家农业产业强镇，“如北磨”入选省休闲农业精品区。如皋火腿获批国家地理标志保护产品。如皋黑塌菜入选全国农业品牌精品培育计划。

二、紧盯投入、狠抓项目，产业“强”的后劲越发充沛

项目招引全面起势。持续开展“招商引资突破年”活动，举办科技人才洽谈会、新型电力装备发展大会等重大活动，新签约并注册5亿元以上项目48个、3000万美元以上项目11个，其中10

亿元以上7个、1亿美元以上1个、入选南通“外资招引十大项目”2个。斯堪尼亚动力总成等重特大项目成功落户。

项目建设加快推进。持续完善领导挂钩服务制度和重大项目推进“八项机制”，完成工业投资328亿元，新开工5亿元以上工业项目20个、专精特新项目15个、服务业项目41个，竣工项目7个、转化项目4个，其中入选南通“新开工十大项目”2个、“竣工投产十大项目”和“专精特新十佳项目”各1个。省、南通市重大项目完成年度投资计划。

10月29日，斯堪尼亚动力总成项目暨重大产业项目集中开工仪式现场　（邱宇　摄）

专业化园区初具成效。精密光学、合成生物、氢能储能等未来产业园“六个一”功能配套持续完善，如皋港化工新材料产业园成功升格为省级化工园区。坚持“一线孵化+如皋转化”创新发展模式，积极布局氢能专业加速器及合成生物概念验证中心、中试熟化基地等未来产业平台，4家飞地孵化器落户产业化项目23个。新增制造业贷款超70亿元，增量、增幅均居南通第一。盘活低效、闲置土地1892亩，获评省自然资源节约集约利用进步奖，混合复合立体用地配置模式入选省节地模式典型案例。

三、对标一流、创新赋能，转型“快”的步伐不断提速

创新生态持续优化。出台“科技新9条”，发放科技金融贷款29.7亿元。完成雉水科学城概念规划及核心区设计、龙游河特色空间规划编制。新增国家和省级孵化器各1家。培育新型研发机构3家。坚持招投协同，科创投集团引入合作基金2个、股权投资项目11个。入选国家重大人才工程8个，新增省“双创计划”14人、“双创团队”2个。主导或参与制定国家、行业标准22项，获批立项国家级标准化试点1个、省级4个，新增江苏精品4个。获批筹建全省唯一的预制菜产品质量监督检验中心。省级技术标准创新基地实现零的突破。入围国家创新型县（市）、省科普示范县（市）建设名单。科技创新工作获省政府督查激励。

2月2日，如皋市召开科技人才发展大会　（邱宇　摄）

科技创新成果丰硕。净增高企172家，高企总数南通第一、提前两年实现翻番，高新技术产业产值占比达 56.4%。新增科技型中小企业 935 家，认定科创项目 203 家，其中入选南通"科技创新十佳项目"2 个。和府餐饮获评南通首家中国独角兽企业，新增省级独角兽企业 1 家、潜在独角兽企业 2 家、瞪羚企业 6 家、省级企业技术(工程)中心 15 家。霖鼎光学获全国颠覆性技术创新大赛总决赛优胜奖，惟怡新材料获省科学技术奖一等奖。入选国家重点研发计划项目 1 个，新增省成果转化专项资金项目 2 个。

企业转型成效明显。产业经济数据底座投入试运营，实施"智改数转网联"项目诊断 172 个、后续改造企业 20 家。开展传统产业焕新工程"五大行动"，中铁山桥获评国家级智能制造示范工厂，新增国家级绿色工厂和绿色供应链管理企业各 1 家、省级智能工厂 3 家。入选省绿色金融创新改革试验区。梦百合入选省工业互联网标杆工厂，新增国家级两化融合贯标企业 17 家、省级五星级上云企业 5 家。

四、聚力改革、扩大开放，发展"进"的活力加速激发

营商环境持续向优。成立营商环境发展促进中心，出台优化营商环境提升举措 81 条。持续深化"免申即享"，创新推出"简申快享"，落实奖补资金 2.3 亿元。纵深推进"放管服"改革，推动市场主体开办与涉企经营许可"1+N"套餐办改革，发布高频事项"零材料办"清单 81 项，完成安全生产、生态环境领域企业行政合规指导清单编制，企业信用分级分类监管平台建设全国领先，公共资源"不见面交易"服务标准化项目入选全国试点，获评全国社会信用体系建设示范区。营商环境评价全省第一。

11 月 13—15 日，第五届中国城市信用建设高峰论坛在河南省郑州市举办。会上，如皋市委副书记、市长王鸣昊围绕"社会信用体系建设示范区创建"作经验交流　（如皋市发展改革委　提供）

重点改革持续发力。成功上线南通首家国资供应链金融公共服务平台，国企市场化业务收入增长 10.2%。深化农村综合改革，完成产权交易额 35.4 亿元，发放承包土地经营权抵押贷款 1.9 亿元，建成农民合作社综合社 21 家。组建建筑业服务中心，推动重点企业纾困解难，完成建筑业总产值 1790 亿元、增长 10%。

开放水平持续提升。实际利用外资 1.67 亿美元，外贸进出口总额 305 亿元。完成服务外包执行额 20.7 亿美元、增长 2.8%，其中离岸外包执行额 6.5 亿美元、增长 30%。新增境外投资项目 7 个、投资额 2493 万美元，外经营业额 2.1 亿美元。新开通国际国内航线 4 条，完成港口货物吞吐量 8655 万吨，集装箱吞吐量 61 万标箱，其中外贸集装箱比重 11%。

五、内外兼修、建管并重，城乡“美”的魅力愈加彰显

11 月 22 日，张靖皋长江大桥南航道桥南主塔承台混凝土浇筑完成，大桥正式转入“拔节长高”新阶段　　（许丛军　摄）

城市建设更有特色。成立历史文化名城保护中心，完成迎春桥、玉带桥、冒家巷历史肌理恢复及管线更新工程，东大街入选省级地名文化遗产目录，丁堰镇获评省历史文化名镇，白蒲镇国家历史文化名镇申报通过国家验收，国家历史文化名城申报通过省级评估。新增公园绿地面积 3.5 万平方米，新改建城市道路 6 条 4.5 千米，北门大桥建成通行。完成老旧小区改造超 12 万平方米，惠及家庭 1240 户，入选省城市更新试点项目 1 个。建成公共充电桩 179 个，新增停车泊位 504 个。张靖皋长江大桥、北沿江高铁进入桥梁主体施工阶段，G40 如皋段改扩建工程率先竣工。

乡村振兴更富成效。持续推进农村人居环境整治五年提升行动，新建改造污水管网 13.1 千米、分散农户生活污水处理设施 1.07 万户、农村户厕 2.05 万座，获评全国村庄清洁行动先进县、省农村生活污水治理试点县（市）。磨头镇丁冒村入选全国乡村治理示范村。完成农路提档升级 40 千米、通居路 32 千米，改造农桥 10 座，创成“四好农村路”全国示范县，获评省城乡公交一体化建设达标县。新增省级特色田园乡村 2 个，特色田园乡村建设获省政府督查激励。

生态底色更加靓丽。第二轮中央、省环保督察交办信访和反馈问题全面完成整改，各级环境信访总量下降 6%。长江“生态岛”建设项目纳入省级 EOD 试点。建设农村生态河道 96 千米。南通市考以上断面继续保持优Ⅲ类水质。工业废气、餐饮油烟等专项整治扎实推进，$PM_{2.5}$ 平均浓度 32 微克/立方米，优良天数比例 81.6%。焦港幸福河湖项目高分通过国家验收。新增绿色发展领军企业 2 家，完成南通首笔跨县（市、区）排污权交易。获评省生态文明建设示范区。

六、一心为民、实干惠民，民生“暖”的感受持续增强

5 月 12 日，江苏如皋徐家桥遗址考古成果新闻发布会在如皋举办　　（如皋市文体广电和旅游局　提供）

百姓生活日趋殷实。办好 12 项民生实事，财政民生支出占比超 80%。新建“家门口”就业服务站 12 个，创新霖鼎光学、森松重工、汤臣汽配产业学院培养模式，新增城镇就业 1.56 万人，其中首次到如皋就业 1.04 万人，扶持创业 2416 人。富民强村帮促行动深入开展，所有行政村集体经济收入均超 65 万元。

社会保障日臻完善。新增城乡居保转企保 2.3 万人，养老保

险工作获省政府督查激励。建成"十五分钟拥军服务圈"14 个。医保服务点(站)实现村级和二级以上综合医院全覆盖。建成街道综合养老服务中心 2 个,新增养老机构床位 430 张,创成省级示范性"未保站"3 个、示范托育机构 1 家。

公共服务日益均衡。全国文明城市建设常态化推进、测评成绩南通第一。高质量教育样板城市建设深入推进,"双减"工作不断深化,市一中新校区投入使用,组建义务教育集团 7 个,入选省智慧教育样板区培育地区,职业教育改革获省政府督查激励。紧密型医共体建设持续推进,市中医院列入公立医院高质量发展省级试点单位,创成省重点(建设)专科 3 个,新增省健康镇 2 个、健康村(社区)9 个。徐家桥遗址考古成果发布,新增省级非遗项目 9 个。李昌钰刑侦科学博物馆二期正式开馆,纪录片《沙元炳》成功首映。融媒体中心获评长三角广电媒体融合先导单位。完成中超赛事江苏赛区保障,支云足球中超保级成功,体育经济展现新活力。

七、慎终如始、严守底线,大局"稳"的基础更加坚实

安全监管常态长效。深入推进专项整治巩固提升年和重大事故隐患专项排查整治"两个行动",组建市级危险化学品应急救援队,建成安全生产"千网工程",排查整改事故隐患 1.9 万条。城市住宅小区电梯 AI 阻车系统安装、餐饮场所工商业级燃气泄漏保护装置安装使用监测实现全覆盖。

风险防范有力有序。房地产市场平稳健康发展,完成"保交楼、保交付"项目 4 个,涉及商品住宅 1200 余套。债务化解稳步推进,上线债务监测平台和综合监管系统,完成上级下达债务管控任务,实现债务率和债务风险等级不反弹。

社会治理抓细抓实。市镇两级社会治理综合服务中心建成运行,政府治理数字化转型纵深推进,多渠道汇集群众诉求,按时签收率、办结率均为 100%。高质量完成"八五"普法中期评估,行政诉讼案件发案量和败诉数实现"双下降"。持续开展"三百"信访包案和重点领域信访突出问题攻坚化解活动,严厉打击涉黑涉恶、电信网络诈骗等违法犯罪,群众安全感连续三年全省第一。

11 月 25 日,全市安全生产工作专题会议召开　　(邱宇　摄)

如皋市政府2023年民生实事项目完成情况

2023年，在市委的正确领导下，在市人大、市政协的关心支持下，如皋市政府紧扣时点抓推进、千方百计强保障，按照“每月跟踪，季度督查”工作机制，切实强化统筹协调，扎实、有效推进并基本全部完成2023年市政府各项民生实事工作。

8月4日，“家乡也挺好”2023年如皋高校毕业生专场招聘会暨万达广场人才夜市火热开市

（如皋市人才中心　提供）

一、高质量就业先行区建设项目

新增就业1.4万人以上，首次到如皋就业1万人；吸纳高校毕业生就业4700人，其中名校优生200人；培养、培训技能人才7000人，其中高技能人才1800人。

完成情况

新增城镇就业参保15637人，首次到如皋就业10423人，完成率分别是111.69%和104.23%；吸纳高校毕业生5165人，其中名校优生228人，完成率分别是109.89%和114%；完成职业技能培训取证8963人，其中高技能人才培训取证1831人，完成率分别是128.04%和101.72%。

二、重点人群健康服务项目

适龄妇女两癌筛查3.25万人。为全市6类癌症（肺癌、结直肠癌、胃癌、肝癌、食管癌、甲状腺癌）高风险人群（3000人）进行体检筛查。65周岁以上卒中高风险人员早期筛查5000人。10~17周岁8.6万名在校学生脊柱侧弯筛查（上级调整为11988名五年级在校学生开展脊柱侧弯筛查）。60~85周岁老年人23价肺炎疫苗免费接种2.5万人（上级调整为20000人）。

完成情况

宫颈癌筛查45854人、乳腺癌筛查46805人，完成率分别是141.1%和144%；癌症高风险人群筛查3033人，完成率为101.1%；65周岁以上卒中高风险人员筛查5022人，完成率为100.44%；完成五年级在校学生脊柱侧弯筛查12195人，完成率为101.72%。60~85周岁老年人免费接种23价肺炎疫苗达20370人，完成率为101.9%。

三、养老服务设施和项目提升项目

建成城市街道综合养老服务中心2家。建成农村社区互助养老睦邻点12家。完成400户困难群众家庭适老化改造。落实4000名空巢独居老年人探访机制。

完成情况

如城街道“一老一小”融合服务中心和城北街道综合养老服务中心已正式投入运行。完成全市12家农村社区互助养老睦邻点建设，分别位于城南街道肖陆村、如城街道新民社区、城北街道平园池村、

7月5日，如城街道"一老一小"融合服务中心正式揭牌　（如皋市如城街道　提供）

城北街道东风社区、丁堰镇新堰社区、磨头镇高李村、江安镇联络新社区、石庄镇洪港社区、长江镇中心沙社区、东陈镇南凌社区、下原镇文庄社区、搬经镇朱夏社区。落实群众家庭适老化改造414户，超额完成年度目标任务。完善空巢独居老人探访服务制度，以智慧养老服务中心和社工站为依托，采取电话问候、上门探望等多种形式，实现每天不少于一次电话、每周不少于一次居家上门服务，根据老年人的实际需求，为3003名空巢独居老人增配具有定位功能、围栏报警、双向通话等功能的电子设备。

四、农村中学实验室功能提升项目

为农村高中更换实验器材。建设磨头初中综合实验楼。建设九华初中综合实验楼。

完成情况

农村高中实验器材添置工作涉及6所普通高中，目前已经完成。其中，有4所学校还同步开展了实验室的改造，进一步改善了实验教学环境和设施设备条件。磨头初中实验楼已竣工。九华初中综合实验楼已开工，2024年秋季开学投入使用。

11月28日，市人大常委会对全市高中实验室建设和"双减"政策实施工作进行专题督查推进　（如皋市教育局　提供）

五、中小学校空调安装项目

在全市所有义务教育学校普通教室安装空调，实现城乡中小学普通教室空调全覆盖。

完成情况

为全市52所中小学普通教室安装空调2991台，实现全覆盖。

六、技师学院创建项目

建设3个产业学院，完成实训设施设备升级改造，高级技工班招生不少于950人，职业技能培训规模达到1万人次以上。

完成情况

完成3个产业学院建设，如皋市高级技工学校与霖鼎光学合作探索校企混合所有制实践，在如城校区建立产业学院。与森松重工推进混合所有制办学改革试点，在长江校区建立合作车间。与汤臣汽配开设订单班，在长江校区共建“校中厂”。学校实训设施设备升级改造已经完成，均已投入使用。高级技工班实现足额招生，教育教学工作正常开展。职业技能培训13172人次，超额完成年度目标任务。

霖鼎光学产业学院实训车间　　（霖鼎光学　提供）

七、龙游河慢行步道建设项目

改造提升龙游河（宁海路—惠政路）带状公园（慢行步道）。

完成情况

龙游河带状公园改造正式进场施工。考虑到绿化的最佳栽植时间及成活率等因素，春节回暖后抓紧进行绿化施工，预计2024年4月底竣工并投入使用。

八、公路危桥安全治理项目

完成204、345两条国道68.7千米道路安全治理。完成县道13处事故多发点整治。改造危桥10

座。改造农路 40 千米。

完成情况

204 国道、345 国道安全治理均已进场施工。县道 13 处事故多发点已经完成整治。10 座农桥、40 千米农路已完成改造。

九、现有居住小区充电设施建设项目

为中心城区现有居住小区配备建设居民电动车(二轮)充电车棚。为中心城区现有居住小区配备电动汽车公共充电桩。推进居民电动汽车自用充电桩安装。

完成情况

全市城区小区具备新增电动车(二轮)充电车棚条件的小区共 40 个,新增电动车(二轮)充电车棚 301 个、充电桩 382 台,汽车充电桩 179 个,完成目标任务。形成了成熟便捷的居民电动汽车自用充电桩安装申请制度,配合业主在自有车位上加装充电桩 1200 台。

12 月 15 日,如皋市举行智慧充电网新闻发布会,向社会公布本市智慧充电网项目建设相关情况 (如皋市交通产业集团 提供)

十、城区老旧小区改造项目

老旧小区改造全年新开工 15.4 万平方米,完成 7 万平方米。扩大既有住宅加装电梯覆盖面。

完成情况

新开工改造皋南一组团、二组团和惠隆苑、绘园三区、海宁苑、总工会小区等老旧小区 23.71 万平方米,完成皋南二组团、惠隆苑、绘园三区改造 12.01 万平方米。既有住宅加装电梯新增投入使用6 台,正在施工 12 台。

十一、消防救援站建设项目

建成吴窑、下原、丁堰二级消防救援站。开工建设长青沙一级消防救援站。构建“1+15”消防救援网格,实现五分钟消防救援圈全覆盖。

完成情况

丁堰消防站正在进行主体施工,预计 2024 年 3 月底主体完工,2024 年 6 月投入使用。下原消防站、吴窑消防站已进场施工，预计2024年二季度主体完工、三季度投入使用。长青沙一级消防救援站正在开展报建手续办理和工程造价编标，预计2024年5月开工建设。待上述4所消防站投入使用后，全市“1+15”消防救援网格正式完成建设。

十二、校园智慧安防工程建设项目

常态化开展法制教育、安全教育以及心理健康教育。创建省高质量平安校园建设县(市、区)。完成全市80%中小学幼儿园智慧安防改造提升。建设中小学生交通安全宣传教育基地14个。

完成情况

全市每所中小学校均配置兼职法治副校长，常态化、制度化开展珍爱生命、预防性侵等12个系列法治教育课程和心理健康教育课程。各类困境学生建档2638名，其中A级预警困境学生207名，组织教师“一对一”结对帮扶。制定《如皋市创建江苏省高质量平安校园建设县(市、区)实施方案和任务分解表》，召开了现场推进会，各学校主要出入口、学校重点区域人脸识别视频监控已全部接入“雪亮工程”，与公安部门监控系统实现对接，建成市、镇、校三级安防监控平台和14个学生交通安全宣传教育阵地。

5月12日，如皋市平安校园建设工作推进会暨安全教育现场观摩活动在如皋师范学校附属开发区小学召开　　(如皋市教育局　提供)

荣誉先进

2023 年度荣誉榜

1 月 5 日

全省科技工作会议以视频形式在南京召开，回顾总结过去五年工作，分析面临的形势和挑战，研究部署 2023 年重点任务。如皋市委书记何益军作为唯一县(市)代表在会上进行交流发言，简要介绍如皋近几年在科技创新领域的工作举措及成效。

△ 江苏省放心消费创建活动办公室、江苏省市场监管局通报 2022 年度江苏省放心消费创建示范单位、区域名单，如皋市 9 家单位上榜，南通品德超市连锁有限公司等 6 家单位为江苏省放心消费创建示范单位，南通市如皋市东大街等 3 个区域为江苏省放心消费创建示范区域。

1 月 6 日

教育部网站发布《教育部 人力资源社会保障部关于 2021—2022 学年度中等职业教育国家奖学金获奖学生名单的公告》，经评审确定，共 19996 名学生获得 2021—2022 学年度中等职业教育国家奖学金，每人奖励 6000 元。如皋市夏颖等 12 名学生获得该奖学金。

1 月 13 日

西湖大学校长、"新基石研究员项目"首届科学委员会主席施一公等人宣布首期资助名单，项目共吸引 991 名学者报名申请，最终 58 人折桂。其中，两位如皋籍教授——哈尔滨工业大学教授、生命科学与技术学院院长黄志伟，华东师范大学数学科学学院教授刘钢榜上有名。

1 月 16 日

江苏省教育厅官网公布 2022 年江苏省中小学和中职校教师正高级专业技术资格评审委员会评审结果，如皋市郭剑波、黄年忠、胡宗华、印冬建、裴友军 5 名教师通过正高级专业技术资格评审。

1 月 17 日

江苏省工信厅公布 2022 年(第三批)江苏省绿色工厂认定名单，如皋南通星球石墨股份有限公司、南通思瑞机器制造有限公司 2 家企业榜上有名。

△ 2022 年第四季度"南通好人榜"名单揭晓，如皋市七进七出闯火场、舍己为人"好邻居"石涛荣登榜单。

1 月 18 日

江苏省生态环境厅公布第五批省级生态文明建设示范区、乡镇(街道)、村(社区)名单，南通市如皋市被命名为第五批省级生态文明建设示范区。

1 月 20 日

江苏省交通运输行业党委印发通知，对全省 39 个深化货车司机群体党建试点工作先进集体、69 名全省深化货车司机群体党建试点工作先进个人进行通报表扬，其中，如皋市交通运输行业党委获评先进集体。

1 月 28 日

江苏省工信厅发布《关于公布 2023 年江苏省智能制造示范工厂名单的通知》，确定 112 个工厂为 2023 年江苏省智能制造示范工厂。如皋市梦百合家居科技股份有限公司、江苏省如高高压电器有限公司 2 家企业成功入选。

△ 江苏省科协公布 2022 年度"县级科协创新发展能力提升计划"表彰名单，如皋市科协获评

2022 年度“县级科协创新发展能力提升计划”优秀单位，为南通地区唯一入选单位。

1 月 29 日

在南通市持续推进“机关作风建设提升年”“营商环境提升年”动员大会上，如皋两个案例获得 2022 年度南通市各县市区（园区）优化营商环境十佳案例，分别是《高位监督·推动营商环境优化》《无证利民·开启“无证明城市”建设》。

1 月 30 日

江苏省教育厅公布省“双减”示范创建学校名单，如皋市实验初中上榜。

△ 江苏省教育厅、省工业和信息化厅联合发文，公布 2022 年江苏省智慧校园及示范校审核认定结果，如皋市 4 所学校入选省智慧校园，分别是如皋师范学校附属开发区小学、如皋师范附属第三小学、如皋市志颐小学、如皋市白蒲镇勇敢小学。

1 月

民政部发布《关于表彰全国先进基层群众性自治组织、全国优秀城乡社区工作者的决定》，对近年来在基层社会治理中表现突出的先进基层群众性自治组织和优秀城乡社区工作者进行表彰。其中，高新区（如城街道）新民社区党总支书记、居民委员会主任蔡建明获评“全国优秀城乡社区工作者”。

△ 江苏省民政厅下发《关于开展“深化乡村地名服务 点亮美好家园”省级试点工作的通知》，确定 13 个县（市、区）为省级试点地区，如皋市入选，是南通地区唯一入选的县（市、区）。

△ 江苏省退役军人事务厅、江苏省总工会联合印发《关于优秀“戎耀之家”命名授牌的决定》，江苏如皋港集团有限公司、如皋市市场监督管理局获评 2022 年度江苏省优秀“戎耀之家”。

△ 江苏省中医药管理局公布第二批江苏省基层医疗卫生机构五级中医馆建设单位名单，如皋市江安镇卫生院中医馆入选。

2 月 1 日

省委农村工作会议召开，会上公布 2022 年度全省推进乡村振兴战略实绩考核结果，如皋市位列县（市、涉农区）级进位第一等次。这是继 2021 年之后，如皋市再次获得该项考核的县级进位第一等次。

2 月 3 日

国家发展和改革委员会公布第 29 批新认定及全部国家企业技术中心名单，江苏力星通用钢球股份有限公司成功创成国家企业技术中心，成为苏中苏北唯一创建成功的企业，实现如皋国家企业研发平台零的突破。

2 月 6 日

财政部对全国 100 名会计工作者予以表彰，并授予于兰英等 100 人“全国先进会计工作者”荣誉称号。其中，如皋市南通星球石墨股份有限公司杨志城榜上有名。

△ 江苏省质量发展委员会办公室联合省八部门发布“2023 年第二批‘江苏精品’认证获证企业名单”，如皋市江苏长寿集团如皋广兴米业有限公司榜上有名。

2 月 14 日

江苏省委宣传部公布 2022 年度县级融媒体中心建设年度优秀案例 20 个，如皋市融媒体中心坚持一体策划一线采集一体生产，开展“非凡十年·飞越新如皋”全媒体新闻行动入选重大主题精品生产优秀案例。

2 月 21 日

全省新闻出版（版权）工作会议在南京召开，如皋市委宣传部作为唯一一家县级市作交流发言。

2 月 22 日

“全国国防教育示范学校”授牌仪式在南通中学举行。其中，如皋市磨头镇大高小学获评“全国国防教育示范学校”。

2 月 23 日

江苏省文物局公布“2023 年度江苏省博物馆精品展览项目”名单，如皋市博物馆推出的“运盐河的记忆——运盐河如皋段考古成果展”位列其中，是南通地区唯一入选的精品展览项目。

2 月 25 日

江苏省交通运输厅公路事业发展中心公布 2022 年度农村公路品牌提升成效评选结果，如皋市“走如意路 往‘皋’处行”获评 2022 年度江苏十大优秀农村公路品牌，如皋市港建路获评 2022 年度江苏“美丽农村路”样板路。

2 月 28 日

江苏省农业农村厅公布 100 个 2020—2022 年全省农业农村重大项目省级示范项目，如皋市星百味肉制品深加工、如皋市盛鑫肉制品深加工 2 个项目入选。

2 月

中国科学技术协会发布中国科协海智计划特聘专家名单，江苏卓远半导体有限公司张新峰博士成功入选。

△ 江苏省文旅厅公布“水韵江苏·春节里的非遗传承”短视频大赛结果，如皋非遗短视频《“偶”们一起过大年》代表南通参赛，从 161 件作品中脱颖而出，入选优秀短视频名单。

△ 南通市教育局公布 2022 年南通市学科（德育）带头人、骨干教师、教坛新秀评选结果，如皋 189 名教师入选。

3 月 2 日

农业农村部、国家乡村振兴局印发《关于通报表扬 2022 年全国村庄清洁行动先进县的通知》，对 94 个措施有力、成效突出、群众满意的村庄清洁行动先进县予以通报表扬，江苏省 3 个县（市、区）获此殊荣，如皋市榜上有名。

△ 第七届江苏志愿服务展示交流会在南通国际会展中心开幕。开幕式上，江苏省优秀志愿者、优秀志愿服务组织、优秀志愿服务项目、优秀志愿服务社区代表上台领奖。如皋市姚呈明理论武装工作室负责人姚呈明、“马跃皋原”理论宣讲志愿服务项目分别获评优秀志愿者和优秀志愿服务项目。

3 月 3 日

第七届“芳桥”杯“江苏好大米”品鉴推介结果公布，如皋市福欣家庭农场的“粮心农夫生态硒米”、恒孚稻米农地股份合作社的“梓韵有机米”分别获得“江苏好大米”特等奖、金奖，恒孚稻米农地股份合作社“梓韵生态米”、如皋筷乐米业有限公司“米榜富硒米”获得“最佳稻米包装设计奖”。

3 月 6 日

农业农村部公布第十二批全国“一村一品”示范村镇及 2022 年全国乡村特色产业产值超十亿元镇和超亿元村名单，如皋市江安镇联络新社区（肉制品）再次成功入选“2022 年全国乡村特色产业超亿元村”。

△ 江苏省中医药管理局公布 2022 年度省级中医重点专科评审结果，如皋市中医院肛肠科、心血管科被确定为省级中医重点专科（Ⅲ类）建设单位。

3 月 13 日

江苏省科协公布 2022 年度省级海智基地评估结果，全省共有 20 家海智基地被评定为优秀等次，如皋海智基地名列其中。

3 月 15 日

江苏省信用办印发《关于推广 2022 年政务诚信建设创新举措的通知》（苏信用办〔2023〕4 号），公布 2022 年全省政务诚信建设创新举措名单，对政务诚信建设 8 大领域 39 项创新案例在全省范围内予以推广。如皋市检察院“构建‘2+3’廉洁风险防控体系 强化对企业合规中检察人员履职监督”成功入选，系全省检察机关唯一入选的案例。

3 月 16—27 日

由中国田径协会主办的 2023 年田径后备人才投掷项目训练营暨挑战赛在江苏如皋国家田径训练基地举行，如皋市少年体育学校代表队获 6 金、4 银、2 铜，金牌总数位居 32 支参赛代表队之首。

3 月 17 日

人力资源社会保障部下发《人力资源社会保障部关于表扬法治人社建设优秀单位的通知》，对工作突出的 100 个单位给予表扬，江苏省共有 5 家单位入选，如皋市人力资源和社会保障局位列其中。

△ 江苏省爱卫会通报表扬爱国卫生运动 70 周年表现突出集体和表现突出个人，其中如皋市卫生健康委员会获评江苏省爱国卫生运动 70 周年表现突出集体。

△ 江苏泰慕士针纺科技股份有限公司顺利通过工信部两化融合管理体系评定工作委员会认定，取得两化融合管理体系最高等级——AAA 级认证，成为如皋首个通过两化融合管理体系 AAA 级评定的企业。

3 月 27 日

江苏省文化和旅游厅发布《关于公布江苏省乡村旅游业态创新示范产品和示范项目入选名单的通知》。其中，如皋平园池百亩荷塘及传统农耕民俗文化馆、如皋“生态金岛”健康休闲旅游 2 个项目成功入选“游乡村·促消费”全省百项乡村旅游业态创新示范项目榜单。

△ 第二届“紫金戏剧文学奖”颁奖典礼暨创作交流辅导会在南京举行，共评出获奖作品 10 部、提名奖作品 10 部。其中，如皋原创现代话剧《向前向前向前》获第二届“紫金戏剧文学奖”。

3 月 28 日

江苏省总工会印发《关于表彰江苏省模范职工之家、模范职工小家、优秀工会工作者的决定》，如皋经济技术开发区总工会、南通海螺水泥有限责任公司工会委员会、江苏图腾投资集团有限公司工会委员会、中国银行股份有限公司如皋支行工会委员会 4 个集体被评为“2023 年江苏省模范职工之家”；江苏纽唯盛机电有限公司丝印工会小组、南通聚星铸锻有限公司后套车间工会小组 2 个集体被评为“2023 年江苏省模范职工小家”；如皋市总工会党组书记、主席顾卫国，如皋市磨头镇总工会副主席李国锋，中国人民银行如皋市支行党组成员、副行长、如皋市金融系统工会联合会主席吴小红，如皋市人民医院工会副主席刘红，江苏神马电力股份有限公司常务副总经理、工会主席王鸭群 5 人被评为“2023 年江苏省优秀工会工作者”。

3 月 29 日

江苏省市场监管局组织相关领域专家对如皋市人民政府承担的国家基本公共服务标准化试点项目进行考核评估，试点项目通过考核评估，以高分获优秀等次。

3 月 30 日

南通市教育局公布 2022 年度南通市基础教育“立学课堂”样板学校先进集体和先进个人评选结果，如皋市江苏省白蒲高级中学、江苏省如皋师范学校附属小学 2 所学校被评为先进集体，陆志勇、苏乔明、秦怡、宋勇、郑飞、黄建峰 6 名教师被评为先进个人。

3 月 31 日

江苏省第六届“母亲河”奖项揭晓，如皋团市委“共筑生态长廊 青护一江春水”项目获第六届江苏省“母亲河奖”绿色项目奖，如皋市绿色科普志愿服务协会秘书长张璐获评“母亲河奖”绿色卫士。

△ 全省检察机关第九届十佳公诉人暨优秀公诉人业务竞赛在江苏检察官学院完美收官。如皋市检察院第一检察部副主任、员额检察官陆茜敏在比赛中脱颖而出，荣获“全省十佳公诉人”称号，并收获“优秀辩论奖”。

3 月

根据各地公布的 2022 年地区生产总值数据，2022 年全国千亿县（市）共 52 个，如皋、启东、海安、如东分别位列第 20、23、25、27 位。

△ 全国妇联发布《关于表彰全国三八红旗手标兵、全国三八红旗手、全国三八红旗集体和全国巾帼文明岗、全国巾帼建功标兵、全国巾帼建功先进集体的决定》，表彰一批先进个人和集体。如皋市人民检察院获评“全国巾帼建功先进集体”，是全省检察系统唯一获此殊荣的单位。

△ “如皋市混合复合立体用地配置模式”作为新建工业项目节地模式（技术）案例，获选江苏省2023年度节地模式（技术）十大先进典型案例之一，作为节地效果好、针对性和示范性强的案例被江苏省自然资源厅通报和推广。

△ 江苏省深化医改暨省级综合改革试点工作领导小组办公室下发《关于开展公立医院高质量发展省级试点工作的通知》，如皋市中医院成功入选公立医院高质量发展省级试点单位。

4月3日

中央广播电视总台《2022城市营商环境创新报告》在北京正式发布，活动现场重点发布《报告》的三项亮点成果——“2022城市营商环境创新城市”“2022城市营商环境创新县（市）”“2022城市营商环境创新举措十大关键词”。其中，如皋上榜“2022城市营商环境创新县（市）”名单。

△ 江苏省新闻出版局公布2021—2022年度江苏省五星级示范农家书屋和优秀农家书屋管理员名单。其中，长江镇永平社区农家书屋，高新区如城街道城西社区农家书屋获评江苏省五星级示范农家书屋；如城街道长巷社区、秀水社区农家书屋罗晶晶，高新区城南街道肖陆村农家书屋陆晓林获评江苏省优秀农家书屋管理员。

△ 江苏省科学技术厅公布全省2023年第一批入库科技型中小企业名单，如皋100家企业入选。

4月4日

中共江苏省委农村工作领导小组办公室下发《关于2022年度江苏省生态宜居美丽乡村示范建设评价情况的通报》，其中，如皋市城南街道入选省级生态宜居美丽示范乡镇（街道）名单，城北街道平园池村、如城街道顾庄社区等15个村（社区）入选省级生态宜居美丽示范村（社区）名单。

4月7日

第七届中国信息化融合发展创新大会在北京召开，大会现场发布2023年度中国信息化数字化成果。如皋市市域社会治理现代化指挥中心的创新应用“如皋市企业信用分级分类监管系统”荣膺2023年中国信息化数字政务创新成果（案例）奖，成功入编《2023中国信息化创新发展成果推荐目录》。

△ “花开新时代 奋进新征程”南通市第九届精神文明建设“五个一工程”颁奖典礼在南通大剧院举行。如皋市委宣传部获南通市第九届精神文明建设“五个一工程”优秀组织工作奖，如皋市作品《天山脚下如皋人》《抗战小英雄》《星星火种》《幸福小康》《旋转出来的梦》获南通市第九届精神文明建设“五个一工程”优秀作品奖。如皋市参与创作的歌曲《誓言》、纪录片《江海一脉》获荣誉奖，纪录片《碧血丹心映江海》获优秀作品奖。

4月10日

农业农村部、国家发展改革委、水利部、税务总局、市场监管总局、国家林草局、供销合作总社联合公布2022年国家农民合作社示范社名单，如皋市超然果蔬农地股份合作社、如皋市恒孚稻米农地股份合作社2家合作社入选。

△ 国家公共信用信息中心在“信用中国”网站发布《城市信用监测月报》（2023年第2期），2023年1—2月，在全国383个县级市的城市信用状况监测中，如皋市综合信用指数排名位列全国第3名、江苏省第1名，实现历史性突破。

4月11日

江苏省总工会印发《关于表彰2023年省五一劳动奖和省工人先锋号的决定》，江苏泰慕士针纺科技股份有限公司获“江苏省五一劳动奖状”，江苏力星通用钢球股份有限公司带班长季世平获“江苏省五一劳动奖章”，江苏汤臣汽车零部件有限公司质量部、如皋市人民医院急诊科获评“江苏省工人先锋号”。

4 月 12 日

如皋市第六届“哲学社会科学优秀成果奖”评审结果揭晓，共评出获奖项目 20 项，其中一等奖 2 项、二等奖 4 项、三等奖 6 项、优秀奖 8 项。

4 月 16 日

“初中生世界杯”江苏省第二十二届中学生阅读与写作大赛(初中组)现场决赛落下帷幕，如皋市实验初中孙一蕾获特等奖，王一鸣、黄俊杰、喻瑾涵、周陈宸源、时茂获一等奖，许程媛、周智贤、章彦铭获二等奖，如皋市外国语学校、如皋初级中学、如皋市实验初中获优秀团体奖，周陈宸源获英文组最佳人气奖。

4 月 17 日

共青团中央作出表彰决定，授予 296 个团组织全国五四红旗团委称号；授予 389 个团组织全国五四红旗团支部称号；授予 481 人(含追授 1 名)全国优秀共青团员称号；授予 342 人全国优秀共青团干部称号。其中，如皋 2 人获评“全国优秀共青团员”，分别是江苏省如皋市中医院医务科工作人员卞煜(女)、江苏御锦置业有限公司员工蒋晨宇(女)。

4 月 18 日

江苏省农业农村厅公布第二批江苏省农业生产全程机械化智能化示范基地(园区)名单，如皋市南通伴西生态养殖有限公司、如皋新好农牧有限公司、南通市科兴牧业有限公司、如皋市徐湾生态家庭农场 4 家单位入选。

4 月 19 日

江苏省临床重点专科建设项目名单公布，如皋市人民医院心血管内科被确认为省级临床重点建设专科。

4 月 21 日

江苏省自然资源厅通报 2022 年度自然资源节约集约利用综合评价考核成绩优异地区名单，如皋市获得“江苏省自然资源节约集约利用进步奖”。

△ 第六届《儿童文学》金近奖颁奖典礼在浙江绍兴上虞区崧厦街道金近小学举行。如皋作家郭姜燕作品《明天校长爱散步》(小说)、李逸作品《女巫药坊今日开张》(童话)获优秀作品奖。

4 月 21—22 日

由中央网信办主办的中国网络媒体论坛“2023 中国网络媒体论坛进基层”活动在江苏南京举行。论坛期间，如皋人姚呈明应邀参加活动，以《用宣讲架起党群“连心桥”》为题讲述自己和理论宣讲的故事，活动还播放由人民网制作的介绍姚呈明的短片《一本笔记本的自白》。

4 月 23 日

第 34 届江苏省中小学生金钥匙科技竞赛团体赛在南京科技馆圆满落幕，来自省内 13 个设区市 117 支代表队参加团体决赛。如皋市安定小学获团体特等奖(小学组)。

4 月 26 日

中华全国总工会公布 2023 年“全国五一劳动奖”和“全国工人先锋号”评选表彰名单，表彰“全国五一劳动奖状”207 个、“全国五一劳动奖章”1035 个、“全国工人先锋号”1044 个。其中，如皋市双钱集团(江苏)轮胎有限公司炼胶保证机修小组班组长韩燕飞荣获 2023 年“全国五一劳动奖章”。

4 月 27 日

南通市庆祝“五一”国际劳动节暨五一劳动奖命名大会召开。会上，如皋一批先进集体和先进个人获得表彰。江苏卓远半导体有限公司、如皋市卫生健康委员会 2 个集体获“南通市五一劳动奖状”；江苏瀚皋机械有限公司总经理周平发，南通海泰科特精密材料有限公司测试中心主任朱信梅，如皋市人民检察院第一检察部副主任宗秋，江苏省如皋中等专业学校培训处主任徐芹霞，江苏省如皋市烟草专卖局党组书记、局长许谦，江苏路翔交通工程有限公司项目经理宋玉波，江苏元辰安装集团有限公司副总工程师邵晓晨，如皋市总工会副主席苏小燕 8 人获“南通市五一劳动奖章”；如皋市科技创新委员会办公室高新技术科、国家税务总局如皋市税务局石庄税务分局、南通阳鸿石化储运有限公司操作部运行 1 班、江苏和府餐饮管理有限公司制面车间、如皋市皋环清洁服务有限公司车队、南通远业液压机械有限公司精加工车间、中共如皋市委政法委员会政治安全科、如皋市总工会法律顾问处 8 个集体获“南通市工人先锋号”；如皋市交通产业集团有限公司财务管理部、国家税务总局如皋市税务局收入核算股、如皋市人民医院检验科 2 个集体被评为“南通市五一巾帼标兵岗”；国网江苏省电力有限公司如皋市供电分公司蔡晓霞、如皋市外国语学校(小学部)教师戴琪淳、中国农业银行股份有限公司如皋市支行综合管理部总经理邓晓燕 3 人被评为“南通市五一巾帼标兵”。

△ 由中国中学生体育协会、中国田径协会主办的 2023 年中国中学生田径精英赛暨 U15 世界中学生夏季运动会田径选拔赛在江西省婺源县举行。如皋市中学生田径代表队参赛并取得优异成绩，获得女子铁饼金牌、男子铅球银牌、女子铅球铜牌、女子铁饼铜牌、女子标枪铜牌。

4 月 28 日

如皋市总工会决定，授予南通力威机械有限公司等 11 个单位“如皋市五一劳动奖状”，授予丁红兵等 69 人、2022 年度技能竞赛上获奖的马健等 28 人“如皋市五一劳动奖章”，授予江苏正威新材料股份有限公司磨具织造车间退并甲班等 42 个车间（班组、科室）、如皋爱心护理院护理部等 10 个 2022 年度技能竞赛优秀团队“如皋市五一先锋号”。

4 月

共青团江苏省委作出表彰决定，授予 265 个团组织江苏省五四红旗团委（团工委）称号；授予 269 个团组织江苏省五四红旗团支部（团总支）称号；授予 340 人江苏省优秀共青团员称号；授予 291 人江苏省优秀共青团干部称号。其中，如皋市 4 个集体、2 名个人上榜，如皋高新区（如城街道）团工委、江苏省江安高级中学团委获得“江苏省五四红旗团委（团工委）”称号，如皋市如城街道安定社区团支部、如皋市医疗保险基金管理中心团支部获得“江苏省五四红旗团支部（团总支）”称号，如皋市市场监督管理局办公室一级行政执法员吴嫣然被评为“江苏省优秀共青团员”，如皋市长江镇团委书记侯皓辰被评为“江苏省优秀共青团干部”。

△ 江苏省文化和旅游厅公示 2020—2022 年度省级非遗代表性传承人传承活动评估结果。如皋市共有 6 名传承人参加评估，其中，如皋丝毯织造技艺传承人李玉坤被评为优秀传承人，其余五名传承人被评为合格。

△ 南通市食品安全委员会印发《关于 2022 年度食品安全工作专项考核结果的通报》，如皋市跻身优秀等次。截至 2022 年，如皋市已连续四年在南通市食品安全工作专项考核中跻身优秀等次。

5 月 4 日

江苏省科协公布 2022—2025 年度江苏省科普示范县（市、区）名单，如皋市榜上有名。

△ 《人民日报》用六个整版刊登 2021—2022 学年度国家奖学金获奖学生优秀代表名录，如皋第一中等专业学校学生陈子贡榜上有名，为南通市唯一。

5 月 6 日

南通市举行第 112 个国际护士节庆祝大会，表彰 2022 年度南通市“优秀护士”128 名，其中，如皋市中医院石建华、陈娟被评为优秀护理管理者，如皋市人民医院孙海丽、如皋市中医院崔娴被评为优秀专科护士，如皋市人民医院戴丽娟、如皋市第三人民医院张爱萍、如皋市第四人民医院李平、如皋博爱医院杜冬娟、深圳精诚集团如皋医院陈鑫霞被评为优秀临床一线护士，如皋市磨头镇卫生院蒋红被评为优秀基层护士。

5 月 8 日

江苏省医疗保障局公布 2022 年度“15 分钟医保服务圈”省级示范县（市、区）和省级示范点名单。其中，如皋市入选 2022 年度“15 分钟医保服务圈”省级示范县（市、区），如皋市如城街道为民服务中心、下原镇为民服务中心入选 2022 年度“15 分钟医保服务圈”省级示范点。

△ 教育部教育技术与资源发展中心（中央电化教育馆）2023 年公布全国中小学实验教学精品课入选名单，如皋初级中学教育集团化学教师窦志云的“探究二氧化碳与水或氢氧化钠稀溶液的反应”入选。

△ 2023 年江苏省普通高中省级三好学生优秀学生干部名单出炉，如皋一大批优秀学子上榜。曹姝、陈徐靓、郑黄朔、陈彦名、刘瑞祺等 16 人被评为 2023 年普通高中省级三好学生，陈实、黄天熠、沈叙 3 人被评为 2023 年普通高中省级优秀学生干部。

△ 南通市工信局公布 2022 年度南通市工业互联网（互联网+制造业）融合创新试点示范项目名单，如皋市 7 个企业项目位列其中，分别是梦百合家居科技股份有限公司标杆工厂建设方向、江苏力星通用钢球股份有限公司标杆工厂建设方向、中铁山桥（南通）有限公司标杆工厂建设方向、江苏泰慕士针纺科技股份有限公司标杆工厂建设方向、日达智造科技（如皋）有限公司平台集成创新方向、江苏图腾电气科技有限公司平台集成创新方向、中铁山桥（南通）有限公司管理体系贯标方向。

5 月 9 日

江苏省教育厅公布第二批“江苏省书香校园建设示范点”名单，如皋市安定小学榜上有名。

△ 南通市工信局公布《2023 年度南通市首台（套）重大装备及关键部件认定名单》，如皋市南通思瑞机器制造有限公司、江苏卓远半导体有限公司、江苏瀚皋机械有限公司、南通星球石墨股份有限公司 4 家企业榜上有名。

5 月 10 日

科技部发文公布第二批创新型县（市）建设名单，如皋市成功入选。

△《新华日报》头版头条以《激活科技创新“关键变量”，打造营商环境“最亮品牌” 如皋市刷新高质量发展辨识度》为题，对如皋进行报道。

5 月 11 日

南通市医疗保障局印发通知，6 月 1 日起开展中医优势住院病种按疗效价值点数法付费试点工作，如皋市中医院入选第一批试点医疗机构名单。

5 月 12 日

南通市政府发布公告，决定授予如皋市人大常委会退休干部石秀峰“南通市见义勇为模范”称号，授予如皋市江安镇黄市新村村民严怀岗“南通市见义勇为先进个人”称号。

5 月 12—13 日

广州艾力彼 GAHA 举办的“2023 中国医院竞争力大会”在厦门落幕。会上，艾力彼医院管理研究中心与社会科学文献出版社共同发布最新的《医院蓝皮书：中国医院竞争力报告（2023）》，同时公布最新的中国顶级医院 100 强、地级城市医院 500 强、县级医院 500 强、中医医院 500 强等多个排行榜。其中，如皋市人民医院位列全国县级医院 500 强名单第 66 名，如皋市中医院名列 2022 届中医医院 500 强之列。

5 月 14—15 日

全国职业院校技能大赛中职组数字产品检测与维护比赛在山东潍坊举办，江苏省如皋第一中等专业学校（高级技工学校）朱小宏、黄宇硕师生二人取得团体一等奖，为江苏代表队中职组摘得该次国赛首枚金牌。

5 月 19 日

科技部公布 2022 年度国家级科技企业孵化器名单，如皋市下原镇科技创业中心榜上有名。

△ 中国社区卫生协会印发《关于通报表扬新冠疫情防控中表现突出的城乡社区卫生工作者的决定》，对全国 2067 名在 2022 年新冠疫情防控中表现突出的社区卫生工作者给予通报表扬，如皋市如城街道第一社区卫生服务中心黄彩华榜上有名。

5 月 21 日

如皋市人民医院被国家放射与治疗临床医学研究中心、复旦大学附属中山医院确定为“县域医院介入能力提升工程成员单位”。

5 月 22 日

由如皋市市场监督管理局参与起草的南通市级地方标准《餐饮服务提供者反食品浪费管理规范》(DB 3206/T 1047—2023)正式发布实施,5 月 28 日起实施。

5 月 23 日

国家标准化委员会公布第九批社会管理和公共服务综合标准化试点项目名单，如皋市行政审批局公共资源“不见面交易”服务标准化试点项目入选。

5 月 24—25 日

第五届江苏“好西(甜)瓜”品鉴推介活动在东台市黄海森林公园举办。如皋市耀红家庭农场获2023 年第五届江苏“好西(甜)瓜”品鉴推介好基地奖,选送的“美都”西瓜荣获 2023 年第五届江苏“好西(甜)瓜”品鉴推介好产品中大果型西瓜组金奖。

5 月 25 日

江苏省高级人民法院下发《关于对全省法院司法警察工作先进集体和先进个人予以表扬的通报》,如皋市人民法院干警孙庆峰获“全省法院司法警察工作先进个人”称号。

△ 2023 年江苏省青少年游泳(县组)锦标赛在江阴体育中心“水磨方”游泳馆开赛。如皋市安定小学六(9)班孙艺斩获 2 枚金牌,分别是 100 米仰泳、200 米仰泳。

5 月 26—27 日

2023 年全国中学生轮滑锦标赛暨中国小学生轮滑训练营在徐州市云兴教育集团华润小学举办。如皋经济技术开发区第三实验小学代表队获得单排轮滑球项目小学组冠军，这是南通市单排轮滑球项目获得的首个全国冠军。

5 月 29 日

“2023 中国最具幸福感城市调查推选活动”在杭州启动,如皋入围“城区及县级市”候选名单。

△ 江苏省科学技术厅公布 2023 年第三批入库科技型中小企业,其中如皋入库企业 216 家。

5 月 30 日

第十二届江苏省(连云港)园艺博览会总结会暨“新时代江苏园博三十六景”在南京召开。活动现场宣读《关于第十二届江苏省园艺博览会获奖及表扬的通报》,“中皋农产品”牌黑塌菜获第十二届江苏省园艺博览会园林园艺专题展·园艺产品一等奖。

5 月

中电山河数字科技(南通)有限公司顺利通过工业互联网产业联盟审核,成为工业和信息化部指导成立的全国性“工业互联网产业联盟”会员单位。

△ 江苏省人民政府办公厅印发《省政府办公厅关于对 2022 年落实有关重大政策措施真抓实干成效明显地方予以督查激励通报》,如皋市多项工作获表扬激励,分别为:推动科技政策落实和科技体制改革成效明显;改善职业教育办学条件,推进产教融合、创新校企合作办学机制、培育省级产教融合型试点企业,打造专业化职业院校校长及师资队伍等成效明显;规范执行养老保险政策、加强养老保险扩面征缴、严格养老保险基金管理等成效明显;特色田园乡村建设成效明显。

△ 江苏省妇联揭晓 2022 年江苏省巾帼志愿服务征集交流展示活动十佳微电影、十大感动人物、十佳组织、十大优秀项目、十大优秀社区,如皋市妇联“雉水大妈说”巾帼志愿服务项目被评为江苏省巾帼志愿服务十大优秀项目。

△ 经江苏省教育学会书法专业委员会考察、验收,江苏省如皋师范学校附属小学、如皋师范学校第三附属小学、如皋初级中学、如皋市实验初中、搬经镇初级中学 5 所学校获新一批“中国书法(写字)

特色学校”称号。

6 月 1 日

江苏省住房和城乡建设厅公布 2022 年度江苏省优质工程奖“扬子杯”获奖项目名单，如皋市交通产业集团旗下富港公司承建的南通市生活垃圾填埋场七号填埋池工程荣获市政工程项目“扬子杯”优质工程奖。

6 月 5 日

国家卫生健康委办公厅、国家中医药管理局综合司对 2022 年度“优质服务基层行”活动表现突出、服务优质的机构予以通报表扬，如皋市长江镇卫生院、江安镇卫生院 2 家单位榜上有名。

6 月 6 日

共青团中央、中央宣传部、中央政法委等 15 部委，确定 776 个单位为 2023—2024 年度全国维护青少年权益岗创建单位，如皋市综治中心入选。

△ 全国少工委发布关于命名 2023 年度全国红领巾中队的决定，如皋市 3 所学校中队上榜，分别是江苏省如皋市实验小学四(6)中队、江苏省如皋市外国语学校(小学部)六(7)中队、江苏省如皋师范学校附属小学六(1)中队。

6 月 13 日

《南通日报》A3 整版聚焦如皋，以《入选国家创新型县(市)，如皋站上奋进新起点——激活“新”动力 打造区域发展新“皋”地》为题，对如皋在科技创新工作上的探索实践及亮点工作进行深入报道。

6 月 20 日

在“2023 中国(苏州)独角兽企业大会”上，长城战略咨询发布《中国独角兽企业研究报告 2023》，江苏和府餐饮管理有限公司榜上有名，实现如皋市中国独角兽企业零的突破。

6 月 25 日

省财政厅、省生态环境厅发布《关于收缴和下达 2022 年度水环境区域补偿、受偿资金及水质达标提优奖励资金的通知》(苏财资环〔2023〕50 号)，如皋市获得水环境区域受偿资金 221 万元，获得水质达标提优奖励资金 250 万元，总额 471 万元，位列南通市第一。

6 月 26 日

江苏省工信厅公布 2023 年度首批省星级上云企业名单，如皋市 43 家企业榜上有名。其中，中铁山桥(南通)有限公司、江苏力星通用钢球股份有限公司、江苏宝众宝达药业有限公司 3 家为五星级上云企业，南通哥班玻璃纤维制品有限公司、如皋市益有管道燃气有限公司、江苏华永复合材料有限公司 3 家为四星级上云企业，南通辰同智能科技有限公司、江苏瀚艺商用空调有限公司、南通恒轩建材有限公司等 37 家为三星级上云企业。

△ 江苏省工信厅公布 2023 年江苏省两化融合管理体系贯标示范企业培育对象名单，如皋市江苏宝众宝达药业股份有限公司、上汽联创智能网联科技(江苏)有限公司分别获得 AA 和 AAA 等级贯标示范企业资格。

6 月 27 日

江苏省生态环境厅官网发布 2022 年度全省“优秀环境守护者”名单，如皋市绿色科普志愿服务协会秘书长张璐、如皋市自来水厂退休干部张宝生获 2022 年度全省“优秀环境守护者”称号。

△ 江苏省教育厅公布 2023 年全省大中小学思政课一体化建设示范项目，由如皋市教育局申报的“‘国家热土、家乡泥土、思想净土’：思政课一体化建设区域推进的如皋实践研究”成功入选。

6 月 29 日

江苏省人民政府印发《省政府关于 2022 年度江苏省科学技术奖励的决定》，如皋市 4 个项目获奖。其中，南通惟怡新材料科技有限公司参与研发的纯色高效发光半导体量子点激发态调控项目获一等奖，江苏泰慕士针纺科技股份有限公司主持研发的棉类针织面料生态加工关键技术及其高品质产品开发项目、江苏思源赫兹互感器有限公司主持研发的特高压 GIS 电磁式电压互感器关键技术及推广应用项目和江苏正威新材料股份有限公司参与研发的大型风电机组结构构降本增效关键技术及应用项目 3 个项目获三等奖。

△ 江苏省高级人民法院通报 2021 年度全省法院 “百篇优秀裁判文书”“百场优秀庭审” 评选结果，如皋市人民法院审结的(2020)苏 0682 民初 4442 号“百万保险金”案荣获“百篇优秀裁判文书”一等奖，(2021)苏 0682 刑初 415 号“猎捕中华鲟”案荣获“百场优秀庭审”一等奖。

6 月 30 日

第十三届全国大学生红色旅游创意策划大赛初赛获奖名单公布，东南大学“循迹东皋”团队在如皋摄制的视频作品《红色印迹，播撒江海平原的火种——传承弘扬中国工农红军第十四军精神微讲解》获全国二等奖。

6 月

国家公共信用信息中心发布第四期《全国城市信用监测月报》，其中显示，如皋市城市信用监测排名在全国 383 个县级城市中位列第二，为江苏省第一，排名再次刷新历史纪录。

△ 江苏省农业农村厅公布第三批江苏省特色优势种苗中心名单，南通市上榜 9 家，其中如皋市良种场、棉种场、鑫磊生态家庭农场、耀红家庭农场、万泽家庭农场 5 家单位上榜。

△ 江苏省农业保险工作小组通报 2022 年度政策性农业保险工作评价结果，如皋市被评定为“优秀”等级。

△ 南通市卫健委、南通市财政局通报 2022 年度基本公共卫生服务项目绩效评价结果，如皋市在各县(市、区)中排名第一，连续两年位列绩效考核榜首。

7 月 7 日

由中华环保联合会主办的 2023 减污降碳绿色发展峰会在合肥滨湖会展中心召开，会上发布全国 20 个生态环境治理典型案例，如皋市申报的农村生活污水治理案例成功入选。

7 月 10 日

江苏省水利厅、省财政厅发布 2022 年度农村河道长效管护、农村供水保障工程、农田水利工程管护和生态清洁小流域项目绩效评估结果，如皋市天阳生态清洁型小流域(磨头镇丁冒村)、斜庄生态清洁型小流域(白蒲镇文著社区)获评省级生态清洁小流域。如皋市省级生态清洁小流域实现零的突破。

7 月 13 日

江苏省教育厅办公室公布 2023 年江苏省名师名校长工作室主持人名单，江苏省如皋师范学校附属小学校长李继东入选。

△ 江苏省青年志愿者协会联合江苏大学生志愿服务乡村振兴计划省项目管理办公室公布《2022 年度江苏大学生志愿服务乡村振兴计划先进个人和先进集体评选结果》。其中，如皋市朱雯婷、顾刘彬、吴留锁 3 名志愿者获评 2022 年度江苏大学生志愿服务乡村振兴计划优秀志愿者，陆杨、朱雯婷、浦雯娴、陈露露等 16 位志愿者获江苏省志愿服务纪念章。

7 月 17 日

第十一批次江苏省特色田园乡村名单公布，如皋市江安镇周庄社区周严墩达到《江苏省特色田园乡村评价命名标准》要求，被命名为“江苏省特色田园乡村”。

7 月 20 日

以“迈向世界一流企业 服务人民美好生活”为主题的 2023 年中国轻工业百强企业高峰论坛在北京举行。论坛发布 2022 年度中国轻工业二百强企业名单，如皋市梦百合家居科技股份有限公司、南通荣威娱乐用品有限公司榜上有名，分别排名第 100 位、第 116 位。

7 月 21 日

在无锡市锡山区检察院举办的江苏省检察官学院检察官教育培训现场教学实践基地授牌仪式暨

检院合作研讨会上，如皋市人民检察院被评为第一批检察官教育培训现场教学实践基地，如皋市人民检察院“数智共享 协同共治”公益诉讼现场教学项目入选特色现场教学项目。

7月25日

赛迪顾问县域经济研究中心发布2023赛迪“百强县”榜单，如皋位列第22名，较2022年前进一位。

7月26日

江苏省妇女第十四次代表大会圆满完成，大会选举产生省妇联第十四届执委会和出席中国妇女第十三次全国代表大会江苏代表。其中，如皋市女企业家协会会长江苏泰慕士针纺科技股份有限公司总经理杨敏当选中国妇女第十三次全国代表大会代表。

7月27日

中央宣传部、中央精神文明建设办公室、民政部等18家单位和部门联合发出通知，公布2022年度全国学雷锋志愿服务“四个100”先进典型名单。其中，如皋市“偶来讲”文明实践志愿服务项目获评2022年度全国学雷锋志愿服务最佳志愿服务项目。

△ 江苏省民政厅印发通知，将南京市玄武区等19个县（市、区）和南京市秦淮区秦虹街道等77个乡镇（街道）确认为全省“五社联动”试点单位，试点周期为两年（2023年7月至2025年7月）。其中，如皋市如城街道入选试点乡镇（街道）。

7月29日

《中国文化报》刊发特别报道《2023年全国县域旅游研究成果发布》。报道中公布“2023年全国县域旅游综合实力百强县”名单，如皋市成功入选，位居第48名，为南通唯一。

7月31日

国家发展改革委办公厅、中国人民银行办公厅联合印发通知，确定68个地区为全国第四批社会信用体系建设示范区，如皋市成功入选。

7月

江苏省农业农村厅公布2023年江苏省农业高质量发展“四个一”建设工程名单，如皋市10家主体（载体）入选。其中，如皋市江苏弘玖水产有限公司入选省农业全产业链链主企业，如皋经济技术开发区肠衣产业集中区入选省级农产品加工集中区，如皋市金旺家庭农场、如皋市润杰家庭农场、如皋市万泽家庭农场、如皋市志成家庭农场、如皋市耀红家庭农场入选“头雁”家庭农场，如皋市恒孚稻米农地股份合作社、如皋市超然果蔬农地股份合作社入选“头雁”示范社，江苏源味农业科技有限公司吴战梅入选农村创业带头人。

△ 南通市民政局公布《南通市市级地名文化遗产名录（第二批）》，如皋市东大街、市大街、秀才巷、冒家巷、社学巷、部家巷、秀女巷7条街巷，迎春桥、文德桥、武定桥、丰乐桥、冒家桥、凤鸣桥、秀才港桥7座桥梁入选。

8月1日

江苏省人社厅公布江苏省人才大师工作室名单，如皋市李小军乡上人才大师工作室榜上有名。

8月2日

江苏省服装协会发布“2022年江苏省服装行业五十强企业”名单，全省共有60家企业入选，如皋市江苏泰慕士针纺科技股份有限公司、南通东润实业有限公司、南通三荣实业有限公司、南通冠洲国际贸易有限公司4家企业榜上有名。

8月8日

农业农村部办公厅、财政部办公厅联合公布首批国家农业产业强镇名单，全国共770个乡镇被认定为国家农业产业强镇，如皋市磨头镇（花木）成功入选。

8 月 10 日

江苏省工业和信息化厅公布 2023 年度省工业互联网示范工程项目(标杆工厂类)名单,如皋市梦百合家居科技股份有限公司成功入选。

8 月 10—13 日

“2023 中国航空科普教育大会暨第七届全国青少年无人机大赛”在重庆南坪国际会议展览中心举行。如皋市代表队取得优异成绩,22 人获全国一等奖,28 人获全国二等奖,32 人获全国三等奖,11 人获优秀奖。在全省参赛的县(市、区)中,如皋参赛选手人数、获奖人数,均为全省第一。

8 月 11 日

江苏省教育厅公布 2023 年基础教育内涵建设项目名单,如皋市教师发展中心“创新人才培养导向下的‘活动单导学’课堂教学改革”、如皋市西城幼儿园“为了每一个:学前融合教育的雉水行动”、如皋市实验小学“指向‘润心’的‘六为’心育实践”、如皋市搬经中学“情境认知视域下提升高中生表现性学习能力的实践探索”4 个项目入选。

8 月 14 日

江苏省农业农村厅公布 2023 年省级示范家庭农场和家庭农场典型案例名单,如皋市丛埼家庭农场、仙果家庭农场、丁堰镇轩宇家庭农场、果香家庭农场、春蕾家庭农场、丰瑞家庭农场 6 家入选。

8 月 15 日

江苏省农业农村厅公布江苏省首批休闲农业精品区名单, 认定全省南京市浦口区环老山休闲农业精品区等 10 家为 2023 年江苏省休闲农业精品区,如皋市如北磨休闲农业精品区入选,系南通唯一。

△ 2023 年世界无花果大会在四川威远召开。大会期间,举行世界无花果产品评审会,如皋市谷溢新农业科技有限公司产品摘得评优大赛金奖。

8 月 19 日

2023 年(第 16 届)中国大学生计算机设计大赛获奖结果公布,如皋市乡村定向师范生冒炎、时晓莉参与的微电影类作品《芽》获大赛二等奖。

8 月 21 日

江苏省文化和旅游厅公布 2023 年全省小剧场演出季优秀剧目巡演入选名单,市融媒体中心木偶艺术团创排的木偶剧《布罗镇的邮递员》在列。

8 月 22 日

赛迪工业和信息化研究院(集团)四川有限公司与赛迪顾问股份有限公司联合发布“2023 镇域经济 500 强暨西部 50 强”。其中,如皋市长江镇位列第 59 名、白蒲镇位列第 414 名、九华镇位列第 492 名。

△ 在巴西举办的第二届 U15 世界中学生夏季运动会上,14 岁如皋籍运动员代抒鑫以 46.71 米的成绩,夺得女子组铁饼类第一名。

△ 在蒙古国举办的东亚青年运动会上,17 岁如皋籍运动员丁朱慧以 18.46 米的成绩夺得女子组铅球类第一名。

8 月 26—27 日

在安徽省芜湖市举行的 2023 年全国 U16 田径锦标赛上,来自如皋国家田径单项奥林匹克高水平后备人才基地小将们再创佳绩,获得 3 金 2 银 2 铜、团体总分女子组第 6 名、男子组第 7 名的好成绩。其中,魏有康以 61.68 米的成绩夺得男子组标枪第一名;韦聪以 18.72 米的成绩夺得男子组旋转推铅球第一名;王语馨以 15.82 米的成绩夺得女子组旋转推铅球第一名。

8 月 28 日

第四届“南通慈善奖”名单公布,如皋市多家单位和个人获南通市通报表扬。南通文慈眼科医院、南通石材协会、江苏国胶新材料有限公司、江苏如皋农村商业银行股份有限公司、江苏神马电力股份有限公司获评“最具爱心捐赠企业或单位”，东升南通国际石材城有限公司董事长王加福、南通文慈眼科医院总裁张建高获评“最具爱心捐赠个人”，如皋市乡村振兴局、如皋市慈善基金会、如皋市老建会慈善光伏照乡村项目获评“最具影响力慈善项目”，如皋市慈善基金会获评“最具影响力基层慈善组织”，如皋市慈善基金会理事长石耀获评“优秀慈善工作者”。

8月29日

江苏省市场监管局印发《关于筹建江苏省金属材料智能检测技术标准创新基地等11个省技术标准创新基地的通知》，由如皋市南通力威机械有限公司承担的江苏省海洋工程船舶（平台）甲板机械智能装备技术标准创新基地成功获批，实现本市技术标准创新基地零的突破。

8月31日

中国科学院网站发布公告，公布2023年中国科学院院士增选有效候选人名单，如皋市吴窑镇人哈尔滨工业大学教授生命科学与技术学院院长黄志伟入选。

8月

中组部、财政部公布第三批全国红色美丽村庄建设试点名单，江苏省19个村庄入选，如皋市江安镇周庄社区榜上有名。

△ 江苏省农业农村厅办公室发布《关于公布“苏韵乡情 百优乡产”推介名单的通知》，“如皋市春华萝卜系列”和“如皋市花名堂水培小微盆景系列”入选。

9月6日

2023年江苏省“百佳家庭农场”“十佳家庭农场服务联盟”名单出炉，如皋市金旺家庭农场入围2023年江苏省“百佳家庭农场”。

△ 南通市政府网站发布《南通市人民政府关于授予2022年度南通市市长质量奖的决定》，公布2022年度南通市市长质量奖获奖组织和个人名单。江苏力星通用钢球股份有限公司获“2022年度南通市市长质量奖（组织类）”，顾清波获“2022年度南通市市长质量奖提名奖（个人类）”。

9月8日

南通市市政和园林局公布2023年度南通市园林式居住区（单位）名单，如皋市星雨华府、御龙湾等14家居住区被评为园林式居住区，如皋师范第二附属小学被评为园林式单位。

9月10—12日

“慧创她时代 奋进新征程”——2023江苏巾帼科技创新大赛创意组比赛在南通市举办。如皋市“半导体清洗设备开发与制造技术及产业化”项目和“MEMS超声波传感器”项目晋级十强。

9月11日

南通市教育局公布第三十批南通市优质幼儿园名单，如皋师范学校附属开发区幼儿园、如皋师范学校附属小学新城幼儿园2所幼儿园入选。

△ 南通市教育局公布第十四届“感动南通·教育人物（群体）”评选结果，江苏省如皋第一中等专业学校教师朱小宏入选。

9月12日

在2023中国民营企业500强峰会上，全国工商联发布“2023中国民营企业500强”榜单和《2023中国民营企业500强调研分析报告》，江苏江中集团有限公司以3354529万元营业收入位列“2023中国民营企业500强”榜单第372位。

△ 江苏省科学技术协会等部门联合发布《关于认定2023年度江苏省科普教育基地的通知》，如皋市江苏花名堂农业科技发展有限公司、李昌钰刑侦科学博物馆、如皋市图书馆入选2023年度江苏省科普教育基地名单，华夏电影展示馆入选2023年度江苏省科普教育基地（社会科学普及基地）名单。

9 月 15 日

南通市第三届青少年科技创新市长奖评选结果公布，如皋多名师生上榜。其中，江苏省如皋中学杨玉廷同学获南通市第三届青少年科技创新市长奖，江苏省如皋中等专业学校王南同学获得南通市第三届青少年科技创新市长奖提名奖，江苏省如皋中等专业学校高翼飞同学获南通市第三届青少年科技创新耕耘奖，江苏省如皋中学获南通市第三届青少年科技创新摇篮奖。

9 月 16 日

由省委宣传部、省文明办、省美德基金会主办的 2023 年第二季度"江苏好人榜"发布仪式暨江苏省道德模范与身边好人现场交流活动在泗阳县(市)民广场举行。活动现场发布 2023 年第二季度"江苏好人榜"名单，如皋市 13 年收派快递 40 万件无差错的快递小哥张鑫当选敬业奉献类"江苏好人"。

9 月 19 日

江苏省教育厅公布 2023 年江苏省中小学生实验能力大赛获奖名单，如皋多名师生获奖。其中，如皋市外国语学校的邱阮旭、倪兴红，如皋市第一中学袁于玺、贲春红，江苏省白蒲高级中学许亦铭、陈赟俊分别获得初中生物、高中物理、高中化学 3 个学科的学生个人奖和指导教师奖三等奖，如皋市东陈镇雪岸初级中学、江苏省如皋师范学校附属小学等 13 个单位获得优秀组织奖，如皋市东陈镇雪岸初级中学臧佳佳、江苏省如皋师范学校附属小学王蓓蓓等 13 人被评为先进个人。

9 月 20 日

江苏省自然资源厅发布《关于 2023 年省级耕地保护激励单位的公告》，对全省耕地保护工作成效突出的 10 个县(市、区)给予通报表扬，对 50 个乡(镇)、街道给予各 200 万元资金奖励，如皋市白蒲镇成功入选。

9 月 22 日

江苏农业品牌精品发布暨 2023 年品牌农产品消费促进行动在东台市举办。会上，省农业农村厅、省知识产权局联合发布 2023 江苏农业品牌精品培育名单，如皋黑塌菜入选 2023 江苏农业品牌精品培育区域公用品牌名单。

9 月 23 日

在第六个中国农民丰收节之际，文化和旅游部策划"橙黄橘绿 乡村胜景"主题，推出 149 条全国乡村旅游精品线路，如皋平园池村入选。

△ 全国第五届生态低碳农业研讨会在苏州举办。大会宣读 27 家生态农场创新创业典型案例名单并颁奖，如皋市新时家庭农场成功入选"生态农场创新创业典型案例"，农场相关负责人作为 13 个优秀代表之一在研讨会上作主题演讲，分享交流生态农场基本情况以及发展生态低碳农业的经验做法。

9 月 23—24 日

"多威杯"全国 U 系列田径联赛(江苏赛区)在位于南京的江苏省体育局训练中心举办，由如皋市体育中心主任高新星带队的如皋市体育中心投掷队共摘得 4 金 3 银 2 铜。其中，王语馨以 15.26 米成绩摘得女子 U16 组铅球冠军并以 42.98 米的成绩摘得女子 U16 组铁饼冠军；谢安琪以 46.05 米的成绩获得女子 U16 组标枪冠军；丁朱慧以 17.74 米夺得女子 U18 组铅球冠军。

9 月 26 日

江苏省水利厅公布 2022 年度省级节水型载体名单，如皋市共有 2 家企业、2 个居民小区名列其中，分别是如皋市泰尔特染整有限公司、西东纺织科技如皋有限公司、如城街道西郊社区都市华庭小区、如城街道孔庙社区武定苑小区。

△ 2023 江苏民营企业百强发布活动在宿迁举行，江苏省生态环境厅、省工商业联合会联合发布 2023 年度绿色发展领军企业名单，如皋市威格(江苏)电气设备有限公司、江苏宝众宝达药业股份有限公司成功入选。

△ 中共江苏省委宣传部、江苏省教育厅授予如皋市实验初中教师蒋海燕江苏“最美教师”称号。

9 月 28 日

农业农村部公布 2023 年农业品牌精品培育名单，69 个品牌纳入 2023 年农业品牌精品培育计划，如皋黑塌菜上榜。

△ 工业和信息化部发布《关于公布第五批专精特新“小巨人”企业和通过复核的第二批专精特新“小巨人”企业名单的通告》，公布了第五批 3654 家国家级专精特新“小巨人”企业名单和第二批 1078 家国家级专精特新“小巨人”复核通过的企业名单。其中，如皋市江苏隆昌化工有限公司、江苏天南电力股份有限公司、江苏沃能电气科技有限公司、南通世睿电力科技有限公司、中铁山桥（南通）有限公司 5 家企业榜上有名。

9 月

由新华社中国经济信息社与财经城市研究院联合组建的中国县域高质量发展指数研究课题组完成并发布《2023 中国县域高质量发展年度指数报告》，同时公布“2023 新华指数高质量发展百强县名单”，如皋位列第 27 名。

△ 由中国盲人协会、中国盲文出版社、中国盲文图书馆共同举办的首届全国盲人广播剧剧本征文活动获奖名单揭晓，如皋市盲人作家许波银所作的广播剧剧本《逐梦爱的天空》获二等奖。

△ 在江苏省 2023 年医院廉洁文化主题短视频作品征集活动中，如皋市人民医院制作的短视频《挂号》在 105 部参赛作品中获二等奖。

10 月 8 日

2023 年度江苏省妇女“双学双比”活动示范基地名单公布，如皋市皋蝶观赏鱼家庭农场被命名为省级巾帼新业态助农创新基地，如皋市江安镇周庄社区如皋市磨头镇丁冒村被命名为美丽家园省级示范点。

10 月 10 日

中国作家协会在中国作家网公布 2023 年新会员名单，如皋市女作家倪瑞美（倪苡）榜上有名，获得中国作家协会会员资格。

10 月 11 日

江苏省工业和信息化厅公布《江苏省重点技术创新项目导向计划（2023 年）》名录，如皋市江苏力星通用钢球股份有限公司等 14 家企业项目入选。

△ 中国化学会公布第 37 届中国化学奥林匹克（初赛）一等奖获奖学生名单，江苏省如皋中学石鹊睿获得赛区一等奖。

10 月 13 日

江苏省科学技术协会、江苏省科学技术厅等四单位公布 2023 年“科创江苏”企业创新达人和企业创新达人宣讲代表评选结果，江苏卓远半导体有限公司总经理张新峰被评为 2023 年“科创江苏”企业创新达人。

△ 2023 年度“金灯笼奖”颁奖典礼在美国华盛顿肯尼迪艺术中心举行，美国华裔法医学家、刑事鉴识专家李昌钰获颁终身成就奖。

10 月 14 日

如皋市焦港闸工程顺利通过水利部水利工程标准化管理评价验收，成为全省首个通过部级标准化管理评价验收的中型水闸。

10 月 14—15 日

2023 年江苏省轮滑俱乐部联赛总决赛在苏州市运河体育公园举行。如皋经济技术开发区实验初中轮滑球队以三战全胜的战绩取得 U12 组的冠军，如皋雏鹰轮滑球队取得 U10 组的第四名。

10月15日

第五届中华经典诵写讲大赛入围决赛名单公示结束，如皋市安定小学作品朗诵《永生的和平鸽》、江苏省如皋师范学校附属小学作品朗诵《强国有我，请党放心》入围。

10月16日

中国数学学会公示2023年全国中学生数学奥林匹克竞赛（预赛）暨2023年全国高中数学联赛各赛区一等奖名单，江苏省如皋中学陈张涵、程行智2人名列其中。

10月19日

江苏省教育厅公布2022年度普通高中星级评估结果，江苏省如皋中学、江苏省白蒲高级中学接受四星级高中复审，结论为“通过”。

10月20日

由江苏省文物局、共青团江苏省委员会、新华报业传媒集团（扬子晚报）联合组织开展的2023年“革命文物看江苏·青春印记”征稿活动举行专家评审会，并于23日公布最终获奖名单。如皋市红十四军纪念馆选送的诗歌《最短的家书，最长的情》荣获三等奖。

△ 江苏省教育厅第二批江苏省中等职业学校班主任工作室培育建设名单公示结束，如皋第一中等专业学校薛汉成老师主持的“七彩虹”班主任工作室成功入选。

10月23日

在全省新型工业化推进会议上，江苏省委、省政府公开表彰100家“江苏省优秀企业”和100名“江苏省优秀企业家”，如皋市江苏神马电力股份有限公司、江苏力星通用钢球股份有限公司荣获“江苏省优秀企业”称号。

10月26日

第二届全国市场监管12315技能大比武决赛在浙江省宁波市举行。如皋市市场监督管理局陶彦宇入选江苏省代表队，获团队三等奖，韦东娜获个人挑战赛一等奖。

10月27日

江苏质量大会举行会上发布2023年第一批“江苏精品”认证获证企业名单，共有156家企业156个产品（服务）通过认证。如皋市4家企业上榜，分别是江苏永友食品科技有限公司、江苏天南电力股份有限公司、梦百合家居科技股份有限公司、江苏思源赫兹互感器有限公司。

△ 中国光学光电子行业协会发布通知，由如皋市企业霖鼎光学（江苏）有限公司牵头制定的“《激光雷达用多面扫描转镜》的团体标准”获正式立项批准，该项标准的制定将打破国内外尚无有关激光雷达反射转镜标准的现状，有利于扫描转镜细分领域的健康、有序发展。

10月28—29日

广州艾力彼医院管理中心发布2023届艾力彼医院竞争力秋季排行榜和《医院蓝皮书：中国智慧医院发展报告（2023）》。其中，在县级综合医院医技专科排行榜中（放射科、核医学、超声科、检验科、大介入、医院药学、病理科），如皋市人民医院获评县级医院病理科第25名。

10月30日

如皋市举行首批“长寿村（社区）”“寿星幸福家庭”授牌仪式。白蒲镇勇敢社区、白蒲镇月旦社区、白蒲镇桥口村、白蒲镇文峰社区、丁堰镇鞠庄社区、丁堰镇堰南社区、丁堰镇红桥村、如城街道蒲行社区、如城街道西郊社区、如城街道宏坝社区、城南街道育华村、搬经镇焦港村、东陈镇范桥村、吴窑镇陈家村14个村（社区）被评为“如皋市长寿村（社区）”；谢雪生、马同桂夫妇家庭，周粉英家庭，顾李氏家庭，陈必付家庭，刘维美家庭，苏玉梅家庭，沈郭氏家庭，王改英家庭，曹子英家庭，缪得美家庭，朱荣珍家庭被评为“寿星幸福家庭”。

10月

美国斯坦福大学发布2023年度全球前2%高被引科学家榜单（Stanford World’s Top 2% Most-cited Scientists 2023)，如皋市澳大利亚侨胞蒋阳阳博士入选，与包括哈佛、耶鲁、牛津、剑桥大学在内的世界名校各学科教授在同一榜单中，且排名位于榜单前三分之一。

△ 江苏省第八届紫金山文学奖在南京揭晓。中国作协会员、如皋市青年作家倪苡创作的短篇小说《失语》获得第八届紫金山文学奖短篇小说奖，这是如皋文学史上首位获得该荣誉的本土作者。

△ 江苏省文化和旅游厅进行"水韵江苏·长江百景"征集、评选活动并公布结果，遴选出100个体现长江江苏段特色文化资源、特色地理环境、特色景观风貌的景观。其中，如皋市龙游湾、水绘园上榜。

11月2日

农业农村部、中央宣传部、司法部公布第三批全国乡村治理示范村镇名单及前两批全国乡村治理示范村镇复核结果，如皋市磨头镇丁冒村入选第三批全国乡村治理示范村。

△ 江苏省民政厅公布2023年省级地名文化遗产名单，如皋市东大街成功入选。

11月3日

江苏省政府发文对第十三届全省见义勇为英雄模范和先进个人进行表彰，如皋市人大常委会退休干部石秀峰获评"江苏省见义勇为模范"。

11月4日

2023中国平安中超联赛第30轮在如皋奥体中心体育场比赛结束，南通支云足球俱乐部主场1:2惜败对手天津津门虎足球俱乐部。至此，2023中国平安中超联赛全部结束，南通支云足球俱乐部成功保级。

11月5日

江苏省政府公布第五批省级非物质文化遗产代表性项目名录，共有421个项目入选第五批省级非物质文化遗产代表性项目名录，分别为新增项目145项(164个项目)，扩展项目99项(257个项目)。其中，如皋市9个非物质文化遗产项目上榜。传统音乐类的江安号子，传统技艺类的伴今猪头肉制作技艺、白蒲蟹黄鱼圆制作技艺3个项目入选新增项目名录；传统美术类的如皋面塑，传统技艺类的白蒲黄酒酿造技艺、薏仁酒酿造技艺、林梓潮糕制作技艺、如皋蟹黄包制作技艺，传统医药类的陈氏骨伤疗法6个项目入选扩展项目名录。

△ 第一届全国学生(青年)运动会在广西壮族自治区南宁市开幕。运动会上，如皋市体育中心(如皋市少年体育学校)运动员丁朱慧斩获中学组女子田径铅球比赛冠军。

11月6日

第33届中国新闻奖评选结果正式揭晓。由新华日报社创作的国际传播融合报道作品《Home Story in Jiangsu("家"在江苏)》获国际传播类一等奖。其中第五集聚焦如皋武定苑：小区适老化改造，中国式颐养照护。

△ 2023年"领航杯"南通市高中学生英语口语比赛在南通大学附属中学落下帷幕，江苏省如皋中学沈宸、黄鹤获一等奖，江苏省石庄高级中学黄欣妍获二等奖。

11月8—9日

水利部河长办组织评估组到如皋开展焦港幸福河湖建设成效复核评估工作。评估组按照水利部《幸福河湖建设成效评估工作方案(试行)》，通过查看现场、查阅资料、座谈交流等方式，对焦港幸福河湖建设成效进行全面评估，一致同意高分通过复核评估。

11月8—22日

第22届亚洲田径大师锦标赛在菲律宾吕宋岛克拉克市举行。如皋老将邹鹏德在男子65岁年龄组跳高比赛中摘得金牌。

11月10日

江苏省文旅厅公布2023年江苏省工业旅游区名单，如皋市万仟梦工厂榜上有名。

11 月 10—11 日

江苏省住建厅会同省文物局领导带领专家组到如皋，开展国家历史文化名城申报省级评估工作，如皋市顺利通过省级评估。

11 月 11—12 日

第七届上海国际交互绳大奖赛在上海青浦区体育馆举办，如皋市白蒲镇初级中学跳绳队学生取得 1 金 2 银 1 铜。

11 月 15 日

第五届中国城市信用建设高峰论坛“社会信用体系建设示范区经验交流会”，如皋市委副书记、市长王鸣昊在会上分享如皋社会信用体系建设经验。

11 月 18 日

《光明日报》《经济日报》等权威媒体发布《2023 年中国中小城市高质量发展指数研究成果》，如皋市多项排名位居前列，分别是 2023 年度全国综合实力百强县（市）第 19 名、2023 年度全国绿色发展百强县（市）第 9 名、2023 年度全国科技创新百强县（市）第 10 名、2023 年度全国新型城镇化质量百强县（市）第 46 名。

11 月 20 日

国家知识产权局发布第 555 号公告，批准“如皋火腿”为国家地理标志保护产品。这是 2018 年地理标志管理职责统一划归知识产权部门以来，江苏省首个获批的国家地理标志保护产品，为南通知识产权强市建设再添一张新名片。

11 月 22 日

全国新时代“枫桥经验”优秀案例发布会在华东政法大学举行，如皋市社会综合治理服务中心申报的案例《凝聚化解合力“三化三式”推动矛盾多元化解》获评全国新时代“枫桥经验”精品案例。

△ 南通市市场监督管理局正式发布《县级公共图书馆阅读推广服务规范》等 4 项南通市地方标准。其中，由如皋市图书馆编制的《县级公共图书馆阅读推广服务规范》成功入选。

11 月 23 日

江苏省市场监督管理局、江苏省发展和改革委员会联合印发《关于公布 2023 年度江苏省质量信用 AAA、AA 级企业名单的通知》，如皋市 4 家企业获得认定。其中，江苏力星通用钢球股份有限公司、江苏万达特种轴承股份有限公司被认定为质量信用 AAA 级企业，江苏思源赫兹互感器有限公司、南通中铁华宇电气有限公司被认定为质量信用 AA 级企业。

△ 由省科学技术情报研究所、省企业研发机构促进会主办的第四届江苏企业（研发机构）创新大赛决赛在苏州落下帷幕。经过角逐，如皋市中铁山桥（南通）有限公司“领路先行，打造世界钢桥领跑者与智高地”项目、势加透博洁净动力如皋有限公司“助力碳中和，我们在行动”项目获二等奖，江苏新瑞药业有限公司的“助力癌症早筛，点亮肿瘤患者生命之光”项目获优秀奖，江苏力星通用钢球股份有限公司获短视频决赛一等奖。

11 月 24 日

由中国通信工业协会平台经济创新专委会主办的 2023 信息化科技创新大会在北京召开，“如皋市市域治理现代化指挥平台”项目成功入围《2023 年度政府数字化转型典型创新成果推荐目录》，并入编“新时代政府数字化转型高质量发展典型创新成果”。

△ 江苏省生产力促进中心公布 2023 年省独角兽企业、2023 年省潜在独角兽企业、2023 年省高新区瞪羚企业评估结果，如皋市共 9 家企业入选，总量位居南通前列。江苏和府餐饮管理有限公司入选独角兽企业名单，这是如皋市企业首次上榜省独角兽企业榜单；江苏卓远半导体有限公司、江苏奕隆机电科技有限公司 2 家入选潜在独角兽企业名单；南通世睿电力科技有限公司、江苏迅镭激光科技有限公司、珂黎艾净化技术江苏有限公司、如皋南海水处理剂有限公司、南通佳谬电气科技有限公司、

江苏惠沣环保科技有限公司 6 家入选瞪羚企业名单。

11 月 25 日

2023 年江苏省钢结构行业年会暨江苏钢结构发展与新技术研讨会在江苏省淮安市召开。会上，举行“党建工作示范基地”授牌仪式，全省共有 5 家单位获得荣誉，位于如皋市的江苏元辰安装集团有限公司位列其中。

11 月 27 日

赛迪工业和信息化研究院（集团）四川有限公司正式发布“2023 镇域投资竞争力 500 强暨西部 50 强”榜单。在 500 强镇中，如皋市长江镇位列第 149 名、江安镇位列第 427 名。

△ 江苏卫视《江苏新时空》头条报道如皋重大项目建设情况，涉及势加透博洁净动力如皋有限公司等企业。

11 月 29 日

国家知识产权局发布“关于确定 2023 年新一批及通过复核的国家知识产权示范企业和优势企业的通知”，如皋市江苏泰慕士针纺科技股份有限公司荣获“国家知识产权示范企业”称号。

△ 江苏省高级人民法院与江苏省人力资源和社会保障厅作出关于表彰全省优秀法院、优秀人民法庭和全省优秀法官、全省法院办案标兵的决定，如皋市人民法院获评“全省优秀法院”。

△ 江苏省住房和城乡建设厅公布 2022 年度省级示范物业管理项目名单，全省共有 147 个居住物业管理项目、78 个公共物业管理项目被评为“2022 年度江苏省省级示范物业管理项目”，如皋市瑞景华府、金色家园、华府名庭二期 3 个小区成功入选。

11 月

江苏省财政厅与省科技厅联合下发《关于下达 2023 年全省高新技术产业开发区奖励资金的通知》，如皋高新区获奖励 600 万元。

12 月 1 日

在江苏省级有害垃圾分类主题宣传月“有害换有爱 爱护环境一起来”主场活动中，如皋市东皋幼儿园分管园长葛存红被评为 2023 年江苏省垃圾分类达人，并代表南通市上台领奖。

△ 南通市人力资源和社会保障局分别公布 2023 年南通市技能大师工作室、2023 年度南通市卓越技师、2023 年度南通市高技能人才培养基地评审结果，九华镇化工装备龙头企业永大化工的魏俊亮工作室（焊接）被评为“2023 年南通市技能大师工作室”，徐拥华（电工）、吴晓明（化学检验工）、张红桥（机修钳工）、裴林林（钳工）4 人被评为“2023 年度南通市卓越技师”，南通六建建设集团有限公司、南通超达装备股份有限公司被评为“2023 年南通市高技能人才培养基地”。

12 月 4 日

中共南通市委组织部、中共南通市委非公有制企业和社会组织工作委员会、中共南通市住房和城乡建设局党组、中共南通市住房和城乡建设行业委员会联合发文，命名 36 个项目为 2023 年度党建引领物业管理服务工作南通市级示范点。其中，如皋市中交美庐城、御锦馨河城、天瑞绿洲、星河湾、金色如意华庭、百盛园、华府名庭二期 7 个小区上榜。

12 月 6 日

工业和信息化部、国家发展和改革委员会、财政部、国务院国有资产监督管理委员会、国家市场监督管理总局等五部委联合对外公布 2023 年度智能制造示范工厂揭榜单位和优秀场景名单，如皋市中铁山桥（南通）有限公司“中铁山桥（南通）桥梁钢结构智能制造示范工厂”项目入选。

△ 第十二批次江苏省特色田园乡村名单公布，如皋市吴窑镇立新社区薛家庄榜上有名。

△ 江苏省教育厅公布第二批江苏省师德师风建设宣传基地校名单，认定江苏省清浦中学等 65 所学校为第二批江苏省师德师风建设宣传基地校，如皋市安定小学入选。

12 月 7 日

工信部直属科研事业单位——中国信息通信研究院在深圳举办 2023 县域工业经济发展论坛，论坛上揭晓 2023 年“中国工业百强县（市）”、“中国创新百强县（市）”榜单。如皋市在 2023 年中国创新百强县（市）中排名第 17 位，在 2023 年中国工业百强县（市）中排名第 25 位。

12 月 12 日

江苏卫视的《江苏新时空》栏目头条报道《江苏纺织机械传统产业实现正增长》，聚焦如皋市江苏力星通用钢球股份有限公司。

12 月 13 日

江苏省教育厅公布江苏省中等职业学校第二批优质专业建设项目名单，江苏省如皋第一中等专业学校机电技术应用专业、江苏省如皋中等专业学校应用电子技术专业入选江苏省中等职业学校第二批优质专业立项建设名单。

12 月 14 日

受国家标准化管理委员会委托，安徽省市场监督管理局组织专家对如皋市花木盆景标准化区域服务与推广平台项目进行验收。专家组综合审查表示，该项目的建设实施，有力推动如皋市花木产业发展，提高花木标准化生产普及程度，对提升花木产业标准化水平发挥很大作用，一致同意通过验收。

12 月 15 日

江苏省文化和旅游厅、省文物局公布江苏省革命文物名录（第三批），其中不可移动革命文物 35 处、可移动革命文物 105 件（套），如皋市有 3 处不可移动文物入选，分别为贲家巷红军井、徐芳德烈士墓、王玉文烈士墓。至此，如皋市已有不可移动革命文物 13 处，可移动革命文物 1 件。

△ 江苏省首届中小学体育俱乐部联赛跳绳总决赛在太仓举行，如皋市两支代表队参赛，双双获奖。白蒲小学获小学组团体一等奖，白蒲初级中学获初中组团体一等奖。

12 月 16—17 日

2023 年“领航杯”江苏省中学生英语口语电视比赛在常州举行，如皋 3 名学子获奖。高中组江苏省如皋中学的沈宸获得特等奖，初中组如皋初级中学的王子桢获得一等奖，如皋市龙游湖外国语学校的张匀薰获得二等奖。

12 月 19 日

中共江苏省委全面依法治省委员会办公室、省司法厅对 2021—2023 年度江苏省法治建设创新项目予以通报表扬。如皋市人民检察院《创新“1+2+3”刑事执行检察数智模式》项目入选。

12 月 20 日

江苏省科技厅公布 2023 年度省级科技企业孵化器名单，位于如皋市长江镇的长江智创园成功入选。

12 月 22 日

江苏省政府公布第九批江苏省历史文化名镇名村，批准 5 个镇为第九批江苏省历史文化名镇，如皋市丁堰镇成功入选。至此，如皋市共有两个省级历史文化名镇，分别为白蒲镇、丁堰镇。

△ 江苏省司法厅在仪征召开全省法律援助品牌建设推进会。会上发布首批 30 个“法援惠民生”服务品牌，其中“如皋市刑事法律援助改革试点”获评改革创新类品牌。

△ 江苏省交通运输厅港航事业发展中心、省综合交通运输学会港航分会联合印发通报，公布 2023 年度江苏省绿色港口等级认定结果。如皋市南通焯晟石油化工有限公司、易联能源（南通）有限公司成功获评省三星级绿色港口。

12 月 23 日

第四届江苏省青少年“诗词里的科学”挑战赛总决赛在南京举行。如皋初级中学代表队以初中组第 1 名的好成绩获得“初中组一等奖”；如皋市经济开发区实验小学代表队以小学组第 3 名获“小学组一等奖”；如皋市安定小学代表队以小学组第 9 名获“小学组二等奖”。

12 月 24 日

“初中生世界杯”第二十三届江苏省中学生阅读与写作大赛在南京落幕，如皋市 13 位同学获奖。其中，来自如皋市实验初中的范姚易获特等奖，并作为选手代表发言。同时，倪姜景等 9 人获一等奖，王奕权等 3 人获二等奖，如皋市教师发展中心获优秀组织奖，如皋初级中学获优秀团体奖。

12 月 25 日

江苏省工业和信息化厅公布 2023 年江苏省绿色工厂名单，如皋市 4 家企业入选，分别是江苏嘉好热熔胶股份有限公司、江苏省如高高压电器有限公司、江苏思源赫兹互感器有限公司和德源(中国)高科有限公司。

△ 江苏省水利厅、江苏省教育厅、江苏省机关事务管理局联合发文，公布 2023 年度省级节水型学校名单，如皋市九华镇九华小学、白蒲镇白蒲高级中学两所学校获得“省级节水型学校”称号。至此，如皋市共建成省级节水型学校 8 个、市级节水型学校 30 个。

12 月 26 日

农业农村部农业生态与资源保护总站、中国农业生态环境保护协会公布 2023 年度国家级生态农场评价结果，如皋市鑫磊生态家庭农场成功上榜。截至 2023 年，如皋市获评国家级生态农场 2 家，分别是新时家庭农场和鑫磊生态家庭农场。

△ 江苏省工业和信息化厅公布 2023 年江苏省专精特新中小企业名单和复核通过企业名单，如皋市的江苏瑞利山河建设工程质量检测有限公司成功入选，成为南通市首家获得专精特新中小企业荣誉称号的检验检测公司。

12 月 26—27 日

江苏省退役军人志愿服务暨“戎耀之家”创建工作推进会在南通海安召开，会上宣布 2023 年度江苏省退役军人志愿服务“双百”先进典型“优秀退役军人志愿服务队”和“优秀退役军人志愿者”名单，如皋 2 个退役军人志愿服务队、1 名退役军人志愿者入选，分别是如皋市学雷锋义工协会、如皋市九华镇郑甸社区退役军人“红色先锋”志愿服务队，以及如皋市学雷锋义工协会王建平。

12 月 27 日

中国科学技术协会办公厅对 2023 年全国科普日有关组织单位和活动予以表扬，由如皋市住建局主办的“白蚁科普进校园”活动被评为 2023 年全国科普日优秀活动。

△ 江苏省教育厅等四部门公布 2023 年江苏省职业院校教学能力比赛获奖名单，江苏省如皋中等专业学校、江苏省如皋第一中等专业学校共获得 9 个奖项。其中，1 个项目获一等奖、3 个项目获二等奖、5 个项目获三等奖。

△ 南通市教育局公布 2023 年度基础教育“立学课堂”样板学校、先进集体和先进个人评选结果，如皋市实验小学、如皋市长江高级中学、如皋市实验初中 3 所学校被评为先进集体，李亮亮、黄建明、陈培娟、平海燕 4 名教师被评为先进个人。

12 月 28 日

文化和旅游部办公厅公布第七次全国县级以上公共图书馆评估定级上等级馆名单，全国上等级公共图书馆共 2723 家。如皋市图书馆榜上有名，被评定为“一级图书馆”。自 1998 年以来，该馆已连续六次被评为“一级图书馆”。

△ 教育部、人力资源社会保障部公告 2022—2023 学年度中等职业教育国家奖学金获奖学生名单。经评审，如皋有 13 名优秀的同学获得中职国家奖学金，每人可获 6000 元奖励。

△ 国家知识产权局办公室公布首批参加“千企百城”商标品牌价值提升行动名单，如皋 3 个商标品牌和 1 个商标品牌指导站入选。其中，梦百合家居科技股份有限公司、南通安琪医疗用品有限公司 2 家入选企业商标品牌名单，苏·皋长寿(如皋市长寿食品研究发展中心)入选区域商标品牌名单，如皋

市医疗器械商会知识产权工作站入选商标品牌指导站名单。

12 月 29 日

工业和信息化部办公厅印发《关于公布 2023 年度绿色制造名单及试点推行“企业绿码”有关事项的通知》，确定 2023 年度绿色制造名单。如皋市企业江苏天南电力股份有限公司和江苏思源赫兹互感器有限公司分别获批 2023 年度国家级绿色工厂和国家级绿色供应链管理企业，实现如皋市国家级绿色工厂、国家级绿色供应链管理企业零的突破。

△ 江苏省农业农村厅、江苏省乡村振兴局联合发布 2023 年江苏省乡村振兴示范乡镇、示范村创建名单，如皋市城北街道平园池村、搬经镇搬东社区、磨头镇丁冒村、江安镇周庄社区、东陈镇南东陈社区 5 个村（社区）入选省乡村振兴示范村创建名单。

△ 江苏省爱国卫生运动委员会办公室、健康江苏建设领导小组办公室下发《公布 2023 年省健康镇村、健康社区评估结果的通知》，如皋市 2 个镇、3 个村和 6 个社区通过评估。如皋市磨头镇、吴窑镇被评为江苏省健康镇，江安镇陈庄村、磨头镇曹石村、下原镇张庄村被评为江苏省健康村，东陈镇南东陈社区、江安镇周群社区、磨头镇新联社区、石庄镇永兴社区、吴窑镇黄石社区和四房社区被评为江苏省健康社区。

△ 南通市妇联揭晓首批“最美江海爱心妈妈”巾帼志愿者、巾帼志愿服务团队、巾帼志愿服务优秀组织单位寻访结果。其中，如皋市泰慕士团队获评“最美江海爱心妈妈”巾帼志愿服务团队，陆星林、周进芳、刘群 3 人获评“最美江海爱心妈妈”巾帼志愿者。

12 月

全国总工会发布 2023 年“最美工会户外劳动者服务站点”名单，北京市东城区朝阳门街道党群服务中心户外劳动者暖心驿站等 2000 个工会驿站被确认为 2023 年“最美驿站”。其中，如皋市东皋工会户外劳动者服务站榜上有名。

△ 江苏省农业农村厅公布江苏省第三批重要农业文化遗产名录，如皋如城盆景栽培与文化系统成功入选。

△ 江苏省水利厅公布 2023 年度省级水利风景区名单，如皋市焦港水利枢纽水利风景区入选。

△ 江苏省农业技术推广总站表彰通报 2023 年全省油菜高产竞赛结果，如皋市江安镇旱地轮作油菜高产田斩获全省第一，单产达 290.6 公斤/亩。

△ 江苏省市场监督管理局组织考核专家组开展江苏省级标准化试点项目线上考核验收会，对江苏弘玖水产有限公司承担的乌鳢（黑鱼）全产业链标准化试点项目进行验收。通过认真考评，项目以优秀等次成功通过江苏省级标准化试点项目验收。

△ 历时三个月的江苏省基础教育青年教师教学和班主任基本功大赛落下帷幕，如皋市 6 个类别 7 位老师获省一等奖。分别是，如皋市安定小学的冒小燕，如皋市特殊教育学校的高玉霞、陈蓉，如皋市龙游湖外国语学校的阮佳雯，江苏省如皋中学的严华燕、戴飞飞，如皋市外国语学校的戴菁秋。

2023年度综合考核优秀单位和服务地方先进单位

综合考核优秀单位

市级机关第一类：市委办（接待办/档案馆）
人大机关
组织部（编办）
政法委（社会治理综合服务中心）
检察院
政协机关
法院
纪委监委（巡察办）
宣传部（文联/社科联/新闻中心）
老干部局
党校
统战部（工商联/侨联）
妇联

市级机关第二类：政府办
公安局
市域社会治理现代化指挥中心
人力资源和社会保障局
行政审批局
农业农村局
发展改革委
财政局
交通运输局
城市管理局
科创办（科技局/科协）
市场监督管理局
住房和城乡建设局（城市建设管理中心）
教育局

镇（区、街道）：经济技术开发区（城北街道） 磨头镇 搬经镇 丁堰镇

市属国有企业：富皋万泰集团

服务地方先进单位

市级机关第三类：税务局
供电公司
自然资源和规划局
气象局
边防检查站
海事处

2023 年推进中国式现代化如皋新实践先进集体

项目建设先进集体

经济技术开发区（城北街道） 丁堰镇 九华镇 磨头镇 下原镇 搬经镇

工业和信息化建设先进集体

高新区（如城街道、城南街道） 白蒲镇 江安镇 磨头镇 丁堰镇

服务业运行先进集体

长江镇（如皋港工业园区） 石庄镇 吴窑镇

财政收入先进集体

经济技术开发区（城北街道） 搬经镇 白蒲镇 九华镇

开放型经济先进集体

经济技术开发区（城北街道） 磨头镇 搬经镇 丁堰镇

科技创新先进集体

高新区（如城街道、城南街道） 经济技术开发区（城北街道）
磨头镇 搬经镇 丁堰镇

人才工作先进集体

长江镇（如皋港工业园区） 东陈镇 九华镇 江安镇

上市工作先进集体

高新区（如城街道、城南街道） 磨头镇 地方金融监督管理局

服务建筑业高质量发展先进集体

住房和城乡建设局　公安局　地方金融监督管理局　法院

城市建设先进集体

经济技术开发区（城北街道）　高新区（如城街道、城南街道）
自然资源和规划局　住房和城乡建设局
交通运输局　城市管理局

优秀农业经营主体先进集体

江苏皋德食材有限公司　江苏和府餐饮管理有限公司
如皋市恒孚稻米农地股份合作社　如皋市旺杨种植农地股份合作社
如皋市润杰家庭农场　如皋市名花堂家庭农场

乡村发展先行村先进集体

城北街道平园池村　磨头镇丁冒村　如城街道沿河村
长江镇中心沙社区　吴窑镇吴窑社区　城南街道杨花桥村
长江镇义圩村　江安镇六团村

生态文明建设先进集体

磨头镇　丁堰镇　经济技术开发区（城北街道）　吴窑镇

农村人居环境整治提升先进集体

高新区（如城街道、城南街道）　经济技术开发区（城北街道）
农业农村局　住房和城乡建设局　城市管理局

安全生产先进集体

经济技术开发区（城北街道）　高新区（如城街道、城南街道）
下原镇　住房和城乡建设局

平安建设先进集体

搬经镇　江安镇　长江镇（如皋港工业园区）　检察院

信访工作先进集体

经济技术开发区（城北街道）　信访局　公安局

法治建设先进集体

高新区（如城街道、城南街道）　法院　人力资源和社会保障局

市域治理现代化先进集体

经济技术开发区（城北街道）　吴窑镇

食品安全先进集体

搬经镇　磨头镇

深化全国文明城市建设先进集体

高新区（如城街道、城南街道）　经济技术开发区（城北街道）
长江镇（如皋港工业园区）　丁堰镇
组织部（机关工委）　公安局　住房和城乡建设局
城市管理局　市场监督管理局

国家历史文化名城申报先进集体

教育局　白蒲镇

营商环境先进集体

检察院　市域社会治理现代化指挥中心
如皋海关　长江镇（如皋港工业园区）

2023年推进中国式现代化如皋新实践先进个人

招商引资先进个人

经济技术开发区（城北街道）	胡庆飞	高新区（如城街道、城南街道）	顾凌峰
长江镇（如皋港工业园区）	侯皓辰	丁堰镇	陈小虎
磨头镇	沙　尉	九华镇马桥村	黄国荣
江安镇徐柴村	高新兵	生态环境局	冒　慧
农业农村局	王建梅	投资服务中心社会化招商团队	袁　媛

项目服务先进个人

市委办	周　臻	政府办	马　华
项目办	冒新宇	统计局	王常林
自然资源和规划局	薛夏夏	长江镇（如皋港工业园区）	印荣明
高新区（如城街道、城南街道）	钱　军	东陈镇	何　杰
江安镇	吴星星	吴窑镇	朱佳豪

科技创新先进个人

市委办	张　晨	宣传部	纪树华
政府办	卢应锋	组织部	韦　红
市场监督管理局	石昭全	经济技术开发区（城北街道）	刘建胡

搬经镇	袁　健	白蒲镇	黄庆庆
东陈镇	张　晗	江安镇	侯　靖

五星级企业家

胡新龙	南通荣威娱乐用品有限公司总经理
陈邦栋	江苏省如高高压电器有限公司副董事长
陈　荣	江苏宝众宝达药业股份有限公司董事长
爱德华多	威格（江苏）电气设备有限公司总经理
倪张根	梦百合家居科技股份有限公司董事长
盛　晔	森松（江苏）重工有限公司法定代表人
金　星	江苏海通海洋工程装备有限公司董事长
王　健	南通阳鸿石化储运有限公司董事长、总经理
周　颖	如皋港务集团有限公司董事长、总经理
刘　刚	江苏如皋农村商业银行股份有限公司党委书记、董事长

四星级企业家

顾柔坚	江苏正威新材料股份有限公司总经理
钱淑娟	南通星球石墨股份有限公司董事长
杨如生	南通海泰科特精密材料有限公司董事长
孙玉峰	南通斯密特森光电科技有限公司总经理
马　斌	江苏神马电力股份有限公司如皋分公司董事长
陶小进	江苏南通六建建设集团有限公司总经理
沈　峰	江苏江中集团有限公司总裁

三星级企业家

谭建平	南通天泽化工有限公司董事长
冯建军	南通超达装备有限公司董事长
杨　敏	江苏泰慕士针纺科技股份有限公司总经理
李　进	江苏永大化工机械股份有限公司董事长
王建国	中铁山桥（南通）有限公司总工程师
沈伟忠	江苏金元亚麻有限公司总经理
李学林	江苏和府餐饮管理有限公司董事长

金融服务先进个人

组织部	赵联政	公安局	薛建刚
九华镇	陈　亮	中国银行如皋支行	周国华
中国工商银行如皋支行	彭　瑞	如皋农村商业银行	徐晓兵

乡村振兴先进个人

组织部	汪　捷	政法委	曹　蓉
农业农村局	吴宏霞	文体广电和旅游局	朱谦军
供销社	展冬梅	长江镇（如皋港工业园区）	王洪海

吴窑镇	葛剑利	江安镇	唐晓星
下原镇	于 俊	白蒲镇	张红玲
石庄镇	郭仕成	白蒲镇文著社区	薛卫东
东陈镇南东陈社区	张 伟	搬经镇万全村	魏 莉
城南街道杨花桥村	张 锋		

城市建设先进个人

政府办	周小荣	信访局	陆海峰
自然资源和规划局	陶文建	矛盾调处中心	高 辉
纪委监委	刘 亮	财政局	钱吴明
住房和城乡建设局	章 程	文明办	陈 飞
城市建设管理中心	毛太元	城南街道	丁 飞

沿江科创带建设先进个人

科技局	花同根	高新区（如城街道、城南街道）	范蓉蓉
下原镇	周山君	丁堰镇	阮世娇

龙游河科创走廊建设先进个人

高新区（如城街道、城南街道）	张 锋
长江镇（如皋港工业园区）	蔡爱明
吴窑镇	刘 铭

招才引智先进个人

人力资源和社会保障局	周昌峰	科创办	陈万仓
地方金融监督管理局	薛喜峰		

生态文明建设先进个人

城市管理局	杨海萍	住房和城乡建设局	徐城城
交通运输局	孙宏伟	水务局	王 建
生态环境局	浦小军	农业农村局	张小敏
下原镇	管金曜	长江镇（如皋港工业园区）	陈 凯
高新区（如城街道、城南街道）	沙浩宇	九华镇	张 夏

农村人居环境整治提升先进个人

政府办	范余靖	妇联	钱康梅
农业农村局	王建军	住房和城乡建设局	陈新国
城市管理局	孙夏兵	水务局	杨 蓉
搬经镇	陈佳佳	九华镇	葛云飞
丁堰镇	张 磊	江安镇	李 超

安全生产先进个人

东陈镇	徐竹梅	江安镇	冯 阳

石庄镇	黄海山	吴窑镇	董伯群
长江镇（如皋港工业园区）	居　然	公安局	石　宝
农业农村局	李劲松	城市管理局	周小新
应急管理局	丁小庆　杨瑞琪	市烟草专卖局	许　谦

平安建设先进个人

政法委	卢丽娜	吴窑镇	丁佳艺
经济技术开发区（城北街道）	徐灵宇	如城街道	章际萍

信访工作先进个人

政法委	徐　鹏	信访局	董行行
公安局	章　秋　邹海龙	如城街道	冒连锋
城南街道	马京武	长江镇（如皋港工业园区）	申跃华
江安镇	陈小燕		

法治建设先进个人

司法局	刘海波	城市管理局	杨小卫
石庄镇	仇刘兵	经济技术开发区（城北街道）	贾根建

市域治理现代化先进个人

搬经镇	王　进	长江镇（如皋港工业园区）	毛勤芹
城南街道	汪　洁	城市管理局	施军荣

深化全国文明城市建设先进个人

市委办	董　艳	政府办	马　华
纪委监委	徐　蔓	宣传部	孙海军　陈宏康　沈吴浩
融媒体中心	石　樱	教育局	朱慧灵
卫生健康委员会	费　非	交通运输局	许映祥
文体广电和旅游局	冒　逊	吴窑镇	李志鹏
搬经镇	张　恒	富皋万泰集团	丁贾缘
江苏有线如皋分公司	薛志刚		

国家历史文化名城申报先进个人

政协办	程学军	住房和城乡建设局	陈志坤
自然资源和规划局	冒国华	文体广电和旅游局	朱小兵

2023年度机关事业单位集体嘉奖名单

人力资源和社会保障局　　科技创新委员会办公室

2023年度机关和参公管理单位嘉奖、记功人员名单

记三等功人员

经济技术开发区（城北街道）	贾根建　谢智鹏　朱小妹　胡琦航　许荷菊
高新区（如城街道、城南街道）	范存莲
长江镇（如皋港工业园区）	周海丽　阮萍萍　朱小娟　颜云峰　吴　庆　刘泳利
丁堰镇	冯　浩　阮世娇
白蒲镇	章　炜　汤雯涓
下原镇	于　俊　曹武元　张耀文
磨头镇	沈　越
九华镇	陈书培　姜建如
石庄镇	杨　丰　殷　俊
江安镇	孙　雷　石乐然　徐爱红
搬经镇	卢小冬　季美洁　宗　丹　姚　远　王留兵　陈咤云　张秀妍
纪委监委（巡察办）	缪红云　朱凡亚　陆　琦　娄云刚　陆忠峰　王佑婧
法　院	朱玉林　陈路遥　刘洋洋　沈　鹏　葛　伟　李海春　石　燕　金　霁
	卢婷婷　汤天意　陈思思　王毅承　张　洵　汤美珠　邱观玉　沈寿平
	张学和　张蓉蓉
检察院	徐登月
市委办	李　烨　金毅亮
人大机关	冒　燕　吉小燕
政协机关	冒海清　顾燕枫　沈德君
组织部	刘轶凡　孙　乐　周士锋　顾如兵
政法委	夏新鹏　尤　勇
编　办	郁　梅　钱　娟
老干部局	周小芳
政府办	陈建军　曹明海　黄　蓉
发展改革委	葛　波　崔伯圣　徐　钢　臧亚军
教育局	陈强燕　刘剑峰
公安局	吴　云　张李军　蔡成兵　魏宏海　黄　震　卢　宇　柳红梅　许佩建
	仇国俊　钱　元　蔡文生　孙　军　张启明　刘海峰　郁海燕　周　婷

宗式明　于　杰　顾松华　顾海林　张建峰　崔晨曦　江文军　顾卫明
马　强　穆益峰　杨庆慧　贾宇棋　杨　婷　张鲁男　吴羚羚　李　然
杨剑平　王　鹏（062915）　许金灿　孙　利　葛振峰　王晋东　刘园园
刘贵彬　范晓波　朱　军　张静文　薛　峰（065080）　张文浩　朱晨宇
石柳柳　吴兴兴　陈旭伟　夏悦斌　陈　彬　董剑雄　高　旭　宗志勇
吴　姜　吴克祥　王　鹏（065612）　朱冰倩　马骏池　乔　栋　张　炜
李澄澄　何庆如　朱济军　薛诗琪　吴　玺　孙　敏　朱凯杰　薛　璐
卢建宏　张亚平　郭夕军　吴尤建　宗文江　陈　梆　谢　鑫　孙丽俊
唐莉莉　刘彩霞　冯　伟（065772）　宗新梅　吴星星　刘志祥（062984）
刘　吉　田童童　张爱明

司法局　徐　晶　张达永　金雅萍　王智伟　沈李丹

财政局　宗小海　章晓峰　张建明　吴志宏　夏泉虎　张　晖　范桂富　李　洁
骆浩杰　吴彬彬　孙小刚　吴鸿疆　谢天瑶

结算、预算审核中心　金卫东　陶明建

人力资源和社会保障局　张　嵩　夏李峰

自然资源和规划局　许　兵　冒淑芸　沈建华　单伟伟　何　苏　周　康　张安文
赵新强

住房和城乡建设局　殷建峰

城市管理局　冒学宏

城管综合执法大队　张石林　张拥军　胡碧草　朱益平　夏小明　环　鹏

交通运输局　张　旭

水务局　孙亮亮　周春网

农业农村局　王志斌　吴丽春　仇永华　薛海荣　焦伟伟　房丽华

农林水利综合执法大队、种子站　倪玉堂　冒灵慧

商务局　石　坚

文体广电和旅游局　陈晓冬　季方祥

卫生健康委员会　邵欣欣　马　红

卫生监督所　金铃铃　鞠小军　肖　燕　张　伟

退役军人事务局　陈　艳　吴强伟

应急管理局　陈聪颖

行政审批局　徐　猛　陈岳琴　王海军　许　蓉　王巍巍　陈海波　范何琴

市场监督管理局　贾宏斌　陈小颖　严晓华　王志刚　石昭全　祝　煌　范　颖
许爱学　王兆琪　张婷婷　范崇余　石晓云　季智鑫　戴迎祥　茅志诚
秦　纯　曹晓悦　徐慧婷　朱　辰　施逸婷　李玉宏　仲福荣　朱国庆
杨启斌　王周洲

质量技术监督稽查大队　崔俊驰　石剑锋

医疗保障局　江　宇

第一书记　毛玉才

双联双助　朱敏建　钱为华　薛宜发　丁光晶

重大项目办　冒新宇

巡察办　郭丽霞

大督查　樊　靖

政务服务中心窗口　韩训雯　余性强

嘉奖人员

经济技术开发区（城北街道）　吴　鹏　丁建龙　张小平　沙晶晶　田晶晶　刘　敏
王建华　冒　军　张红建　苏爱国　徐　军　于永建　苏伯全　陆　浩
杨　扬　张　龙　冒志鹏　马　乐　钱振龙　陈　鹏　石玉洁　张　翎
黄楚楚　郭小芹　谢继东　张新华　薛琴枝

高新区（如城街道、城南街道）　孙　鑫　秦虎跃　魏　巍　符　行　吴亚兵　阮爱银
张志红　张长健　马京武　何李川　郝　强　冒　妍　沙浩宇　周健杏
孙蒙露　李舒婷　喻　璐　孙　飞　吴金梅　杨海郎　朱朋朋　钱晓彬
贾华俊　洪美婷　宦小秀　李翠红　张家熔　刘　磊　唐亮亮　朱　静
程　鹏　陈光才

长江镇（如皋港工业园区）　王洪海　储　凯　吴　荣　张善良　纪坤岗　陈雅妍
顾如江　申跃华　吴　茜　王　凯　王爱萍　牛　青　吴江帆　黄文杰
侯皓辰　田中兵　周雅楠　吴建平　沙培培　季　波　杨　驰　肖月淇
吴晨露　陈　震　王　月

东陈镇　谢小丽　盛聪锋　潘海燕　何　杰　丁鹏飞　范存燕　房晓琳　赵　然
李建峰　张赟赟　张莹莹　施礼冬　仲伟珉

丁堰镇　刘小冬　戴轶楠　李丽萍　高　玮　张　磊　程　洋　徐轶秋　张　雨
钱浩宇　袁　艳　平天成　徐玉俊　夏木华　徐　彬

白蒲镇　王亚明　黄庆庆　朱　淋　尹　颖　达　栋　周桓宇　朱克成　张红玲
孙未丞　桑橙橙　冯晓明　汪志鹏　施　露　陈　宁　谢　添　乔刘成
秦爱明

下原镇　邓陈胜　冯　洁　水润民　徐　聪　陈　洁　赵　阳　许佳佳　黄　晶

吴窑镇　沙亚峰　陈　飞　陈振宇　章志成　夏　赟　李　蓓　谷亮亮　贾轶群
左思敏　袁　园

磨头镇　王　红　薛　涛　张兴龙　杭海飞　陈韦嘉　孙　浩　章裕阳　戴亚军
陈　峰　周天舒　吕笑天　高梦熠　唐　红　薛伯娇　万　莉　戴倩雅
夏启瑞　崔蓉蓉

九华镇　章礼君　金磊磊　冯　云　邢佳倩　陈璐璐　张　睿　周晓龙　杨明臻
朱桢桢　陈　明

石庄镇　苏裕根　徐　建　陈　凤　黄宇超　印天舒　郑　逍　沙辰宇　刘严龙
闻志伟

江安镇　周　勇　唐晓星　吴红云　于　华　吴　晗　朱新亚　冒甜甜　殷海洋
保黄铭　侯　靖　薛宏亮　龚蕾蕾　王　振

搬经镇　张　妍　陈佳佳　周　浩　杨　鹏　葛志昊　郭　庆　马　戎　刘　璇
汪　辉　刘培培　吴丽颖　高紫岩　陈　柳　陈　娴　宗　锋　张欣娴
史子杰　张世奇　赵海燕　薛金浩　朱宇澄　蔡成美

纪委监委（巡察办）　马铁军　倪新建　吴敬民　朱小青　印国华　熊庆深　黄　麟
朱　江　程　辉　徐正华　李志梅　张晶晶　刘志斌　徐春建　莫桂宇
李　雪　张来建　杨智龙　冒玉书　陶益军　许海霞　章　兵
许　嘉　谢　鹏　刘婷婷　高　敏　沈一飞　王树东　陈　凯　汤正域

	张　政	周海涛	潘明龙	章　磊	范　文	孟烨楠	张恒豪	陈维维
	张　蕾	范文静	严海波	袁中庆	杨　超	施国华	刘　杰	杨继炎
	蒋研明	邵力群						
法　院	唐明渠	吴剑平	任　锋	刘罗成	张　鑫	孔德莱	李　玉	陈方圆
	池　锋	许　燕	王智勇	朱丹丹	张荣兰	江丽南	陈　洋	冒　丽
	包　钧	闫　静	蒋胤浩	郭洁晶	陈倩雯	吴　越	张荣鑫	张小海
	陈　康	陈建华	邢　颖	袁立峰	顾　幽	陆兰兰	宗爱萍	朱无号
	孙德宝	刘　沁	郝玲丽	邹亚军	杨益非	章海涛	常蓉蓉	李　军
	蔡丽娟	李菲菲	白羽翔	薛　专	徐洁洁	沙　屿	蔡达高	顾红波
	李来忠	陈　璇						
检察院	何海晏	高　丽	李文祥	王明君	张海朋	吴冬冬	李章宁	朱　慧
	吴　晶	陆茜敏	吴　洁	陈雅倩	周澄阳	李拥军	凌　雯	王　敏
	张久斌	陈　淋	金海燕	阮祥明	冯依然	顾宇星	李先铸	陈朱熠
	姜　平	洪倩文						
市委办	吴小平	沈晶晶	李　兵	邵　维	冯茂良	杨　洋	黄恒秀	周　丹
	朱天祥							
人大机关	纪成如	卢　群	张　轶	朱华杰	李晓红	范晓强	何福平	缪永辉
	孙世军	王　森	肖　潇	邓　旭				
政协机关	孙天骄	陆爱斌	黄恒娥	许　蝶	钱德贵			
组织部	陈　飞	张　勇	姜洪峰	彭之俊	严海波	陈继露	周恺翔	张琦浩
	陈　凯	魏珊珊	周晨阳	黄文娟	郭　伟	刘和祥	洪　伟	
宣传部	纪树华	钱钰璐	张小波	吴小燕	徐佳佳	李　琪	田　巍	朱丽丽
统战部	宗爱君	姚大平	曹金林	王晓云	金浩然	郭小平	石优兵	潘金国
	黄　雨							
政法委	高生健	缪　飞	丁晓文	苏　鑫				
编　办	姚建军	刘堷媛	钱　雯					
老干部局	徐亚军	周海勇	汪海银					
老干部活动中心		马晓东	胡蓉蓉					
接待办	贲如江	管堃芃						
党史办	姜小燕							
党　校	石留权	朱洪海						
档案馆	谢晓明	陈永圣	周春燕	蔡　超	李小霞			
总工会	许益飞	于熙春	沙健忠					
团市委	刘林珺							
妇　联	程　蓉	缪剑云	阮志刚					
残　联	谢万华							
工商联	许映华	范亚林	蒋　玲					
政府办	丁陆一	孙　锴	严可文	刘　晨	徐育松	胡莹莹	徐永成	张雨露
	朱　磊	孙希文	刘　健	徐如成	孙亚东	沈星欣	张　颖	章良玉
发展改革委	郭　建	章建德	王海飞	秦　雷	冒海燕	刘宏莉	王　衎	薛　婷
	章　旭	钱超飞	章芸芸	裴斌斌	周文祥			
教育局	郭其龙	梁军民	周荣平	姚晓丽				

科创办	丛明昌	章剑峰	李伟华	蔡建兰	董　宇	李　辉	王兆勇	宗志永
	丁　鹏							
公安局	李　祝	章春建	张　勇（065015）		邢新华	周雪峰	张　林	刘金华
	李　锋	邹亚鸣	郝小雨	石祥圣	李智涛	樊海坤	王　振	邬海江
	汪　明	任新林	顾旭东	黄国平	张国华	朱益旭	孙向琴	陆　鹏
	金其群	于成兵	葛存根	王婷婷	杨进程	贾玉山	尤　军	黄剑峰
	夏海峰	谢　丽	刘　波	刘　铃	于重武	吴晓社	李　茜	章　明
	王　乔	徐晓岗	吴小兵	单志勇	程玉峰	王忠华	张国祥	支　俊
	丛小可	左　虎	陈寅斌	黄　勇	周玉林	钱群群	谢海辉	张发军
	陈　群	陈洋洋	孙锦成	蒋志强	许映亮	任吉建	黄兴海	周昌福
	周晓晨	朱爱琴	顾佳佳	赵金亮	鞠威威	许　浩	朱寿龙	吴　凯
	汪军华	石　淦	冯　伟（065510）		谢龙杰	陈宽伯	李晓新	侯文远
	周　战	王进军	张智洪	周嘉伟	顾富城	陈钱根	吴光涛	王长华
	章云龙	金彦学	许　凡	钱建生	陈志刚	周杏钰	徐小飞	倪　轩
	纪云姣	陈雨秋	纪　昊	夏吉祥	杜欣雨	朱昊岩	郝亚琴	黄松涛
	周　岚	郭　建（065273）		张　哲	李　辉	俞新宁	马飞飞	张　菲
	俞筱筠	何蔚蔚	常琳悦	徐伯成	翟阳阳	薛晓莉	蔡呈鑫	桑圣杰
	冒晓军	蔡月琴	宦　健	顾建华	薛国辉	陈　俊	周　峰（065299）	
	冒乃国	秦棋彬	熊　鹰	丁　宇	李　鑫	刘　灿	刘玉杰	何　潇
	俞群杰	朱益飞	邱建锋	朱千涛	戴志勇	郭霁贤	凌亚进	李嘉豪
	窦远森	屠宝炎	张爱兵	徐相林	钱　伟	曹剑军	陈建飞	陈　洁
	刘　飞	杨　勋	张松平	杨建斌	张周鑫	吴建军	陈　银	夏　冬
	武宏伟	王安洋	陈　宇	王玉珏	梁洪岭	胡加俊	周桂林	陈宇昕
	许波康	范圣地	王宇欣	郭志华	徐　鲲	杨雪榕	朱志敏	曹　阳
	张丽君	陈怀祥	邓红卫	吴正祥	冯长贵	金太原	殷海坤	丁　响
	狄建明	徐　龙	陈明园	钱云健	王志成	史　浩	邓建龙	孙　飞
	孟祥旺	蒋作为	冒翠玲	王鼎立	张　莉	张浩臻	季小云	年方方
	沈伟奇	石小凡	马宝全	于明雨	魏　武	杨安华	吴　涛（065194）	
	邓国尉	蒯　恒	陈　晖	刘向阳	刘何建	姜高伟	季光涛	许　辉
	何庆彭	谢龙飞	谢子豪	张　剑	许舟逸	许逢俊	马　云	张涛涛
	沈　阳	沈箫慧	吴　鹏	陈　铮	何李臻	李　强	吴锦浩	孙跃军
	史啸宇	吴智勇	张元磊	马家驹	薛　锋	王　宇	沈小俊	袁　珣
	叶向荣	徐海飞	杨海燕	陆燕秋	石　宝	何维平	李世军	卢建军(065974)
	花虎建	张曹宇	李保国	刘禹亮	汤小勇	陈思佳	宋楠昱	明兴军
	江建云	郝传民	张维忠	曹　祥	魏志伟	马海涛	殷　俊	郭逸凡
	陈文辉	吴建楠	石高兵	洪　涵	陆星星	徐国圣	于江楠	王　昊
	王　慧	薛明宇	蔡宏业	朱莹莹	陈剑锋	戚金海	严芷玥	杜翔翔
	顾　宇	陈　毅	刘　琦	顾德圣	马红军	周光明	卢冬青	许波银
民政局	吉俊国	杨　兵	季航莉	吴东琳				
司法局	陆建梅	戴世燕	申爱学	尹志书	钱娇娇	周海霞	浦建才	贾同圣
	濮　彬	施　彬	徐玲云	孙禹琴	张　娟	朱灵甲	刘　怡	张　睿
财政局	章　彬	吴晓燕	贾　云	朱小平	张　林	张锋兵	刘　宇	蒋文华

钱　艳　周庆峰　王　鑫　吴正楠　沈　丽　宗爱娟　洪　月　罗　宸
张　艺　朱建锋　俞江浩　顾晓霞　殷红娟　杨雪梅　章　飞　吴　鹏
王　垚　王檬雨　丁梅兰　陈冠名　周佳文　谭思敏　宗　茜　秦　军
张　睿　朱剑波　陈　祥　王　霞　严循智　吴锋斌　高桂明　李　璨
郑怀玉　谢宜彤　房张宇　葛冬妮　贲　旭　吴　喆　陆　颖　沙　莎
结算、预算审核中心　谢晓红　张傲玲　曹　霞　许瑞兵　王晓光　丁洁琴　卞　钧
人力资源和社会保障局　胡晓勇　阮铁均　丁玉林　夏　璐　何春露
劳动保障监察大队、仲裁院　李　俊　徐红卫　徐尹荣　孙雪洁　沈　霞
自然资源和规划局　石　剑　石　琴
下属参公单位　何　俊　郑淑一　季凤娟　徐　腾　薛叶峰　周　骞　胥振华
王　娟　缪建平　张　鹏　徐海林　陈春圣　徐云志　顾　姝　孙　宁
王刘亭　刘海鹏　胡海建　沈小建　李　锋　谢　飞　田建兵　徐　耀
王建明　缪海进　纪志鹏　陈永建　周海飞　周　珩　田　鹏　薛光宇
丁小峰　苏一帆　仇张兵　张佳婷　沈陈高　韩小瑞　苏榕榕　丁小燕
陶　檄　石珺晖　季　然　刘春艳　陈利存　张婉婷　刘　意　孙红旗
住房和城乡建设局　刘志俭　韩　欣　王　庆　赵仁奇　朱志兵　王秀颖　叶海燕
陈新国　季远兵　戚西军　黄　荣　郭栋梁　程　己
城市管理局　黄山虎　杨小卫　吴晓春　居海洋　邵锋灿　顾桂标　吴汉青　谷　鹏
王　亮　邹宏伟
城管综合执法大队　史进华　吴　昊　张　高　李　可　贾　浩　冒海蓉　杨　钰
申　俊　杨海萍　吴造荣　姜淑萍　陈　林　俞　波　冒惠文
交通运输局　苏　强　葛　军　田　骏　杨小鹏　徐静娟　杨振华　顾小霞　王甫军
水务局　管　峰　隋　勇
水资所　王　鹍　赵　悦
农业农村局　柳杰军　季浩民　王建梅　袁千竣　鞠明国　唐　晖　周惠敏　包善微
张继勇　石峥嵘　李劲松　汤小勤　付玉飞
农林水利综合执法大队、种子站　杨　鹏　马　宏　张　蕾　张小霞　王　娅　姜宏彬
马思佳　黄　颖　丛　蓉　杨文剑　周　颖　张冬梅　常学根　高明亮
陈冬冬　樊峥嵘　茅佳欢
商务局　王钰崧　李　军　徐继斌
文体广电和旅游局　吴爱兵　胡建峰　王　勇　陈大勇　陆　敏
文体市场综合执法大队　孙　伟　张　懿　陈小健
卫生健康委员会　谢宇晨　康　岚　石伟伟　顾鸿军　谢美华　贾亚丽
卫生监督所　周　宇　何云祥　张　炜　吴　胡
红十字会　沙海燕
退役军人事务局　夏　勇　张金森
应急管理局　杨　建　张小星　杨志锋
应急管理综合行政执法大队　赵　旭　陈　萌　顾志刚　孙旭晨
审计局　汤元建　吴丽君　陈　侠　吴　蓓　龚　晶
行政审批局　谢　健　周巧良　卢宗志　姚　娟　朱　峰　何　勤　於荣荣　卢德美
王旭升　杨爱平　周　伊　孙　兵
市场监督管理局　陈建国　刘晓庆　冒云岭　卢　程　侯正宏　钱　兵　谢仁建

	王志刚	杨丽娟	吴嫣然	殷　慧	张　悦	康丽萍	郭　宏	叶向农
	卢海学	季智燚	韩文娟	于　飚	韦东娜	崔梦月	李忆南	陶彦宇
	陈　炎	陈建飞	陈　兵	孔一茗	刘志炯	陈小霞	周小朋	卢　妍
	张晓庆	于雯彬	陈祥兵	蒋春艳	罗孝平	仇向春	黄建林	龚　圣
	李　韬	韩　晨	罗　军	朱　峰	程　霆	李双阳	许秀如	郭　鑫
	陈莹皎	张韵汀	许洪剑	顾贵春	王卫东	章婷婷	曹　钧	吴海佳
	柯友忠	夏继承	缪玉如	秦　霄	鞠金龙	朱　华	魏　丹	陆　婷
	冯鹤晔	王鹏宇	张海峰	白　晶	陈建峰	王立军		
质量技术监督稽查大队			杨成兵	田铮铮	朱建兵			
统计局	季　康	王　源	顾海霞	陈玉星	陈　艳	周露露		
医疗保障局	肖海薇							
信访局	陆海峰	朱金建	姚　敏	夏金平	李　鹰	郁　宇		
地方金融监督管理局		马　晖	程冰冰					
国资办	丁晓波							
供销总社	王　岳	王红德	石亚东	石玉建				
税务局	解应贵							
供电公司	张　飏							
气象局	张开进							
边　检	张　杰							
海事处	姚　亮							
生态环境局	黄晓华							
第一书记	夏海波	陈鹏鹏	段　煜					
人居办	张　建	朱玉华						
双联双助	洪　勇	姜石泉	冯志刚	吴海燕	刘建华	张　峰	苏秀银	许　鹏
	徐关保	徐玮萌	杨春丽					
大督查	刘　亮	纪春景	张小乐	夏　栋	陈　惠			
污染防治攻坚办		赵　亮	李武林					
政务服务中心窗口		叶　红	吴　涛	石志斌	周超颖	钱雨婷	于春保	倪建峰
	高艳春	黄　翠	李建兵	钱维维	沈晨辰			
市域社会治理现代化指挥中心（含 12345）				徐绍鑫	徐国兵			
专武条线	邢向荣	马建平	朱建如	孙海东	吴　勇	李百生	倪东林	吴志伟
城建指挥部	杨大勇							

2023 年度市管国有企业领导班子嘉奖人员名单

富皋万泰集团	张书强	周　培	赵天海
交通产业集团	章爱平	张海龙	
皋开集团	许　强	桑西方	

组织机构

2023年度新任市领导

张炜龙　　如皋市委常委、宣传部部长

张炜龙，男，1976年9月出生，汉族，江苏如东人，1999年11月参加工作，2000年12月加入中国共产党，省委党校研究生学历。

1996年9月至1999年7月，江苏财经高等专科学校财政系税务专业学习；

1999年11月至2000年4月，如东县华丰乡政府办公室工作；

2000年4月至2002年3月，如东县城南镇政府办公室秘书；

2002年3月至2003年3月，如东县委组织部办公室工作；

2003年3月至2007年4月，如东县委组织部组织员［其间，2002年9月至2005年7月，扬州大学法学专业（函授）学习毕业］；

2007年4月至2007年11月，如东县委组织部办公室副主任；

2007年11月至2007年12月，如东县委组织部办公室主任（2007年12月，明确为副主任科员）；

2007年12月至2008年12月，南通市人民政府办公室综合调研处工作；

2008年12月至2010年12月，南通市人民政府办公室第三产业处副主任科员；

2010年12月至2013年4月，南通市人民政府办公室服务业处副处长；

2013年4月至2013年5月，南通市人民政府办公室综合调研处副处长、主任科员；

2013年5月至2014年9月，南通市人民政府办公室综合八处（调研处）副处长、主任科员（其间，2010年9月至2013年7月，江苏省委党校南通班政治经济学专业研究生学习毕业）；

2014年9月至2019年5月，南通市人民政府办公室综合四处处长；

2019年5月至2019年12月，南通市人民政府办公室市政府督查室主任；

2019年12月至2020年3月，南通市人民政府办公室市政府督查室主任、一级主任科员；

2020年3月至2022年6月，南通市人民政府办公室副主任；

2022年6月至2022年7月，如皋市政府副市长人选；

2022年7月至2022年8月，如皋市政府副市长；

2022年8月至2023年4月，如皋市政府副市长、党组成员；

2023年4月至2023年8月，如皋市委常委、宣传部部长，市政府党组成员；

2023年8月至今，如皋市委常委、宣传部部长。

孙得利　　如皋市政府副市长、党组成员，三级调研员

孙得利，男，1981年11月出生，汉族，安徽贵池人，2004年7月参加工作，2008年10月加入中国共产党，大学本科学历，硕士学位。

2000年9月至2004年7月，安徽大学财政学专业学习，取得大学本科学历；

2004年7月至2007年1月，如皋经济开发区管委会工作人员；

2007年1月至2007年12月，如皋经济开发区招商局副局长；

2007年12月至2009年12月，如皋市长江镇副镇长、如皋港区船舶物流园副总经理；

2009年12月至2010年12月，如皋港区党工委委员、管委会副主任；

2010年12月至2011年12月，如皋软件园党工委副书记、管委会常务副主任，桃园镇党委副书记、镇长[其间，2009年3月至2011年6月，复旦大学公共管理硕士(MPA)专业学习，取得硕士学位]；

2011年12月至2013年3月，如皋软件园党工委副书记、管委会主任，桃园镇党委书记；

2013年3月至2015年1月，如皋高新技术产业开发区党工委副书记、管委会主任，城南街道党工委书记；

2015年1月至2019年2月，如皋高新技术产业开发区党工委副书记、管委会主任；

2019年2月至2019年11月，如皋经济技术开发区党工委委员、管委会副主任，如皋高新技术产业开发区党工委副书记、管委会主任；

2019年11月，至2023年6月，如皋经济技术开发区党工委委员、管委会副主任(其间，2019年12月至2021年6月，陕西洋县扶贫挂职)；

2023年6月至2023年7月，如皋市人民政府副市长人选、三级调研员；

2023年7月至2023年8月，如皋市人民政府副市长、三级调研员；

2023年8月至今，如皋市人民政府副市长、党组成员，三级调研员。

2023年度如皋市组织机构及负责人名录

中国共产党如皋市委员会

书记	何益军
副书记	王鸣昊　丁兴华
常委	何益军　王鸣昊　丁兴华　高　峰(4月26日免)　程瑞琴(女)　顾留忠　秦金春　夏　淼　朱莹滢(女)　陈鸣华　卢志敏　张炜龙(4月26日任)　杨天锡(挂职,2月28日止)　许敬乔(女,挂职)

如皋市人大常委会

主任	司祝建　丁兴华(12月16日提名)
党组书记	司祝建
副主任	缪爱诚　张百璘　刘晓洁(女)　石　兵
党组成员	左伯华　王贵成　纪成如

如皋市人民政府

市长、党组书记	王鸣昊
党组副书记	顾留忠
副市长	顾留忠　陈鸣华　许敬乔(女,挂职)　黄文斌　张炜龙(4月26日辞)　顾　凡(女)　陈　刚　崔建村　杜晓峰　孙得利(6月10日提名,7月25日任)　唐余宽(科技镇长团团长挂职,7月31日止)
党组成员	郭　超(挂职,9月26日任)

中国人民政治协商会议如皋市委员会

主席	张元健　顾留忠(12月16日提名)
党组书记	张元健
党组副书记	朱莹滢(女)　张亚鸾(女,12月26日任)
副主席	张亚鸾(女)　杜永红(党外)　郑振明(党外)　陈小燕
党组成员、秘书长	冒海清

中共如皋市纪律检查委员会

书　　记　秦金春
副 书 记　马铁军　倪新建
常　　委　吴敬民　孙　健　朱小青　吴红兵

如皋市监察委员会

主　　任　秦金春
副 主 任　马铁军　倪新建
委　　员　吴敬民　朱小青　印国华　万久平

市纪委监委派驻市委办公室纪检监察组组长　殷亚平(女,1月14日免)
施建石(1月14日任)
市纪委监委派驻市人大机关纪检监察组组长　陈　建(1月14日免)
石　安(1月14日任)
市纪委监委派驻市政府办公室纪检监察组组长　程继红(女,1月14日免)
殷亚平(女,1月14日任)
市纪委监委派驻市政协机关纪检监察组组长　谢孙锋
市纪委监委派驻市委组织部纪检监察组组长　李益民(1月14日免)
陈　建(1月14日任)
市纪委监委派驻市委宣传部纪检监察组组长　施建石(1月14日免)
李益民(1月14日任)
市纪委监委派驻市委政法委纪检监察组组长　章　兵(1月14日免)
程继红(女,1月14日任)
市纪委监委派驻市发展和改革委员会纪检监察组组长　张飞龙
市纪委监委派驻市人民法院纪检监察组组长　周　标
市纪委监委派驻市教育局纪检监察组组长　陆　琦(女)
市纪委监委派驻市公安局纪检监察组组长　刘志斌
市纪委监委派驻市财政局纪检监察组组长　韩国强(1月14日免)
徐　剑(1月14日任)
市纪委监委派驻市人民检察院检监察组组长　徐　剑(1月14日免)
殷桂平(1月14日任)
市纪委监委派驻市住房和城乡建设局纪检监察组组长　王宏兵
市纪委监委派驻市交通运输局纪检监察组组长　殷桂平(1月14日免)
章　兵(1月14日任,8月1日免)
周久贵(8月1日任)
市纪委监委派驻市国有资产监督管理办公室纪检监察组组长　徐春建
市纪委监委派驻市卫生健康委员会纪检监察组组长　莫桂宇
市纪委监委派驻市市场监督管理局纪检监察组组长　张晶晶

如皋市人民法院

院长、党组书记　唐明渠
党组副书记　顾雪红(女)
副院长　顾雪红(女)　吴剑平(女,党外,12月26日任)　任　锋
李斯武(8月1日辞)　袁夏华
政治处主任　刘罗成
执行局局长　常雪萍(女)
专职委员　吴剑平(女,党外,12月26日免)
吴亚红(女,12月26日任)　马剑梅(女,12月26日任)

如皋市人民检察院

检察长　吴晓栋(4月26日辞)　何海晏(4月26日提名)
党组书记　吴晓栋(5月11日免)　何海晏(5月11日任)
党组副书记　高　丽(女)
副检察长　高　丽(女)　李文祥(10月26日辞)
卢海琴(女,党外,12月26日辞)　韩海军
专职委员　倪伯斌　卢海琴(女,党外,12月26日免)
政治部主任　冒　峰

市委工作机构、部门管理机构、合署挂牌机构和直属事业机构

市委办公室

主任　吴小平
副主任　贲如江　陆海峰(1月14日任)　徐关保
黄大鹏　郎　曦(8月1日任)
市委研究室副主任　李　兵
市档案局副局长　张　骥(12月26日任)

市委组织部

部长　朱莹滢(女)
常务副部长　陈　飞
副部长　陈　实　张　勇　姜洪峰(11月17日任)　姚建军　徐亚军

市委宣传部

部长　高　峰(4月26日免)　张炜龙(4月26日任)
常务副部长　纪树华
副部长　钱钰璐(女)　吴正隆　王贞慧(女,挂职)

市委统战部

部　　长　朱莹滢(女)
常务副部长　宗爱君
副　部　长　曹金林　许映华　丁卫兵

市委政法委

书　　记　程瑞琴(女)
常务副书记　高生健
副　书　记　杨　明　丁陆一(兼)　曹　蓉(女)　缪　飞
政治处主任　苏秀银(女)

市委机构编制委员会办公室

主　　任　姚建军
副　主　任　郁　梅(女)　钱　勇

市委巡察工作办公室

主　　任　倪新建(兼,8月1日免)　吴敬民(8月1日任)
专职副主任　冯　峰

市委第一巡察组

组　　长　倪　兵
副　组　长　张来建　明小海　刘宝林

市委第二巡察组

组　　长　金　晖
副　组　长　尹小庆　杨智龙　喻　军(1月14日任)

市委第三巡察组

组　　长　冒玉书
副　组　长　刘正林　陶益军　张　云(女)

市委第四巡察组

组　　长　陈　建
副　组　长　许海霞(女)　丁小建　赵　亮

市委老干部局

局　　长　徐亚军
副　局　长　严金宏(4月17日免)　周小芳(女,4月17日任)　薛海华

市委机要局

局　　长　贲如江
副　局　长　张　晨

市委全面深化改革委员会办公室

副　　主　　任　　石　硒(1月14日任)

市公务员局(市委组织部挂牌机构)

局　　　　　长　　陈　飞(兼)

市委党建工作领导小组办公室(市委组织部挂牌机构)

主　　　　　任　　陈　波(4月17日免)　　陈　实(4月17日任)

副　　主　　任　　严海波

市考核工作委员会办公室(设在组织部)

副　　主　　任　　贾华兵

市级机关工作委员会(市委组织部挂牌机构)

书　　　　　记　　朱莹滢(女,兼)

常　务　副　书　记　　姜洪峰

副　　书　　记　　王亚松

市委非公有制企业和社会组织工作委员会(市委组织部挂牌机构)

书　　　　　记　　陈　实(兼)

副　　书　　记　　彭之俊

市新闻出版局(市委宣传部挂牌机构)

局　　　　　长　　吴正隆(兼)

副　　局　　长　　张小波

市互联网信息办公室(市委宣传部挂牌机构)

主　　　　　任　　吴正隆

市委网络安全和信息化委员会办公室(设在宣传部)

副　　主　　任　　丁　群(女)

市精神文明建设指导委员会办公室

主　　　　　任　　钱钰璐(女,兼)

副　　主　　任　　陆　兵　　陈　飞

市民族宗教事务局(市委统战部挂牌机构)

局　　　　　长　　丁卫兵

副　　局　　长　　徐正建

市委台湾工作办公室(市委统战部挂牌机构)

主　　任　曹金林(兼)
副 主 任　刘亚丽(女)

市科技创新委员会办公室

党组书记　陈鸣华
党组副书记　丛明昌　章剑峰
党组成员　陈广建(1月14日免)　李伟华　陈洪波　蔡建兰(女)
　　　　　董　宇　李　辉(女)

市法学会

副 会 长　丁晓文

市事业单位登记管理局

副 局 长　刘培媛(女)

市委离退休干部工作委员会

书　　记　徐亚军(兼)
副 书 记　田芝华

市委党校、市行政学校

市委党校校长　丁兴华(兼)
市行政学校校长　顾留忠
常务副校长　石留权
副 校 长　孙海云(女)　朱洪海　张筱悦(女,1月14日任)

市委新闻中心

主　　任　纪树华(兼)
副 主 任　徐鑫焱(女)　孙　路(女)　马志刚

市委党史工作办公室

主　　任　丛　越
副 主 任　侯　晖(女)　顾小平　范小华

市接待办公室

主任、党组书记　贲如江
副 主 任　程　飞　管堃芃

市档案馆

馆　　长　谢晓明
副 馆 长　陈永圣　杨海鹏　宗　晓

市人大常委会办公室、各工作委员会

办公室

主　　任　纪成如

副 主 任　吉小燕(女)

研究室

主　　任　朱华杰

副 主 任　卢　群

信访督办室

主　　任　景雪玲(女)

副 主 任　邵亚丽(女)

财政经济工委

主　　任　李晓红(女)

副 主 任　钱建宏(女,8 月 1 日辞)　顾爱华(8 月 1 日提名,10 月 13 日任)

人事代表联络工委

主　　任　冒　燕(女)

副 主 任　石　锦(女,1 月 14 日提名,3 月 31 日任)

监察和司法工委

主　　任　何福平

副 主 任　张　轶

教科文卫工委

主　　任　范晓强

副 主 任　姜　宇(女)

外事民宗侨台工委

主　　任　缪永辉

副 主 任　张媛媛(女)

环资城建工委

主　　任　朱留宽

副 主 任　朱兴雨(12 月 26 日辞)　周　勇(12 月 26 日提名,12 月 28 日任)

农业农村工委

主　　任　朱为民

副 主 任　缪爱国(1 月 14 日辞)

专职委员

张爱民　丁建兰(女)　神俊华　孙世军　张　健　陈敏敏(女)　洪　军(女)

市政府工作机构

市政府办公室

主任、机关党组书记　陈建军
副主任　丁陆一　周小荣　马　俊　孙　锴(挂职)　严可文
　　马薛松　徐育松
机关党组成员　江　宇(女,8月1日免)　卢应锋　刘　晨
　　钱为华(8月1日任)

市发展和改革委员会

主任、党组书记　郭　建
党组副书记　戴海峰(3月20日免)　陈凤芸(3月20日任)
副主任　戴海峰(3月20日辞)　陈凤芸(3月20日任)　章建德
　　葛　波　白宝平　孙爱民
党组成员　徐亚锋

市教育局

局长、党组书记　郭其龙
党组副书记　冯志刚
副局长　冯志刚　陈强燕　石春梅(女,党外)　杨　勇(8月1日任)
　　柳永红(挂职,8月14日任)　李继东(挂职,10月26日任)

市科学技术局

局长　丛明昌
副局长　李伟华　郭震寰　董　宇

市公安局

局长、党委书记　陈　刚
政委　邢新华(1月14日免)　李　祝(1月14日任)
党委副书记　邢新华(1月14日免)　张　勇(10月26日免)
　　李　祝(1月14日任)　张　新(12月26日任)
副局长　张　勇(10月26日辞)　郑云娟(女,1月14日辞)　张　新
　　张　斌(8月1日辞)　李　祝(1月14日辞)
　　章春建(1月14日任)　丁　力(1月14日任,10月26日辞)
　　吴旭东(10月26日任)　范　群(8月1日任)
　　季兴华(10月26日任)

市民政局

局长、党组书记　丁山燕
党组副书记　张昌明
副局长　张昌明　张叶庆(1月14日辞)　颜海群　吉俊国
殷高林(3月20日任)

市司法局

局长　卢延林(1月14日辞)　杨　明(1月14日提名,3月31日任)
党组书记　卢延林(1月14日免)　杨　明(1月14日任)
副局长　缪霄峰(10月26日辞)　孙　锴　吴亚军(4月17日辞)
尤亚敏(女,党外)　李　曼(4月17日任)
党组成员、政治处主任　陆建梅(女)

市财政局

局长　冒海清(3月20日辞)　章　彬(3月20日提名,3月31日任)
党组书记　冒海清(3月20日免)　章　彬(3月20日任)
副局长　张建明(3月20日辞)　蔡志兵　张小俊(5月11日辞)
王宏波(12月26日辞)　宗小海(3月20日任)
吴晓燕(10月26日任)

市人力资源和社会保障局

局长、党组书记　胡晓勇
副局长　薛宜发(3月20日辞)　周昌峰　阮铁均　郭建东(3月20日任)

市自然资源和规划局

局长、党组书记　石　剑
党组副书记　冒国华
副局长　冒国华　陶文建　范　彦
党组成员　秦爱华

市住房和城乡建设局

局长、党组书记　刘志俭
党组副书记　杨大勇
副局长　张建军(3月20日辞)　顾新建　王　庆　赵仁奇(党外)
陈　蓓(女,党外,1月14日任)
党组成员　陈志坤

市城市管理局

局长、党组书记　黄山虎
党组副书记　沙　进(1月14日免)　翟建兵(8月1日任)
副局长　沙　进(1月14日辞)　翟建兵　孙夏兵(1月14日辞)
袁权民　杨小卫(党外,1月14日任)　陈文红(挂职)

市交通运输局

局长、党组书记　苏　强
党组副书记　洪　勇
副局长　洪　勇　田　骏　葛　军　肖　宏
总工程师　虞　惜

市水务局

局长、党组书记　朱建军
副局长　薛鹏飞(8月1日任)　管　峰(12月26日辞)
黄国建(1月14日辞)　佘亚鹏(3月20日任)
总工程师　丁小星

市农业农村局

局长、党组书记　柳杰军
副书记　崔　金(8月1日任)
副局长　姜石泉(1月14日辞)　崔　金(8月1日任)　季浩民　王志斌
周　杰　高迎旭(女)
市委农工办副主任　张海兵
总畜牧兽医师　陈　慎
总农艺师　王建梅(女)

市商务局(口岸办)

局长　佘　飞(12月26日辞)　戴铁楠(12月26日提名)
党组书记　佘　飞(12月26日免)　戴铁楠(12月26日任)
副局长　刘加峰(1月14日辞)　王钰崧　赵　辉　李　军
市口岸办副主任　刘加峰(兼,1月14日辞)

市文体广电和旅游局

党组书记　谢裕斌
局长　夏建国(党外)
党组副书记　阮强舟(1月14日免)
副局长　阮强舟(1月14日辞)　朱志兵(1月14日辞)　冒　逊
吴爱兵　胡建锋
总工程师　章　强(3月20日任)

市卫生健康委员会

主任　马军华(10月26日辞)　周祥国(10月26日提名,11月29日任)
党组书记　马军华
党组副书记　康　岚(女)　吴海燕(女)
副主任　康　岚(女)　吴海燕(女)　谢宇晨(4月17日辞)
周祥国(10月26日辞)　吴宏伟(挂职,10月26日任)

党组成员　冒拥军

市退役军人事务局

局长、党组书记　陈晓华

党组副书记　夏　勇

副局长　夏　勇　张金森

市应急管理局

局长、党委书记　陆　荫

副局长　秦永忠　杨　建　陈海峰　崔建备

总工程师　徐　兵

安全生产委员会办公室副主任　张　斌

市审计局

局长、党组书记　张　健

副局长　龚志鸿　韩晓静(女)　陈　瑶(女,党外)

市委审计委员会办公室副主任　汤元建

市统计局

局长　章　彬(3月20日辞)　高源兵(3月20日提名,3月31日任)

党组书记　章　彬(3月20日免)　高源兵(3月20日任)

副局长　季　康(党外)　黄爱军　石红梅(女)

如皋调查局局长　谢晓飞

总统计师　葛明明(女)

市市场监督管理局

局长、党组书记　贾宏斌

副局长　王志刚　纪　勇　石昭峰　李晓东
谢　娟(女,3月20日辞)　章志林(3月20日任)

党组成员　陈建国　谭志明

市行政审批局

局长、党组书记　徐　猛

党组副书记　杨晓峰

副局长　杨晓峰　谢　健　田向阳　徐玮萌(女)　卢宗志

总工程师　严海兵

市医疗保障局

局长、党组书记　焦晓斌

副局长　薛正刚(8月1日辞)　江　宇(8月1日任)　叶伟锋

市信访局

局长、党组书记　陆海峰

副局长　明小虎(1月14日辞)　施俊杰　居怀军

市地方金融监督管理局

局长、党组书记　邱德华

党组副书记　许　鹏(8月1日免)　黄大鹏(8月1日任)

副局长　许　鹏(8月1日辞)　黄大鹏(8月1日任)　张晶晶(女)

市政府国有资产监督管理办公室

主任、党组书记　刘培林

副主任　朱宏彬(党外)　吴晓燕(女,10月26日辞)　王　洁(12月26日任)

市委外事委员会办公室(设在市政府办公室)

副主任　江　宇(女,8月1日辞)　钱为华(8月1日任)

市政府研究室(设在市政府办公室)

副主任　刘　晨

市粮食和物资储备局(市发展和改革委员挂牌机构)

副局长　徐亚锋

市政府教育督导室(设在市教育局)

副主任　丁红林(女)

市委全面依法治市委员会办公室(设在司法局)

副主任　申爱学

市政务服务管理办公室(设在行政审批局)

副主任　范亦男(女,10月26日辞)

市政府直属事业机构

市市域社会治理现代化指挥中心

主任、党组书记　丁陆一

副主任　费建国(党外)　崔亚云(女)　何拥军(党外)

市社会矛盾纠纷调处中心

主任　杨　明(1月14日免)

副主任　陶建军　明曙光(3月20日免)　戴世燕(女)　高　辉

蔡海建(3月20日任)

市融媒体中心(市广播电视台)、市传媒集团

市融媒体中心主任(市广播电视台台长)　王贞慧(女)
市传媒集团董事长、总经理、党委书记　王贞慧(女)
市传媒集团党委副书记、市融媒体中心总编辑　何　军(党外)
市传媒集团副总经理(市融媒体中心副主任)　张　强　陆　冉
邱　辰(女,党外)
孙增余(1月14日任)

市城市建设管理中心

主　　任　杨大勇(4月17日免)　刘志俭(4月17日任)
副 主 任　薛小青　刘建华(1月14日免)　朱志兵(1月14日任)
李爱勇(10月26日任)
总工程师　陈　萍(女)

市投资服务中心

主　　任　佘　飞(兼,12月26日免)　王钰崧(12月26日任)
副 主 任　张学军　张永飚(3月20日免)　冯　卫(1月14日任)

市供销合作总社

党组书记　吕　庆
理事会主任　陈玉峰(党外)
党组副书记　王　岳
理事会副主任　王　岳　陈　晖(8月1日提名,12月7日任)
王红德　郭成凤(女)
监事会主任　周咏梅(女,8月1日辞)

市政协办公室、各工作委员会

办公室

主　　任　顾燕枫(女)
副 主 任　李建军(1月11日任,12月26日辞)　黄恒娥(女,12月26日提名)

经济科技和农业农村委员会

主　　任　张益群(1月14日辞)　薛建兵(10月26日提名,12月14日任)
副 主 任　沈德君

教卫文体和文史委员会

主　　任　孙天骄
副 主 任　程学军(女,12月26日辞)

环境资源和城乡建设委员会

主　　　任　陈晓仲
副　主　任　许　蝶(女)

社法民宗和港澳台侨委员会

主　　　任　陆爱斌
副　主　任　刘　霞(女)

委员工作委员会

主　　　任　沙海军
副　主　任　黄恒娥(女,12月26日辞)　李建军(12月26日提名)

提案委员会

主　　　任　周海如(女)
副　主　任　吴小蓉(女)

专职委员

许映亮　詹文天(11月21日辞)　李小军　朱益红

垂直管理部门

南通市如皋生态环境局

局长、党组书记　黄晓华
副　局　长　苏　燕(女,党外)　陈志阳　许海霞　浦小军(2月7日任)
党组成员　张林红　江新华

国家税务总局如皋市税务局

局长、党组书记　解应贵
副　局　长　黄建兵　周宏兵(6月30日免)　范晓军　倪锦祝(6月30日免)
纪检组组长　邓泳铠

如皋市气象局

局长、党组书记　陈新育(12月15日免)
副书记、副局长　张开进(12月15日任,主持工作)
副　局　长　肖　霁
纪检组组长　张开进(12月15日免)

中华人民共和国如皋海关

关　　　长　邵　剑
副　关　长　张晓春　王晓军(11月28日免)

如皋出入境边防检查站

党委书记、站长　王建华(2月7日免)　张　杰(2月7日任)
党委副书记、政委　徐圣忠
副站长　胡　健　王爱军(7月5日免)
边防检查处长　钱志成

中华人民共和国南通如皋海事处

处长　苏　健(10月25日免)　姚　亮(10月25日任)
副处长　曹志章(8月19日任)

中国人民银行如皋市支行

党组书记、行长　窦佐伟
党组成员、纪检组组长兼总稽核　徐晓东
党组成员、副行长　吴小红(女)

中国工商银行股份有限公司如皋市支行

党委书记、行长　王　曙(5月5日免)　彭　瑞(5月5日任)
纪委书记　汤小军
副行长　栾辰(1月11日任)　朱　建　朱海炼(4月24日免)
江海洋(1月18日任)
行长助理　江海洋(1月18日免)　储刘军(4月24日任)

中国建设银行股份有限公司如皋市支行

党委书记、行长　顾新生
副行长　顾　鹏　章世维(4月28日免)　赵祖峰(4月28日任)
纪委书记　陆亚建(4月28日免)　章仕斌(4月28日任)

中国银行股份有限公司如皋支行

党总支书记、行长　周国华
纪检委员、副行长　尤海燕　刘爱红(7月3日任)
副行长　戴智娟(5月29日免)　戴小进(5月29日任)
刘爱红(7月3日免)　黄吕晶(7月31日任)

中国农业银行股份有限公司如皋市支行

党委书记、行长　方向明
副行长　缪世杰　季劲松　陈　磊
纪委书记　顾庆庆(5月15日免)　黄红军(5月15日任)

交通银行股份有限公司南通如皋支行

党支部书记、行长　孙宝彤(7月5日免)　钱　滢(7月14日任)
行长助理　宗　祥

中国邮政储蓄银行如皋市支行
党总支书记、行长　姚华海
纪检委员、副行长　张　明
副　行　长　施　甜(11月7日任)

中国农业发展银行如皋市支行
党支部书记、行长　丁　炜
副　行　长　蒋青云

江苏如皋农村商业银行股份有限公司
党委书记、董事长　刘　刚
党委副书记、行长　徐晓兵
副　行　长　展爱云(女,12月27日免)　季丛荣　黄璀迎
叶雁琳(女,12月27日免)　沈群瑶(女)
纪　委　书　记　刘　锋(12月27日免)　王秋生(12月27日任)

中国人民财产保险股份有限公司如皋支公司
总　经　理　冒建勋
副　经　理　周宏建(2月1日免)　许志祥(8月1日免)
刘晓马　章　勇　张　亮

中国人寿保险股份有限公司如皋支公司
经　理　徐陟勋
副　经　理　曹　刚
经　理　助　理　傅小娟(女)　丛　庆

中国邮政集团有限公司江苏省如皋市分公司
党委书记、总经理　王嵩阳(5月18日免)　季　杰(5月18日任)
副　总　经　理　冯国华(10月27日免)　周奇彬　陈亚兵
纪　委　书　记　周奇彬

中国电信股份有限公司如皋分公司
党委书记、总经理　徐东建(6月6日免)　李培培(6月6日任)
副总经理、纪委书记　金　勇
副　总　经　理　吴天弋(11月16日任)　黄余华(11月16日免)
吕　蕾(11月28日任)

中国联合网络通信有限公司如皋市分公司
总　经　理　邱　易
副　总　经　理　张　权
总　监　刘国芹

中国移动通信集团江苏有限公司如皋分公司

总 经 理　曹进忠(3月10日任)　周 舟(3月10日免)
副 总 经 理　王江(7月17日任)　龚亚欢(7月17日免)　孙蓉蓉(女)

国家电网江苏省电力公司如皋市供电公司

总经理、党委副书记　管建明(3月22日免)　张 飚(10月16日任)
党委书记、副总经理　张 飚(10月16日免)　徐冶秋(10月16日任)
副 总 经 理　周 鑫　王 震　蒋 颖　董 浩
纪 委 书 记　顾东泽

市烟草专卖局(南通市烟草公司如皋分公司)

党组书记、局长、经理　许 谦
副 局 长　顾海军
副 经 理　周晓华

市盐务管理局(江苏省盐业公司如皋支公司)

经 理 、书 记　陆 路
副 经 理　陈 旭

如皋中学

书 记 、校 长　季小军
副书记、纪委书记　蒋 晶(女)
副 校 长　刘 建　蒋 晶(女)　刘国良　薛 均(党外)
邬云琰(挂职,8月30日止)

群众团体

市工商业联合会

主 席　杜永红
党 组 书 记　许映华
副 主 席　许映华　常伟华　范亚林　沈剑梅(8月1日提名,)

市总工会

主席、党组书记　顾卫国
副 主 席　许益飞　章 军　苏小燕(女)　陈光荣　张 峰(女)

共青团如皋市委

书 记　沈 伟(8月1日免)　吴 杰(8月1日任)
副 书 记　金 霞(女,1月14日免)　陈明锦(10月26日免)
冒文宇(10月26日任)　黄 瑞(女,10月26日任)
尤婷婷(女,兼)

市妇女联合会

主席、党组书记　程　蓉(女)
副主席　缪剑云(女)　钱康梅(女,1月14日提名,3月8日任)
　刘培媛(女,挂职,10月26日止)　范　越(女,挂职,10月26日任)

市归侨侨眷联合会

主席　姚大平
副主席　卢志坚(10月26日提名,11月27日任)

市科学技术协会

主席　章剑峰
副主席　陈洪波　蔡建兰(女)　李　辉(女)

市文学艺术界联合会

主席　张小凤(女)
副主席　田　祥

市残疾人联合会

理事长、党组书记　吴来平
党组副书记　谢万华
副理事长　谢万华　郭锦泉(12月26日辞)　顾　琴(女)

市红十字会

会长　顾留忠(兼)
常务副会长　丁　群
副会长　沙海燕(女)

市哲学社会科学界联合会

主席　纪树华(兼)
副主席　吴小燕(女)

镇(区、街道)

如皋经济技术开发区(国家级)

党工委
书记　何益军
副书记　卢志敏(主持党工委日常工作)　吴　鹏
委员　张小平
管委会
副主任　孙得利(6月10日辞)　刘亚东　顾季青　王建云(女)
　杨永辉　张　成(6月10日任)　武振宇(6月10日任)

纪工委
书　　　记　曹汉清

城北街道

党工委
书　　　记　吴　鹏(兼)
副　书　记　丁建龙　马　乐(女,兼)　金　霞(女,1月14日任)
　　　　　　季兴华(挂职,工资行政关系在公安,10月26日免)
　　　　　　丁　力(挂职,工资行政关系在公安,10月26日任)
办事处
主　　　任　丁建龙
副　主　任　冒　俊　张红建　徐　军　顾德军　苏爱国　袁　建
　　　　　　娄劲松(挂职,工资行政关系在公安)
　　　　　　钟俊如(挂职,工资行政关系在公安)
人大工委
主　　　任　李元庆
副　主　任　蔡伯杨(1月14日提名,3月31日任)

如皋高新技术产业开发区

党工委
书　　　记　石　兵(4月26日免)　陈鸣华(4月26日任)
副　书　记　薛　煜　储开平
管委会
主　　　任　薛　煜
副　主　任　何李川　田学平　吴亚兵
　　　　　　宗小海(3月20日免)　陈　晖(8月1日免)　魏　巍(4月17日免)
　　　　　　许　鹏(8月1日任)　姜　哲(4月17日任)
纪工委
书　　　记　邹　波
如皋沪苏科创产业园管理办公室
主　　　任　周小芳(女,4月17日免)　魏　巍(4月17日任)
副　主　任　秦虎跃(3月20日免)　李忠根　姚小维(4月17日任)
如皋长寿未来农业园管理办公室
主　　　任　孙　鑫
副　主　任　张开玉　陈　飞　郝　强
如皋电子信息与泛半导体产业园管理办公室
主　　　任　宗小海(3月20日免)
副　主　任　秦虎跃(3月20日任)　吴　伟　姚小维(女,4月17日免)
　　　　　　吴　畏(女)
如皋软件园管理办公室
主　　　任　倪　伟
副　主　任　沈剑梅(女,8月1日免)　林璐璐(女,8月1日任)

王东方(12月26日免)　吉晓宇(女,12月26日任)
李宏伟(10月26日任)

如城街道

党工委

书　记　储开平(兼)

副书记　仲纪元　冒爱群(1月14日免)　阮爱银(女)
范　群(挂职,8月1日止,工资行政关系在公安)
马小锋(挂职,8月1日任,工资行政关系在公安)

人大工委

主　任　谢书平

副主任　殷小红(女,12月26日辞)　彭理英(女,4月17日辞)
高　玮(女,12月26日任)

办事处

主　任　仲纪元

副主任　范存莲(女,12月26日免)　徐　浩　郭　亮(1月14日任)
张　鑫(12月26日任)　张志红(女)　周长慧(女)　范存波
孙海波(挂职,1月14日任,工资行政关系在公安)
石祥圣(挂职,工资行政关系在公安)
孙夏华(挂职,工资行政关系在公安)
蔡成兵(挂职,1月14日止,工资行政关系在公安)

纪工委

书　记　吴宝莲(女,1月14日任)

城南街道

党工委

书　记　储开平(兼)

副书记　丁　飞　沈　燕(女)
孙海波(挂职,1月14日止,工资行政关系在公安)
蔡成兵(挂职,1月14日任,工资行政关系在公安)

人大工委

主　任　郭桂忠

办事处

主　任　丁　飞

副主任　范存莲(12月26日任)　马京武　张　鑫(12月26日辞)
张静静(女)　段晓洁(女,4月17日任)

纪工委

书　记　马春阳(8月1日免)　严勤勤(女,8月1日任)

江苏南通国家农业科技园区管理办公室

副主任　符　行　张　晔(1月14日免)　冒爱群(1月14日任)
朱伟锋(10月26日任)　费建国(12月26日任)

长江镇

党委

书　　记　许　薇(女)

副书记　秦　天　高源兵(3月20日免)　王洪海　戴海峰(3月20日任)

陈　飞(挂职,10月26日止,工资行政关系在公安)

孙文钦(挂职,12月26日任,工资行政关系在公安)

人大主席团

主　　席　龚卫东

副主席　刘　康

政府

镇　　长　秦　天

副镇长　储　凯(1月4日任)　汪　东　陈红军

孙　强　孔　静(10月26日辞)　顾如江　周步宇

殷燕军(挂职,12月26日止,工资行政关系在公安)

孙志宇(挂职,12月26日任,工资行政关系在公安)

如皋港工业园区

党工委书记　许　薇(女,兼)

党工委副书记　秦　天(兼)　储　凯(兼,4月17日任)

管委会主任　秦　天(兼)

管委会副主任　金其林(4月17日免)　王　凯　张　旭(3月20日任)

纪国杰(4月17日任)

如皋港化工新材料产业园管理办公室

办公室主任　纪坤岗

办公室副主任　夏　刚　苏志强(4月17日免)　陈　浩

东陈镇

党委

书　　记　张　勇

副书记　李　智　王　洁(12月26日免)　曹慧华(12月26日任)

喻晓春(挂职,工资行政关系在公安)

人大主席团

主　　席　谢小丽(女)

政府

镇　　长　李　智(1月10日任)

副镇长　朱亚光(12月26辞)　盛聪锋　张津诚

潘海燕(女,12月26日提名)　张　晗(女)

丁堰镇

党委

书　　记　刘小冬

副书记　戴轶楠(12月26日免)　顾　潍(女,12月26日任)

林璐璐(女,8月1日免)　顾承龙(8月1日任)
阚书宏(挂职,1月14日止,工资行政关系在公安)
杨海洋(挂职,1月14日任,工资行政关系在公安)

人大主席团
主　　席　李丽萍(女)

政府
镇　　长　戴轶楠(12月26日辞)　顾　滩(女,12月26日提名)
副 镇 长　陈小强　方烁淼　张　磊　程　洋

白蒲镇

党委
书　　记　张　成(12月26日免)　佘　飞(12月26日任)
副 书 记　杨　海　朱志聪　黄庆庆
马小锋(挂职,8月1日止,工资行政关系在公安)
魏宏海(挂职,8月1日任,工资行政关系在公安)

人大主席团
主　　席　王亚明
副 主 席　赵红飞

政府
镇　　长　杨　海
副 镇 长　徐拥军(12月26日辞)　尹　颖(女)　达　栋
范存睿(8月1日辞)　徐继业　丁　焱
陈欣悦(8月1日提名,8月26日任)

下原镇

党委
书　　记　张亚东
副 书 记　崔　金(8月1日免)　肖智杰(8月1日任)
王　振(挂职,工资行政关系在公安)

人大主席团
主　　席　肖智杰(8月1日辞)　钱建宏(8月1日提名,8月21日任)

政府
镇　　长　崔　金(8月1日辞)　肖智杰(8月1日提名,8月21日任)
副 镇 长　曹武元　邓陈胜　曹慧华(12月26日辞)
吴　杰(8月1日辞)　张明明(8月1日提名,8月21日任)

吴窑镇

党委
书　　记　张　兵
副 书 记　薛鹏飞(8月1日免)　沈　伟(8月1日任)
葛剑利(女)　朱　永(挂职,1月14日止,工资行政关系在公安)
章　秋(挂职,1月14日任,工资行政关系在公安)

人大主席团

主　席　沙亚峰

政府

镇　长　薛鹏飞(8月1日辞)　沈　伟(8月1日提名,9月3日任)

副镇长　严海兵(1月14日辞)　钱锦锋　季陈中(1月14日辞)
范存睿(8月1日提名,9月3日任)　郝舒航
刘　铭(1月14日提名,3月11日任)
陈　飞(1月14日提名,3月11日任)

磨头镇

党委

书　记　王　红(女)

副书记　薛　涛　钱康梅(女,1月14日免)　严海兵(1月14日任)
申　进(挂职,1月14日止,工资行政关系在公安)
万伟伟(挂职,1月14日任,工资行政关系在公安)

人大主席团

主　席　张兴龙

政府

镇　长　薛　涛

副镇长　蔡　娟(女)　沙　尉　薛明慧(女)　蔡海勇

九华镇

党委

书　记　刘志伟

副书记　张小兵　章礼君
薛松祥(挂职,8月1日止,工资行政关系在公安)
张跃慧(挂职,8月1日任,工资行政关系在公安)

人大主席团

主　席　杨　阳

政府

镇　长　张小兵

副镇长　胡素华(女)　陈书培　陈　亮　张　进

石庄镇

党委

书　记　陈慧华

副书记　丁　毅　徐　建　卢　宇(挂职,工资行政关系在公安)

人大主席团

主　席　杨　飞

政府

镇　长　丁　毅

副镇长　唐铜香　张鹏程　倪劲松　吴锋成

江安镇

党委

书　记　王　鹏

副书记　申　燃　吴　为(12月26日免)　唐晓星　李小标(12月26日任)　杜连雨(挂职,工资行政关系在公安)

人大主席团

主　席　周　勇(12月26日辞)　吴　为(12月26日提名)

政府

镇　长　申　燃

副镇长　吴红云(女)　余鲲鹏(10月26日辞)　黄新宇　蒋宝峰　王道吉　倪新华　陈明锦(10月26日提名)

搬经镇

党委

书　记　卢小冬

副书记　张　妍(女)　陈佳佳　周　浩　陈云龙(挂职,工资行政关系在公安)

人大主席团

主　席　郭　庆

政府

镇　长　张　妍(女)

副镇长　葛志昊　张　斌　袁　健　王正华　顾承龙(8月1日辞)　殷小宏　杨　鹏

市管企事业单位

市党员干部现代远程教育中心

主　任　陈继露

市疾病预防控制中心

主任、书记　沙留强

副主任　高凌云　王　磊　高礼勇

市卫生监督所

所长、书记　范旻昊

副所长　何云祥　周　宇(女)

市交通运输综合执法大队

大队长　陈建华

教导员　唐幸炜

副教导员　周小兵

副 大 队 长　范晓兵　石　峰(9月15日免)　汤建平
　　　　　　张小燕　赵玉军(9月15日免)

市社会保险基金管理中心

主任、书记　丁玉林(8月1日免)　吴建华(8月1日任)
副 主 任　谢仁杰　季苏岷(女)　陈志勇
副 书 记　陆江华

市人才服务中心

主任、书记　张建华
副 主 任　赵晓建

市城市建设管理综合执法大队

大 队 长　杨小卫(1月14日免)　史进华(1月14日任)
教 导 员　姚松来(1月14日免)　郭振峰(1月14日任)
副 大 队 长　赵四军　葛　伟　薛建平
副 教 导 员　吴　昊

市农技推广中心

主任、书记　丁　峰(3月20日免)　袁小华(3月20日任)
副 主 任　袁小华(3月20日免)　吴小兵

市财政结算管理中心

主　任　谢晓红(女)
副 主 任　张　伟(女)　陆建英(女)

市预算管理审核中心

主　任　章晓峰
副 主 任　秦　军　陈　宏(女)

市机关事务服务中心

主　任　卢应锋
副 主 任　徐薇薇(女)　张　敏(女)

市文体旅游综合执法大队

大 队 长　陈建波
教 导 员　孙　伟
副 大 队 长　郭　勇

市农林水利综合执法大队

大 队 长　杨　鹏
教 导 员　陈小明

副大队长　马　宏　倪玉堂　汤小勤

市体育中心

主任　高新星

副主任　顾金明　洪远建　王亚军

市公共资源交易中心

副主任　胡　静(女)　丁树华

市教师发展中心

主任　丁　非(8月1日免)

副主任　于进泉　钱跃华

市应急管理综合行政执法大队

大队长　田岱华

副大队长　杨荷艳(女)

市科技创新中心

主任　陈海鑫(1月14日任)

副主任　张　岩　徐　超

白蒲中学

党委书记、校长　柳永红

副书记　何国泉

副校长　宋　勇　毛　娟(女,党外,8月14日任)　丁惠军
张文跃(党外,8月14日免)　宗兴峰(8月14日任)

石庄中学

党委书记、校长　邹晨光(8月1日免)　曹正国(8月1日任)

副书记　丁锁勤(8月14日任)

副校长　丁锁勤　毛　娟(女,党外,8月14日免)
石　坚　范广富　李春梅(女,8月14日任)

江安中学

党委书记、校长　杨　勇(8月1日免)　邹晨光(8月1日任)

副书记　章小建(8月1日免)

副校长　章小建(8月1日免)　张志成
沈百林　肖雄伟　朱志刚　孙　明(8月14日任)

市一中

党委书记　陈宽林(8月1日免)　杜新建(12月26日任)

校长　杜新建(12月26日免)　石春梅(女,党外,12月26日任)

副　书　记　杜新建(12月26日免)
副　校　长　王　华　丁文桂　田利剑　宗兴峰(8月14日免)
陈文红(8月14日任)

搬经中学

党委书记、校长　严　勇
副　校　长　洪海军　祝存建(党外)　李华林　胡海鹏　杨小娟(女)

市二中

党委书记、校长　曹正国(8月1日免)　章小建(8月1日任)
副　校　长　纪友根　潘建国　刘建国(党外)　丁　聪(8月14日任)

长江中学

党委书记　黄建锋
校　长　黄建锋(8月1日免)　蔡　建(8月1日任)
副　校　长　蔡　建(8月1日免)　吴建军　陆小祥　顾钱睦(党外)

如皋中专

党委书记、校长长　贾建军
副　校　长　徐年华(8月14日免)　徐　峰　陆克平　杨雷华　俞海兵
范存晔(女,8月14日任)

第一中专(技工学校)

党委书记　曹江泉
校　长　陈　军
副　校　长　韩克山　刘　剑　陈玉华　陆晓丽(女)　田岱越(8月14日免)
葛仁建(党外)

市通用技术教育实验学校(市青少年素质教育实践基地)

党委书记　卢海兵(8月1日免)　陈　亮(8月1日任)
校长(主任)　陈　亮
副　书　记　陈　亮(8月1日免)
副校长(副主任)　王树云　何海军
副　校　长　周　栋　朱沈国　秦换鱼(女)

如皋初中

校　长　黄金宏

市人民医院

党委书记、院长　石国平
副　院　长　卢弘栩(10月26日免)　石高寒　郭江宏(党外)
姜　燕(女,党外)　王正栋(10月26日任)　黄智勇(10月26日任)

纪委书记　张文怡(女)

市中医院

党委书记　贾　运
副书记、院长　吕　军
副院长　刘　俊　谢铁群(女)　李小飞
纪委书记　吴宏匀(女)

市富皋万泰集团有限公司

党委书记、董事长　张书强
党委副书记、总经理　章爱平(10月26日免)　周　培(女,10月26日任)
副总经理　赵天海　周　培(女,10月26日免)　周　静(女)　韦　华(女)
纪委书记　薛建明(8月1日免)　石春晖(8月1日任)
党委委员　魏志兵　卢晓剑(10月26日免)　薛建明　陆春飞

市交通产业集团有限公司

党委书记、董事长　薛建兵(10月26日免)　章爱平(10月26日任)
党委副书记、总经理　许　宁　黄　俊
副总经理　孙宏琛　陈　然　杨　洋　张　敏(女)　张海龙
纪委书记　储开辉

江苏皋开投资发展集团有限公司

党委书记、董事长　薛晓云
党委副书记、总经理　许　强
副总经理　周　峰　葛拥军　桑西方　石　勇
纪委书记　史勇华

要文选录

重要讲话

在全市庆祝中国共产党成立102周年大会暨“七一”大党课上的讲话

何益军

（2023年6月30日）

今天，我们在这里隆重集会，热烈庆祝伟大的中国共产党成立102周年，回顾党的光辉历程，展望未来光明前景，表彰在推动如皋改革发展稳定、服务人民群众、加强党的建设等工作中，取得优异成绩、作出突出贡献的先进基层党组织、优秀共产党员和优秀党务工作者，进一步动员和激励全市广大党员干部，以习近平新时代中国特色社会主义思想和党的二十大精神为指导，践行“四敢”担使命，真抓实干勇争先，团结带领145万如皋人民，奋力谱写中国式现代化如皋实践的崭新篇章。首先，我代表市委，向受表彰的单位和个人表示热烈的祝贺！向为如皋繁荣进步付出辛勤努力的广大党员干部表示衷心感谢和致以崇高敬意！

星光不问赶路人，历史属于奋进者。刚才，市委为老党员代表颁发了“光荣在党50年”纪念章，对80名同志和100个基层党组织进行了表彰，全市各条战线践行“四敢”要求的8位典型代表作了交流发言，在这中间，有常年奋战在各镇（区、街道）和村（社区）的党员干部；有奋斗在科技创新、园区建设、城市建设等一线的中坚力量；有来自各行各业的技术能手、行业标兵；更有打通联系服务群众“最后一米”的基层战斗堡垒。这也树立了一个鲜明导向：一是不比资历比能力。市委始终把经济发展第一线、矛盾化解最前沿作为党员干部的“赛马场”，不拘一格选用人才，就是要为那些讲政治、能力强、作风好的干部搭建舞台。二是不比调门比实绩。口号叫得再响不如脚踏实地去干，市委对那些在一线默默无闻的实干者，始终高看一眼、厚爱三分，真正让有为者有位、吃苦者吃香。三是不比身份比贡献。无论是企业还是个人，只要是对如皋经济社会发展做出贡献，市委都会给荣誉、给激励，让如皋真正成为干事者的热土，创业者的摇篮。全市各级党组织和广大党员干部，要大力弘扬“四敢”精神，向标兵学习、向榜样看齐，自觉对标对表推进工作，全面掀起大干快上的热潮，为奋力开辟高质量发展新境界，书写好中国式现代化的如皋新答卷而努力奋斗。借此机会，我讲三点意见，与同志们共勉。

一、在党的峥嵘岁月中汲取担当作为的精神财富，增强传承光荣传统和优良作风的思想自觉

历史镌刻辉煌，岁月铭记荣光。伟大的中国共产党在内忧外患中诞生、在磨难挫折中成长、在攻坚克难中壮大，团结带领全国各族人民夺取革命、建设、改革的一个又一个伟大胜利，创造了人类社会发展史上惊天动地的奇迹。我们在这里共襄盛举、擘画未来，是为了将党的光荣传统和优良作风更好地传承下去，在新时代中出新绩、立新功。

*追忆荣光岁月，感知担当作为是中华民族宝贵的文化瑰宝。*中国共产党从成立之日起，既是先进文化的积极引领者和践行者，又是中华优秀传统文化的忠实传承者和弘扬者。责任担当从古至今一直深深渗透在每个中国人的血液中：于成龙惩奸邪、行正气，“恩凝闽地开盛世，福佑黎民护众生”，这是为百姓担当；林则徐为民除害、虎门销烟，“苟利国家生死以，岂因祸福避趋之”，这是为国家担当；周恩来年少时立下“为中华之崛起而读书”的远大志向，这是为民族担当，都生动诠释了中华民族敢于担当的内在禀赋。可见，担当作为是中华民族宝贵的优良传统，是中华民族薪火相传的思想标杆，更是华夏子孙生生不息的精神动力。

追忆荣光岁月，感知担当作为是中国共产党人的政治本色。中国共产党党史就是一部前赴后继、不怕牺牲的担当奋斗史。一代又一代共产党人为人民担当、为国家担当，不仅创造了彪炳史册的伟大功绩，而且用实际行动生动诠释了担当作为的丰富内涵，构筑了以伟大建党精神为源头的中国共产党人的精神谱系，展现了党踔厉奋发、勇毅前行的精神状态和真抓实干、求真务实的优良作风。一百多年来，正是敢于担当，使我们党不断发展壮大，始终走在时代前列，始终成为全国人民的主心骨和中国特色社会主义事业的坚强领导核心。可见，新中国的前进道路是共产党人用热血铺就的，中华民族的伟大复兴是共产党人用脊梁撑起来的，担当作为是共产党人传承的精神基因，是共产党人鲜明的政治品格。

追忆荣光岁月，感知担当作为是完成新时代使命目标的必然选择。党的二十大擘画了全面建设社会主义现代化国家、以中国式现代化全面推进中华民族伟大复兴的宏伟蓝图，明确了新时代新征程党和国家事业发展的目标任务。同时，我们党清醒地认识到新时代的征程中“战略机遇和风险挑战并存、不确定难预料因素增多”“各种‘黑天鹅’、‘灰犀牛’事件随时可能发生”，必须“准备经受风高浪急甚至惊涛骇浪的重大考验”。可见，新征程并非坦途，广大党员干部只有砥砺担当之志、磨砺担当之勇、提升担当之能，自觉担负起新时代的职责使命，才能抓住机遇，战胜前进道路上各种风险挑战，高质量完成新时代新征程各项使命任务。

回顾如皋发展历程，是如皋党员干部群众担当作为的生动诠释和现实映照。在波澜壮阔的生动实践中，如皋涌现出一大批听党指挥、实绩突出的先进集体，和信念坚定、作风优良的优秀个人，充分体现了拥戴核心、勠力同心的良好风范，展现了艰苦奋斗、顽强奋斗的精神风貌，彰显了踏实创业、锐意进取的时代风采。

干部“踔厉奋发”，争当敢为“头雁”。干部作为推动各项工作的中坚力量，干部的干劲直接决定发展的成效。如皋是一座具有光荣革命传统、充满责任担当的城市，在血雨腥风、战火纷飞的革命时期，无数如皋革命先辈抛头颅、洒热血，从1929年初开始的4年间，8位如皋县委书记英勇牺牲，用气吞山河的英雄气概谱写了惊天地、泣鬼神的历史篇章；在意气风发、激情燃烧的建设时期，县委带领如皋人民敢想敢干，农业“学大寨”，工业“学大庆，赶无锡，赛江阴”，县域经济取得较快发展；在波澜壮阔、生机勃勃的改革时期，全市党员干部解放思想、敢闯敢干，从“全面起跳”到“持续腾飞”、从“学赶张家港建设新如皋”到“勇当苏中全面小康领头雁”，如皋走出了一条从平地崛起到跨越发展的特色化发展道路。如今，全市上下锚定高质量建设南通跨江融合发展样板区目标，大力传承和弘扬治沙优良传统，通过全面“忆治沙”、精准“找高沙”、全力“战高沙”，全市党员干部敢啃硬骨头、敢涉险滩的勇气更加充沛。

地方“勇毅前行”，争当敢闯“干将”。地方的每一次突围、每一个进步、每一次跨越，都离不开一个“敢”字。如皋高新区前身为2009年成立的江苏省如皋软件园，从无到有、从小到大，靠的就是敢于“第一个吃螃蟹”，探索出了一条县级城市建设软件园区的成功路径，创新驱动高质量发展综合评价跻身苏中苏北省级高新区第一名；长江镇原本条件差、基础弱、底子薄，凭借敢冲敢闯，从诞生苏中首家国家级保税物流中心，到成为江苏省首批“强镇扩权”试点镇，综合竞争力挺进全国乡镇百强；如皋经济技术开发区1993年成为江苏省首批省级开发区，2013年晋级国家级，而今正以“迈步从头越”的雄心踏上新征程；面上的十个镇，应势而动、顺势而为、敢闯敢干，经济总量连续翻番，书写了翻天覆地的华丽篇章。如今，全市正以建设国家创新型县(市)为契机，把创新作为引领各板块发展的第一动力，在南通率先组建科创投集团，高标准构建以龙游河科创走廊为依托的科技创新大格局，“全国研发、一线孵化、如皋产业化”成为新的模式、新的示范，全市各板块创新发展、跨越发展的势能更加集聚。

企业“抢滩蓝海”，争当敢干“主角”。企业是经济运行的压舱石、科技创新的排头兵和共同富裕的主引擎，点燃企业的发展引擎，才能为时代的发展赋能。20世纪80年代末期，如皋老一辈企业家筚路蓝缕，艰辛创业，把一个个濒临倒闭的乡镇小厂发展成为行业翘楚，书写了创新创业的华章，15家企业获南通市明星企业称号，9家企业获省明星企业称号，顾清波等10位企业家获得省明星企业家称号，夯实了如皋经济健康快速发展的坚实基础。如今,全市把优化营商环境作为市委一号改革工程、人大一号议案、政府一号任务,全面落实各项惠企助企政策,竭力破除制约企业发展的堵点难点痛点,以一流的如皋如意营商环境为"企业敢干"提供保障,如皋企业家们传承沙元炳企业家精神,在困难和挑战面前敢打敢拼、敢于胜利的品质更加鲜明。

群众"团结奋斗",争当敢首创"先锋"。人民群众的创造性实践,是我们党理论创新的源泉。20世纪五六十年代,勤劳勇敢的如皋人民向高沙土发起了"全民抗战",上下齐动员,敢打更敢胜,用一个"小六子,吃供应,两顶帽子甩东海"的激动人心的目标,唤醒、激发出每个如皋人身上的血性,通过持之以恒的艰苦努力,一举荡平了影响如皋发展的高沙土,谱写了一曲改造大自然的胜利壮歌。如今,全市上下尊重人民群众的主体地位和首创精神,听民意、汇民智、聚民力,不断优化政策、生产、生活环境,积极引导群众参与城市创建、乡村振兴、基层治理等重点工作,斩获了全国文明城市、中国人居环境奖城市等荣誉,群众创新创业创造的氛围更加浓厚。

二、在丰富内涵意义中厚植担当作为的精神力量,激发出勇当先锋和争做模范的强劲动能

眺望前行路,风正好扬帆。我们既要从历史经验、先进典型中汲取干事创业的精神源泉,也要牢牢把握好所处的历史方位,直面新征程中的种种挑战,以昂扬向上的"四敢"精神、求真务实的优良作风,持续推动各项工作取得新突破。

一要摒弃躺平心态,践行"知责于心、明责于行"的担当作为。干部是干事创业的"主心骨""领头雁",只有"干部敢为",才能更好地引领和推动"地方敢闯、企业敢干、群众敢首创"。然而,我们有的党员领导干部没有牢固树立新发展理念和正确政绩观,不够求真务实,作风漂浮、好大喜功,搞调研蜻蜓点水、抓工作敷衍了事,习惯于做表面文章,表态多行动少、调门高落实差;有的对市委市政府决策部署,还存在慢落实、选择性落实甚至不落实的现象;有的党员干部信奉"不落后头,也不出风头"的理念,虽挂帅却不出征,虽坐诊却不号脉,成了"泥菩萨""稻草人";有的干部把"说了"当成"做了",把"做了"当成"做好了",既不管"下文"如何,也不听"下回"分解,当起了甩手掌柜;有的畏手畏脚,不敢去做、不愿去做,人为地自我设限,缺乏攻坚克难的勇气,等等。立足如皋发展实际,我们正处于奋进现代化、高质量打造南通跨江融合发展样板区的关键时期,各级党员干部务必保持"顶格"的目标追求、"满格"的工作状态,真抓实干、合力攻坚,大力弘扬治沙优良传统,敢于突进深水区,敢于啃硬骨头,以更高站位、更宽视野谋划发展,以更大力度、更实举措狠抓落实,努力走在高质量发展前列、勇立现代化建设潮头。

二要跳出事务主义,激发"争先进位、争作贡献"的拼搏斗志。区镇兴则如皋兴,区镇强则如皋强,我们能否实现高质量发展争先进位目标,关键要靠各个板块作支撑。尽管市委市政府对各板块夯实目标责任、强化日常督导、着力推动发展,但与周边地区相比,全市各个板块的实力仍比较弱,对全市主要经济指标的支撑作用还不够有力,专业化园区建设缓慢、项目储备不足、搬迁扫尾不快、信访矛盾多点反弹、安全生产隐患凸显等问题仍然存在,部分行业重点企业业务下滑、跌幅明显、支撑不足,拉低了全市工业产值增幅,5月份南通市下达的17个主要经济指标指导目标10个未完成,等等。面对发展格局的历史性重塑,需要激励各板块特别是三个主功能区多作贡献,形成你追我赶、大干快上的新热潮。立足如皋发展实际,我们必须坚持以活力增动力,做到高位统筹、系统布局,为板块敢闯明方向、强保障。各板块也要做到科学识变、敏于择机,拉高标杆向高处攀、锚定目标同强者赛、扬长避短与先进比,积极谋划专业化园区建设、产业升级和创新发展,奋力闯出一条高质量发展新路径。

三要严防点卯做派,树立"闻过则喜、过则改之"的工作自觉。直面问题,就不能有"遮丑心态",只有对照先进发展经验、身边为民典型,将问题"挖"出来、"切"出去,才能汇聚起共同推进事业发展的强大合力。当前,传统行业企业创新活跃度低、投入不足、创新能力弱的问题仍然存在,转型升级道路还任重道远;人才引育投入力度和政策集成支持不足,部分"雉水英才""江海英才"优秀人才项目暂停、人才流失;部分基层党组织战斗堡垒作用发挥严重不足,干工作"庸懒散浮拖",不仅贻误发展,更割裂党群和干群关系;少数党员干部没有把群众的事当自家事,漠视群众利益,缺乏为民情怀,义务教育食堂、农村道路安全等民生领域还存在短板，等等，对我们应对复杂多变形势、推动经济行稳致远带来不利影响，需要引起高度重视和改进。立足如皋发展实际，我们要在营商环境上“拼潜力”、在引进人才上“拼成效”、在服务群众上“拼口碑”，将蕴含于各类市场主体、广大人民群众中“敢干”“敢首创”的精神力量激发出来，在奋进现代化新征程中争相干出新业绩、展现新作为。

以上这些问题，有些是省委巡视组驻点巡视发现的问题，有些是我们在推进工作中老生常谈的问题。这些问题如果放任不管、久拖不决，必然成为影响全市高质量发展的“桎梏”和“高沙”，唯有从现在做起、从点滴改起，四套班子领导带头、党员干部示范，凭借刀刃向内的勇气、拿出刮骨疗毒的措施，持之以恒纠“四风”、树新风，以过硬作风在新时代新征程上展现新气象、实现新作为。

三、在践行“四敢”精神中涵养担当作为的精神品质，凝聚起党员干部和广大群众的磅礴力量

历史的画卷在砥砺前行中铺展，精彩的华章在接续奋斗里书写。踏上中国式现代化新征程，全市上下要抢抓长三角一体化发展、上海大都市圈建设等叠加机遇，锚定“高质量建设南通跨江融合发展样板区”目标定位，深入践行“四敢”精神，真抓实干、担当作为，奋力推动中国式现代化如皋新实践开好局、起好步。

*1.要千方百计激励干部发扬斗争精神、知责担当负重，推动“干部敢为”。*党员干部是党和国家事业的中坚力量，面对新征程新挑战，必须让广大干部在知责担当负重中不断锤炼“敢”的意志、砥砺“为”的品格。要激发内生动力。以开展学习贯彻习近平新时代中国特色社会主义思想主题教育为契机，深入学习习近平总书记关于“四敢”的重要论述，引导党员干部从治沙改土、沿江开发等如皋发展史中汲取“敢”的智慧，牢牢把握如皋高质量发展脉络和奋斗经验，使之成为全市党员干部的精神符号和前行动力。要紧紧围绕园区建设、基层治理、乡村振兴等重点领域，既加强精准滴灌式培训，持续推动不同领域专业知识更新，又大力开展调查研究，不断提高全市党员干部推动高质量发展、服务群众、防范化解风险本领。要突出实绩导向。坚持把“干部干了什么事、干成多少事、干的事群众认不认可”作为识别干部的重要依据，聚焦重点工作、重点任务，看指标比进步、看形象比进度、看排名比进位，树立“以实绩论英雄”的用人导向，以干成之事评价干事之人，让想有作为的干部大有作为，切实掀起“比学赶超”的浓烈氛围。要落实关爱举措。既要对照干部容错纠错工作操作规程，严格落实“三个区分开来”，完善风险事前报备等制度，科学认定“容错纠错”的适用场景，也要完善能上能下机制，细化“敢”的标准和情形，健全“下”后的跟踪教育管理，对表现优秀、符合重新任职要求的干部及时使用，形成干不好必须“下”、干得好能再“上”的良性循环，进一步激励干部敢于担当、积极作为。

*2.要坚定不移鼓励地方敢于探索示范、勇于扛旗争先，推动“地方敢闯”。*地方是抓发展、稳增长的前沿阵地，面对百舸争流、不进则退的严峻形势，只有敢闯敢试、勇于争先，才能蹚出发展新路径、打开事业新天地。要敢闯赶考路。自觉在更高的参照系中找准差距所在、确立发展坐标，用好“三把标尺”、答好三个问题，在历史发展中用好“纵尺”，量一量我们过去工作的进与退，认真回答过去已经谋划启动的事情，能不能在我们手上打开局面、形成气象？在对标先进中用好“横尺”，量一量我们与上海、苏南发达地区的差距，认真回答长期困扰、久攻不下的难题，能不能在我们手上啃下硬骨头、实现弯道超车？在回应民生期望中用好“标尺”，认真回答眼前看上去条件不具备、但长远看又必须做的民生实事，能不能在我们手上铺下奠基石、抢上头班车？要敢闯科创路。以建设国家创新型县（市）为抓手，积极融入南通沿江科创带建设，统筹推进龙游河科创走廊、科创小镇转型、专业化园区和青年发展友好型城市等重点，加快实施建设国家创新型县（市）三年行动方案，探索“上海孵化＋如皋转化”“总部＋如皋产业协同基地”“产业概念认证中心＋如皋中试熟化基地”模式，加速铺展科研共创、产业共兴、要素共享、环境共治、人才共育的科创生态图。要敢闯转型路。产业转型要持续发力，围绕六大优势产业发展方向对内培育、对外招引“链主企业”，有针对性地强链延链，特别是各主功能区全面提升项目支撑度，坚决摒弃“捡到篮子里就是菜”的项目冲动，防止只追新兴产业风口、不顾传统产业升级的不当倾向和冲动，确保始终在正确的轨道上推动。园区建设要扎实推进，以合成生物学、氢能、精密光学等细分领

域为突破口，学习苏南打造特色专业创新园区做法，围绕“六个一”联动发展格局，在产业规划、科技招商、功能配套、形象提升、产业集聚上做出实效，努力提升专业园区主导产业和新兴产业的辨识度。要敢闯善治路。深入开展第三轮三百信访包案化解活动，完善信访积案化解销号机制，全力解决好上级交办、越级上访、自查发现的重点信访突出问题，切实守牢社会稳定底线。要以省委巡视为契机，解决好巡视组帮助发现的失地农民保障、消防场所安全等重点领域的问题，做到立行立改、举一反三，最大力度保障好群众利益。在省级和南通市级人居环境现场会的基础上，充分学习运用浙江“千万工程”经验，进一步推广“积分制”相关做法，确保农村环境持续改善。

3.要毫不动摇支持企业大胆创新创造、迸发生机活力，推动“企业敢干”。如皋的高质量发展、现代化建设，关键在企业支撑。以更优营商环境坚定主体信心。坚持“法治是最好营商环境”的理念，紧密结合“法治如皋”“诚信如皋”建设，深化企业信用分级分类监管、“无证明城市”建设和全国社会信用体系建设示范区创建，大力推进完善市场主体救治和退出机制、创新信用管理与服务等六项试点，扎实推动“一时服务”向“全时服务”转变、“解决一件事”向“解决一类事”转变，以“营商”促“赢商”。以更实纾困举措助力提质增效。畅通常态化政企沟通渠道，大力开展企业走访服务活动，及时帮助企业协调解决生产经营中遇到的困难和问题，通过政府主动作为、倾情服务提振企业信心、增强投资动力。要充分用好用活推动经济高质量发展、推动经济运行率先整体好转等激励政策，推动惠企政策“免申即享”“简申快享”，更好帮助市场主体降本增效，让服务的“加法”最大限度实现市场活力的“乘法”。以更好创业氛围激发敢干劲头。发挥企业创新主体作用，持续加强产学研合作和产业链协同创新，积极参与省市“揭榜挂帅”，深入推进智能化改造、数字化转型，主动向产业链、创新链、价值链高端攀升；要加强对优秀企业家先进事迹宣传报道和荣誉激励，发挥好“三老汉”等老一代企业家榜样示范和“传、帮、带”作用，加强对年轻一代民营企业家的教育引导，努力培育“沙元炳式”新生代企业家群体，切实发挥企业在现代化建设中的主体作用。

4.要想方设法激发群众内生发展动力、释放智慧力量，推动“群众敢首创”。人民群众是历史发展和社会进步的主体力量，只有群众敢首创，才能激发更多行业新业态、打开更多发展新空间。要站稳群众立场，激发“敢首创”的意愿。把群众观点和群众路线深深植根于思想中、真正落实到行动上，既要坚持以人民为中心的发展思想，时刻把人民放在心中最高位置，做到从群众中来、到群众中去，不断提升群众工作能力和水平；也要始终尊重人民群众主体地位，在各类决策中充分尊重群众意见，主动问政于民、问需于民、问计于民，及时发现群众关注的热点、难点、痛点、堵点，更有力激发群众首创的积极性和主动性。要彰显“皋城魅力”，营造“敢首创”的氛围。以青年友好型城市建设为抓手，提速青年人才公寓国际社区建设进程，持续优化教育、医疗等公共服务供给，全力打造与时代同频共振、拥抱产业浪潮的优良创新创造环境。要深入挖掘和宣传一批群众首创的典型案例，引导各行各业劳动者立足岗位发挥聪明才智、大胆创新实践，不断提升人民群众创新创业的积极性、主动性、创造性，加快培育敢创新、想创新、善创新的社会新风。要尊重群众创造，弘扬“敢首创”的精神。坚持加强党的领导和尊重人民首创精神相结合，在开门纳谏的同时听而善用，在深入调研的同时善于挖掘，在归纳总结的同时注重推广，切实把人民群众的好点子、好创意用到改革发展中，真正把群众创新成果转化为推动我市高质量发展的新动能，让人民群众的创造潜力、创新智慧在雉水大地充分涌流。

同志们，担当成就梦想，实干创造未来。让我们紧密地团结在以习近平同志为核心的党中央周围，大力弘扬“四敢”精神，锚定目标、铆足干劲、真抓实干，用实际行动向党和人民交出一份满意答卷！

知责担责勇争先　踔厉奋发走在前
以高质量发展推进中国式现代化如皋新实践

——在市委十三届八次全体(扩大)会议上的讲话

何益军

（2023年12月29日）

这次全会的主要任务是，坚持以习近平新时代中国特色社会主义思想为指导，深入贯彻党的二十大、二十届二中全会精神和习近平总书记关于江苏工作重要讲话重要指示精神，全面落实“四个走在前”“四个新”重大任务，按照中央、省委经济工作会议和省市委全会部署要求，回顾总结今年工作，研究部署明年任务，动员全市上下牢记嘱托、感恩奋进，弘扬治沙优良传统、勇担高质量发展使命，踔厉奋发、勇毅前行，加快“强富美高”新如皋现代化建设步伐，为中国式现代化江苏新实践作出更大贡献。根据市委常委会会议讨论的精神，我讲五个方面意见。

一、在常悟常进中汲取精神伟力，汇聚牢记嘱托感恩奋进的强大力量

即将过去的2023年，习近平总书记在全国两会期间参加江苏代表团审议，并两次亲临江苏考察，发表重要讲话、作出重要指示，饱含着对江苏发展的亲切关怀和殷殷厚望，为我们做好工作提供了根本遵循和行动指南。

*一年来，我们坚持把“对标对表”真正融入血脉，做到至信而深厚。*对标学习贯彻总书记重要讲话精神这一长期重大政治任务要求，对表省委“走在前、挑大梁、多作贡献”的重要号召，我们坚持把贯彻落实习近平总书记对江苏工作的重要讲话重要指示精神作为主线，奋力推进中国式现代化如皋新实践，采取积极有效措施拼出了经济企稳向好的良好态势；持续优化科创体制机制推动科技创新工作走在前列，新质生产力加快形成；狠抓项目建设推动六大产业提质增效，产业链条不断完善；深化城市文明探源，推动国家历史文化名城申报进展明显；创新矛盾化解机制推动社会治理效能持续提升，全市上下思想更加统一、意志更加坚定、干事创业的精气神更加饱满，各项事业取得了新进步，推动中国式现代化如皋新实践实现良好开局。成绩的取得，得益于上级党委的鼎力支持关心关爱，根本在于总书记的定向领航、习近平新时代中国特色社会主义思想的科学指引。

*牢记嘱托，我们必须坚持把“深学感悟”自觉摆在首位，做到融通而致用。*学习贯彻总书记重要讲话重要指示精神始终是进行时，要不断深化学习、深入领悟，更加自觉地用以武装头脑、指导实践、推动工作。要从中感悟责任使命，把学习贯彻总书记重要讲话重要指示和全面贯彻党的二十大精神、开展主题教育一体谋划、一体推进，始终沿着总书记指引的康庄大道笃定前行。要从中感悟科学方法，深入用心感悟习近平总书记重要讲话重要指示蕴含的立场、观点和方法，大力弘扬“四敢”精神和治沙优良传统，以常态长效调度落实事关如皋长远发展的“八项行动方案”为抓手，一笔一画地把总书记擘画的宏伟蓝图变成美好现实。最根本的是，要从中感悟“两个确立”的决定性意义，一以贯之在政治上绝对忠诚、在行动上对标看齐，让“牢记嘱托、感恩奋进、走在前列”的自觉性更强、内生动力更足、步伐更坚定。

感恩奋进，我们必须始终坚持把“国之大者”时刻放在心上，做到执着而笃行。从“可以勾画”的构想到“积极探索”的期许，从“走在前列”的嘱托到“继续走在前列”“作出新的更大贡献”的期待，总书记对江苏现代化建设的定位一以贯之、要求与时俱进。我们必须牢牢把握推进中国式现代化这一最大的政治、牢牢把握坚持高质量发展这一新时代的硬道理、牢牢把握以人民为中心的根本立场，把总书记的重要讲话重要指示精神体现在“强富美高”新如皋现代化建设的各方面，以推动高质量发展为主题，以改革创新为动力，以满足人民日益增长的美好生活需要为根本目的，全力发展高质量经济、建设高标杆城市、创造高品质生活、抓好高标准党建，努力以一域之光为省市大局添彩。

二、在知重负重中强化担当自立，开局之年全力以赴展现奋进之为

2023年是极不平凡、极具挑战的一年，面对错综复杂的国际国内形势和艰巨繁重的发展任务，全市上下认真贯彻中央和省市委决策部署，聚焦高质量发展首要任务，坚持稳中求进工作总基调，克服少数龙头企业受外部影响形成大减量等不利因素，承压前行、尽责担当，经济发展呈现“低开中平后高”态势，交出了一份难中求成、殊为不易的发展答卷，全年（预计，下同）实现地区生产总值1560亿元、增长6%左右，一般公共预算收入77亿元、税占比南通第一，综合实力、科技创新分别位居全国百强县（市）第19位和第10位。

一是致力提质增效，经济运行企稳向好。坚定扛起南通经济体量较大县（市）的政治责任，全力担起稳预期、增信心的重大任务，全面落实上级一揽子政策措施，出台实施推动经济运行率先整体好转、高质量发展激励政策和优化提升营商环境81条等系列政策，建立完善科学精准调度、挂钩走访服务等工作机制，落实各项奖补资金2.3亿元，新增制造业贷款超70亿元、增量和增幅均居南通第一，新增规上工业、服务业企业117家和63家，新增新三板挂牌和报会企业各2家、股权融资超15亿元、获评省首批绿色金融创新改革试验区，新培育国家专精特新“小巨人”企业5家，新增跨国公司地区总部、国家智能制造示范工厂、国家绿色工厂各1家；开展汽车、家电、商超等促消费活动，支云主场“赛事经济”效应持续放大，新增市场主体超2万家，社会消费品零售总额增长4.2%；国企市场化转型步伐加快，建成南通首家供应链金融公共服务平台，新增市场化合作项目4个、股权投资基金4支；在全省率先打造产业经济数据底座，企业信用分级分类监管平台建设全国领先，成功获批全国社会信用体系建设示范区，六大产业链占规模工业应税销售比重达84.8%，特高压装备产业集群入选省中小企业特色产业集群，经济稳的基础更加牢固、进的态势更加明显。

二是致力创新驱动，发展活力持续激发。坚持向新而行，接续实施“创新如皋”、建设国家创新型县（市）三年行动计划，迭代升级科技新9条、人才新政22条、股权投资激励12条等政策体系，龙游河科创走廊建设扎实推进、科创小镇率先转型、双创载体提质增效，新增国家和省级孵化器各1家，省级以上科创载体面积超30万平方米；净增高企172家、总数南通第一、提前两年实现翻番，分别培育省独角兽、潜在独角兽和瞪羚企业1家、2家和6家，和府餐饮获评南通首家中国独角兽企业，科创项目、科技型中小企业和规上科技服务业企业数等多项指标均居南通第一；发放科技金融贷款29.7亿元，新增省级企业技术（工程）中心15家、国家重点研发计划1个，高新技术产业产值占比升至56.4%；积极布局氢能专业加速器及合成生物概念验证中心、中试熟化基地等未来产业平台，4家“飞地孵化器”引导落户产业化项目23个，“一线孵化+如皋转化”协同创新效应持续增强，探索“双飞地”推进创新发展模式获省深改委肯定；省创新大赛参赛企业数、获奖数全省县（市）领先、南通第一，入选省“双创团队”2个、“双创人才”14人，外国高端人才工作南通第一，获评省科普示范县（市），入选国家创新型县（市）建设名单。

三是致力产业集聚，项目支撑更加有力。坚持把项目建设作为经济工作的头版头条，建立完善“龙虎榜”考评机制，常态化实施每周会办、月度单挑、季度观摩，大抓项目、抓大项目的氛围持续提升；斯堪尼亚供应商大会、科技人才洽谈会、“双招双引”百日会战、双月收官冲刺等活动成效明显，产业链招商深入推进，新签约注册5亿元以上内资项目48个、3000万美元以上外资项目11个，斯堪尼亚动力总成及亚洲研发中心等重大项目成功落户，完成实际利用外资1.67亿美元；“放管服”改革推进项目提速建设，新认定5亿元以下专精特新高质量制造业项目15个，莱赛尔纤维等13个省市重大项目全部开工，实现康瑞新材百日投产、亚太森博白卡纸项目提前半年投产，混合复合立体用地模式获全省推广；专业化园区建设加速推进，中瑞（如皋）智能制造合作创新园、如皋港化工新材料园、长寿未来农业园、沪苏科创园等专业化园区规划更加清晰，2个园区获评省级高质量集聚示范区，省化工新材料园区通过认定复核。

*四是致力融合发展，城乡品质加快提升。*坚持城乡功能衔接互补、统筹并进，以县城为重要载体的城镇化建设加快推进，“多规合一”国土空间规划获批启用，两河两岸生态廊道、城市片区更新稳步实施，改造老旧小区超12万平方米，张靖皋长江大桥、北沿江高铁等保障有力，通皋大道二期、S226等有序推进。乡村振兴深入实施，粮食总产68.2万吨，种植面积、粮食产量实现“双提升”，建成高标准农田7.9万亩，磨头镇获评首批国家农业产业强镇，“如北磨”入选省休闲农业精品区，新增省特色田园乡村2个；苏中片区农村人居环境现场会在我市召开，建成全国村庄清洁行动先进县、“四好农村路”全国示范县、省农村生活污水治理试点县（市）。扎实开展长江大保护，长江入河排口整治销号，全市地表水质优Ⅲ比例连续三年保持100%，焦港幸福河湖建设通过国家级复核评估，大气环境质量持续改善，获评省生态文明建设示范区。

*五是致力共建共享，民生福祉有效改善。*始终坚持民生工作优先谋划、事项优先落实，稳妥做好重点群体就业创业扶持，创新霖鼎、斯堪尼亚产业学院培养模式，新增城镇就业1.4万余人、其中高校毕业生5000余人，城乡居民人均可支配收入分别增长5.2%、6.9%，完成适老化改造400多户，总托位近5000个，落实专项救助资金超1.1亿元；公共服务更加优质，高质量教育样板城市建设扎实推进，如皋初中新校区等开工建设、市一中新校区建成使用，中、高考成绩持续领跑南通，“15分钟医保服务圈”、紧密型医共体建设持续推进，村（社区）医保点实现全覆盖；文化文明软实力日益彰显，全国文明城市建设常态化推进、测评成绩南通第一，国家历史文化名城申报通过省级评估、丁堰镇成功入选省历史文化名镇，李昌钰刑侦科学博物馆二期正式开馆，支云足球中超保级成功，江苏好人、江苏最美人物、省见义勇为模范等争相涌现，“偶来讲”获评中宣部全国学雷锋最佳志愿服务项目；社会治理领域作出积极探索，市、镇两级社会治理综合服务中心建成启用，苏中片区矛盾源头化解“一站式”平台建设现场会在本市召开，入选全国新时代“枫桥经验”精品案例1个，涉法涉诉信访矛盾攻坚化解、安全隐患排查整治等纵深推进，群众安全感、满意度连续三年位居全省第一。

*六是致力全面从严，党的建设不断加强。*坚持把抓好党建作为最大的政绩，深入落实新时代如皋基层党建高质量发展实施意见，党建工作质效持续提升。扎实推进主题教育见行见效，开展各类理论宣讲1500余场次，推动党的二十大精神走深走实。严格落实意识形态工作责任制，实施意识形态阵地管控提质专项行动，主流舆论持续巩固壮大。基层组织基础不断夯实，以“头雁领航工程”为重点，大力实施强基聚力工程，后进村（社区）整顿提升专项行动有序推进，周庄社区入选全国红色美丽村庄建设试点。干部队伍活力持续迸发，启动“雉水启航”三年培养计划，主体班次培训覆盖3200人次，出台20条措施激励干部担当。党风政风持续向好，配合做好省委巡视工作，自觉接受乡村振兴、优化营商环境专项巡察，巡视巡察整改取得阶段性成效，纵深推进金融领域及平台公司等重点领域专项整治和案件查处，惩治腐败高压态势持续强化，全市上下担当实干、风清气正的氛围更加浓厚。人大、政协积极履职并高效完成科技创新、营商环境、国家历史文化名城申报等市委点题重点工作，全面加强党管武装、统战、群团、老干部等工作，全市团结奋进的良好局面持续巩固。

同志们，积力所举，则无不胜。一年所有的辛苦与担当，都值得致敬和褒奖，一切的拼搏与努力都应予肯定和尊重！在此，我代表市委向奋战在全市各条战线上的广大干群，向给予真诚理解、鼎力支持的老干部和社会各界人士，致以崇高的敬意和衷心的感谢！

在充分肯定成绩的同时，我们也清醒地认识到，工作中还存在着一些不足：主功能区发展支撑作用不够明显，重特大项目储备不够足，高质量发展的新动能还需加快培育；公共服务供给还不够优质均衡，安全生产、生态环保领域还存在一定风险挑战；少数党员干部敢为善为的能力本领还需增强，奋发有为的精神状态还有待提振。对此，必须采取有效措施，切实加以解决。

三、在唯实唯勤中坚定战略自信，扛牢现代化如皋建设的使命担当

明年是中华人民共和国成立75周年，是实施“十四五”规划攻坚之年，也是全面贯彻习近平总书记考察江苏重要讲话重要指示精神的关键之年。全市上下必须坚定不移锚定“强富美高”宏伟蓝图，牢牢把握高质量发展首要任务，明晰自身方位、找准目标方向，以战略的眼光辩证审视面临的形势，抢抓机遇、勇担使命、乘势而上，奋力书写好中国式现代化如皋答卷。

*必须在洞察时与势中展现奋进新征程的更大作为。*加速演进的百年变局，要求我们必须把握机遇、迎接挑战，在顺应宏观大势中锚定奋斗航标。从光荣使命看，无论是“强富美高”“两争一前列”，还是“四个走在前”和“四个新”的重大任务，总书记的深切关怀、殷殷期望，为全市广大干群注入了强大精神动力；从时代大势看，虽然外部环境依然严峻、国内外形势错综复杂，但全国经济长期向好基本面没有改变，完全有能力、有条件战胜前进道路上的各种困难挑战；从发展机遇看，长江经济带、长三角一体化发展、共建长江口产业创新协同区等战略加速实施，北沿江高铁、张靖皋长江大桥等重大交通工程纵深推进，为我们在更广范围集聚高端要素，提供了全新赛道、打开了广阔空间。知时明势，方能行远。必须时刻牢记总书记的谆谆嘱托，应势而为，乘势而上，准确把握机遇挑战的内涵变化，在抓好具体落实中积小胜为大胜，在与长三角其他县(市)“同台竞技”中脱颖而出。

*必须在把握稳与进中夯实奋力走在前的板块支撑。*中央经济工作会议要求“经济大省要真正挑起大梁，为稳定全国经济作出更大贡献”，省委全会强调“经济大市要在高质量发展上能快则快、挑起大梁”，南通市委也明确各板块要充分展现经济大市的果敢担当。如皋作为“经济大省”一域、南通重要板块，理当责无旁贷为省、市多挑担子、多作贡献，理应以各区镇的你追我赶、相互比拼，构筑起全市高质量发展的四梁八柱。审视当前发展现状，作为经济发展主阵地的主功能区，贡献份额与资源禀赋、平台能级还不相匹配，虽然集聚了全市主要功能平台，六成的干部力量、七成的产业用地和科创资源，但未形成相应的产出与支撑，规模工业企业数、科创项目数、高企数均不及全市一半，项目竣工转化率偏低，园区考核排名相对靠后。主功能区支撑度不足、首位度不高、发展不平衡，成为制约全市高质量发展的主要矛盾。知重奋进、方为人先。必须主动抬高定位，自加压力，在发展速度上争先进位、在发展质量上久久为功、在贡献份额上追赶超越，努力在新起点上开创如皋现代化建设新局面。

必须在深化知与行中锻造矢志创一流的务实作风。“七虎竞南通、十强逐江海”的竞争格局日趋激烈，倒逼我们必须树牢正确的政绩观和科学的发展观，真抓实干、克难奋进，围绕“纵向比贡献份额全面拉升、横向比考核位次全面进位”的要求，比担当、比作为，全力抓好七个“必须”：在招商引资上必须实现落地闭环、在项目建设上必须强调竣工转化、在科技创新上必须做到量质并举、在产业生态上必须形成比较优势、在园区打造上必须坚持特色发展、在队伍建设上必须强化专业素养、在作风效能上必须践行求真务实，努力以重点难点的聚力攻坚，瓶颈制约的有效突破，优势特色的充分彰显，不断突破既往、超越自我，以实际行动彰显更大作为。知责思为、方有所成。必须深刻把握“走在前、做示范”的丰富内涵，全力拉高奋斗标杆，主功能区要知重负重、担责尽责，稳步提升首位度，中心镇要发挥综合优势、提升产业层次，为全局多作贡献，一般镇要积极转型、奋勇争先，努力以板块的齐头并进、竞相发展支撑全市综合实力稳步攀升。

*必须在厘清立与破中优化高质量发展的创新路径。*在高质量发展上能快则快是党中央对江苏的要求，只要我们真正用心把上级各项决策部署不折不扣贯彻执行好、真正用心把各项工作扎扎实实抓好，就能不断推动高质量发展取得积极成果。具体到工作实际，不仅要体现在经济增量的贡献上，还要体现在县域特色经济的质量上，必须立足自然禀赋和产业基础，发挥临港优势、瞄准未来产业、着力向海发展，加快构建竞争力强的优势产业链，不断提升差异化发展的核心竞争力；体现在园区发展质态

上，紧扣极具辨识度的特色，选准发展赛道、建强基础设施、优化产业生态，加快构建"一园一主业""一园一特色"的创新发展新局面；体现在科学发展的实现路径上，必须强化科学研判，整合优势资源，保持发展韧性，做到积跬步以至千里。知难而进、方得始终。必须紧紧围绕打造江海平原中部历史文化旅游名城、扬子江城市群科创智造功能节点、上海大都市圈绿色共享长寿之城的奋斗目标，对照南通"三个年""三个三年"工作要求，提振"四敢"精神、弘扬治沙优良传统，一步一个脚印把现代化美好蓝图在雉水大地变成现实。

四、在苦干实干中奋力争先自强，接续开辟如皋高质量发展新局面

做好2024年工作，必须坚持以习近平新时代中国特色社会主义思想为指导，全面贯彻党的二十大精神和习近平总书记对江苏工作重要讲话重要指示精神，深入落实中央、省委经济工作会议和省市委全会部署要求，坚持稳中求进、以进促稳、先立后破，牢固树立正确的政绩观和科学的发展观，全面落实"四个走在前""四个新"重大任务，紧扣"一体化"和"高质量"，聚力打造跨江融合发展样板区，加快建设国家创新型县(市)、强化主功能区支撑、提升园区专业化水平，知责担责、求真务实、善作善成，持续推动经济实现量的合理增长和质的有效提升，增进民生福祉，保持社会稳定，以高质量发展推进中国式现代化如皋新实践。

综合考虑各方面因素，全年经济社会发展的主要预期目标是：地区生产总值增长6%以上，一般公共预算收入79亿元，固定资产投资增长8%，规上工业应税销售增长12%，规上工业增加值增长10%，工业战略性新兴产业产值占工业总产值比重46%以上，规上服务业重点行业营业收入增长10%，社会消费品零售总额增长6%，实际利用外资3亿美元以上，居民人均可支配收入增长与经济增长同步，万元GDP单位综合能耗下降、主要污染物减排完成上级下达任务。明年要重点抓好七项工作。

(一)突出量质并举，筑牢实体经济坚实根基。聚焦实体经济根本，统筹夯基固本，注重蓄势谋远，加快形成内增活力、外聚优势的发展态势。精准调度服务稳增长。继续高位推动、精准调度经济运行，全面落实各级稳企惠企政策，完善高质量发展激励意见政策措施，健全重点经济工作专班、挂钩走访服务企业机制，做好重点行业和企业突出矛盾问题闭环处置，持续提振发展信心。强化第五次全国经济普查结果分析运用，找准总量和结构性矛盾，加快补齐问题短板。稳步推进金融集聚区建设、服务功能导入，深化供应链金融服务、供需精准匹配，确保制造业贷款增量和增幅南通领先，以高质量金融服务保障经济发展行稳致远。强化分类培育提质量。深入推进制造业企业提档升级、小微企业列规增收、服务业繁荣发展三年行动，实施新一轮大企业、专精特新"小巨人"企业培育，增强产业经济数据底座的监测分析等数字化能力，全年新增50亿元、20亿元、10亿元企业分别不少于1家、2家和3家，新增新开业规模工业企业、规模以上服务业企业均超60家，争取上市(挂牌)企业3家、入轨5家，推动如高高压申报国家制造业单项冠军，培育国家专精特新"小巨人"企业5家。扎实推进智能化改造、数字化转型，确保亿元企业智能车间、工厂等标杆示范项目覆盖率超10%。做优产业特色创优势。聚焦省"1650"产业和"10+X"未来产业体系，持续提升六大优势产业链龙头企业质态、骨干企业规模和产业辨识度，力争培育新材料省级创新型产业集群、特高压电力装备创成国家中小企业特色产业集群；支持氢能储能、精密光学制造产业集群化链式发展，积极发展第三代半导体、合成生物、前沿新材料等未来产业，加快打造省未来产业先导区，以高辨识度产业助力实体经济攀高走强。

(二)聚力创新强市，增强转型升级硬核动能。主动融入长江口产业协同创新区建设，大力开展建设国家创新型县(市)三年行动，做优做实"一线孵化、如皋转化"创新模式，持续激活创新动力源、加快形成新质生产力。壮大创新主体力量。扎实推进高新技术企业、瞪羚和独角兽培育计划，确保高企总数达800家，新培育省级独角兽、潜在独角兽、瞪羚企业2家、4家和8家。发挥好龙头企业的示范整合作用，推动正海磁材、康瑞新材等骨干企业建立新型研发机构，思源赫兹创建国家企业技术(分)中心，促进产业链上下游企业加大研发投入，确保高新技术产业产值占比超57%，全社会研发投入占比达2.75%。提升载体平台质效。加快建设龙游河科创走廊，鼓励各镇按照"用得上、能运营、可转化"原则务实规划建设科创载体，推动雉水科学城、龙游湾科创智谷实质性开工。建立健全双创载体管理机制，提升专业孵化器、加速器、飞地孵化器运行水平和项目转化成效，培育国家级众创空间和省级加速器、孵化器、众创空间各2家，招引科创项目300个。准确把握创新型专业化园区趋势特征，聚焦“六个一”建设要求，提速推进规划完善、基础设施建设和专业化管理运营团队组建，加快推动国企实质参与专业化园区建设运营，完善科创投集团牵头属地银行“招投贷联动”机制，积极提供产业培育、金融咨询、检验检测、概念验证等公共服务，大力招引培育产业生态主导型企业和硬科技“风向标”项目，确保导入具有股权投资的科创项目20个以上，高校院所科技成果转化项目不少于80个，加快打造特色产业创新极。完善友好创新生态。积极推动科技企业“白名单”金融支持增量扩面，强化“苏科贷”“高企融资服务直通车”和科技担保服务支撑，确保全年发放科技贷款超30亿元。扎实推进创新创业大赛、科创项目对接恳谈会和科普教育活动，大力营造支持创新的浓厚氛围。深化青年友好型城市打造，优化科创人才政策包，提速建设人才资本服务中心、青年人才公寓，完善多层次、多元化人才引育体系，确保引进外国高端人才和专业人才40人，推动城市对青年更友好、青年在如皋更有为。

（三）坚持项目为王，强化有效投入关键支撑。始终把项目建设摆在突出位置，深入实施重大项目突破年活动，筑牢经济高质量发展“硬支撑”。下好项目招引先手棋。坚持特色化、链式化发展导向，把好项目质量效益、产业契合度等准入关口，发挥重特大项目产业链整合集聚效应，强化招商方式创新，注重资本借力、市场发力和乡贤助力，确保全年新签约并注册5亿元以上内资项目不少于45个、3000万美元以上外资项目不少于11个，力争五十亿级、百亿级重特大项目招引取得突破。跑出项目推进加速度。聚焦投资量、实物量、工作量“三量齐增”，持续推进领导挂钩服务、项目建设“八项机制”“四张清单”，实施招引项目全过程管理，推动斯堪尼亚整车及动力总成、金鹰产业园、思源储能系统等重特大项目快开工快建设，霖鼎光学、中晶科技、超达装备等在建项目快竣工快投产，确保上年签约项目落地率不低于75%，全年新开工、新竣工5亿元以上工业项目分别不少于36个、20个，省市重大项目如期开工，力争项目考核挺进南通第一方阵。打好项目保障组合拳。完善项目建设考评激励机制，进一步浓厚狠抓项目、快建项目的火热氛围。落实“要素跟着项目走”工作机制，围绕全周期项目保障，深化“四位一体”服务和重大项目前延审批、方案审查“一件事”、施工许可一证办理等，强化向上争取支持、低效用地盘活、校企合作办学等多途径要素供给，全力保障重大项目用地、能耗、环境容量、用工等需求，畅通项目建设快车道。

（四）深化改革开放，激发跨江融合更强活力。积极融入长三角一体化、长江经济带发展大局，坚定不移深化改革、扩大高水平开放，推动跨江融合向更深层次、更高水平拓展。做强主功能区的阵地支撑。围绕“主功能区对全市科技创新、项目招引、重大项目建设贡献度分别不低于60%、70%和70%”，推动经济技术开发区与上海嘉定开展氢能和新能源汽车产业深度合作，新型电力装备产业加快融入“一带一路”大格局，积极与北欧等开展产业创新合作，提速建设中瑞（如皋）智能制造合作创新园，加快打造先进装备制造业和高质量外资集聚先行区，确保招引3000万美元以上项目4个、实际利用外资1.5亿美元，确保跻身国家级开发区前百强；高新区积极承接上海和苏南高端创新资源要素，深度融入南通沿江科创带建设，鼓励霖鼎光学牵头建设省超精密制造业创新中心、承办Light国际光学会议，一体化布局如皋（华理）合成生物学概念验证中心、长寿未来农业园中试熟化基地，推动软件信息产业基础高端化，建强全市创新发展策源地，确保净增高企数、科创项目数占全市比重1/5以上，加快挺进全省高新区前十五、加速建设国家级高新区；长江镇当好跨江融合桥头堡，用好省级化工新材料园区优势，实质性推进园区空间再造，加快园区升级、筹建中试基地，积极培育先进纤维、电子和新能源材料、生物基化学品材料产业集链成群，夯实制造业基础，加快推动服务业高质量发展，持续推进港产城融合，确保服务业开票销售、工业投资占全市比重均达40%以上、实际利用外资2亿美元，力争经济发达镇评估苏中第一、全省前列。优化协同高效的营商环境。持续放大“如皋如意”营商环境优势，强化长三角政务服务一体化协作，深化“放管服”改革，深入推进“81条”优化提升举措，设立优化营商环境咨询委员会，完善营商环境发展促进中心职能和监察员制度，深化“信用如皋”“无证明城市”建设，推动更多政务服务“省内通办”“跨省通办”目标事项落地落实，促进资源要素跨区域自由流动，确保营商环境评价全省县（市）前列。拓展对外开放的发展空间。顺应和把握消费升级大趋势，积极招引品牌首店、零售总部、夜经济和文旅项目，完善落实促消费政策，放大支云足球主场赛事效应，统筹开展系列促消费活动，打造近悦远来的消费环境，持续激发消费活力；发挥江海转运优势，推进与成渝地区国资合作，加快提升港口岸线、腹地资源等利用绩效，推动港口集装箱吞吐量本港比重提至40%；抢抓RCEP实施机遇，鼓励企业建设海外共享仓、开展跨境电商业务，推动外资企业增资扩股、外贸企业拓展市场，全年实现外贸进出口总额超335亿元，形成多层次多维度对外开放新局面。

（五）促进城乡协调，建设宜居宜业美丽家园。聚焦城乡特色发展、内涵提升，统筹抓好城市品质增塑、乡村全面振兴、全域生态建设，持续彰显“美丽如皋”新魅力。推动城市品质新提升。坚持匠心筑城，有序推进城市功能提档、老旧小区改造，加快推进两河两岸景观带、城市片区更新等重点工程，补齐城市积涝点、高峰停车难等基础设施短板，深化智慧城管、数字治城等常态长效管理，诠释“城市让生活更美好”。围绕增强交通带动效应，全力做好北沿江高铁、张靖皋长江大桥等重大交通工程服务保障，加快如皋西站综合枢纽、沪陕高速如皋港东互通等工程建设，扎实推进城市道路提档、农村通居工程，全力打造路畅舒心的交通环境。激发乡村振兴新活力。加快农业农村现代化建设步伐，持续遏制耕地“非农化”“非粮化”，高质量推进高标准农田建设，加快培育省市现代农业发展示范园，高标准完成稳产保供任务。深耕花木盆景、“三黑三白”等特色农业产业，致力地方农产品种源抢救性挖掘、保护和利用，打造全产业链标准体系，扩大品质保险覆盖面，讲好长寿故事、做足富硒文章，持续放大“苏·皋长寿”区域公共品牌效应，提升优质农产品竞争力和辨识度。以实施“百千工程”为抓手，深入开展乡村建设行动，加快网络电商、快递物流等公共基础设施提档升级，促进公共服务资源向乡村集聚；推动乡村振兴示范村培育由点扩面、多村联创，通过积分制管理、村庄清洁日、庭院评比“三项机制”，促进人居环境整治提升，打造宜居宜业和美乡村。厚植绿色发展新优势。深化河长制、断面长制，积极开展生态清洁小流域研究和建设，统筹推进控排截污、面源污染治理工作，确保市考以上断面水质优Ⅲ比例达100%。扎实推进禁燃禁放，强化污染源治理、$PM_{2.5}$和臭氧浓度控减，推动空气质量保持全省前列。加强土壤污染源头预防、危废处置全过程监管，全力保障土壤环境安全。持之以恒抓好长江“十年禁渔”、长江岸线生态保护建设，加快制造业绿色转型升级，弘扬绿色低碳文化，打造逐绿而行的生态之美。

（六）聚焦共同富裕，描绘民生福祉幸福画卷。树牢以人民为中心的发展思想，坚持在发展中保障和改善民生，努力让服务更有温度、幸福更具质感。多路径促进富民增收。全面落实就业优先政策，健全完善就业创业服务体系，落实落细助企纾困、稳岗补贴、职业技能培训、劳务基地建设等举措，突出抓好高校毕业生、退役军人、农民工等重点群体就业创业工作，强化残疾人等困难群体就业精准帮扶，确保全年净增城镇就业1万人以上。持续深化对口帮扶，健全防止返贫动态监测和帮扶机制，持续开展富民强村帮促行动，积极探索新型农村集体经济增收新路径，确保全市所有村（社区）集体年经济收入超70万元。多维度完善社会保障。持续推进全民参保扩面提质，稳步实施城乡居保待遇调整，精准做好特困人员、城乡低保和支出型困难家庭认定帮扶，完善长期照护保险、应急医疗救助等工作机制，健全分层分类社会救助体系，实现应保尽保、应救尽救。扎实做好“一老一小”精细化服务，加快推进“养老机构+社区+居家”的社会化链式养老服务模式，深化未成年人保护示范县（市）创建，用心用情守护朝夕美好。多领域优化公共服务。聚力“高质量教育样板城市”建设，深化集团化办学改革，扎实推进“双减”工作，大力发展素质教育，深入开展“润心”行动，加快如皋初中新校区等工程建设进度，积极创建高职院校、技师学院，全力创成省学前教育普及普惠县，争创全国义务教育优质均衡发展县（市）。持续深化医药卫生体制改革，推动紧密型医共体建设，提速建设如皋医学中心、精防院等重点工程，有序实施基层医疗卫生机构提档升级，拓展“15分钟医保服务圈”建设内涵。深入实施文化惠民工程，优化组织推进机制，支持江安镇打造红色遗址遗迹、建设“江苏红军小镇”，加快白蒲镇申报国家历史文化名镇进程，推动国家历史文化名城申报开展部级调研；做好支云中超主场赛事保障，办好体育竞技赛事，推动李昌钰刑侦科学博物馆创建国家AAAA级旅游景区，促进文旅产业深度融合高质量发展，不断增强文化软实力和影响力。建强用活新时代文明实践中心站所，深化移风易俗、选树先进典型，持续擦亮“大爱如皋”“诚信如皋”城市品牌，确保蝉联全国文明城市，让文明化作城市最暖底色。

（七）致力安全发展，营造和谐稳定良好环境。牢固树立总体国家安全观，统筹发展与安全，全力以赴防风险、保安全、护稳定，积极构建发展与安全共振的善治格局。一以贯之抓好安全稳定。坚持把政治安全放在首要位置，坚定维护国家政权安全、制度安全、意识形态安全，建立健全风险防控“四项机制”，加强粮食、科技、网络和重要产业链等重点领域安全能力建设，持续提升国家安全体系和能力现代化水平。始终绷紧安全生产之弦，统筹抓好城镇燃气、农民自建房、危化品、食品药品等重点领域安全隐患排查整改和闭环管理，纵深推进应急指挥服务中心和基层安全监管网格化建设，持续完善应急管理和防灾减灾救灾体系，坚决防范遏制重特大事故发生。全力防范化解风险隐患。落实“习惯过紧日子”要求，抓细抓实资源能源节约、压紧压实机关运行经费开支渠道、落细落实节约型机关建设措施，从严控制、压缩收紧政府主办的论坛展会，确保有限资源用在经济社会发展的关键部位和薄弱环节。密切防范全口径债务流动性风险，深入实施国有企业改革深化提升行动，扎实推进国有资产清查利用，强化国企投资行为和经营性债务管理监督，多措并举压降政府性债务和隐性债务规模。扎实做好房地产、建筑业、金融等重点领域风险防控，开展涉未成年人违法犯罪整治，依法打击电信网络诈骗、非法集资等违法犯罪行为，牢牢守住不发生系统性风险的底线。有力有序强化社会治理。坚持和发展新时代“枫桥经验”，持续推进“三年百村精品”治理工程，推动“五治融合”、优化治理模式。以省信访问题源头治理三年攻坚行动为契机，深入开展第四轮“三百”信访包案、信访突出领域重点治理、重复信访专项治理、行政复议源头化解、全国青少年维权岗创建等活动，全力争创省法治政府建设示范县（市）、全国信访工作示范县（市）。高效推进平安中国建设示范县（市）创建工作，加快建立市镇两级社会治理综合服务中心高效联动的工作机制，深入推动“精网微格”建设，拓展基层治理渠道、打造多元共治空间，常态化推进扫黑除恶，持续提升人民群众幸福感、获得感。

五、在笃学笃行中永葆政治自觉，全面汇聚起昂扬奋进的磅礴力量

推动如皋事业发展，加强党的领导是核心关键。要深入学习贯彻习近平总书记关于党的建设的重要思想，坚持以党的政治建设统领党的建设各项工作，以高质量党建引领保障高质量发展。

一是深化主题教育，以思想武装夯实忠诚根基。思想是行动的先导，必须勤学深悟笃行习近平新时代中国特色社会主义思想，用理想之光照亮奋斗之路，用信仰之力开创美好未来。政治上做到忠诚忠心。严守党的政治纪律和政治规矩，牢记“国之大者”、把准“方位坐标”，更加自觉地把坚定拥护“两个确立”、坚决做到“两个维护”贯彻到市委工作的各领域各方面各环节，体现在全面落实“四个走在前”“四个新”重大任务的实效上。思想上做到对标对表。始终把学习习近平新时代中国特色社会主义思想作为首要政治任务，严格执行理论学习中心组学习、“第一议题”等制度，推动主题教育常态化制度化，在真学真懂真信真用、深化内化转化上下功夫，让党的创新理论在如皋落地生根。严格落实意识形态工作责任制，统筹网上网下两个战场，深入实施意识形态阵地管控提质等专项行动，放大“理响皋地”品牌效应，用县域高质量发展事例唱响中国经济光明论，持续壮大奋进新时代的主流思想舆论。行动上做到坚决坚定。充分发挥党委（党组）总揽全局、协调各方的领导作用，严格执行民主集中制，健全科学民主依法决策机制，深入落实市四套班子领导挂钩联系制度，全面对标上级部署和目标任务，持续补短板、强弱项、固底板、扬优势，做到有部署必有落实、有要求必有行动，奋力推动中国式现代化如皋新实践走在前、做示范。

二是聚焦争先创优，以“四敢”导向锻造过硬队伍。落实“四敢”重大要求、汇聚发展磅礴力量，干部敢为是核心，既要激发党员干部承压奋进、勇毅前行的内生自觉，也要涵养崇尚实干、撑腰鼓劲的良好氛围。坚持正确政绩观引领。持续弘扬治沙优良传统，刀刃向内查摆整治政绩观偏差、不担当不作为等

“高沙”，引导全市上下闻令即动、雷厉风行，做就做到最好，干就干到极致；各板块特别是三大主功能区要始终坚持新发展理念引领，对标先进找差距、比学赶超竞发展，抓住一切有利时机，利用一切有利条件，看准了就抓紧干，能多干就多干一些，做到定量指标争排名、定性指标夺标杆、综合评比拼进位，努力以自身工作的确定性应对形势变化的不确定性。锤炼能为善为本领。紧紧围绕发展所需、改革所急，持续开展“党建金融”干部共育、年轻干部三年递进式培训等特色活动，着力提升党员干部“七种能力”“八项本领”，加强干部斗争精神和斗争本领养成，推动更多干部特别是年轻干部以勇于斗争、敢于胜利的气概，主动投身项目建设、科技创新、乡村振兴等急难险重一线，在与困难搏击中铸就“硬脊梁”、练就“铁肩膀”。树牢实绩实干导向。注重在攻坚克难中考察干部、群众口碑中检验干部，充分运用“实绩认定强基”“积分管理”等机制，切实把忠诚干净担当的好干部选出来、用起来；严格落实“三个区分开来”，增强“三项机制”穿透力，强化考核正向激励，开展“求真务实、敢为善为”干部专项晋升活动，赋予奋斗者更多想做事的激情、敢做事的底气，让干事创业的导向更加鲜明、动力更加强劲、活力更加充沛。

三是坚持大抓基层，以党建领航筑牢战斗堡垒。基层党组织是贯彻落实党中央决策部署的“最后一公里”，必须下大力气夯基础、强队伍、创品牌，着力锻造全面进步全面过硬的基层党组织。不断夯实基层基础。深入推进“双有”覆盖行动，建设一批流动党员功能性党组织，完善“一链一党委”运行机制，在有形覆盖上实现到边到底；建强网格战斗堡垒，定制新就业群体专属“服务清单”，坚持示范村（社区）递进式培育与后进村（社区）压茬式整顿一体推进，持续增强基层党组织的战斗力，在有效覆盖上做到有根有魂。着力建强先锋队伍。持续推动村书记赴先进地区跟岗培育，建立健全后备人才库，使农村发展既“事得其人”又“后继有人”；积极吸纳本地大学生、退役军人、业委会党员负责人充实社区工作力量，强化社区工作者队伍专业化、职业化建设；提高发展党员质量，加强党员教育管理，严把党员“纯洁关”，多维选树一批先进典型，使每名党员都成为一面鲜红的旗帜。持续擦亮党建品牌。积极探索建立与省级、南通市级机关党组织长效共建机制，持续拓展党建工作的深度和广度；推动“田园党建”助力乡村振兴、“红堡强链”行动串起党建链和产业链、“暖心行动”维护新就业群体合法权益、“皋城先锋管家”赋能党建引领物业管理服务工作，积极构建具有辨识度、影响力的如皋党建品牌矩阵，激活高质量发展红色引擎。

四是从严正风肃纪，以优良作风涵养浩然正气。全面从严治党永远在路上，党的自我革命永远在路上，必须持续深化党风廉政建设和反腐败斗争，巩固发展风清气正的政治生态。提升监督实效不放松。积极放大市委大督查“助推器”作用，促进各类监督系统集成、协同高效，推进政治监督具体化、精准化、常态化，不断增强对“一把手”和领导班子监督实效。以高度政治自觉做好省委巡视、南通市委专项巡察反馈问题整改，将其作为寻找差距、改进工作的重要契机，紧盯问题根源，逐项整改销号，深化成果运用，健全长效机制，切实做好巡视巡察“后半篇文章”。狠抓作风纪律不懈怠。严格落实中央八项规定及其实施细则，重拳纠治“四风”顽疾，持续纠治加重村级组织负担的突出问题，坚决惩治破坏营商环境的“害群马”、破除制约发展的“拦路虎”、搬掉加重基层负担的“绊脚石”，持之以恒加强作风建设，以“小切口”专项整治撬动干部作风大转变，以严明纪律倒逼党员干部树新风。深化惩腐肃贪不手软。贯彻“惩前毖后、治病救人”方针，精准运用“四种形态”，持续发力、纵深推进反腐败斗争，深化整治金融、国企、政法等权力集中、资金密集、资源富集领域的腐败问题，严肃查处群众身边的“蝇贪蚁腐”。深化以案促改促治，推动重点行业领域专项治理、源头治理，加强新时代廉洁文化建设，持续强化不敢腐的震慑力、深化不能腐的约束力、提升不想腐的感召力，努力建设人民满意的廉洁如皋。

同志们，时不我待争朝夕，重任在肩当奋进。让我们更加紧密地团结在以习近平同志为核心的党中央周围，高举习近平新时代中国特色社会主义思想伟大旗帜，在党中央和省市委的坚强领导下，坚定信心、勇挑重担，拼搏竞进、勇毅前行，以“强富美高”新如皋现代化建设的过硬成果向中华人民共和国成立75周年献礼！

政府工作报告

政 府 工 作 报 告

——在如皋市第十八届人民代表大会第二次会议上

王鸣昊

(2023 年 1 月 11 日)

2022 年工作回顾

过去的一年,面对复杂严峻的国内外形势和多重超预期因素冲击,市政府在中共如皋市委的坚强领导下,在市人大、市政协的监督支持下,坚持以习近平新时代中国特色社会主义思想为指导,以迎接党的二十大、学习宣传贯彻党的二十大精神为主线,围绕“高质量建设南通跨江融合发展样板区”目标,高效统筹疫情防控和经济社会发展,统筹发展和安全,交出了一份“稳中有进、难中有为、干中有成”的发展答卷,综合实力跻身全国百强县(市)第 19 位。预计地区生产总值突破 1500 亿元、增长 3%;一般公共预算收入(还原口径)84.5 亿元、增长 8.6%;全社会研发投入占地区生产总值比重 2.4%;固定资产投资 530 亿元、增长 6%,社会消费品零售总额 540 亿元、增长 1%;城镇、农村居民人均可支配收入分别达 56583 元、28120 元,分别增长 5.3%、7%;完成上级下达节能减排任务。

一年来,面对反复延宕的新冠疫情,我们因时因势优化完善疫情防控举措,精准施策促进防控政策平稳转换,千方百计抓好“两稳一保”,最大程度保护人民生命安全和身体健康,最大限度减少疫情对经济社会发展的影响,经济运行 5 月迅速恢复、6 月稳步向好、下半年持续回升,切实为全省、南通“勇挑大梁”作出如皋贡献。

一、坚持稳增长调结构,产业如皋在克难奋进中质态更优、基础更牢。工业经济稳中有进。实现规模工业产值 1550 亿元、规模工业应税销售 1480 亿元,分别增长 7%、8%,六大优势产业应税销售占比 84%。深入推进“2523”大企业培育工程,新增 10 亿元企业 6 家、亿元企业 40 家、新开业规模工业企业 41 家。新增国家级专精特新“小巨人”企业 7 家,“江苏制造突出贡献奖”优秀企业 1 家。与中国电子信息产业集团合作设立区域功能性总部,建设工业互联网能耗环境管理平台,实施智能化改造数字化转型项目 346 个、后续改造企业 10 家,新增国家级两化融合贯标企业 23 家,省级五星级上云企业 2 家、智能车间 5 家。建筑业难中求进,重点企业纾困改革初具成效,完成总产值 1700 亿元、增长 6%,入库税金 9 亿元,获国优奖 4 个。金融机构人民币存贷款余额分别为 1992 亿元、1817 亿元。新增上市企业 1 家、报会 1 家。现代服务业稳步提质。全面开展现代服务业繁荣发展三年行动,组织开展“惠聚如皋·美好生活”系列活动,新增规上服务业企业 92 家,完成服务业应税销售 1700 亿元。如皋港务集团获评省重点物流企业。实现旅游综合收入 120 亿元,获评省文化和旅游消费示范单位、长三角高铁旅游小城。现代农业稳产增效。粮食生产再获丰收。完成项目农业投入 24.5 亿元,建成高标准农田 11.1 万亩。农业特色产业优势持续巩固,获评省特色农产品(黑塌菜)优势区。新增省级示范家庭农场 4 家、合作社 5 家,绿色优质农产品比重达 65.6%。白萝卜获批省级农业区域公用品牌,“绿野长寿蔬菜”入选省农业品牌目录。

二、坚持攻项目扩投入，潜力如皋在量质齐升中规模更大、后劲更足。招商引资再升温。深入开展“招商引资突破年”活动，举办“一会两节”等重大招商活动，新签约并注册投资超5亿元内资项目和3000万美元外资项目48个，其中10亿元以上11个、1亿美元以上1个，康瑞新材、思源全效功率电池等重特大项目成功落户。项目推进再提速。持续优化月度观摩、联合预审等“八项机制”，完成工业投资362亿元、增长10%，新开工5亿元以上工业项目27个、专精特新等高质量制造业项目12个、服务业项目114个，竣工项目8个、转化项目6个。实施亿元以上技改项目30个。省、南通市重大项目完成年度投资计划。要素保障再强化。全面落实组合式税费支持政策，累计为各类市场主体减负40亿元。新增制造业贷款46亿元，获批省金融生态优秀县，金融服务实体经济获得省政府督查激励。完成“三区三线”划定，盘活低效用地1862亩，租赁集体经营性建设用地593亩，出让南通首例混合产业用地。

三、坚持聚资源强主体，创新如皋在突围破局中政策更优、动力更强。创新主体竞相涌现。深入实施“高企倍增”计划，净增高企142家，高新技术产业产值占比达51.6%。力星钢球创成国家企业技术中心，实现历史性突破。新增省级企业技术（工程）中心9家。招引、培育科创项目分别为105家和38家。新增潜在独角兽企业1家、瞪羚企业5家。获批省科学技术进步奖4个、重点研发项目4个、成果转化项目2个。创新要素高效配置。完成龙游河科创走廊战略规划编制，雉水科学城、龙游河特色空间规划形成初步成果。皋加速科创园、吴窑科创中心建成开园，新增国家级孵化器1家、省级众创空间5家。实施“高校孵化、如皋转化”模式，建成飞地孵化器4个。高新区“一区多园”改革初见成效，省级高新区排名领跑苏中苏北。创新生态持续优化。出台科技创新30条、人才22条，发放科技金融贷款18.3亿元、居南通首位。组建科创投集团，引入科技合作基金5支、股权投资项目11个。新增江苏省外国专家工作室1家，入选国家重点人才计划4名，省“双创计划”10人、“双创团队”3个。编制出台全国首个县域标准化发展规划，在全省县域率先建成知识产权保护中心，主导或参与制定国家、行业标准16项，新增江苏精品2件，力威机械荣获省标准创新贡献奖。新增全国科普教育基地1个。获批“科创江苏”试点县（市）。

四、坚持抓改革提能级，活力如皋在深化开放中空间更广、势头更盛。营商环境打造成效明显。出台优化营商环境72条，企业开办半日办结、重大产业项目“交地即发证、拿地即开工”实现常态化，“无证明城市”建设取得阶段性成效。主导制定和发布全省首个“双随机、一公开”监管领域地方标准，国家级城市管理综合执法标准化项目通过验收。获批省县级地区创新信用管理与服务试点。优化营商环境、“放管服”改革和数字政府建设获省政府督查激励，获评“2022企业家幸福感最强市”。重点领域改革蹄疾步稳。全面完成国企改革三年行动，国有资本布局持续优化。稳妥化解政府性债务，全面压降融资平台，完成省下达债务管控任务，平均综合利率下降0.11个百分点。深化农村综合改革，完成产权交易额4亿元，建成农民合作社综合社22家。双向开放步伐坚定有力。实际使用外资4.05亿美元、增长34%。完成外贸进出口总额352亿元、增长8.6%。完成服务外包执行额20.4亿美元，其中离岸外包5.2亿美元。新增境外投资项目5个、投资额1.2亿美元，外经营业额1.5亿美元。新开通贸易区间航线2条，港口吞吐量突破8500万吨，集装箱吞吐量完成58万标准箱，其中外贸集装箱比重达10.3%。

五、坚持拓功能促振兴，魅力如皋在城乡融合中品质更高、内涵更实。城市更新步伐加快。茅雉河大桥、外城河外环道路建成投入使用，完成中山路综合改造提升工程，新改建城市道路8.8千米。完成老旧小区改造23.08万平方米、惠及群众2476户，西片区搬迁应搬尽搬。新增城区停车泊位764个，完成智能化停车位改造3107个。全面推广生活垃圾分类，新增“三定一督”试点小区57个。通皋大道二期、S226南段全面开工。完成北沿江高铁如皋段征地搬迁任务。沪陕高速如皋港东互通正式获批。城市创建有力有序。文明典范城创建纵深推进，“文明深1度”系列活动有序开展，社会文明程度持续提升。历史文化名城保护规划形成中间成果，完成中山钟楼复建、东水关遗址修缮等工程。国家生态园林城市创建深入推进，宏坝河生态景观工程竣工，新增城市绿化20万平方米。乡村振兴扎实推进。深入推进农村人居环境整治五年提升行动，持续优化“红黑榜”“进位退步榜”“积分制管理”“庭院评比”等机制，新建分散农户生活污水处理设施1.2万户，改造农村户厕13404座、供水管网103.8千米。完成农村桥梁改造20座、通居路40千米，入选“四好农村路”全国示范县创建名单。新增省级生态文明建设示范镇2个、示范村1个，生态宜居美丽乡村示范镇1个、示范村居15个，特色田园乡村2个。

六、坚持重治理强保护，生态如皋在减污降碳中环境更美、底色更绿。环境质量整体向好。常态化落实河长制、断面长制、点位长制，农村河道长效管护获省第一等次，市考以上断面继续保持优Ⅲ类水质。环境空气质量管控提升行动扎实开展，淘汰国Ⅲ及以下柴油货车1682辆，$PM_{2.5}$年均浓度30.5微克/立方米，空气质量优良率80%。扎实推进中央、省环保督察反馈问题整改，各级环境信访总量下降6%。重点工程有序推进。完成230平方千米区域水环境综合整治，农田退水资源化利用80.4平方千米，打造农村生态河道36条段，焦港幸福河国家级示范项目基本建成。绿色发展步伐加快。编制重点行业绿色发展实施方案，推动8大重点行业280家企业转型升级，单位地区生产总值能耗下降1.2%。整市(县)屋顶分布式光伏开发项目加快推进，并网总容量达150MW。生态环境保护执法司法联动机制持续优化，办理环境资源案件80余件、刑事立案3件。

七、坚持办实事惠民生，幸福如皋在普惠均衡中成果更丰、成色更足。高质量办好10项民生实事，公共财政用于民生支出94.8亿元。百姓生活更加殷实。打造“如皋智聘”云平台，精准实施高校毕业生、职业技能人才政策扶持，新增城镇就业创业1.4万人。就业工作获省政府督查激励。深入实施“百企联百村”行动，所有行政村集体收入均达60万元以上。保障体系更加完备。新增城乡居保转企保2.25万人，建成“15分钟医保服务圈”14个。全面开展特殊困难群体救助帮扶排查整治行动，实体化运转基层社工站，城乡特困供养人员应保尽保。省双拥模范城实现“五连冠”。开工建设市殡仪服务中心，殡葬改革连续两年获省政府督查激励。公共服务更加均衡。高质量教育县域样板城市建设深入推进，“双减”工作持续深化，义务教育集团化办学实质性启动。志颐小学、附小新城园等投入使用，创成高级技工学校，入选省推动基础教育高质量发展实验区。医共体格局逐步完善，市中医院内科病房综合楼、江安镇卫生院投入使用，建成省农村区域性医疗卫生中心3家。古运盐河城区段考古勘探取得新成果。成功举办市第十二届全民运动会、城河皮划艇竞逐赛，支云足球俱乐部成功冲超。市档案馆创成省级示范馆。获评国家级非遗代表性传承人2人，获中国新闻奖1项、省“五个一工程奖”2件、省“五星工程奖”2件，城市宣传片《如皋入座指南》全网热播。

八、坚持防风险守底线，平安如皋在共建共享中举措更实、效能更高。安全生产形势平稳。扎实开展安全生产大检查，全面推进14个重点行业111项重点项目百日攻坚行动和公共安全重大隐患“三清”专项行动，“三年大灶”圆满收官，生产安全事故起数同比下降20%。法治建设持续推进。“八五”普法稳步推进，村(社区)“援法议事”活动实现全覆盖。建立行政争议事前事中事后全过程管控机制，行政诉讼败诉率下降7.6个百分点。社会大局和谐稳定。建成一体化“诉求通达”平台，网格知晓率、按时办结率稳步提升，市域社会治理现代化工作位居南通前列。“一楼一策”化解房地产风险隐患，“保交楼”工作举措扎实有效。持续推动“百日百案百名领导”信访包案化解行动，有效化解涉房涉地涉疫涉诉等多重矛盾风险，进京访批次和人次分别下降46.3%、44.1%。立体化治安防控体系更加完善，扫黑除恶专项斗争常态化开展，圆满完成重大活动期间安保任务，群众安全感连续两年位居全省第一。获批省民族团结进步示范区。

围绕建设人民满意政府，这一年，我们始终把坚持和加强党的全面领导贯穿政府工作各方面、全过程，严格落实党风廉政建设、意识形态责任制，切实加强政府自身建设，着力转变政府职能，自觉接受人大法律监督、工作监督和政协民主监督，主动接受社会公众舆论监督，办理人大代表建议481件、政协委员提案477件，满意和基本满意率99.9%。此外，人武、审计、统计、供销、气象等工作不断加强。海事、海关、边检等口岸单位高效运转。积极支持工青妇、侨联、残联、工商联等群团组织发挥作用。外事、红十字会、关心下一代、慈善、老科协、老区建设、老年体协、红色文化研究、历史文化研究、见义勇为、长寿研究等工作取得新进步。

各位代表,2022年是极具挑战的一年,我们承担的任务空前繁重,承受的压力前所未有,取得的成绩来之不易。这得益于以习近平同志为核心的党中央的掌舵领航、科学指引,得益于上级党委政府和市委的坚强领导,以及市人大、市政协和社会各界的监督支持,得益于历届领导班子打下的坚实基础和老领导、老同志的关心帮助,得益于全市干部群众的共同打拼、团结奋斗。在此,我谨代表市人民政府,向全市人民,向各位人大代表、政协委员和离退休老同志,向驻如部队、武警官兵、公安干警和消防救援指战员,向关心和支持如皋发展的社会各界人士,致以衷心的感谢和崇高的敬意!

在肯定成绩的同时,我们也清醒地认识到,对照现代化建设的新要求和人民群众的新期盼,全市发展仍存在一些问题和不足:经济运行质效还不够高,创新转型的步伐还不够快,优势产业的集聚度、重特大项目的支撑度还不足;收入组织和债务化解压力仍然较大;城市功能布局尚不完善,生态环保和公共服务短板仍需补齐;少数领导干部在重大风险挑战面前应对不足、能力不强、作风不实,不想为、不敢为、不善为的庸政懒政现象还时有发生。对此,我们将高度重视,采取有力措施,切实加以解决。

2023年总体思路和工作安排

今年是全面贯彻落实党的二十大精神的开局之年,也是完成"十四五"规划承前启后的关键一年。站在新的历史方位展望未来,如皋拥有得天独厚的区位优势,也面临多重叠加的战略机遇,更蕴含着腾江越海的内生动力,完全有条件、有能力谱写如皋现代化建设的崭新篇章。走好新征程,我们必须保持奋发有为的精神状态,步调一致、勇毅前行。始终把学习宣传贯彻党的二十大精神作为当前和今后一个时期的首要政治任务,坚决贯彻"五个牢牢把握"和"全面学习、全面把握、全面落实"的重要指示,深刻领悟"两个确立"的决定性意义,奋力开辟如皋高质量发展新境界,努力在中国式现代化进程中展现如皋生动实践。走好新征程,我们必须抢抓大有可为的难得机遇,应势而谋、乘势而上。充分放大"一二三五"交通新格局和国家一类开放口岸、国家级开发区、省级高新区等平台优势,最大限度承接产业转移和市场资源"溢出效应",让主导产业借"智"升级、科创资源借"机"汇聚、公共服务借"势"布局。走好新征程,我们必须锤炼善作善为的过硬本领,直面挑战、从容应战。聚焦"南通跨江融合发展样板区"定位,围绕"产业兴市、创新强市、生态立市"核心战略,保持战略定力,高层次扩大对外开放,高质量推进创新发展,高水平优化营商环境,持续提升创新、产业、交通、城市"四大能级",推动经济运行整体好转,实现质的有效提升和量的合理增长。走好新征程,我们必须展现事在人为的实干担当,敢于斗争、赢得未来。大力弘扬如皋治沙精神,以"想干事、能干事、干成事"的实干担当,把"小机会"变成"大机遇",把不可能变成可能,推动各项工作在南通争第一、全省争先进、全国有影响,在南通跨江融合发展中勇挑大梁、争当样板、树立示范。

今年政府工作的指导思想是:坚持以习近平新时代中国特色社会主义思想为指导,全面贯彻党的二十大以及中央、省委经济工作会议精神,坚持稳中求进工作总基调,完整准确全面贯彻新发展理念,主动服务和融入新发展格局,更好统筹疫情防控和经济社会发展,更好统筹发展和安全,着力推动高质量发展,持续保障改善民生,维护社会大局稳定,高质量建设南通跨江融合发展样板区,推动中国式现代化如皋新实践开好局、起好步。

全年经济社会发展的主要预期目标是:地区生产总值增长6%左右,一般公共预算收入增长9%左右,高新技术产业产值占比53%以上,全社会研发投入占GDP比重2.65%,固定资产投资增长6%以上,规上工业应税销售增长10%以上,规上工业增加值增长10%左右,工业战略性新兴产业产值占工业总产值比重44.5%以上,社会消费品零售总额增长6%左右,外贸进出口总额、实际利用外资稳中有进,城乡居民人均可支配收入与经济增长基本同步,万元GDP单位综合能耗下降、主要污染物减排完成上级下达任务。

围绕上述目标，重点抓好九个方面的工作：

一、坚定不移以实体作为根基，推动产业与数字深度融合，全力稳住回暖上行的经济基本盘。坚持把发展实体经济作为主攻方向，深耕主导产业、壮大产业链条，确保稳中有进、进中提质。

护航实体经济行稳致远。把稳增长放在更加突出位置，促进稳经济一揽子政策措施落地落实，持续开展"企业走访服务季"活动，精准纾解企业困难，让市场主体轻装上阵、更好发展。做好第五次全国经济普查。实施新一轮大企业培育计划，新增50亿元企业2家、20亿元企业2家、10亿元企业5家、新开业规模工业企业40家。高水平办好"惠聚如皋·美好生活"系列促消费活动，大力提振住宿餐饮、批发零售、休闲娱乐等传统消费，积极培育数字消费、夜经济、首店经济等新型消费，加速消费"回补"。

促进特色产业积厚成势。大力实施制造业三年倍增计划，支持汽车及零部件产业打造汽车全产业链，鼓励新型电力装备产业加快突破关键技术、核心部件，引导高端成套设备产业向智能制造、精密仪器等价值链高端攀升，推动新材料和电子信息产业深耕细分行业，促进生命健康产业发展合成生物、功能性健康食品等领域，实现六大优势产业链应税销售占规模工业比重85%以上。实施建筑业振兴计划，引导企业向数字、绿色建造转型，力争建筑业总产值1750亿元。深入实施现代服务业繁荣发展三年行动，大力培育科技服务、现代物流、软件信息和服务外包等业态，新增规上服务业企业60家，创成省级现代服务业高质量发展集聚示范区2家。推进省级文旅产业融合发展示范区创建，加快太平洋康养文旅、长青沙旅游项目建设，争创国家全域旅游示范区。

提升数字经济发展水平。扎实开展智能化改造和数字化转型三年行动，实施后续改造诊断企业20家，新增国家级两化融合贯标企业20家，省级工业互联网标杆工厂1家、五星级上云企业3家、智能车间5家。深入实施专精特新"小巨人"企业培育三年行动，加快构建梯度培育体系，培育省级以上专精特新"小巨人"企业10家。建立全市规上工业企业运行数字化底座，强化工业企业资源集约利用综合评价结果运用，鼓励现有企业技改升级、技术创新，确保纳税500万元以上企业技改全覆盖、规模以上企业技改面达60%。

二、坚定不移以项目拉动投资，推动补链与强链齐头并进，全力积蓄稳中求进的发展新动能。聚焦项目全生命周期管理，筑牢重大项目"压舱石"，为区域发展增势蓄能。

用好项目招引"主抓手"。聚焦六大优势产业链，以"顶天立地"的产业项目立链聚能，确保新签约并注册总投资超5亿元项目42个以上，力争在50亿级、百亿级重特大项目招引上再结硕果。抢抓央企、外企加速调整布局契机，紧盯长三角、京津冀、粤港澳大湾区以及日韩、欧美等重点区域，全力在区域性总部、功能性机构招引上取得突破。聚焦战略性新兴产业，大力推进科技招商，以"铺天盖地"的科创项目强链补链，瞄定研发、孵化、中试端，引培科创项目不少于370个。创新融合以商引商、链式招商、资本招商，整合优化各类招商平台，加强招商队伍专业化建设，精心办好科技人才洽谈会、如皋（长三角）投资环境说明会等品牌节会和各类专题招商活动，不断提高招商引资质效。

抓好项目建设"主引擎"。严格落实领导挂钩制度和重大项目推进"八项机制"，集中力量突破重特大项目，力争全年新开工5亿元以上工业项目30个，其中10亿元以上12个，省市重大项目三季度全部开工。咬定关键节点，紧盯实物工作量，重点推动斯堪尼亚商用车及动力总成、金鹰产业园二期、正海磁材二期、康瑞新材等重大项目快开工，力促赛得利白卡纸和莱赛尔纤维、霖鼎光学、势加透博等项目快建设，确保正海磁材一期、如天光电等项目快达产，全力提升项目竣工率和转化率。建立"一项目一策一专班"推进机制，力争超期未竣工转化项目尽快清零销号。

当好项目保障"主力军"。加强项目联合预审，更加突出投资强度、亩均税收、科技含量、能耗水平等关键指标，严格把控项目质量。健全项目推进机制，建立重大项目服务管理平台，强化从签约、开工、竣工到达产的全生命周期服务。探索实施产业用地新政策，盘活低效工业用地1800亩，推动专业园区集中集聚发展。成立园区产业发展基金，充分发挥"政银担"风险分担机制，新增制造业贷款50亿元以上。完善上市企业培育梯队，新培育上市（挂牌）企业2家、报会2家。

三、坚定不移以创新驱动发展，推动科技与人才双向发力，全力激发奋勇争先的强劲源动力。以创建国家创新型县(市)为引领，推动创新链与产业链、价值链、资金链高度对接，让科技创新这个“关键变量”转化为高质量发展的“最大增量”。

壮大高水平创新主体。深入实施“高企倍增”计划，高企总数突破600家，认定科技型中小企业900家。支持龙头企业参与省市“揭榜挂帅”、开展产业链关键技术协同攻关，引导更多中小企业主动对接大院大所开展联合创新，新增省级企业技术(工程)中心10家，实施产学研合作项目300个、技术合同成交额超120亿元。深入推进标准化和质量提升行动，主导或参与制定各级标准18项，组建全国标准化专业技术机构1家，每10亿元GDP发明专利拥有量达26.56件。

打造高能级创新载体。加快推进龙游河科创走廊规划落地，启动雉水科学城、龙游湾科创智谷、磨头“科创小镇”建设，加紧青年人才公寓国际社区建设，推动皋加速科创园、氢能产业园等建设专业化“众创空间、孵化器”，培育省级以上孵化器、加速器、众创空间超10家，其中专业孵化器3家。支持正海磁材、高压电器建设国家企业技术(分)中心，新瑞药业建设省级企业联合创新中心，鼓励宝众宝达、星球石墨、森松重工等龙头企业建设新型研发机构。发挥“飞地孵化器”优势，深度对接清华大学、上海交大、“大零号湾”等科创资源，加强与东方富海、君桐资本等创投机构合作，落户优质高校成果转化项目30个。

激发高效能创新生态。推进省级创新型示范县(市)建设，完善科技创新双月例会制度，确保科技重点指标进入南通第一方阵。实质性运行科创投四大业务板块，引进优质股权投资项目12个。持续推进“苏科贷”“高企融资服务直通车”和科技担保服务，确保新增贷款20亿元。加快青年友好型城市建设，深入实施“雉水英才”引进计划，力争引进顶尖专家和高端团队6个、高层次创新创业人才50名、高校毕业生4700人以上，培养技能型人才7000人。弘扬沙元炳企业家精神，实施中生代企业家“磐石”工程、新生代企业家“雏凤”工程，全面加强民营企业家队伍建设。

四、坚定不移以规划引领建管，推动功能与品质内外兼修，全力建设近悦远来的现代化城市。持续优化功能布局，统筹城市建设管理，让城市更加精致、更显品位、更有温度。

促进城市功能品位提升。细化国土空间总体规划和各类专项规划。稳步推进西片区建设，启动如泰运河、通扬运河等重点景观工程，建成桃源路、滨河南路等8条城市道路，完成北门大桥重建。高品质建设安置房85万平方米，探索推动安置房产权办理和富余安置房源市场化销售。完成“新开工15.4万平方米、完工7万平方米”老旧小区改造任务，推进城区现有居住小区充电设施建设。深化东如高速和如常高速前期研究，全面推进北沿江高铁、张靖皋长江大桥、通皋大道二期、S226南段等重大交通工程，启动沪陕高速如皋港东互通、如皋西站综合客运枢纽建设。

深化城市精致精细管理。积极创建全国文明典范城市，深入开展文明交通、市容环境、物业管理等专项整治提升行动，启动城区环卫中转中心建设。全面推广生活垃圾分类，“三定一督”试点小区占比达80%。完善住宅小区违建源头发现和管控机制，大力提升镇(区、街道)业委会组建率。持续扩大既有住宅加装电梯覆盖面。加强小区电瓶车管理。探索智慧停车新模式，新增停车泊位200个。

厚植城市历史文化底蕴。加快国家历史文化名城申报进程，完成历史文化名城、东大街和武庙历史文化街区保护规划编制，支持白蒲、丁堰申报国家、省历史文化名镇。推动集贤里文化广场品质提升，持续开展古运盐河(古掘沟)如皋段考古挖掘，启动通扬运河博物馆、古运盐河遗址公园规划设计，李昌钰刑侦科学博物馆二期开馆运营。有序推进文物保护单位核查和历史建筑遴选，新增文物保护单位50处、历史建筑30处。

五、坚定不移以振兴助力共富，推动强村与富民互促共进，全力绘就鱼米之乡的新时代画卷。深入实施乡村振兴战略，合力打造农业强、农村美、农民富的新时代鱼米之乡。

推动现代农业更优更强。落实最严格的耕地保护制度，粮食播种面积稳定在150万亩。建设高标准农田7.9万亩，完成“旱改水”5000亩，争创省农业生产全程全面机械化示范市。因地制宜发展生态循环农业、高效精品农业和都市农业，加快花木盆景和“三黑三白”产业链式发展，建成黑塌菜标准化基地8000亩，新增“黑猪”养殖示范基地2个。放大“苏·皋长寿”、国家地理标志品牌效应，加快全产业链发展进程，持续拓展特色农产品品质保险覆盖面，打造省、南通农产品品牌各1个。

推动农民口袋更鼓更实。巩固拓展脱贫攻坚成果，深入推进乡村振兴示范村、先进村培育，扎实开展“百企联百村”行动，探索发展物业经济、资源经济、“飞地”经济等新路径，促进村集体收入稳步增长。深化农村“三权分置”改革，推进农村产权线上交易和农村宅基地网上审批改革试点。积极培育壮大新型农业经营主体和特色消费、体验服务、直播电商、数字赋能等新增长点，推广“新型主体+基地+农户”利益联结模式，培育南通市级以上示范家庭农场10家、合作社6家。

推动农村面貌更美更靓。深入实施农村人居环境整治提升五年行动，常态长效推进“4+2+N”专项整治，有序开展乡村公共空间治理提升，建成分散农户生活污水处理设施10000户，村(社区)垃圾分类覆盖率达80%。启动新一轮乡镇污水处理厂提标扩建，新建、改造污水管网15千米。健全河道长效管护机制，建设农村生态河道120千米。完成农路提档升级40千米、安防68.7千米、通居路40千米，改造农村危桥10座，创成“四好农村路”全国示范县。全面推广乡村治理积分制，持续提升治理水平。新增省级特色田园乡村1个。

六、坚定不移以改革激发活力，推动开放与开发高效联动，全力融入内联外通的战略大格局。以更大气魄深化改革开放，为高质量发展释放更多红利、打开更广空间、注入更强动能。

优化营商环境塑品牌。深入打造“如皋如意”营商环境品牌，纵深推进“放管服”改革，确保营商环境评价保持全省前列。深化“无证明城市”建设，全面加强电子证照应用，扩大“不见面审批”“一网通办”覆盖面，推动更多事项集成办理，实现高频政务服务事项“异地通办”，不断提升群众办事便利度。完善信用风险分级分类评价指标体系，持续拓展应用场景，深化“信用+双随机”融合监管模式，常态化运行公平竞争审查智慧化监测平台，争创全国社会信用体系建设示范区。

扩大双向开放提能级。持续提升使用外资规模和质量，推动空气化工、华亘等超3000万美元外资项目尽快落地，引导森松重工、亚太森博等现有外资企业利润再投资，确保实际使用外资超4亿美元。充分释放RCEP实施红利，开展线上线下全方位贸易促进活动，引导企业用足用好出口信用保险等政策工具，大力培育跨境电商、海外仓等新业态，力争外贸进出口总额达350亿元。推动如皋港保税物流中心提质增效，开辟国际国内航线2条，集装箱吞吐量突破60万标准箱。

做强园区载体强支撑。围绕“六个一”目标，推动各类园区集约集聚发展。推动开发区与上海嘉定、临港片区等开展氢能产业深度合作，加快建设中瑞智能(如皋)制造合作创新园，加速集聚一批汽车及零部件、电力及智能装备等优质产业项目。深化高新区与上海交大等“双飞地”合作，实施四大专业园区“创新引领”工程，持续深耕智能制造、合成生物、精密光学、软件与信息服务等主导产业。支持长江镇与张家港保税区合作共建，发展壮大化工园区电子新能源材料、油脂化工产业，持续推动港产城深度融合。推动乡镇工业集中区改造提升，加快基础设施配套建设和闲置厂房盘活利用，努力建设定位清晰、配套完善、效益倍增的高质量产业集聚区。

七、坚定不移以绿色扮靓城市，推动保护与发展良性互动，全力打造生态宜居的区域新样板。牢固树立和践行绿水青山就是金山银山的理念，协同推进降碳、减污、扩绿、增长，推进生态优先、节约集约、绿色低碳发展。

夯实美丽如皋的生态基底。加强重要水体保护、地下水污染防控、关键断面水质监测，巩固提升区域水环境治理成效，继续实施通扬运河整治工程，确保市考以上断面优Ⅲ比例继续保持100%。强化$PM_{2.5}$和臭氧浓度“双减双控”，开展建筑扬尘、餐饮油烟、车船污染治理，推进长江罐区和九华钢结构企业VOC_S(挥发性有机物)整治，严格落实重污染天气应急管控措施，确保$PM_{2.5}$、空气优良率达到省定目标。扎实推进“无废城市”建设，做好危险废物规范化管理，强化重点地块风险评估和治理修复，保障土壤环境安全。

打造绿色转型的碳汇空间。系统推进碳达峰碳中和行动，强化“三线一单”刚性约束，严把“两高”项目审批准入门槛。推进纺织印染等8大重点行业节能减排、清洁能源替代，创建省级以上绿色工厂3家。加快推进整市（县）屋顶分布式光伏建设，工业企业可利用建筑屋顶应装尽装。加强生态文明宣传教育，积极倡导简约适度、绿色低碳生活方式，让建设绿色家园成为广大居民自觉行动。

构筑绿水青山的生态屏障。坚定不移抓好长江大保护，落实长江禁捕退捕长效管控机制，持续推进龙游湾生态景观带建设。加强森林资源管理和湿地保护修复，新增植树造林3950亩，创建省级绿美村庄3个。健全生态环境目标评价考核、责任追究等机制，优化生态补偿修复和损害赔偿制度，不断放大执法司法联动效应，构建多元主体协同治理格局。

八、坚定不移以安全保障发展，推动防范与化解两手齐抓，全力谱写和谐稳定的社会新篇章。始终恪守底线思维，精准主动防范化解风险隐患，让安全稳定成为最有力的发展保障。

有力有序抓好疫情防控。落细落实新冠疫情防控要求，常态化抓好疫情监测，提升应急处置水平。推动医疗机构发热门诊、发热诊室应设尽设，巩固基层首诊防线。抓好医疗资源统筹协调，保障120生命通道高效畅通，强化重症救治准备，确保重症患者应收尽收。加大重点医药资源统一调配力度，强化“一老一小”等重点人群健康服务，筑牢健康免疫屏障。

一以贯之化解风险隐患。持续推进债务管理三年攻坚，实行融资成本上限控制，强化经营性债务制度性管控，积极稳妥化解隐性债务，压降融资平台30%以上。持续深化国资国企改革，加快推进专业化整合、市场化转型，优化国有资产监管模式，鼓励国企与央企、民企交流合作，探索经营性不动产的资产证券化。持续做好非法集资防范化解处置工作，确保不发生区域性系统性金融风险。强化房地产市场监管，加大问题楼盘处置力度，切实维护购房者合法权益。

常态长效提升本质安全。深入推进安全发展示范城市创建，扎实开展“本质安全提升”三年行动。全面落实“制度化管理、实时化监控、自动化阻隔、现代化救援”举措要求，构建“大应急、大联动、大保障”应急指挥体系，建成“1+15+10”基层消防救援网络和市应急救援物资储备中心。坚持源头治理，统筹抓好公共卫生、食品药品、校园内外等领域安全监管，精准实施危险化学品、城镇燃气、自建房和道路交通专项整治，切实推进防汛防台减灾，坚决遏制重特大事故发生。

九、坚定不移以服务优化供给，推动普惠与提质统筹兼顾，全力交出群众满意的时代必答卷。坚持尽力而为、量力而行，采取更多惠民生、暖民心举措，更好满足群众对美好生活的向往。

多层次健全保障体系。强化就业优先政策，统筹各类群体高质量充分就业，新增城镇就业1.4万人以上。完善“一老一小”服务保障体系，推动申丞护理院养老公寓、未成年人救助保护中心建设，建成城市街道综合养老服务中心2家、农村社区互助养老睦邻点12家。深化“身后一件事”改革，市殡仪服务中心建成使用。支持城乡居民、家庭农场主参加企业职工养老保险，完善医保门诊待遇支付政策，深化长期照护保险制度，大力发展慈善事业，落实好社会救助、抚恤优待、大病保险等托底政策。

多领域优化公共服务。聚力“高质量教育样板城市”创建，加快推进仙鹤幼儿园、如皋初中新校区等工程建设，扎实开展高品质示范（特色）高中、高水平高职院校、技师学院创建，认真做好“双减”工作，加强青少年身心健康教育，推动全域均衡向全阶优质迈进。深入实施健康如皋行动，深化紧密型医共体建设，加快建设新区医学中心、精防院等重点工程，推动人民医院、中医院三级甲等医院创建。高标准建设“书香如皋”，打造立体多样的全媒体传播体系，启动安定书院、李渔文化空间建设，完成纪录片《沙元炳》摄制工作，建成广电智慧镇3个。办好南通支云足球主场赛事、“梦百合杯”世界围棋公开赛等特色品牌赛事。

多维度创新社会治理。实施数字政府三年行动，深入推进城市运行“一网统管”，建成社会治理综合服务中心，实现“市镇村一体化指挥、信访矛盾综合化解、公共法律综合服务、社会稳定风险防控”四大治理平台一体运行。全面开展“八五”普法，持续推进社会矛盾风险隐患大排查大起底大化解、“百日百案百名领导”信访包案化解行动，落实初信初访半月结、重信重访提级办机制，努力创成全国信访工作示范县(市)。纵深推进"平安中国建设示范县市"创建,持续优化安民惠企、公平稳定的法治环境,着力深化立体化、智能化社会治安防控体系建设,常态化开展扫黑除恶斗争,严厉打击各类违法犯罪行为,确保社会大局和谐稳定。

加强政府自身建设

拥抱新时代、开启新征程。我们将以党的二十大精神为指引,永葆赶考的清醒和谨慎,坚守为民的立场和情怀,知责于心、担责于身、履责于行,全力打造人民满意的服务型政府。

一、把牢理想信念之舵,以使命必达的决心奋进新征程。深刻领悟"两个确立"的决定性意义,自觉用习近平新时代中国特色社会主义思想立根铸魂,切实增强"四个意识"、坚定"四个自信"、做到"两个维护",始终牢记"三个务必",躬身践行"五个必由之路",全面把握"六个坚持",在思想上政治上行动上同以习近平同志为核心的党中央保持高度一致。严格落实意识形态工作责任制,切实把党的全面领导贯彻到政府工作全过程、各领域,坚决落实党中央和省、市委决策部署,确保政令畅通、令行禁止。

二、弘扬真抓实干之风,以善作善成的担当奋进新征程。牢固树立正确的政绩观和科学的发展观,时刻保持"时时放心不下"的责任感,全面增强履职担当的"八种本领""七种能力"。大力弘扬如皋治沙精神,践行"真抓实干、马上就办"的优良作风,保持"人一之,我十之"的劲头,挑重担、扛重责,以干部的"辛苦指数"换来全市的"发展指数"和群众的"幸福指数"。深化落实"三项机制",大力整治官僚主义、形式主义,不断锤炼敢于斗争、善于斗争的作风,切实提升政府工作效能。

三、担好依法行政之责,以行止有度的自觉奋进新征程。强化法治意识,加强政府权责清单规范化管理,推动政务公开向深层次延伸。严格落实重大行政决策程序,加强规范性文件合法性审查,不断提高行政决策质量和效率。深化基层综合执法规范化建设,严格规范公正文明执法。深入践行全过程人民民主,依法接受党内监督、人大法律和工作监督、政协民主监督以及纪委监委监督,高度重视审计监督、司法监督和社会舆论监督。高质量办好人大代表议案、建议和政协建议案、提案。

四、绷紧廉洁从政之弦,以风清气正的生态奋进新征程。坚决贯彻全面从严治党各项要求,严格执行中央八项规定及其实施细则精神和省委具体办法,持续深化纠治"四风"。带头过紧日子,持续压减"三公"经费和一般性支出,以政府的"紧日子"换取群众的"好日子"。坚决打赢反腐败斗争攻坚战持久战,狠抓国企、金融、融资、开发园区等权力集中、资金密集、资源富集领域廉政风险防控,构建亲清政商关系,全力打造风清气正的政府形象。

各位代表,关山初度尘未洗,策马扬鞭再奋蹄!让我们在市委的坚强领导下,在市人大、市政协的监督支持下,持续弘扬如皋治沙精神,坚定信心、同心同德,踔厉奋发、勇毅前行,为加快建设南通跨江融合发展样板区、全面推进中国式现代化如皋新实践而团结奋斗!

部门公报

如皋市2023年国民经济和社会发展统计公报

如皋市统计局

2023年，在市委、市政府的正确领导下，全市上下坚持以习近平新时代中国特色社会主义思想为指导，深入贯彻党的二十大、二十届二中全会精神和习近平总书记关于江苏工作重要讲话重要指示精神，全面落实“四个走在前”“四个新”重大任务，抢抓机遇、勇担使命、乘势而上，加快打造跨江融合发展样板区，综合实力、科技创新分别位居全国百强县(市)第19、第10位，“强富美高”新如皋现代化建设步伐铿锵有力。

一、综合

初步核算，全年实现地区生产总值1534.39亿元，可比价增长5.9%(下同)。第一产业增加值增长3.3%；第二产业增加值增长7.0%，其中工业增加值增长6.9%；第三产业增加值增长4.9%。三次产业结构为5.8:47.7:46.5。全市人均地区生产总值125698元，增长6.2%。

全年新登记私营企业5166家，年末累计达43142家；新登记私营企业注册资本216.69亿元，年末累计注册资本4185.41亿元。全年新登记个体户14196户，年末累计达164312户；新登记个体工商户资金数额22.61亿元，年末累计资金数额210.42亿元。

全年城镇新增就业1.07万人。全年帮扶城乡就业困难人员就业再就业2470人。全年采集发布就业岗位2.46万个。城镇登记失业人数3786人。

年末全市常住人口121.91万人，比上年末减少0.32万人。其中，城镇人口77.83万人，增长1.2%，城镇化率63.8%，比上年提高0.9个百分点。全市人口出生率4.34‰，人口死亡率11.88‰，人口自然增长率-7.54‰。年末户籍人口137.57万人，比上年减少1.03万人。

2023年末如皋市人口数及构成

表2

指标名称	年末数(万人)	比重(%)
年末常住人口	121.91	—
城镇人口	77.83	63.8
乡村人口	44.08	36.2
年末户籍人口	137.57	—
#18岁以下	17.68	12.8
18~34岁	22.73	16.5
35~59岁	54.28	39.5
60岁及以上	42.88	31.2
#男性人口	68.27	49.6
女性人口	69.30	50.4

全年居民消费价格比上年上涨0.5%。从分类看,全年八大类商品和服务价格指数"6涨2降"。其中,其他用品及服务价格上涨6.0%,衣着价格上涨4.0%,食品烟酒价格上涨0.5%,生活用品及服务价格上涨0.6%,医疗保健价格上涨1.1%,居住价格上涨0.3%,教育文化娱乐价格下降0.2%,交通通信价格下降1.5%。

2023年居民消费价格分类指数表

表3

指标名称	上年同期=100
居民消费价格总指数	100.5
食品烟酒	100.5
衣着	104.0
居住	100.3
生活用品及服务	100.6
交通和通信	98.5
教育文化和娱乐	99.8
医疗保健	101.1
其他用品和服务	106.0

二、农业

全年实现农林牧渔业总产值147.46亿元,按可比价计算,增长3.8%。其中,农业产值88.37亿元,增长3.6%;牧业产值35.68亿元,增长1.0%。

全年粮食种植面积150.20万亩,比上年增加0.18万亩;油料种植面积15.10万亩,比上年增加1万亩;蔬菜种植面积37.69万亩,比上年增加0.51万亩。全年粮食产量68.21万吨,比上年增加0.33万吨,增长0.5%;其中,夏粮产量24.78万吨,与上年持平;秋粮产量43.43万吨,增长0.8%。油料产量3.15万吨,增长8%;蔬菜产量92.98万吨,增长3.9%。粮食平均亩产454公斤,比上年增加1.7公斤,增长0.4%。

全年肉类总产量9.88万吨,比上年下降0.9%;禽蛋总产量6.68万吨,下降10.7%;生牛奶总产量1.22万吨,下降11.2%;水产品总产量2.91万吨,增长2.8%。

主要农副产品产量

表4

指标名称	计量单位	全年产量	比上年增长(%)
粮食	万吨	68.21	0.5
油料	万吨	3.15	8.0
生猪年末存栏数	万头	33.74	-1.1
生猪出栏数	万头	62.79	4.7
羊年末存栏数	万头	15.9	-20.9
羊出栏数	万头	24.54	-19.5
家禽年末存栏数	万只	1001.17	-3.6
家禽出栏数	万只	2912.17	0.06
禽蛋	万吨	6.68	-10.7
水产品	万吨	2.91	2.8

全市新建高标准农田4.7万亩，农作物耕种收机械化率达90.85%。年末农业机械总动力96.39万千瓦，比上年增长3.61%。2023年如皋市获评“四好农村路”全国示范县，国家级村庄清洁行动先进县(市)。如皋黑塌菜纳入农业农村部农业品牌精品培育计划名单、江苏农业品牌精品培育区域公用品牌名单。如皋“如北磨”入选全省休闲农业精品区名单。

三、工业和建筑业

全部工业实现开票销售1961.67亿元，增长6.6%；其中，规模以上工业企业开票销售1511.44亿元，增幅3.7%。全部工业实缴税金55.36亿元，增幅42.7%。

规模以上工业企业实现总产值1699.04亿元，增长8.6%；高新技术产业产值960.31亿元，增长6.9%，占全市规模以上工业总产值的比重为56.5%，比上年提高4.7个百分点。

规模以上工业企业实现营业收入1581.4亿元，增长3.3%；利润总额78.69亿元，增长15.8%；营业收入利润率、成本费用利润率分别为4.8%、5.2%，资产负债率60.7%，产销率94.5%。规模以上工业增加值增长7.2%。规模工业部分工业产品产量如下：

部分工业产品产量情况

表5

产品名称	计量单位	全年产量	比上年增长(%)
橡胶轮胎外胎	万条	433.8	21.7
家具	万件	58.14	-34.1
钢球	亿粒	70.59	-8.2
电动机	亿瓦	29.36	-31.4
锻压设备	台	441	-15.5
高压电器	万台	2.68	5.9
半导体分立器件	亿只	57.76	10.5
纱	万吨	5.03	4.8
布	亿米	2.14	10.8
服装	亿件	0.74	-19.9
玻璃纤维布	万米	1247.8	-9.4
互感器	万台	9.6	23.7

全年规模以上工业企业综合能源消费量104.03万吨标准煤，增长9.8%；万元产值综合能耗0.0609吨标准煤，增长0.5%。

十大行业能源消耗情况

表6

行业	综合能源消费量(万吨标准煤)	单位产值能耗(吨标准煤/万元)	单位产值能耗比上年增长(%)
化学原料和化学制品制造业	17.55	0.0987	-0.1
电力、热力生产和供应业	15.17	2.3725	-0.5

续表 6

行业	综合能源消费量（万吨标准煤）	单位产值能耗（吨标准煤/万元）	单位产值能耗比上年增长（%）
纺织业	11.64	0.1721	5.9
非金属矿物制品业	9.02	0.0569	-28.7
金属制品业	7.17	0.0641	-14.0
橡胶和塑料制品业	6.22	0.0762	-1.4
造纸和纸制品业	4.94	0.3516	135.3
医药制造业	4.21	0.1577	38.1
通用设备制造业	3.17	0.0192	-19.0
计算机、通信和其他电子设备制造业	3.16	0.0139	26.5

全市完成建筑业总产值1789.99亿元，增长10.0%。全年建筑企业承建施工面积1.83亿平方米，增长4.5%。建筑业从业人数47.2万人，其中工程技术人员2.4万人。全年建筑企业获国优奖3项、省优质工程奖8项。全市拥有特级资质建筑企业4家，一、二、三级资质建筑企业分别达到54家、313家和331家。全市注册一级建造师1157人，二级建造师4214人。

四、固定资产投资

全年固定资产投资比上年增长1.3%。其中，国有及国有经济控股投资增长62.0%；港澳台及外商投资增长98.7%；民间投资下降24.7%，民间投资占全部投资比重58.4%。房地产开发投资增长19.1%。分产业看，第二产业投资下降11.2%；第三产业投资增长26.3%。第二产业投资中，化学纤维制造业增长373.5%，造纸和纸制品业增长159.3%，橡胶和塑料制品业增长147.9%。第三产业投资中，交通运输仓储和邮政业增长65.4%，教育业增长62.8%。

全年共有3个项目列入省级重大项目投资计划，当年完成投资26.51亿元；11个项目列入南通市级重大项目投资计划，当年完成投资50.28亿元。

五、国内贸易

全年社会消费品零售总额560.6亿元，增长4.4%。分行业看，批发和零售业零售额491.08亿元，增长4.0%；住宿和餐饮业零售额69.52亿元，增长7.0%。

限额以上批发和零售业主要商品零售额分类情况

表 7

行业	零售额（亿元）	比上年增长（%）
粮油、食品类	8.66	9.1
饮料类	1.46	20.5
烟酒类	2.56	17.3
服装鞋帽、针、纺织品类	3.82	-6.9
化妆品类	0.78	-5.7

续表 7

行　　业	零售额(亿元)	比上年增长(%)
金银珠宝类	1.78	-2.7
日用品类	4.73	25.7
家用电器及音像器材类	2.55	6.3
中西药品类	5.16	-13.3
文化办公用品类	0.94	-18.2
家具类	0.49	6.6
石油及制品类	18.79	14.0
建筑及装潢材料类	0.41	-21.2
汽车类	37.81	-5.7

六、开放型经济

全年完成进出口总值 306.1 亿元,下降 18.8%,其中自营出口总额 223.6 亿元,下降 17.1%。从贸易方式看,一般贸易进出口总额 234.9 亿元,下降 17.6%;加工贸易进出口总额 61.3 亿元,下降 23.6%。从出口主体看,国有企业、外资企业、私营企业出口额分别增长 25.6%、下降 31.5%和下降 7.7%。从出口市场看,对欧盟、美国、日本三个传统主体市场的出口额分别下降 26.1%、下降 20.9%和下降 15.2%。从出口主要产品看,机电产品出口 88 亿元,下降 12.5%;纺织品出口 34.6 亿元,下降 12.8%;高新技术产品出口 18.7 亿元,下降 27.5%。全市有进出口业绩的企业 869 家家,比上年增长 56 家。出口超亿元的企业 48 家,比上年减少 7 家。

进出口贸易主要方式分类情况

表 8

指标名称	总量(亿元)	比上年增长(%)
进出口总额	306.1	-18.8
出口	223.6	-17.2
其中:一般贸易	169	-14.1
加工贸易	51.6	-27.5
进口	82.5	-22.9
其中:一般贸易	66.0	-25.4
加工贸易	9.7	7.2

进出口贸易主要市场情况

表 9

国家和地区	出口总额(万元)	比上年增长(%)	进口总额(万元)	比上年增长(%)
欧盟组织	487840	-26.1	134449	26.1
美国	410432	-20.9	38357	8.2

续表 9

国家和地区	出口总额（万元）	比上年增长（%）	进口总额（万元）	比上年增长（%）
东盟组织	262363	3.1	349862	−46.7
日本	189853	−15.2	42160	−8.7
泰国	87985	0.2	27116	235.4
德国	75406	−39.4	42302	66.3
巴西	45152	−46.9	132010	3249
荷兰	125850	10.6	4069	−25.7
英国	52805	−16.8	3862	81.3
法国	46343	−25	30670	19
澳大利亚	47170	−13.4	2506	38
比利时	22189	−43.6	3568	85
意大利	36784	−45.6	10504	−17.5
西班牙	39732	−29.2	18066	10.5
俄罗斯	47342	−16.6	952	−94.6
印度	74859	−0.4	8723	368.6

全年新批外商投资项目 11 个，其中，3000 万美元到 1 亿美元项目 10 个，超 1 亿美元项目 1 个。新批协议注册外资 1.124 亿美元，比上年下降 72.8%；实际利用外资 1.7081 亿美元，比全年下降 58%。

全年新批境外投资项目 7 个，中方协议投资额 0.18 亿美元。全年新增"一带一路"沿线对外投资项目 5个，中方协议投资额 799.87 万美元。新签对外承包劳务合同额 28209 万美元，增长 118.13%；完成对外承包劳务营业额 20831 万美元，增长 39.8%；新派劳务人 3372 人次，增长 29.29%；年末在外劳务人员 7243 人，下降 21.8%。

七、交通、邮电和电力

全年实现交通运输、仓储及邮政业增加值 41.04 亿元，增长 56.4%。年末全市公路里程 3277 千米。全年公路客运量 427 万人次，旅客周转量 0.53 亿人千米；公路货运量 2380 万吨，货物周转量 44.6 亿吨千米。水上货运量 1420 万吨，货物周转量 56.37 亿吨千米。完成港口货物吞吐量 8665.28 万吨，同比增长 1.13%，其中，外贸货物吞吐 1033.27 万吨，同比增长 15.57%。集装箱 61.34 万标箱，增长 2.09%。年末铁路总里程达 87 千米。如皋站停靠车次高峰 45 列、如皋南站停靠 46 列。铁路客运年发送旅客 277.9 万人次，同比增长 141%；货运收发 4.6 万吨，下降 51%。完成交通设施投入 2.64 亿元，完成农村等级公路43 千米，改造危桥 16 座。

年末全市机动车保有量 43.94 万辆，比上年新增 2.68 万辆。其中，大型汽车 1.08 万辆，小型汽车 36.74 万辆，摩托车、低速车等 6.36 万辆。新能源汽车保有量 2.45 万辆，比上年新增 1.11 万辆。

全市邮政业完成业务总量 7.66 亿元，增长 9.27%；实现业务收入 6.87 亿元，增长 14.53%。其中，快递业完成业务量 3483.42 万件，增长 9.19%。

全社会用电量 82.0 亿千瓦时，增长 9.18%，其中，农业用电量 1.134 亿千瓦时，下降 0.33%；工业用电量 53.13 亿千瓦时，增长 13.77%；建筑业用电量 0.63 亿千瓦时，下降 5.06%；城乡居民生活用电量

15.48 亿千瓦时，下降 2.51%。

八、财政和金融

全年完成财政总收入 232.58 亿元，增长 9.8%，其中一般公共预算收入 77.01 亿元，比上年增长 4.76%。税收收入 64.1 亿元，增长 27.82%；税收占一般公共预算收入比重达 83.24%，比上年提高 15.04 个百分点。全年财政总支出 202.16 亿元，下降 14.04%，其中一般公共预算支出 146.31 亿元，比上年增长 7.6%。一般公共预算支出中，教育支出 23.51 亿元，比上年增长 0.04%；公共安全支出 5.21 亿元，下降4.2%；卫生健康支出 21.78 亿元，增长 8.25%；社会保障和就业 31.90 亿元，增长 3.8%。

年末，金融系统本外币存款余额 2327.67 亿元，增长 16.79%。其中，住户存款余额较年初增加 215.90 亿元，非金融企业存款较年初增加 77.85 亿元。金融系统本外币贷款余额 2179.10 亿元，增长 19.92%。其中，制造业贷款比年初增加 66.27 亿元，中长期贷款比年初增加 225.74 亿元。全年发放住房公积金贷款 10.13 亿元，同比增长 31%；本年提取公积金 17.52 亿元，同比增长 13.2%。

年末全市境内上市公司 6 家，总股本 18 亿股，通过首发、配股、增发、公司债在资本市场募集资金 70.5亿元。年末全市共有证券营业部 5 家。保险机构总数达 39 家。全年保费收入 39.29 亿元，比上年增长1.0%。分类型看，财产险收入 11.22 亿元，增长 6.6%；人寿险收入 28.07 亿元，增长 2.3%。

九、科学技术和教育

全年专利授权量 5342 件，下降 5.13%；其中，发明专利授权量 729 件，增长 11.81%；PCT 专利申请量 26 件。万人发明专利拥有量 38.3 件，增长 17.61%。现有注册商标 23153 件，其中，驰名商标 6 件，地理标志证明商标 6 件。2022 年全社会研发投入占 GDP 的比重达到 2.58%。2023 年末全市拥有高新技术企业 634 家。全年申报各级各类科技项目 307 项，立项 136 项，获各级扶持资金 3248 万元。

全市共有普通中学 33 所，在校学生 53228 人；职业中学 2 所，在校学生 8003 人；小学 56 所，在校学生 71532 人；幼儿园 82 所，在园儿童 25261 人；特教学校 1 所，在校学生 288 人。年末，教职工总人数 14412 人，其中专任教师 12328 人。

十、文化、卫生、体育和旅游

全市共有规模以上文化产业法人单位 184 家。拥有公共图书馆 2 个、文化馆 1 个、备案博物馆（纪念馆）5 个、乡镇街道文化站 14 个。拥有各级文物保护单位 118 处，其中，全国重点文物保护单位 2 处，省级文物保护单位 6 处，南通市级文物保护单位 2 处，如皋市级文物保护单位 108 处。一般不可移动文物 21 处。拥有国家级非物质文化遗 2 项，省级 19 项，南通市级 36 项，如皋市级 69 项。

全市拥有医院 35 家（含护理院 11 家）、乡镇卫生院（社区卫生服务中心）14 家、门诊部 37 个、村卫生室（社区卫生服务站）351 个、个体诊所、厂校医务室 141 个。全市共有床位 7656 张，每千人常住人口拥有床 6.28 张；执业（助理）医师 3500 人，每千人常住人口拥有执业（助理）医师 2.87 人；注册护士 3200 人，每千人常住人口拥有注册护士 2.62 人。全市有卫技人员 7943 人、乡村医生 136 人、卫生员 68 人。

全年成功承办省级以上体育赛事 5 项。南通支云足球队中超联赛成功保级。参加 2023 田径后备人才挑战赛，获 5 个第一，3 个第二，1 个第三。中国中学生田径精英赛，获得 1 个第一，1 个第二，2 个第三。全国 U18 田径锦标赛暨东亚运动会选拔赛，获 1 个第一，1 个第四。全年培训三级社会体育指导员 368 人，选送省、市培训 44 人，向南通输送 13 名运动员员，省输送 5 名运动员。南通支云、江苏曜彰、迈冠体育、伟达塑胶获得省体育产业引导资金 560 万元。体育彩票年销售额达 2.06 亿元。

全市拥有星级饭店 6 家，旅行社 23 家。全年共接待游客 1296 万人次，实现旅游综合收入 156 亿元。全市累计拥有国家 AAAA 级旅游景区 3 家、AAA 级 8 家，全国乡村旅游重点村 1 家、江苏省级旅游重点村 1 家。

十一、人民生活和社会保障

全市参加基本医疗保险人数达 122.22 万人，比上年末减少 1.26 万人；其中，参加职工基本医疗保险人数 34.94 万人，比上年末增加 1.62 万人；参加城乡居民基本医疗保险人数 87.28 万人，比上年末减少2.89 万人，城乡居民基本医疗保险筹资标准提高到人均 1550 元。

年末全市参加企业职工养老保险人数 24.54 万人，比上年末增加 0.19 万人；城乡居民养老保险参保人数 29.11 万人，比上年末减少 0.41 万人。企业退休人员基本养老金人均增长 116.06 元，增幅 4.3%。失业保险、工伤保险和生育保险参保人数分别为 19.59 万人、22.14 万人和 20.79 万人，分别比上年末增加0.19 万人、0.01 万人和 0.3 万人。

年末全市拥有各类养老机构 40 家，总床位数 8634 张；全市农村拥有敬老院 15 家，床位数 4048 张。城乡居民最低生活保障资金 5458.9 万元，比上年减少 117.51 万元。全市城乡最低生活保障人数为 7718 人，比上年增加 48 人。全市 5828 名农村五保对象中，有 958 人实行了集中供养。全年婚姻登记 10482对。

十二、城镇建设、环境保护和安全生产

全年完成老旧小区改造面积 12.02 万平方米，惠及 1040 户居民；全年建成区新增道路 1.93 千米，年末建成区共有绿地面积 1724.74 公顷，建成区绿化覆盖率 43.25%；年末共有道路灯具 2.73 万盏，城市亮灯率 99.68%；建成区新增燃气管道 103.65 千米，新增用户 0.74 万户，年供气量达 32446 万立方米；全年新增自来水管网 55.9 千米，自来水日供水能力 40 万吨；生活垃圾无害化处理率 100%。完成市级城建项目 18 项，新建“小游园”1 个。

全市空气主要污染物年平均值为：二氧化硫 9 微克/立方米，二氧化氮 22 微克/立方米，可吸入颗粒物（PM_{10}）51 微克/立方米，可吸入颗粒物（$PM_{2.5}$）32 微克/立方米。全年空气污染指数达到良好以上的天数达 298 天，占全年天数的 81.6%。全市主要河流水质基本符合相应功能区水质标准，集中式饮用水源地水质达标率 100%。区域环境噪声平均等效声级为 50.1 分贝，交通干线噪声加权平均等效声级为 61.1 分贝，符合国家环境噪声质量标准。

全年发生工商贸建生产安全亡人事故 3 起，死亡 5 人，比上年均下降 25%。未发生一次死亡 3 人（含 3 人）以上安全生产事故。发生火灾 1109 起，直接经济损失 1324.26 万元。

注：1.本公报数为初步统计数；
2.公报中地区生产总值、各产业增加值绝对数按当年价格计算，增长速度按可比价格计算；
3.公报中部门数据由相关部门提供；
4.部分数据因四舍五入问题，存在总计与分项合计不等的情况；
5.部分指标数据因统计口径调整，较上年不具可比性。

2023年度如皋市生态环境状况公报

南通市如皋生态环境局

2023年，如皋市以习近平生态文明思想为指引，认真贯彻中央、省、市生态文明建设和环境保护新要求，深入推进污染防治攻坚，不断改善环境质量，全年$PM_{2.5}$平均浓度32.0微克/立方米，变化幅度南通第二，优良天数比例81.6%，省排名第17名；15个市考以上断面优Ⅲ比例达100%，其中碾砣港闸、焦港桥、引河大桥断面水质达Ⅱ类，长青沙饮用水源地和备用水源地水质稳定达Ⅲ类以上；土壤环境质量总体稳定，重点建设用地安全利用率达100%。全市未发生重大环境污染事故及环境事件。

一、环境质量

（一）水环境

1.饮用水源水

2023年，集中式水源地如皋鹏鹞水厂、长青沙水库应急水源地水质监测结果均达到或优于Ⅲ类标准，水质达标率100%。

2.地表水

全市设碾砣港闸、焦港桥、夏堡北大桥、曙光电灌站、勇敢大桥、向阳桥、引河大桥、新南新线桥、新334省道桥、新204国道公路桥、长庄大桥、环西大桥、四新桥、拉马河桥、永平闸15个南通市级以上考核断面。全年总体水质优，Ⅲ类水体以上水质断面比例100%。

3.地下水

2023年，岛香食品地下水测井质量综合指标类别为Ⅳ类，皋鑫电子地下水测井质量综合指标类别为Ⅲ类。

（二）空气环境

1.城市空气

全市环境空气中二氧化硫、二氧化氮、颗粒物（PM_{10}）、颗粒物（$PM_{2.5}$）指标年均值分别为9微克/立方米、22微克/立方米、51微克/立方米和32微克/立方米，自然降尘量年均值为2吨/(平方千米·月)。2023年度全市空气质量优良天数298天，优良率81.6%。

2.酸雨

全市降水总体呈弱酸性，降水酸碱度均值6.80，酸雨频率为0。

（三）土壤环境

2023年，危险废物年初库存2800吨，产生量86420吨，自行利用处置38533吨，委托利用处置48400吨，期末贮存2287吨。

（四）声环境

1.区域环境噪声

市区区域声环境昼间平均等效声级值为50.1分贝，夜间平均等效声级值为41.7分贝，总体水平等级均为二级（较好）。

2.道路交通噪声

全市道路交通噪声昼间加权平均等效声级值为61.1分贝，夜间加权平均等效声级值为53.1分贝强度等级均为一级（好）。

3.功能区噪声

各功能区昼、夜间噪声均达到相应功能区要求。

二、主要举措

1.聚焦绿色发展，持续推进绿色转型。严格落实“三线一单”管控要求，出台《重点行业绿色发展整治提升企业清单》，制定“一企一策”整治方案，培育绿色领军企业。盘活资源环境，建立市、镇两级园区总量储备库，协助企业完成4笔排污权交易，交易金额达212.5万元，完成南通首笔跨县(市、区)政府储备库排污权交易。组建“长江志愿小分队”和“共护长江”企业联盟，联合开展生态文明教育实践和生态认养等活动，推动长江生态保护。如皋长江“生态岛”建设及科创智谷开发EOD项目成功纳入省级EOD项目库。构建“生态环境部门+工商联+商会”“1+1+n”联动机制，发布《如皋市生态环境领域企业行政合规指导清单(第一批)》，竭力打造企业合规治理如皋模式。

2.加强宣传教育，生态理念深入人心。以“三点联创、一线常绿”为统领，全力打造“生态文明教育开放点、生态损害赔偿修复点、生态领域涉企合规示范点”和企业“生态认养绿色岸线”建设，实现可观、可感、可复刻的生态文明实践样板，成就生态文明实践新“皋”地。开展“守护长江水　共享长江美”、六五环境日、生物多样性日、生态文明思想巡回宣讲等宣传活动，在各级各类媒体发布宣传信息365篇，启动环保普法“直通车”，有力推动企业学法守法，形成公众参与环境保护的良好氛围。

3.强化环境执法，提升监测监控水平。出台《如皋市生态环境涉嫌犯罪案件联合调查工作机制实施办法》，强化生态环境领域行刑衔接，常态化组织开展突击检查、夜查、节假日检查，开展各类环境执法7433人次，下达告知书211件、决定书236件，处罚金额971万元。推进生态损害赔偿，签订生态环境损害赔偿协议72件，完成全省首次公开摇号选取评估专家。强化实时监控和非现场监管，优化环境和污染源监测监控网络，完成326家排污单位废水、废气、用电监控联网全覆盖，完成进度位于南通第一，实现对全市188家企业污染源在线监控、383家大气管控企业用电监控、115家重点监管单位视频监控。

4.加强风险防范，有效化解环境问题。联合气象部门，根据降雨预测情况，制定《如皋市水环境质量预警处置办法》，实施雨排口风险隐患排查整治、重点领域环境安全风险隐患排查、重大事故隐患专项排查整治行动，完成如泰运河(如皋段)应急处置方案编制工作。联合制定《如皋、海安、如东生态环境局应急协作交流与协调联动工作机制》，与交通部门联合签署《交通运输领域生态环境联动工作机制》。强化环境保护工作“网格化监管”模式，开展生态环境匿名信访件回复分类处理试点，推出“皋质量环境随手拍”小程序，为环境问题的反馈提供快速通道。2023年共受理各级环境信访1504件，同比下降6%，其中部级、省级和南通市级越级环境信访总量同比下降28.6%、44%和58.6%。长江经济带生态环境警示片披露问题整改完成率100%。

5.推进减污降碳，改善环境质量。开展钢结构集群综合整治，推动企业新增RCO高效废气治理设施。紧盯扬尘源、生活源、工业源、移动源，扎实推进613个大气治理项目，完成率100%。推进“无异味园区”创建，26家企业已全部完成自查和专家核查，问题整改率100%。建设改造雨污水管网超24千米，农田排灌系统生态化改造面积超1万亩，完成234个长江入河排口整治销号。出台农田尾水生态化改造水污染物减排核算办法，水污染物总量储备均提升40%以上。完成43个高风险遗留地块调查，督促38家土壤重点单位开展隐患排查、自行监测。推进“无废城市”建设，设立九洲环保危险废物“监管仓”；持续推进小微收集体系建设；农村生活污水治理案例入选全国“2023减污降碳绿色发展峰会”典型案例。

大　事　记

2023 年 1 月

1 日 由南通大学、南通市文联和如皋市委宣传部联合主办的“如皋籍著名艺术家作品回乡展——我们的中国梦，文化进万家‘列波画展’”在如皋市文化馆开展。如皋籍画家马列波创作的 60 多幅作品集中亮相，吸引众多美术爱好者到场参观。

△ 白蒲镇在驷马桥巷前举行百岁坊重建落成揭幕仪式。市政协主席张元健参加活动并致辞，与白蒲镇党委书记张成共同为百岁坊揭牌。

3 日 市委书记何益军专题调研科技创新工作，听取 2022 年全市科技创新工作落实情况并部署 2023 年工作。相关部门及镇（区、街道）围绕 2022 年科技创新工作取得的成效及 2023 年工作目标举措进行汇报。市领导朱莹滢、陈鸣华、卢志敏、石兵参加活动。

△ 政协如皋市十五届四次常委会会议召开，市政协主席张元健主持会议。会议听取市政府关于市政协十五届一次会议以来提案办理情况的专项工作报告，协商调整部分市政协委员，协商通过市政协十五届二次会议的相关事项，对政协如皋市第十五届委员会常务委员会工作报告和提案工作情况的报告（征求意见稿）、《政协如皋市委员会 2023 年协商工作计划》、《政协如皋市委员会协商工作规则（讨论稿）》进行协商讨论。

△ 中国中央电视台中文国际频道（CCTV-4）《远方的家》系列节目《行走山水间》栏目，用 20 多分钟的镜头探寻如皋的古城老街、茶香萦绕以及一方盆土育奇景。

4 日 如皋市召开 2022 年度抓基层党建述职评议考核会议。市委有关工委和各镇（区、街道）主要负责人围绕 2022 年度抓基层党建工作进行述职，市委书记何益军一一进行点评。

5 日 如皋市举行全面推广运用“积分制”动员会暨农村人居环境整治提升双月推进会。会议围绕在基层治理中推广运用积分制管理作工作部署，并对《如皋市 2023 年农村人居环境整治提升工作考核细则》《如皋市农村公共空间环境整治提升实施方案》《关于在乡村治理中全面推广运用积分制管理的试行办法（征求意见稿）》进行政策解读。市领导丁兴华、程瑞琴、黄文斌、陈小燕参加会议。

6 日 市委副书记、市长王鸣昊主持召开十八届市政府第十四次常务会议。会议传达学习中央、省委经济工作会议和南通市委十三届五次全会精神，听取市危化品专项治理和“两客一危一货”专项治理情况汇报。会议讨论《如皋市 2022—2023 年农村水利工作实施意见（送审稿）》《如皋市“十四五”综合交通运输体系发展规划（送审稿）》等议题。

△ 退役军人事务部宣传中心内容生产处负责人吕高排一行到如皋检查指导双拥模范城创建工作，先后参观市红十四军纪念馆、华夏电影展示馆、新城吾悦双拥示范街区、中国工农红军南通如皋红军小学等处。

9日 市委书记何益军主持召开市委常委会会议，传达学习习近平主席2023年新年贺词精神和南通市两会精神，研究部署贯彻落实工作，并讨论《2023年政府工作报告》《如皋市人民政府2022年民生实事项目完成情况和2023年民生实事候选项目计划安排的报告》等议题。

△ 如皋市召开2022年度工作述职会议。市委书记何益军作市委领导班子述职报告、个人述职报告、干部选拔任用工作情况报告。市委副书记、市长王鸣昊作市政府领导班子述职报告和个人述职报告。

△ 2022—2023年度全市基层党员冬训工作动员部署会召开。市领导何益军、丁兴华、高峰、朱莹滢参加会议。

△ 市人大常委会主任司祝建带队到如皋市第十八届人民代表大会第二次会议大会会场和代表驻地，检查各项筹备工作，详细了解市行政中心礼堂等会场准备工作和代表食宿点准备情况。

△ 市政协主席张元健带队实地查看大会会场、开元名都大酒店等处，检查政协如皋市第十五届委员会第二次会议会场准备、疫情防控、后勤保障等情况。

△ 市十八届人大二次会议秘书处工作会议举行，部署相关工作。市人大常委会副主任缪爱诚介绍该次大会的筹备情况，通报大会指导思想、主要任务、日程安排、组织领导和各组职责。

10日 市第十八届人民代表大会第二次会议召开党员会议，市委书记何益军讲话，市人大常委会主任司祝建主持会议。非党员代表列席会议。

△ 市十八届人大二次会议在市行政中心礼堂举行预备会议。市人大常委会主任司祝建，副主任缪爱诚、张百璘、刘晓洁、石兵出席预备会议。会议应到代表420名，实到代表382名。会议选举产生该次大会的主席团和秘书长，主席团由61人组成，缪爱诚兼任秘书长。会议还对2022年度基层人大工作先进单位、先进工作者，人大代表履职先进个人，优秀代表建议、先进承办单位和建议办理优秀案例进行表彰。

△ 政协如皋市第十五届委员会第二次会议以“弘扬治沙精神 推进农村人居环境整治提升”为主题的委员论坛在市行政中心礼堂举行。论坛由市政协副主席陈小燕主持。市政协委员柳杰军、石剑、刘培华、李雯雯、王东方分别作题为《汇聚全社会磅礴力量 打造宜居宜业如皋样板》《村庄规划建设一盘棋 打造人居环境新“皋”地》《弘扬如皋“治沙”精神 提升人居环境建设水平》《传承治沙精神 推动农村人居环境整治提升》《借鉴治沙经验 弘扬治沙精神 多元手段推进农村人居环境综合整治》的大会发言。

△ 市十八届人大二次会议主席团举行第一次会议。会议由市人大常委会副主任张百璘主持，会议推定主席团常务主席，他们是何益军、司祝建、缪爱诚、张百璘、刘晓洁、石兵，主席团常务主席负责召集并主持主席团会议。会议通过大会主席团执行主席轮值名单，决定大会副秘书长人选，通过大会日程安排，通报大会秘书处筹建情况。

10—12日

中国人民政治协商会议如皋市第十五届委员会第二次会议在市行政中心礼堂召开。市委书记何益军出席会议并讲话。市政协主席张元健代表政协如皋市第十五届委员会常务委员会向大会作工作报告。市政协副主席张亚莺向大会作市政协十五届一次会议以来提案工作情况报告。会议通过大会《政协如皋市第十五届委员会第二次会议选举办法(草案)》，李小军当选为市政协十五届委员会常委。会议通报政协如皋市第十五届委员会第二次会议提案审查情况。通过《中国人民政治协商会议如皋市第十五届委员会第二次会议决议》。

11日 南通市科技招商现场推进会在如皋市召开。南通市副市长陈冬梅，如皋市领导何益军、陈鸣华参加会议。市委书记何益军介绍如皋市科技招商的经验做法和2023年工作思路。南通市科技局负责人解读《关于加快推进全市科技招商工作的实施意见》，对2023年科创项目认定标准进行说明。南通各板块、各园区相关负责人对科技招商工作和科创项目认定标准提出意见建议。会前，与会人员实地参观江苏卓远半导体有限公司、百林科制药装备科技(江苏)有限公司。

△ 市委书记何益军参加市十八届人大二次会议第二代表团的审议，与代表一起审议政府工作报告和大会其他报告，听取代表们的发言，就有关问题进行讨论。

△ 市委副书记、市长王鸣昊参加市十八届人大二次会议第一代表团的审议，与代表一起审议政府工作报告和其他报告，认真倾听代表们的发言，与大家交流互动。

△ 全市疫情防控工作会议召开，对全市及农村疫情防控工作进行部署。市领导王鸣昊、程瑞琴、顾留忠、黄文斌、张炜龙、顾凡参加会议。

△ 市十八届人大二次会议召开财经委员会会议，讨论和审查《关于如皋市2022年国民经济和社会发展计划执行情况与2023年国民经济和社会发展计划草案的报告》《关于如皋市2022年财政预算执行情况和2023年财政预算草案的报告》。

△ 政协如皋市十五届二次会议提案审查委员会在大会秘书长、提案审查委员会主任委员张亚鸾的主持下，对会议期间所收到的提案进行认真审查。

11—13日

如皋市第十八届人大第二次会议在市行政中心礼堂召开。市委副书记、市长王鸣昊向大会作政府工作报告。会议通过《如皋市人民代表大会议事规则》《关于如皋市人民政府工作报告的决议》《关于如皋市2022年国民经济和社会发展计划执行情况与2023年国民经济和社会发展计划的决议》《关于如皋市2022年财政预算执行情况和2023年财政预算的决议》《关于如皋市人大常委会工作报告的决议》《关于如皋市人民法院工作报告的决议》《关于如皋市人民检察院工作报告的决议》。

12日

市第十八届人民代表大会第二次会议在市行政中心礼堂召开第二次全体会议。市人大常委会主任司祝建代表市十八届人大常委会向大会作工作报告。市人民法院院长唐明渠作《如皋市人民法院工作报告》，市人民检察院检察长吴晓栋作《如皋市人民检察院工作报告》。大会表决通过《2023年市政府民生实事项目票决办法(草案)》，审议《如皋市人民代表大会议事规则(草案)》。

△ 市委副书记、市长王鸣昊带队督查安全生产、疫情防控等工作，实地走访万达广场、南通力威机械有限公司、如皋火车站、国网如皋市供电公司、迎新社区卫生服务站、市中医院、益有燃气加气站等处，详细了解相关工作情况和春节期间工作安排，慰问城管队员、保洁员、医护人员以及相关部门一线工作人员。

△ 市十八届人大二次会议主席团第二次会议召开，听取各代表团审议政府工作报告和《关于如皋市2022年国民经济和社会发展计划执行情况与2023年国民经济和社会发展计划草案的报告》《关于如皋市2022年财政预算执行情况和2023年财政预算草案的报告》《关于2022年民生实事项目完成情况和2023年民生实事候选项目计划安排报告》的情况汇报。会议听取并通过市第十八届人民代表大会财政经济委员会主任委员石兵所作的《关于2022年国民经济社会发展计划和财政预算执行情况与2023年国民经济社会发展计划和财政预算草案的审查结果报告(草案)》，通过《关于如皋市人民政府工作报告的决议(草案)》《关于如皋市2022年国民经济和社会发展计划执行情况与2023年国民经济和社会发展计划的决议(草案)》《关于如皋市2022年财政预算执行情况和2023年财政预算的决议(草案)》。

△ 出席市十八届人大二次会议的人大代表，以代表团为单位审议市人大常委会、“两院”工作报告、人民代表大会议事规则及相关决议草案。

△ 市十八届人大二次会议议案审查委员会会议召开，听取大会秘书处议案组关于代表建议受理

情况和处理意见的汇报，审议、表决通过《关于如皋市第十八届人民代表大会第二次会议议案和代表建议、批评、意见处理意见的报告(草案)》。

△ 市政协十五届二次会议对2022年度政协工作各类先进集体和先进个人进行表彰，市政协副主席杜永红主持活动并宣读表彰决定。会议表彰如城街道政协工委等10个集体为2022年度政协工作先进集体；表彰张长健等42名委员为2022年度优秀政协委员；表彰如城街道政协工委等10个委(组)议事室、孔庙社区等38个村(社区)协商议事室为2022年度“有事好商量”优秀协商议事室；表彰范广建等21位个人为2022年度“有事好商量”协商议事室优秀召集人；表彰“关于加快推进我市申报国家历史文化名城申报进程的建议案”等24件提案为2022年度优秀提案；表彰文体新委员组等6个委(组)为2022年度提案工作先进集体；表彰张长健等10名委员为提案工作先进委员；表彰“关于拆除废弃供热管网的建议”等5件社情民意为2022年度优秀社情民意。

△ 江苏万达特种轴承股份有限公司在全国中小企业股份转让系统(俗称“新三板”)基础层挂牌。

13日 市委常委会召开2022年度民主生活会。会议通报市委常委班子2021年度民主生活会整改措施落实情况和2022年度民主生活会征求意见情况。何益军代表市委常委班子作对照检查，并带头作个人检视剖析，主动接受批评。市委常委班子成员围绕会议主题，结合各自思想和工作实际，进行个人检视剖析，开展批评与自我批评。南通市委副书记、宣传部部长沈雷到会指导并作点评。

△ 市十八届人大二次会议第三次全体会议召开。会议根据大会票决办法的规定，票决市政府2023年民生实事项目。

△ 市十八届人大二次会议主席团第三次会议举行。主席团常务主席缪爱诚主持会议。会议听取各代表团审议市人大常委会和“两院”工作报告、《如皋市人民代表大会议事规则(草案)》情况的汇报，通过《如皋市第十八届人民代表大会第二次会议关于市人大常委会工作报告的决议(草案)》《如皋市第十八届人民代表大会第二次会议关于市人民法院工作报告的决议(草案)》《如皋市第十八届人民代表大会第二次会议关于市人民检察院工作报告的决议(草案)》，听取并通过市十八届人民代表大会议案审查委员会主任委员石兵所作的《关于如皋市第十八届人民代表大会第二次会议议案和代表建议、批评、意见处埋意见的报告(草案)》，通过民生实事项目票决监票人和总监票人名单。

△ 市十八届人大二次会议主席团第四次会议举行。主席团常务主席刘晓洁主持会议。会议听取民生实事项目票决结果，确认入选项目。

△ 南通市人大常委会副主任、党组副书记姜永华一行到如皋开展春节慰问，先后走访慰问磨头镇磨头社区22组低保户沈国建和五保户唐国安、丁堰镇皋南社区76岁的困难退役军人张祝茂、如皋经济技术开发区困难职工范本捷等困难群众或职工。

14日 市委书记何益军主持召开市委常委会会议，学习二十届中央纪委二次全会精神，讨论《2023年市领导春节慰问活动安排方案》等议题。

16日 市委书记何益军带队先后查看市公安局巡特警大队、市人民医院、吾悦广场、如皋南站、南通正海磁材有限公司、市消防救援大队、58#地块安置房项目建设现场和南通市如海区域供水公司桃园增压站等处，督查春节前安全生产、疫情防控和节日保障工作，慰问一线职工代表。市领导丁兴华、石兵、顾凡、陈刚参加活动。

△ 2022年度镇(区、街道)宣传思想文化工作述职评议会举行。各镇(区、街道)、市教育局相关负责人汇报2022年宣传思想文化工作完成情况和2023年工作思路举措。市委常委、宣传部部长高峰参加会议。

△ 经济技术开发区(城北街道)举行 2022—2023 年度基层党员冬训工作动员部署会,市委常委、如皋经济技术开发区党工委副书记卢志敏作冬训动员部署并示范开讲年度党员冬训第一课。

17日 全市党员干部警示教育大会召开。与会人员共同观看廉政警示教育片《赶考路上掉队者》。市委书记何益军讲话。司祝建、张元健、丁兴华等市四套班子领导参加会议。

△ 市委书记何益军给离退休老干部、优抚对象、低收入农户、困境儿童等送上新春祝福。市领导石兵、崔建村参加活动。

△ 如皋市举行全市冬季安全生产工作推进会议,通报市内外事故情况,对岁末年初全市安全生产大检查进行部署,相关部门和板块作工作交流和表态发言。

△ 市人大常委会主任司祝建走访慰问优抚对象、新中国成立前入党的老党员、残疾人家庭等群体,向他们致以新春的问候。

△ 市委副书记丁兴华带队深入基层开展春节走访慰问活动,慰问部分离退休老干部,把组织的关怀和问候送到他们身边。市委常委、如皋经济技术开发区党工委副书记卢志敏参加活动。

△ 如皋市举行 2022 年度镇(区、街道)纪检监察工作述职会议,市委常委、市纪委书记、市监委主任秦金春参加会议。

18日 市政协主席张元健带队走访慰问优抚对象孙同康、新中国成立前入党的老党员吴锁、百岁老人吴慧芬、白蒲中学的教师任炳杰以及 4 位离退休老干部,开展春节走访慰问活动。

△ 南通市委宣传部副部长、市文明办主任盛慧琴一行到如皋,走访慰问如皋市部分道德典型。盛慧琴一行先后走访慰问道德典型丛慧玉、李百战,在市爱心城市馆与搬经镇高明庄社区相关负责人深入了解社区居民、扛钢管为亡夫还债的"中国好人"施建银近况,要求社区要关心爱护施建银等"身边好人",及时为他们解决生活中遇到的难题。

△ 全市基层党员冬训"理论大集"进基层观摩活动暨理论骨干宣讲培训会举行,市委常委、宣传部部长高峰参加活动,为长江镇"江畔潮声"理论宣讲队 8 名青年骨干赠送"理响皋地"主题台历、理论学习辅导材料等理论年货大礼包,并参观"理论年货大集"。

19日 市领导何益军、丁兴华、高峰、石兵以志愿者身份,走进孔庙社区开展"在如过大年 儿女请放心"志愿服务活动,与孔庙社区子女不能回家过年的老人,社区能人家庭,辖区内医护人员代表、居民代表,疫情防控期间优秀志愿者,辖区爱心商户共度暖"皋"2023。

△ 市委常委、宣传部部长高峰带队深入水绘园风景区、外星人网咖(绿润名都店)、声屏世纪影城检查文旅行业安全生产等工作。

20日 市委副书记、市长王鸣昊主持召开市政府党组 2022 年度民主生活会,代表市政府党组作对照检查发言,并带头作个人检视剖析,主动接受批评。

△ 市委副书记、市长,市新时代文明实践志愿服务总队长王鸣昊开展新春送福主题志愿活动,向交警辅警、城管协管队员、环卫工人、快递员、外卖员等户外工作者致以节日的祝福和新年的问候,对大家一年来为城市建设添砖加瓦的辛勤付出表示感谢,并向户外工作者赠送健康大礼包和礼遇工作照。活动还组织书法家文明实践志愿者为户外工作者写春联、送福字。

△ 市委常委、组织部部长、统战部部长朱莹滢走访慰问中国科学院院士朱美芳、中国工程院院士孙友宏。

21日 如皋市举办“兔年迎新 钟声祈福”活动，通过在中山钟楼进行灯光表演、敲迎新钟声、抢守岁红包等方式，迎接兔年春节。市委书记何益军以视频形式向全市人民致以新春祝福。

22日 市委书记何益军到水绘园风景区、市公安局春节安保联合指挥部、市市域治理现代化指挥中心、市信访局接待大厅等处，看望慰问坚守岗位的工作人员，代表市委、市政府向他们致以节日问候和新春祝福。市领导陈刚、崔建村参加活动。

△ 搬经镇长寿文化博物馆新春游园会开幕。

24日 江安、石庄、磨头等镇区邀请乡贤齐聚一堂，叙乡情、献计策、话发展。市领导司祝建、丁兴华、高峰、朱莹滢等参加活动。

27日 市委副书记、市长王鸣昊率队走访市博爱医院、江苏力星通用钢球股份有限公司、江苏天南电力股份有限公司、南通超达装备股份有限公司、江苏神马电力股份有限公司等处，督查企业复工复产、医院医疗救治等情况。

28日 春节假期后第一个工作日，市委书记何益军，市委副书记、市长王鸣昊带队走访部分机关部门、服务窗口以及企业，为工作人员加油鼓劲送祝福。

△ 市委常委、宣传部部长高峰到市融媒体中心（传媒集团）进行专题调研。

29日 南通市持续推进“机关作风建设提升年”“营商环境提升年”动员大会召开，会议以视频形式召开。市委书记何益军，市委副书记、市长王鸣昊在南通主会场参加会议，何益军在会上作交流发言。司祝建、张元健、丁兴华等市四套班子领导在如皋分会场收听收看。

△ 住房和城乡建设部城建司原副司长、中国土木工程学会水工业分会理事长张悦受邀到如皋开展专题讲座。张悦以“活性污泥之生命物质——创造循环农业的奇迹”为主题，通过生动的案例、翔实的数据，从资源化更深层次探索污泥在农业领域的应用。与会人员围绕讲座内容交流实践经验、分享创新成果，并就相关问题进行讨论。市领导何益军、陈鸣华等参加活动。

30日 市委常委、宣传部部长高峰带队实地走访如皋港化工新材料产业园、如皋港保税物流中心等处，调研如皋港港口服务业发展情况。

31日 市委书记何益军主持召开市委常委会会议，学习习近平总书记在中央政治局民主生活会上的重要讲话精神，传达学习上级安全生产电视电话会议精神，部署下一阶段安全生产重点工作。会议还讨论了其他议题。

△ 南通市副市长、公安局局长高山带队到如皋开展走访慰问活动，实地走访调研日达智造科技（如皋）有限公司、南通海泰科特精密材料有限公司、亚太森博（江苏）浆纸有限公司、长江镇社会治理综合服务中心等处，与企业相关负责人深入交谈，详细了解企业在生产经营、研发投入、产品销售、纳税缴费、政策申报等方面的情况和诉求。市领导程瑞琴、陈刚参加活动。

2023 年 2 月

1日 全市持续推进招商引资突破年暨招商出征动员大会召开，动员全市上下迅速收心归位、攒足干劲，以“开年就是开工、开工就要实干”的奋进姿态，在招商引资赛场上大展宏图，为如皋现代化建设蓄势赋能。市领导何益军、王鸣昊、高峰、卢志敏等出席会议。

△ 高新区党工委2022年度民主生活会举行。市委书记何益军，市纪委副书记、市监委副主任马铁军到会指导。

2日 如皋市召开全市科技人才发展大会。市领导何益军、司祝建、张元健、丁兴华等参加会议。会议由市委副书记丁兴华主持。市委书记何益军讲话。市委常委、组织部部长、统战部部长朱莹滢宣读2022年度全市科技、人才工作先进单位及个人名单；市委常委、副市长、市科技创新委员会办公室党组书记陈鸣华以《勠力战“高沙” 奋力攀新高 全面打造创新型县市建设“如皋样板”》为题对创新型县(市)建设进行动员部署。大会现场还对部分年度先进单位和个人进行表彰；相关部门、单位代表在会上作交流发言；江苏力星通用钢球股份有限公司董事长施祥贵就江苏力星通用钢球股份有限公司成功获得“国家企业技术中心”认定公示发表感言。

3日 全市干部作风建设暨“喜迎二十大、再次战高沙”主题教育成果汇报会召开，动员全市上下牢固树立“开年就是开工、开工就要实干”的坚定信念，以“敢为、敢闯、敢干、敢首创”的担当精神干事创业。何益军、王鸣昊、司祝建、张元健、丁兴华等市四套班子领导出席会议。会议通报2022年度作风建设情况和“喜迎二十大、再次战高沙”主题教育开展情况，并为“喜迎二十大、再次战高沙”主题教育十佳标杆案例、十佳优秀案例获得单位颁奖。会前，市四套班子领导参观“喜迎二十大、再次战高沙”主题教育十佳标杆案例、十佳优秀案例展览。

6日 康瑞新材料科技(南通)有限公司高性能金属复合材料及零部件制造项目正式投产。该项目从签约到投产仅用100天，2023年预计销售收入超20亿元。南通市委副书记、市长吴新明，南通市政府副市长、秘书长凌屹，江苏康瑞新材料科技股份有限公司董事长朱卫，如皋市领导何益军、王鸣昊、丁兴华、顾留忠、卢志敏、杜晓峰等参加启动仪式。

△ 市人民陪审员任命书颁发暨宣誓仪式举行。市人大常委会主任司祝建代表市人大常委会向新任命的255名人民陪审员表示祝贺，并就做好新时期人民陪审员工作提出要求。

7日 市文联各协会新春座谈会举行。市委常委、宣传部部长高峰参加会议。市文联各协会及二级协(学)会负责人汇报2022年工作情况以及2023年任务计划。市委宣传部、市文明办、市文体广旅局、市文联相关负责人进行交流发言。

△ 如皋市举行统一战线各界人士新春联谊会暨非遗文化全球推广活动。省委统战部侨务文教处二级调研员汤永奇，南通市委统战部常务副部长马建清，南通市委统战部副部长、市侨办主任金志伟，如皋市领导朱莹滢、张百璘等参加活动。市委常委、统战部部长、组织部部长朱莹滢在活动中致辞。9名统一战线各界代表人士进行交流发言，畅谈家乡发展。与会嘉宾观看文艺演出，并参观非物质文化遗产精品展。活动聘请7位侨界代表担任如皋非遗海外推广大使，并颁发聘书。

9日 市委召开政法工作会议，总结工作、分析形势、部署任务。市委书记何益军讲话，市委常委、政法委书记程瑞琴作政法工作报告。会议通报2022年度全市政法工作考评及相关评选结果，并为部分获奖单位和个人颁奖。会议就全国两会期间安保工作进行部署。

△ 南通市人大常委会副主任葛玉琴率队到如皋实地走访慰问江苏卓远半导体有限公司、江苏汤臣汽车零部件有限公司、威格（江苏）电气设备有限公司和南通斯密特森光电科技有限公司等重点企业。市人大常委会主任司祝建参加活动。

△ 如皋市新经济组织、新社会组织、新就业群体2022—2023年度党员冬训工作部署会暨深化“学说做”活动推进会举行。市委常委、组织部部长、统战部部长朱莹滢参加活动。与会人员观看短片《正青春》，快递小哥、全国五一劳动奖章获得者张鑫分享参加省人代会的心得体会。会议还为11家“小哥律所”授牌，并为受聘为如皋市“食品安全监督员”的外卖小哥颁发聘书。全国优秀党务工作者、全国基层理论宣讲先进个人姚呈明作党的二十大精神宣讲。市交通运输局、搬经镇进行交流发言。与会人员集中参观搬经镇“小哥医院”党建阵地、如泰运河闸“好通驿站”。

△ 江苏省发展改革委公布《2023年江苏省重大项目名单》，包括重大建设工程、重点产业以及直接关系民生的一批重要项目，如皋3个项目入选。其中，如皋斯堪尼亚商用车、如皋赛得利新溶剂法纤维素纤维2个为实施项目，如皋康瑞异种金属复合材料为储备项目。

10日 南通市人大常委会副主任、党组副书记姜永华带队到如皋调研开发园区建设与发展情况。姜永华一行实地调研康瑞新材料科技（南通）有限公司和南通正海磁材有限公司，详细了解开发园区建设发展情况。座谈会上，姜永华听取如皋市开发园区建设发展情况的汇报。如皋经济技术开发区、高新技术产业开发区相关负责人进行交流发言。市领导司祝建、顾留忠等参加活动。

△ 市政法系统学习贯彻党的二十大精神暨政法工作汇报活动、如皋市道德讲堂总堂市级机关示范讲堂活动举行。南通市委政法委常务副书记殷蓓，以及如皋市领导王鸣昊、程瑞琴等参加活动。活动现场举行如皋市优化法治化营商环境专项行动启动仪式，2022年度最美网格长、2022年如皋市金牌调解员颁奖仪式，2022年度政法战线荣退仪式，2021—2022年度十佳人民满意政法单位、2021—2022年度十佳平安卫士颁奖仪式。

△ 如皋市举行全市公安工作会议。市领导程瑞琴、缪爱诚、陈刚、陈小燕参加会议。会议传达南通市副市长、公安局局长高山以及如皋市委书记何益军，市委副书记、市长王鸣昊对公安工作的批示；副市长、市公安局局长陈刚作公安工作报告；会议对2022年度综合考评优秀单位、2022年度“最美警察”、2022年度“最美警嫂”、系列评先评优先进代表进行表彰。

△ 如皋市召开全市宣传思想工作会议，深入学习贯彻党的二十大精神及全国、省、南通市有关会议精神，总结2022年工作、部署2023年工作。会议传达市委书记何益军对宣传思想工作的批示，表彰2022年度全市宣传工作先进集体及个人，并为获奖单位和个人颁奖。吴窑镇、城北街道、市委党校、市融媒体中心相关负责人作交流发言。市委常委、宣传部部长高峰，副市长崔建村参加会议。

11日 江苏思源赫兹互感器有限公司RIP套管生产线竣工投产启动仪式举行。中国工程院院士邱爱慈、饶宏，国家能源局原监管总监李冶、国家电网公司原副总经理刘泽洪、国家工信部科技司原处长张力超、中国机械工业联合会高级顾问何孔德、江苏省工信厅二级巡视员常如平，南通市政府副市长、秘书长凌屹，思源电气股份有限公司董事长董增平，以及如皋市领导王鸣昊、丁兴华、陈鸣华、卢志敏参加活动。

△ 如皋市人民法院发布公告，自2023年2月13日起对人民法庭案件管辖作出部分调整。调整

磨头人民法庭、白蒲人民法庭案件管辖范围，调整后，磨头人民法庭管辖区域为：石庄镇、磨头镇、吴窑镇；白蒲人民法庭管辖区域为：丁堰镇、下原镇、白蒲镇。

13日 市委书记何益军带队到“中国好人”丛慧玉家中进行走访慰问，送上关心和祝福。市领导高峰、石兵参加活动。

△ 如皋市举行花木盆景产业发展工作座谈会。市花木盆景相关协会、企业、盆景人才及带货主播围绕花木盆景产业转型发展的经验做法、存在问题、下一步工作打算等进行交流，并提出意见建议。相关部门和镇（区、街道）进行交流发言。市委副书记丁兴华、副市长黄文斌参加活动。

△《如皋市政府投资建设项目审计转型实施办法》经十八届市政府第十次常务会议研究同意，正式印发。该《办法》于2023年3月15日起正式施行。

14日 南通市委宣传部四级调研员智平一行到如皋，调研基层党员冬训工作。智平一行先后到市红十四军纪念馆、城南街道平明社区老杨茶馆、城北街道东风社区东皋书吧、磨头镇等处，观摩指导基层宣讲工作。市委常委、宣传部部长高峰参加活动。

△ 如皋市档案馆馆长谢晓明率队到江苏省档案馆，就民国档案数字化、电影胶片档案保护、档案科技项目申报、档案征集、重大事件宣传报道、学术研讨会等工作开展业务交流。省档案馆副馆长孙敏参加活动。

15日 全市项目建设动员大会暨新春项目签约仪式举行。会议通报2022年度各镇（区、街道）产业项目建设综合考评结果及获得2022年度南通市重大项目高质量建设奖项目名单，对2022年度全市项目建设情况进行点评，部署2023年项目建设工作。计划总投资40亿元（含7000万美元外资）的12个重大项目进行集中签约。何益军、王鸣昊、司祝建、张元健、丁兴华等市四套班子领导出席会议。

△ 南通市委召开全市领导干部警示教育大会。会议以视频形式召开，何益军、王鸣昊、司祝建、张元健等市四套班子领导在如皋分会场收听收看。

△ 南通市委召开农村工作会议，市领导何益军、王鸣昊、许敬乔在如皋分会场收听收看。

16日 市委书记何益军主持召开市委常委会会议，学习习近平总书记在中共中央政治局第二次集体学习时的重要讲话精神，学习省委书记信长星在省委理论学习中心组学习会上的讲话精神，研究贯彻落实工作。会议传达并学习习近平总书记重要指示和上级政法工作会议精神，听取政法重点工作、全市平安稳定形势、全国两会安保工作情况汇报。

△ 中国共产党如皋市第十三届纪律检查委员会第三次全体（扩大）会议举行。市委书记何益军出席会议并讲话，市委常委、市纪委书记、市监委主任秦金春主持会议，并代表市纪委常委会作工作报告。会议审议通过秦金春代表市纪委常委会所作的工作报告和《中国共产党如皋市第十三届纪律检查委员会第三次全体（扩大）会议决议》。王鸣昊、司祝建、张元健、丁兴华等市四套班子领导出席会议。

△ 如皋市召开全市信访工作会议。市委常委、政法委书记程瑞琴主持会议，并就相关重点工作进行再部署。市委副书记、市长王鸣昊讲话。会议表彰2022年度全市信访工作先进集体和个人，高新区、丁堰镇、下原镇、市人社局、市住建局相关负责人进行交流发言。

△ 2023年如皋市“全民阅读春风行动”示范活动、如皋经济技术开发区“阅读家乡”赛诗会暨“护苗·开学第一课”活动举行。市委常委、宣传部部长高峰参加活动并为城北街道城北社区阅读推广志愿者徐林培颁发“最美阅读者”奖杯。市委常委、如皋经济技术开发区党工委副书记卢志敏与乡贤代表以视频形式推荐好书。活动前，与会人员参观城北街道万新村、镇南社区及东风社区的农家书屋。

17日 市委书记何益军带队深入部分重点场所检查安全生产和消防工作，实地查看高新区尔昕智能制造产业园、如城街道东方花园小区、文峰城市广场、珍爱八八辛宾馆、苏浙大市场等处。市领导顾留忠、陈刚参加活动。

△ 市委副书记丁兴华带队实地走访九华镇郑甸社区、马桥村和长江镇薛窑社区、平南社区易俗堂等处，以“四不两直”方式督查移风易俗工作。

20日 市委审计委员会召开第六次会议，传达并学习全国审计工作会议精神和江苏省委审计委员会第十一次会议精神，听取全市审计工作情况汇报，审议《市委审计委员会2022年工作总结和2023年工作要点》和《2023年度审计项目计划（草案）》，研究部署2023年审计工作。市领导何益军、王鸣昊、顾留忠、秦金春、朱莹滢参加会议。

21日 市委副书记、市长王鸣昊主持召开十八届市政府第十五次常务会议，传达学习习近平总书记在学习贯彻党的二十大精神研讨班开班式上的重要讲话精神、习近平总书记在二十届中央纪委二次全会上的重要讲话精神、习近平总书记关于“让干部敢为、地方敢闯、企业敢干、群众敢首创”的重要论述，讨论《2023年市政府重点工作任务分解表（送审稿）》《2023年民生实事项目任务分解表（送审稿）》《如皋市“十四五”城镇住房发展规划（送审稿）》等议题。

△ 全市干部教育培训工作领导小组会议举行。市委副书记、市委党校校长丁兴华出席会议并讲话，市委常委、组织部部长、统战部部长朱莹滢主持会议。会议听取2022年全市干部教育培训工作情况汇报；市委组织部相关负责人就《2023年如皋市干部教育培训工作要点》和《2023年如皋市干部调训计划》作说明。

△ 无锡市委常委、无锡军分区司令员王作才带队到如皋调研基层武装工作。王作才一行实地走访如皋市民兵训练基地、东陈镇尚书村等处。南通市委常委、南通军分区司令员周建新，如皋市委常委、市人武部部长夏森参加活动。

△ 市人大常委会副主任缪爱诚率队走访城北街道姜桥港、九华镇马桥村股份经济合作社、搬经镇湖刘社区化肥减量增效示范区等处，实地督查生态环境保护工作，听取相关情况介绍，详细了解河道整治、扬尘管控、秸秆处理、生活污水处理、农药化肥减量使用等方面的情况，并就相关问题进行询问。

22日 高新区（如城街道、城南街道）2022年度总结表彰大会召开。市委书记何益军讲话。市人大常委会副主任、高新区党工委书记石兵作总结表彰大会报告，总结回顾高新区2022年各项工作取得的成绩，并对全区2023年工作进行部署安排。会议对高新区先进集体、先进村（社区）、优秀企业经营管理者、优秀村（社区）党组织书记等进行表彰并颁奖。

△ 市人大常委会主任司祝建带队专题督查如皋在沪飞地孵化器运行情况，实地视察如皋（上海）科技成果转化创新平台（高新区—上海交大）、国家级如皋经济技术开发区（上海）科创中心（开发区—复旦大学）、同济大学科技园如皋港（上海）产业协同创新中心等处。

△ “人和雉水”N+基层协同解纷机制共建仪式暨社会治理现代化综合服务中心建设研讨会举行。市委政法委、市人民法院、市公安局、市司法局等相关单位相关负责人和市律师协会、市基层法律服务工作者协会负责人共同签署“人和雉水”N+基层协同解纷机制实施方案。相关单位就落实N+基层协同解纷机制作表态发言，就社会治理现代化综合服务中心建设相关经验作交流发言。市领导程瑞琴、陈刚参加活动。

23日 市管干部学习贯彻习近平新时代中国特色社会主义思想和党的二十大精神研讨班开班。市委书记何益军作开班动员，市委常委、组织部部长、统战部部长朱莹滢主持开班式。该次集中轮训共举办3期研讨班，实现市管干部全覆盖。

△ 市人大常委会主任司祝建带队到太仓、常熟考察科技创新工作，实地考察太仓市娄江新城规划展示馆、太仓市双创综合服务（线下）平台、太仓市企业服务中心，常熟经济技术开发区"苏州·中国声谷"项目、江苏省产研院先进金属材料及应用技术研究所、常熟国家农业科技园区核心区、中国·常熟智慧能源创新中心等处。

24日 全市创建南通市基层党建工作示范点推进会举行。市委常委、组织部部长、统战部部长朱莹滢参加会议。市卫健委、长江镇、江安中学、搬经镇搬东社区、双钱集团（江苏）轮胎有限公司五家创建南通市基层党建工作示范点重点培育单位相关负责人就创建思路和举措作交流发言。

△ 全市村（社区）党组织书记学习贯彻党的二十大精神培训班在市委党校开班。市委常委、组织部部长、统战部部长朱莹滢出席开班典礼并讲话。相关村（社区）就学习贯彻党的二十大精神进行交流发言。

△ 江苏省教育厅统群处党支部与省委驻如皋乡村振兴工作队临时党委开展"同心汇聚合力 助力乡村振兴"联合主题党日活动。省教育厅统群处党支部书记、处长张晓宁，省委驻如皋市乡村振兴工作队队长、如皋市委常委、副市长许敬乔参加活动。张晓宁一行实地走访搬经镇万富村智慧农业基地、大米加工厂、党员网格驿站以及市红十四军纪念馆，了解如皋市乡村发展情况和红色故事。会上，许敬乔介绍如皋市经济社会发展和乡村振兴工作开展情况。南京农业大学党委统战部与省委驻如皋市乡村振兴工作队签订校地合作意向书，南京樱桃鸭业有限公司与如皋市万福禽业专业合作社签订战略合作框架协议。

27日 如皋市赴苏州举办长三角科创"皋"地投资说明会，与长三角地区的知名创投机构、科创人才、高校等共叙友谊、共谋商机、共商发展。南通市科技局副局长林伟，如皋市领导丁兴华、朱莹滢、陈鸣华等参加活动。市委副书记丁兴华在会上致辞。市委常委、组织部部长、统战部部长朱莹滢介绍如皋市经济社会发展情况，市委常委、副市长陈鸣华介绍如皋市科技、人才发展政策。各投资机构、签约项目代表进行交流发言，相关项目方就重要项目信息进行推介。活动共签约各类科创人才项目39个，涉及人工智能、信息技术、高端农业、生物医药、新材料等领域。

△ "马跃皋原"理论宣讲志愿服务"村村到"活动启动仪式在城南街道夏庄社区举行。市领导丁兴华、高峰参加活动。活动进行"马跃皋原"理论宣讲志愿服务"村村到"活动项目发布。启动仪式后，"马跃皋原"理论宣讲志愿服务队成员分别在城南街道平明社区、张八里社区、新庄社区、建设社区等地同步开展首批"马跃皋原"理论宣讲志愿服务"村村到"活动。

28日 市委理论学习中心组集中学习会召开。市委书记何益军领学习近平总书记在新进中央委员会的委员、候补委员和省部级主要领导干部学习贯彻习近平新时代中国特色社会主义思想和党的二十大精神研讨班开班式上的重要讲话精神；市委常委、市人民武装部部长夏森，市委常委、副市长许敬乔围绕学习新修订的《中国共产党章程》作交流研讨发言；市人大常委会主任司祝建，市政协主席张元健，市委常委、常务副市长顾留忠分别围绕学习习近平总书记在学习贯彻党的二十大精神研讨班开班式上重要讲话精神交流学习心得。

△ 市融媒体中心"新如皋的现代风——'中国式现代化如皋新实践'系列精品宣传项目"正式启动。南京师范大学新闻与传播学院党委书记沈非、南京师范大学新闻与传播学院网络与新媒体系主任

高山冰等领导和嘉宾共同按下启动键。市委常委、宣传部部长高峰出席活动并为系列精品宣传项目组颁发项目认领证书。活动同步举行市融媒体中心首家个人工作室——“新熔点”工作室授牌以及“如皋融媒体中心”视频号、“如皋广播电视台”抖音号更名为“皋端”仪式。

△ 如皋市举行 2023 年文体广电和旅游工作会议，总结 2022 年全市文体广旅工作，部署 2023 年文体广旅工作任务。市委常委、宣传部部长高峰，副市长崔建村参加会议。

△ 如皋市举行 2023 年度工商联工作会议。市工商联相关负责人总结市工商联 2022 年度工作，并部署 2023 年度工作。会议听取关于市工商联 2022 年度会费收缴及管理情况的报告，审议《如皋市工商联(总商会)会费缴纳和管理办法(修订草案)》，部署高级工商管理硕士(EMBA)高级研修班招生工作，并对 2022 年度先进集体和个人进行表彰。会议宣布如皋市青年企业家培养导师团正式成立，并为首批导师团导师颁发聘书。南通市工商联党组副书记、副主席罗加宏，如皋市领导朱莹滢、杜永红参加会议。

△ 如皋市举行民营经济“两个健康”推进会暨民营企业“敢闯敢干”动员会，总结 2022 年民营经济“两个健康”工作开展情况，部署 2023 年工作任务。市委常委、组织部部长、统战部部长朱莹滢参加会议。

2 月

如皋市首批“家庭病床”服务项目通过省级验收，成功落户白蒲镇卫生院。符合相关条件的患者，由家属填写《如皋市家庭病床服务备案表》，即可申请“家庭病床”服务。截至 2 月份，项目已完成建床 89 人次，医保报销比例达 73%，切实减轻患者的经济负担和人力负担。

△ 如皋市正式印发《如皋市“一老一小”整体解决方案》，明确“十四五”时期养老托育工作的指导思想、发展目标、重点任务和保障措施，总体目标为到 2025 年，全面建成人人可及、普惠均等、主体多元、服务多样、品质优良、监管有力的“一老一小”服务体系。

2023 年 3 月

1 日　如皋市召开全市生态文明建设暨深入打好污染防治攻坚战动员大会。会议通报 2022 年第四季度及全年污染防治攻坚考核结果，总结 2022 年污染防治攻坚成效，系统部署 2023 年各项工作，并对 2022 年污染防治攻坚先进单位进行颁奖。市领导何益军、张元健、丁兴华、顾留忠等参加会议。

△ 2023 年度南通市人大教科文卫工作座谈会在如皋市举行。会议传达全省人大教科文卫工作座谈会精神，通报 2023 年工作安排。南通各县(市、区)人大常委会分管负责人交流 2022 年教科文卫工作成果和今年工作安排。会前，与会人员集中参观江苏卓远半导体有限公司、东大街历史文化街区、华夏电影展示馆等处。南通市人大常委会党组成员陈俊，以及如皋市人大常委会主任司祝建参加活动。

△ 如皋市举行二月份农村人居环境整治提升暨农村厕所革命现场推进会。与会人员实地参观如城街道顾庄社区、贺洋社区、钱长村等处，详细了解厕所革命、河道整治、美丽庭院建设等农村人居环境整治提升情况。市领导丁兴华、黄文斌参加活动。

△ 市委常委、宣传部部长高峰带队到石庄、白蒲、丁堰等镇，先后走访调研张黄港红色主题教育公园和草张庄社区、白蒲镇蒲东社区百姓大舞台和朱家桥村农耕文化广场以及丁堰镇图书馆分馆等处，调研督查基层党员冬训工作。

1—2 日

2023 年境外驻华机构到如皋考察交流会举行。荷兰贸易促进委员会、大韩贸易投资振兴公社南京代表处、英中贸易协会驻南京代表处、罗马尼亚工商联合会、南非中国文化中心和国际教育交流中心、荷兰北布拉邦省驻江苏、德国巴符州驻南京代表处、日本瑞穗银行南京代表处、荷兰氢能产业联盟等 9 家境外机构代表共 12 人齐聚一堂，共话合作。会前，与会人员集中参观梦百合家居科技股份有限公司、南通荣威娱乐用品有限公司、南通斯密特森光电科技有限公司等处。

3 日　南通市政协党组成员、一级巡视员、南通市沿江科创带领导小组执行副组长羌强带队到如皋调研沿江科创带建设工作。羌强一行先后参观南通惟怡新材料科技有限公司、皋加速科创园、南通正海磁材有限公司、霖鼎光学(江苏)有限公司、南通途腾信息科技有限公司、南通博思数字科技有限公司等处，详细了解如皋市科创园区建设、高新技术企业发展情况，听取沿江科创带建设工作具体情况的汇报。南通市科技局党组书记、局长赵男男，如皋市领导何益军、陈鸣华参加活动。

4 日　如皋市召开市委农村工作会议暨一季度“村(社区)书记大讲坛”，分析当前农村形势，研究部署全市“三农”各项工作。何益军、司祝建、张元健、丁兴华等市四套班子领导参加会议。

△ 市委书记何益军带队督查安全生产工作。何益军一行实地走访 160#B 安置房项目建设现场、大风车游乐园、如皋市协和印染有限公司、江苏长寿集团南山饲料有限公司等处，督查特种设备运行、有限空间作业、涉爆粉尘处置、环保设施运行等安全生产工作开展情况。市委常委、市政府常务副市长顾留忠参加活动。

6日 市委书记何益军主持召开市委常委会会议，学习习近平总书记有关重要讲话、重要指示和重要批示精神，学习中央、省委和南通市委有关会议精神，学习全国、全省和南通市组织部长会议精神，研究贯彻落实工作。

△ 如皋市举行第五届志愿接力马拉松暨2023年“3·5”学雷锋文明实践月活动启动仪式。市委副书记、市长、市新时代文明实践志愿服务总队长王鸣昊，市委常委、宣传部部长、市新时代文明实践中心办公室主任高峰，南通大学马克思主义学院党委副书记、副院长程璐参加活动。王鸣昊一行实地走访参观“有志在皋”文明实践志愿服务市集展位并与志愿者们进行交流。启动仪式上，如皋市新时代文明实践中心和南通大学马克思主义学院合作共建的基层理论宣讲基地进行揭牌；各镇（区、街道）新时代文明实践所获“第五届志愿接力马拉松接力旗”授旗；如皋市文明实践指导员派遣和培育计划进行解读和发布；第四届“微爱”公益项目大赛正式启动，部分志愿服务项目进行展示。

△ 文明典范城市创建指挥部月度工作例会举行，相关单位负责人围绕新生市场周边精细化管理、户外广告规范化监管、非国标机动（含电动）三、四轮车分类综合治理等文明典范城市创建中的相关事项进行汇报交流。市领导丁兴华、高峰参加会议。

6—8日

江苏省档案馆副馆长陈万田率队到北京开展调研，并出席《电影胶片档案数字化规范》起草工作会议。如皋市委办公室主任、档案局局长吴小平，如皋市档案馆馆长谢晓明，江苏省档案馆如皋电影史料馆馆长刘建等参加调研。调研组分别向国家档案局科技信息化司和政策法规司汇报省档案馆关于档案科研和标准制修订工作情况，并听取指导意见和建议。《电影胶片档案数字化规范》是2021年度档案行业标准制定项目，由国家档案局档案科学技术研究所、省档案馆和如皋电影史料馆共同立项。工作会上，科研所所长柴德华和副馆长陈万田分别致辞。参会人员认真讨论修改标准文稿，并达成技术共识，形成标准报批稿。在中国第一历史档案馆，调研组与一史馆副馆长韩永福等相关人员进行座谈，双方就新馆技术用房设置、档案保护、档案修复和仿真复制等方面进行深入交流，并实地考察技术保护工作室和实验室，参观“兰台翰墨 家国春秋”明清历史档案展、“守护国家记忆 传承民族文脉”明清档案事业发展历程展和“盛载千秋”明清档案装具陈列。在中国人民大学，调研组走访信息资源管理学院，与张美芳教授及其团队进行交流。

7日 江苏省委组织部副部长、省委编办主任李伟带队到如皋调研经济发达镇改革情况，先后查看长江镇镇域治理现代化指挥中心、便民服务中心等处。南通市委常委、组织部部长封春晴，南通市委组织部副部长、市委编办主任奚荣华，如皋市领导何益军、朱滢滢参加活动。

△ 如皋经济技术开发区（城北街道）2022年度总结表彰大会暨冲刺一季度“开门红”推进会举行。市领导何益军、卢志敏参加会议。会议对如皋经济技术开发区（城北街道）高质量发展企业、优秀企业经营管理者、先进集体、先进个人、科技创新先进企业等进行表彰。相关部门、村（社区）负责人围绕冲刺一季度“开门红”的工作举措进行交流发言。

△ 市委副书记、市长王鸣昊率队实地走访汇智苑小区、吾悦广场、江苏益芯半导体有限公司、南通泛能包装有限公司项目建设基地、如皋市司马港船舶修造有限公司等处，督查安全生产工作。

△ 2023年度检察工作会议暨党风廉政建设工作会议举行，总结2022年全市检察工作情况，研究部署2023年工作重点任务。与会人员观看汇报片《奋斗的足迹》。检察办案团队代表分享办案故事。宣读2022年度先进集体、先进个人表彰决定，并进行颁奖。发布2023年度检察工作品牌，举行“千名代表委员看检察”品牌项目启动仪式。

△ 江苏省教育厅基础教育处副处长赵宇率省未成年人保护工作第二联合督查组到如皋督查。督查组实地走访安定小学、如城街道孔庙社区、悦智荟托育中心、市人民法院经济技术开发区法庭等处，

详细询问各单位对未成年人保护工作的落实情况。会上，市民政局、公安局相关负责人作交流发言。会后，督查组查看相关台账。市领导程瑞琴、许敬乔参加活动。

△ 市老科协四届十一次会员代表会暨科技创新工作情况报告会举行，市领导张元健、陈鸣华参加会议。市老科协负责人汇报2022年工作成效，并对2023年工作进行部署。会议宣读获评2022年江苏省级、南通市级荣誉的个人和集体名单，并对2022年度先进集体、先进个人，2022年度调研建言成果进行表彰。

△ 全市2023年新时代文明实践站暨农家书屋建设标准化推进会在吴窑镇举行。与会人员集中参观吴窑镇四房社区、何柳村等村（社区）的新时代文明实践站和农家书屋。会议为获评2022年度南通市新时代文明实践示范所（站）荣誉的镇、村进行授牌。

△ 全市司法行政工作会议举行，对2022年工作进行总结，研究部署2023年工作。会议宣读2022年度全市司法行政高质量发展先进集体、先进个人表彰决定，并进行颁奖。会上，举行"企暖花开法治行"专项活动启动仪式，与会领导为"司法行政机关服务队""司法所服务队""律师事务所服务队""基层法律服务所服务队"4支子活动服务队授旗。会议宣读服务法治化营商环境倡议书。

△ 全市组织工作会议举行，深入贯彻党的二十大精神，全面落实全国、全省和南通市组织部长会议精神及市委各项决策部署，对2022年组织工作进行总结，部署2023年重点任务。市委常委、组织部部长、统战部部长朱莹滢参加会议并讲话。

8日 张家港市委书记、张家港保税区党工委书记韩卫，张家港市委副书记、市长蔡剑峰率领党政代表团到如皋考察。张家港市党政代表团先后考察龙游湾生态景观带、如皋苏中国际集装箱码头有限公司、日达智能终端精密模组项目、南通正海磁材有限公司、康瑞新材料科技（南通）有限公司等处，着重考察如皋市在产业经济发展、实施创新驱动战略等方面的做法，就进一步深化合作进行深入交流。何益军、王鸣昊、张元健、丁兴华等市四套班子领导参加活动。

△ 市监察委员会举行第二届特约监察员聘任会议。市领导秦金春、刘晓洁参加会议。会议宣读《如皋市监察委员会关于聘请第二届特约监察员的决定》，向24位新一届特约监察员颁发聘书。会后，开展特约监察员监督检查工作交流培训。

△ 如皋市举办纪念第113个"三八"国际妇女节主题活动。市委常委、组织部部长、统战部部长朱莹滢致辞。活动对2022年妇女儿童工作、巾帼建功、妇联工作先进集体和先进个人进行表彰，发布如皋市妇联IP形象"如小福"、2023年市妇联重点项目。

9日 全市持续推进"营商环境提升年"动员暨2022年度总结表彰大会召开。何益军、王鸣昊、张元健、丁兴华等市四套班子领导出席会议。市委副书记、市长王鸣昊主持会议。市委副书记丁兴华宣读《市委、市政府关于表彰2022年度先进集体和先进个人的决定》；市委常委、常务副市长顾留忠通报2022年度优化营商环境典型案例，解读2023年"万事好通·如皋如意"营商环境优化提升举措新81条。市委书记何益军讲话。会议为优化营商环境典型案例单位，"强富美高"新如皋现代化建设先进集体、先进个人，综合考核优秀单位，服务地方先进单位颁奖；长江镇、磨头镇、市发展改革委、康瑞新材料科技（南通）有限公司负责人进行交流发言。会前，市四套班子领导还参观"营商环境提升年"双十佳案例巡礼展板。

△ 如皋市举行"悠悠文脉雉水情——近当代如皋文学史文献展"开展仪式，展示本土文学历史，助力创建"中国文学之乡"。江苏省作家协会党组成员、书记处书记、副主席丁捷，市领导何益军、丁兴华、高峰、崔建村参加活动。丁捷与市委书记何益军共同按动水晶球，启动"悠悠文脉雉水情——近当代如皋文学史文献展"。该次展览由市委宣传部、市文体广旅局、市文联主办，市博物馆、市作家协会承办。

△ 如皋市举行《春泥》杂志复刊座谈会。江苏省作家协会党组成员、书记处书记、副主席丁捷以及如皋市委常委、宣传部部长高峰参加活动。南通市作家协会向如皋市图书馆赠送《春泥》杂志，市委宣传部相关负责人汇报顺应新时代文化高质量发展要求、申请“中国文学之乡”阶段性成果，部分与会文艺界人士进行交流发言。

△ 全市民政系统暨社工站政策业务培训活动正式开班。各镇（街道）从事民政工作的全体人员、社工站全体人员、民政局机关全体工作人员、局属单位负责人参加活动。该次培训会议为期 2 天，内容涵盖民政法规专项政策，特别是社会救助、儿童保护、殡葬管理、基层治理、养老服务、安全生产等方面。

10日

江苏省政府副省长徐缨带队实地查看如皋师范学校附属小学等处，调研如皋教育工作。省教育厅副厅长、党组成员，省委教育工委委员顾月华，市领导何益军、许敬乔、顾凡参加活动。

△ 何益军、王鸣昊、张元健等市四套班子领导到城北街道柴湾社区通扬运河两侧河坡旁，参加义务植树活动。

△ 江苏文学内刊联盟 2023 年度工作会议在如皋市举行。省作家协会党组成员、书记处书记、副主席丁捷，如皋市人大常委会副主任刘晓洁参加会议。省作协相关负责人作《江苏文学内刊联盟 2022 年度工作报告》，对联盟 2022 年工作情况进行总结回顾，并对新一年的联盟工作提出思考和设想。刘晓洁在会上致辞。会议对“书写新时代 献礼党的二十大”主题创作活动中的先进单位和发表的优秀作品进行表彰。

△ 由省作家协会主办的江苏青年文学论坛在如皋市举行。省作家协会党组成员、书记处书记、副主席丁捷以及如皋市人大常委会副主任刘晓洁参加活动。受邀青年作家、批评家围绕“地域文化与作家成长”主题进行交流。

11日

全市退役军人事务工作会议举行，回顾总结 2022 年全市退役军人工作取得的成绩和经验，谋划部署 2023 年工作任务。

△ 江苏省作家协会采风团到如皋白蒲镇采风，领略历史人文，体验自然风情，畅享文史交融的文化大餐。市政协副主席张业鸾参加活动。

13日

市老区建设促进会、市乡村振兴促进会会员代表大会举行。会议听取市老区建设促进会、市乡村振兴促进会 2022 年度工作报告，对 2022 年市老区建设促进会、市乡村振兴促进会工作先进集体和先进个人进行表彰，表决通过市老区建设促进会、市乡村振兴促进会新任理事人选。

14日

市委理论学习中心组集中学习（扩大）会召开。会议邀请河海大学区域经济研究中心主任、《经济观察报》经济观察研究院研究员刘奇洪作专题讲座。何益军、王鸣昊、司祝建、张元健、丁兴华等市委理论学习中心组成员参加学习会。

△ 全市一季度安委会全体（扩大）会议举行，分析安全生产形势，研究部署下一阶段重点工作任务，全力以赴防风险、保安全、促发展。市领导王鸣昊、顾留忠、陈鸣华等参加会议。

△ 全市交通运输工作会议举行，市领导程瑞琴、缪爱诚、黄文斌、陈小燕参加会议。

△ 全市卫生健康工作会议举行，回顾总结 2022 年卫生健康工作，研究部署 2023 年重点任务。会议宣读对 2022 年度卫生健康工作先进单位和先进个人的表彰决定，并进行颁奖。

△ 如皋市农业技术推广中心举办大豆玉米带状复合种植技术培训会。各镇（区、街道）种植业工作负责人、推广中心技术人员、种植大户代表等 80 多人参加培训。相关专家围绕“南通大豆玉米带状

复合种植技术”和“南通大豆玉米病虫草害防治技术”开展专题讲座。与种植大户开展互动交流，并进行技术指导和答疑解惑。

15日 2023年如皋市“3·15”国际消费者权益日诚信教育主题活动举行。与会人员观看专题短片《从心出发 向美而行》。活动现场发布并解读2023年“3·15”国际消费者权益日年主题，发布2022年如皋市生活相关行业消费满意度监督调查结果、2022年度“皋诚同行”诚信典型名单。市委常委、常务副市长顾留忠参加活动。

△ 华夏电影展示馆数字化展厅提升项目暨结对共建成果展示活动举行。活动中，共建三方省数智中心党支部、如皋市文体广电和旅游局机关党委、华夏电影展示馆党支部签署2023年度结对共建计划书。省文化和旅游厅一级巡视员陈芬，省委省级机关工委委员、组织部部长柴家鸿以及如皋市委常委、宣传部部长高峰参加活动。

△ 如皋市举行市企业家协会第八届第四次理事会会议。会议回顾总结市企业家协会2022年工作情况，并就2023年工作计划作说明，相关部门和各企业家进行交流发言。市委常委、副市长、市科技创新委员会办公室党组书记陈鸣华参加会议。

△ 全市自然资源和规划工作会议举行，市领导顾留忠、缪爱诚、张炜龙、陈小燕参加会议。副市长张炜龙回顾总结2022年自然资源和规划工作，分析工作短板和弱项，对2023年重点工作进行动员部署。

16日 全市党管武装工作会议召开。会议总结2022年武装工作，部署2023年武装工作主要任务，并传达学习上级军事机关党委扩大会议精神，宣读部分镇(区、街道)人武部政治教导员的任职决定以及年度表彰名单。市领导何益军、夏淼、陈小燕参加会议。

△ 如皋市举行国家机关及其工作人员进“家站点”活动动员部署暨“检察为民 e 站”项目发布会。南通市人大常委会副主任葛玉琴，如皋市领导司祝建、缪爱诚参加活动。活动发布“检察为民 e 站”项目，葛玉琴和与会嘉宾共同为“检察为民 e 站”进驻“家站点”揭牌。会后，葛玉琴一行参观长江镇人大代表之家。

△ 通州区委常委、宣传部部长樊小燕带队到如皋考察宣传思想工作。樊小燕一行先后到姚呈明理论武装工作室、南通博思数字科技有限公司、南通途腾信息科技有限公司、如皋市融媒体中心、仙鹤新村、如皋师范学校附属小学、如皋市新时代文明实践中心等处，着重考察如皋市在精神文明建设、融媒体中心建设、理论宣讲等工作中的经验做法。市委常委、宣传部部长高峰参加活动。

16—17日

江苏省妇女儿童发展纲要规划实施重点工作调研活动在如皋市举行。省政府妇女儿童工作委员会办公室专职副主任、一级调研员宗振芬，南通市政府妇女儿童工作委员会副主任、南通市妇联党组书记、主席张洪晖，如皋市领导朱莹滢、许敬乔参加活动。宗振芬一行实地考察高新区实验幼儿园、如皋师范学校第二附属小学、悦智荟托育中心等处，详细了解儿童友好型学校、儿童友好型交通建设、性别平等进校园、0~3岁婴幼儿照护服务等工作开展情况。座谈会上，如皋市结合“两纲”示范创建工作进行交流发言，市委常委、组织部部长、统战部部长朱莹滢致辞。

17日 如皋未来健康食品创业投资峰会暨长三角新生代好食品创业汇举行，共同探讨健康食品产业发展，共叙合作愿景、共谋美好未来。市委书记何益军参加活动并致辞。高新区与道夫子食品国际公司签订战略合作协议；5家新蛋白初创企业进行路演；与会嘉宾代表围绕“新蛋白及健康食品领域投资趋势与机会”开展圆桌讨论。

△ “杏林红领 情暖侨心”中医惠侨活动启动仪式举行。南通市委统战部副部长、市侨办主任金志

伟,如皋市委常委、统战部部长、组织部部长朱莹滢参加活动并致辞。与会领导及嘉宾共同启动“杏林红领 情暖侨心”中医惠侨活动。活动还举行“侨之家”健康管理工作室揭牌仪式及“中医惠侨”宣讲团、“中医惠侨”志愿服务队授旗仪式、空巢侨眷专属免费体检卡发放仪式,并开展健康讲座。

△ 市总工会十六届二次全委(扩大)会议举行,听取和审议市总工会第十六届常务委员会工作报告和市总工会第十六届经费审查委员会工作报告。市委常委、组织部部长、统战部部长朱莹滢参加会议并讲话。

△ 如皋市召开全市市域治理现代化工作会议。会议宣读市委、市政府主要领导对市域治理现代化工作的批示,市市域社会治理现代化指挥中心主要负责人作工作报告,相关单位及镇(区、街道)作交流发言。

△ 如皋市召开自媒体管理工作会议暨“清朗·从严整治‘自媒体’乱象”专项部署会。会议组织学习中央网信办部署“清朗·从严整治‘自媒体’乱象”专项行动通知要求和上级相关会议精神,通报网络违法犯罪典型案例,并为 18 名网友代表颁发“网络文明观察员”聘书。

20日 市委书记何益军主持召开市委常委会会议,学习习近平总书记在全国两会期间的重要讲话和全国两会精神,以及省市相关会议精神,研究贯彻落实工作。会议讨论《中共如皋市委全面从严治党主体责任清单》《中共如皋市纪律检查委员会监督责任清单》等议题。

△ 市委书记、市人武部党委第一书记何益军主持召开市委常委会议军会议,传达上级军事机关党委(扩大)会议精神,听取 2022 年度武装工作开展情况汇报。

△ 2023 年如皋市国土空间规划委员会第一次全体会议召开,审议《如皋市国土空间规划委员会议事规则(试行)》《如皋市国土空间总体规划(2021—2035 年)》等议题。市委书记何益军主持会议并讲话。市领导王鸣昊、顾留忠、张炜龙参加会议。

20—21 日

市委专题务虚会召开,深度对标苏州太仓等苏南先进地区的发展质效和经验做法,全面激发全市上下比学赶超的奋进状态,优化开拓创新的发展赛道,推动市委各项重点工作高效落实。何益军、王鸣昊、司祝建、张元健、丁兴华等市四套班子领导参加会议。

21日 如皋市召开全市城市管理工作会议。会议传达市委、市政府主要领导对全市城市管理工作的批示精神,总结 2022 年城管系统各项工作,并对 2023 年工作进行部署。

22日 市委理论学习中心组集中学习(扩大)会暨第二期“智汇皋城”干部教育大讲坛举行。王鸣昊、司祝建、张元健、丁兴华等市委理论学习中心组成员参加活动。与会人员集中收听收看“人民学习·智慧教室”线上直播课程。中国发展改革报社副社长、中央广播电视总台特约评论员杨禹以《在强国建设 民族复兴新征程上勇毅前行》为题,对 2023 年全国两会精神进行系统解读、全面阐释。

△ 如皋市举行 2023 年一季度开放型经济工作推进会,动员全市上下以“起步就是冲刺、开局就是决战”的状态,全力以赴冲刺一季度“开门红”。市委副书记、市长王鸣昊,副市长杜晓峰参加会议。

△ 第五届“MLILY 梦百合 0 压床垫杯”世界围棋公开赛预选赛在如皋市开赛。中国围棋协会主席林建超、原主席王汝南、副主席聂卫平,如皋市副市长崔建村参加开赛仪式。“梦百合杯”世界围棋公开赛是由梦百合家居科技股份有限公司与中国围棋协会共同创办的一项世界级围棋赛事,自 2013 年举办首届比赛以来已持续 10 年。本届预选赛共分 23 个小组,其中男子职业组 19 个、女子职业组 2 个、业余组 2 个,采用单败淘汰赛制,每个小组第一名晋级本赛。包括柯洁、范廷钰、唐韦星、党毅飞、王星昊在内的 298 名围棋高手出战此次预选赛,争夺 23 个本赛席位。

23日 由瑞典贸易与投资委员会、斯堪尼亚制造(中国)有限公司、中瑞(如皋)智能制造合作创新园(筹)主办的国际低碳可持续发展大会(南通)在如皋市举行。江苏省商务厅二级巡视员李明双,南通市人民政府副市长、秘书长凌屹,如皋市委书记、如皋经济技术开发区党工委书记何益军等参加活动。此次大会以“低碳产业 绿色园区 共话可持续”为主题,聚焦绿色低碳转型的美好愿景,展望中瑞企业合作未来,共绘可持续发展的生动蓝图。何益军在会上致辞。中瑞企业代表围绕“固废管理”“环保+新能源双引擎战略下的低碳、零碳新产业”“有机质资源生态处理”等相关主题作经验分享。会前,与会人员围绕低碳可持续发展、促进南通与瑞典的经贸交流等内容进行会谈。

△ 南通市崇川区委副书记徐海燕,区委常委、宣传部部长杨晶晶一行到如皋,实地参观南门桥农贸市场、安定街(志愿服务示范街)、武定苑小区、仙鹤社区新时代文明实践站、西皋市场便民疏导点等处,专题考察文明城市常态长效创建工作。如皋市委副书记丁兴华,市委常委、宣传部部长高峰参加活动。

△ 如皋市举行全市老干部工作会议暨市管干部荣誉退休仪式。会议宣读市委主要领导寄语和2022年退休市管干部名单,市委常委、组织部部长、统战部部长朱莹滢为退休市管干部代表颁发荣誉退休纪念牌。白蒲镇、长江镇、市市场监督管理局、市人民法院围绕老干部工作进行交流发言。与会人员集中观看短视频《初心永擎 银发皋飞》。

△ 江苏省高校来华留学生代表到如皋参加中国文化体验之旅,实地参观水绘园风景区、顾庄生态园、花名堂微盆景创意园,听取相关负责人的介绍,了解如皋历史文化,感受如皋乡村发展脉搏。省教育厅对外合作与交流处处长施蕴玉,省委驻如皋市乡村振兴工作队队长、如皋市委常委、副市长许敬乔,南通大学国际教育学院副院长陈俐,省教育厅对外合作与交流处一级主任科员李勤径参加活动。

△ 如皋市退役军人事务局联合如皋市交通运输局、如皋市交通产业集团有限公司发布《如皋市退役军人和其他优抚对象免费乘坐公共交通工具的通告》,明确全国范围内持《中华人民共和国退役军人优待证》《中华人民共和国烈士、因公牺牲军人、病故军人遗属优待证》的人员,从2023年4月1日起,凭证可在全市行政区域内免费乘坐公交。

23—24日

市政协主席张元健率队先后到如皋城东水关遗址保护性修缮工程现场、如皋公立简易师范学堂旧址、定慧寺等处,调研国家历史文化名城申报工作进度。

24日 省人大常委会副主任曲福田带队到如皋走访白蒲镇秀才巷、长江镇田王村等处,调研城乡历史文化遗产保护和乡村建设工作。南通市人大常委会党组成员陈俊,南通市人大常委会副秘书长王国平,如皋市领导王鸣昊、司祝建、缪爱诚参加活动。

△ 市委副书记、市长王鸣昊主持召开十八届市政府第十六次常务会议,传达学习习近平总书记在全国两会期间的重要讲话和全国两会精神、全省加强财会监督工作会议精神,讨论《2023年如皋市商贸流通工作考核办法(送审稿)》《2023年如皋市开放型经济考核办法(送审稿)》《如皋市2023年“招商引资突破年”实施方案(送审稿)》等议题。

△ 2023年度南通市人大财经工作座谈会在如皋市举行。会前,与会人员参观江苏万达特种轴承股份有限公司、江苏迅镭激光科技有限公司等处,详细了解企业产品、技术、发展等方面的情况。座谈会上,司祝建致辞,南通市人大常委会财经委、预算工委汇报2022年工作情况和2023年工作安排,各县(市、区)人大分别介绍各自人大财经工作的特色亮点,并交流2023年重点工作安排。南通市人大常委会副主任、党组副书记姜永华,副秘书长王国平,以及如皋市人大常委会主任司祝建,副主任石兵参加会议。

△ 市女企业家协会以“从阅读到悦读,风景这边‘读’好”为主题,围绕读书分享举办2023年第一季度活动。市政协副主席张亚鸾参加活动。

△ 在第28个世界防治结核病日到来之际,市卫健委联合市总工会在如皋经济技术开发区双钱

集团(江苏)轮胎有限公司启动如皋市"百千万志愿者结核病防治知识传播活动"。

25日 2023年度发改工作暨冲刺一季度工作会议举行,市领导顾留忠、陈鸣华、杜晓峰参加会议。

△ 全市人力资源和社会保障工作会议举行。会议全面回顾总结2022年人社工作情况,就2023年重点工作进行部署,并通报2022年度人力资源和社会保障工作综合考核结果,表彰2022年全市人社系统工作成绩突出的先进集体和先进个人。

27日 如皋市召开全市争创全国文明典范城市暨深化新时代文明实践中心建设推进会,何益军、王鸣昊、司祝建、张元健、丁兴华等市领导参加会议。会议通报2022年创建工作,并结合重点项目任务清单,部署2023年相关工作。会议为2022年度文明典范城市创建先进集体、先进个人和优秀市民巡访团成员颁奖,市公安局、市城管局、高新区(如城街道、城南街道)、如皋经济技术开发区(城北街道)、东陈镇等单位进行交流发言。会前,何益军一行实地了解内外城河双循环方案推进、背街后巷创建、工地施工围挡建设等情况,督查广福路小吃街、锦绣苑等点位,并就发现的问题进行现场解决、交办。

△ 全市住房和城乡建设工作会议举行,回顾总结2022年全市住房和城乡建设主要工作及成果,并就2023年住房和城乡建设重点工作进行部署。会议对2022年度住房和城乡建设系统先进集体和先进个人进行表彰,相关单位作交流发言。

27—28日

斯堪尼亚亚洲工业运营第一届供应商大会在如皋市举行,市领导王鸣昊、陈鸣华、卢志敏、杜晓峰参加会议。

28日 全省机关作风建设暨优化营商环境大会以视频会议形式在南京召开。如皋市委书记何益军在南京主会场参加会议并作交流发言,司祝建、张元健、丁兴华等市四套班子领导在如皋分会场收听收看。

△ 全市金融工作会议召开,市领导何益军、王鸣昊、顾留忠、陈刚、崔建村参加会议。会议通报2022年度银行业金融机构和各镇(区、街道)金融工作考核结果,宣读上市工作先进集体、金融服务先进个人名单。部分镇(区、街道)、金融机构、担保公司负责人交流工作推进情况和下一步工作打算。

△ 省科普示范县(市、区)创建检查验收组到如皋调研。验收组一行实地调研江苏花名堂农业科技发展有限公司、如皋市安定小学、江苏华夏电影胶片修复技术有限公司等处,详细了解科普场馆建设、使用及科普活动开展等情况。省科协二级巡视员严道明,如皋市领导陈鸣华、许敬乔参加活动。

△ 全市科创专场银企对接会举行。市委常委、副市长、市科技创新委员会办公室党组书记陈鸣华参加会议并讲话。市科技局主要负责人介绍科技创新工作,部分银行机构介绍科技创新相关金融产品,两家担保机构介绍担保转贷政策,部分企业代表进行发言。

△ 市政府印发《关于明确工程建设领域农民工工资保证金管理有关事项的通知》。

29日 汇力新能源项目开工仪式在如皋经济技术开发区举行。汇力新能源项目由江苏汇力新能源科技有限公司投资建设,总投资5亿元,首期用地约66亩,主要生产氢能阀门、加氢枪、流量计、涡旋压缩机等产品,达产后年亩均税收可达40万元以上。南通市副市长陈冬梅,如皋市领导王鸣昊、顾留忠、卢志敏参加仪式。

△ "网聚正能量 南通更出彩"网络传播精品和首届正能量传播达人账号评选颁奖仪式在如皋市举行。省委网信办副主任刘伟,南通市委宣传部副部长、网信办主任俞雷,如皋市委常委、宣传部部长

高峰参加活动。与会领导分别为“我为南通点赞”抖音大赛获奖代表，网聚正能量一、二、三等奖获得者，传播达人非官方号、官方号颁奖。如皋市多个项目获奖。与会领导共同发布《漫画南通》，并向如皋市委宣传部、如皋市融媒体中心赠书。

△ 省委网信办副主任刘伟带队到如皋调研市融媒体中心相关工作。南通市委宣传部副部长、网信办主任俞雷，如皋市委常委、宣传部部长高峰参加活动。刘伟一行观看江苏省非物质文化遗产如皋杖头木偶示范演出，并视察市融媒体中心首家个人工作室——“新熔点”工作室。

△ 如皋市举行2023年新时代文明实践指导员派遣和培育计划首场培训活动。市委常委、宣传部部长高峰参加活动，并为2023年新时代文明实践指导员派遣和培育计划特聘导师颁发聘书。活动对《2023年如皋市新时代文明实践志愿服务指导员派遣和培育计划》进行解读，两位特聘导师分别以《需求调查与志愿服务领域选择方法》《志愿者礼仪素养》为题，对与会人员进行培训。

△ 如皋市举行通扬运河(如皋段)整治工程水上作业应急救援综合演练。演练共涉及人员落水搜救、水上消防演练、船舶碰撞进水处置三个科目，结合整治工程特点和可能发生的事故类型，有效检验水上突发事件应急救援和指挥协调能力，对提高水上搜救能力，建立水上救助快速反应、多部门协调联动机制有着重要的意义。

30日

全省慈善联动项目调研座谈会在如皋市举行。江苏省慈善总会副会长高晓平，南通市慈善总会副会长叶沈良，如皋市副市长崔建村参加座谈。南通市、淮安市、盐城市、泰州市及如皋市慈善总会作交流发言。会前，高晓平一行实地考察城北街道袁桥社区慈善工作站，详细了解社区慈善工作和光伏项目推进情况，并进行现场指导。

30—31日

市第十八届人大常委会第八次会议举行。会议听取和审议市政府关于2022年度全市环境保护的专项工作报告、关于《如皋市国土空间总体规划(2021—2035年)》编制情况的报告、关于落实市人大常委会《关于2021年度国有资产管理情况的审议意见》情况的报告、关于落实市人大常委会《关于全市减轻义务教育阶段学生作业负担和校外培训负担情况的审议意见》情况的报告，以及市人大常委会执法检查组关于检查《江苏省河道管理条例》实施情况的报告，市人民法院、卫健委、退役军人事务局和如皋生态环境局关于落实市人大常委会评议意见情况的报告。会议表决通过《如皋市人大常委会关于加强经济工作监督的决定》《如皋市人大常委会关于加强市级预算审查监督的决定》《如皋市人民代表大会常务委员会监督司法工作办法》。会议书面审议如皋市人大常委会2022年规范性文件备案审查和核查情况报告。会议通过相关人事任免事项，司祝建为新任命人员颁发任命书，新任命人员进行宪法宣誓。

31日

南通市应急管理综合行政执法改革现场会暨有限空间作业专项执法检查活动部署会在如皋市举行。省应急管理厅党委委员、总工程师苏斌，南通市应急管理局党委书记、局长徐荣，如皋市副市长张炜龙参加会议。与会领导为市应急管理综合行政执法大队进行揭牌，并实地参观大队建设情况，详细了解成立历程、组织架构、硬件配备等内容。

△ 截至3月31日，如皋农商银行存贷款规模突破1000亿元，标志着如皋农商银行金融服务能力再次实现新的跨越，在服务乡村振兴、支持地方经济发展中彰显农村金融主力军的责任和担当。

2023 年 4 月

1 日 如皋市举行 2023 年建议提案交办会，回顾总结 2022 年建议提案办理工作成效，部署交办 2023 年工作任务。市领导顾留忠、刘晓洁、张亚鸾参加会议。2022 年，各人大代表和政协委员共提交市相关部门和单位办理建议 481 件、提案 477 件，办结答复率均为 100%，代表、委员的满意率和基本满意率分别为 99.8%和 100%。

△ 新版《出生医学证明》正式启用。和旧版相比，新版出生医学证明右下方的“出生医学证明编号”组成由原先的“ 1 位字母+9 位数字”，变更为“1 位字母+9 位数字+条形码”，相应区域的底色由绿色改为黄色，证明上的其他文字、格式、信息则均未改动。

2 日 如皋经济社会发展（上海）恳谈会在上海举行。上海市原副市长沙麟，中国科学院院士、东华大学材料科学与工程学院院长朱美芳，上海市政协秘书长、机关党组书记黄国平，全国政协委员、全国工商联常委、上海市江苏商会会长、月星集团董事局主席丁佐宏等嘉宾，以及何益军、王鸣昊、司祝建等如皋市四套班子领导参加会议。市委书记何益军致辞。市委常委、副市长陈鸣华围绕区位优势、营商环境、产业链发展、科技创新、园区配套等方面，进行城市发展推介。

△ 如皋市在沪企业家商会换届大会在上海举行。上海市原副市长沙麟，中国科学院院士、东华大学材料科学与工程学院院长朱美芳，上海市工商联副主席杨茜，全国政协委员、全国工商联常委、上海市江苏商会会长、月星集团董事局主席丁佐宏等嘉宾，以及何益军、王鸣昊、司祝建等市四套班子领导参加会议。会议宣读如皋市在沪企业家商会第二届领导班子选举结果和《关于同意中共如皋市在沪企业家商会支部委员会选举结果的批复》。与会领导分别为商会高级顾问颁发聘书，为商会会长、商会党支部书记、商会执行会长、副会长、秘书长、监事长，商会青年分会、妇女联合会等分会负责人以及商会九个片区联络负责人授牌。

3 日 全市民政工作暨落实全面从严治党责任工作会议举行。会议宣读市委、市政府主要领导批示精神，市民政局主要负责人作工作报告。会议表彰 2022 年度民政工作先进集体、先进个人、先进敬老院和“最美护理员”。市领导程瑞琴、崔建村、陈小燕参加会议。

△ 市纪委监委组织纪检监察干部到如皋烈士陵园举行“清明祭英烈——‘四重温四强化’主题党日”活动。市委常委、市纪委书记、市监委主任秦金春参加活动并讲话。

4 日 如皋市退役军人事务局积极倡议各级机关、企事业单位党员干部和青少年群体通过线上线下双重渠道，开展“2023·崇尚·清明祭英烈”系列活动。

6 日 市委全面依法治市委员会第六次会议召开，研究部署相关工作，扎实推动法治如皋、法治政府、法治社会一体化建设。会议听取 2022 年度全面依法治市工作情况及中央依法治国办市县法治督察问题整改情况，审议《中共如皋市委全面依法治市委员会 2023 年工作要点》，并详细解读《关于开展优化法治化营商环境专项行动工作方案》。市领导何益军、王鸣昊、高峰等参加会议。

△ 如皋市举行省级绿色金融创新改革试验区创建工作动员会。市领导王鸣昊、顾留忠参加活动。

△ 如皋市举行与省级机关部门党支部结对共建工作交流推进会。市委常委、组织部部长、统战部部长、市级机关工委书记朱莹滢参加会议并讲话。市委党史办、市自然资源和规划局、市融媒体中心（传媒集团）、搬经镇交流汇报结对共建工作开展情况。会前，与会人员实地参观华夏电影展示馆与江苏省文旅厅数字文化和智慧旅游发展中心党支部、搬经镇龙桥村与省财政厅自然资源和生态环境处党支部结对共建项目现场。

7日

市委书记何益军主持召开市委常委会会议，就贯彻习近平总书记赋予江苏“在高质量发展上继续走在前列”的重大任务，围绕“加快实现高水平科技自立自强”和“在构建新发展格局上走在前”进行专题学习。会议还学习省党政代表团赴沪浙皖学习考察精神和总结交流会精神，传达学习全省机关作风建设暨优化营商环境大会精神，研究贯彻落实工作。

△ 南通市全国文明城市创建工作推进大会以视频会议形式召开，市委书记何益军在南通主会场参加会议并作交流发言。市领导王鸣昊、崔建村在如皋分会场收听收看。

△ 省文明办未成年人思想道德建设处处长赖海燕一行到如皋调研，先后参观如皋师范附属小学、市木偶艺术团、华夏电影展示馆等处。市领导高峰、顾凡参加活动。

△ “春和景明——宋元明国画展”在市文化馆开幕。宋元明是国家一级美术师、山东省美术家协会会员，擅长花鸟画，尤以画虎最为出名。该展览展出宋元明三年来创作的45幅动物主题的国画作品，时间持续到4月16日。

8日

2023年全市财政工作会议举行，全面系统总结2022年以来全市财政工作，更好地研究谋划下一阶段工作。市委常委、常务副市长顾留忠参加会议。

10日

如皋市政府公布第六批如皋市文物保护单位名单，正式核定公布65处不可移动文物为第六批如皋文物保护单位，囊括古遗址、古墓葬、古建筑、石窟寺及石刻、近现代重要史迹及代表性建筑等多种类别。其中，包括运盐河如皋段徐家桥唐宋遗址、如皋唐宋县衙甬道遗址等古遗址2处，吕岱墓古墓葬1处，梁公井、贲家巷红军井、育婴堂旧址等古建筑18处，万代瞻仰石刻、菖蒲庵石刻等石窟寺及石刻2处，史家巷侵华日军慰安所旧址等近现代重要史迹及代表性建筑42处。

10—11日

江苏省拥军褒扬工作会议在如皋市召开。与会人员现场观摩如皋烈士陵园、红十四军纪念馆，查看华夏电影展示馆退役军人红色文化传承教育基地推进和如城街道顾庄社区退役军人代表就业创业情况，并走访驻如皋部队。会上，省退役军人事务厅副厅长徐卫点评各地前一阶段工作成效，就做好2023年工作提出要求，徐州、南通、连云港、淮安、扬州等地相关部门负责人进行交流发言。如皋市领导王鸣昊、程瑞琴、崔建村参加会议。

11日

2023年赛季·南通支云足球俱乐部出征誓师大会在市融媒体中心（传媒集团）演播大厅举行，为征战中超赛场的球队壮行助威。南通市领导沈雷、陈冬梅、杨曹明及如皋市领导何益军、王鸣昊等参加活动。活动中，南通支云足球俱乐部与如皋市融媒体中心互赠战略合作牌匾，与部分赞助商进行签约，南通支云一线队全体成员登场亮相。如皋市委书记何益军、南通市副市长陈冬梅先后致辞，南通市委副书记、宣传部部长沈雷为球队出征授旗。

△ 市委书记何益军会见中交城市投资控股有限公司党委副书记、总经理张毅一行。双方就如何加强全方位、多方面的深入合作展开会谈。如皋市人民政府、中交城市投资控股有限公司、富皋万泰集

团有限公司三方签订《战略合作框架协议》。市领导王鸣昊、顾留忠参加活动。

△ 2023年如皋市全民阅读活动领导小组(扩大)会议举行。会议全面总结2022年全市全民阅读工作成果,并就2023年全民阅读重点工作和有关事项作具体说明。会议审议通过《2023年书香如皋建设推进要点》、《第十届李渔读书节总体方案》以及2022年各类先进拟表彰名单。市委常委、宣传部部长高峰,副市长崔建村参加会议。

11—12日

如皋市举行市域社会治理现代化试点暨系列平安创建推进会。与会人员实地观摩城北街道平园池村"积分制"应用、下原镇张庄村网格治理、吴窑镇社会治理综合服务中心工作现场。会上,市委政法委相关负责人对下一阶段工作进行部署,相关单位作交流发言。市领导程瑞琴、陈刚参加会议。

13日

市政协人资环委员组开展"国家历史文化名城建设"专题协商议事活动。市政协副主席陈小燕一行先后实地调研集贤里民居、东大街、武庙巷原迎春派出所周边地区和迎新社区居委会,了解历史文化街区建筑及外立面的改造情况和周边地区的开发情况。

14日

如皋高新区举行项目集中签约仪式。市领导何益军、高峰、程瑞琴、石兵参加活动。与会领导共同见证10个项目的集中签约,其中7个实体工业项目,涵盖新能源固态电池、汽车智能研发、电源控制系统及智造、光学光电、合成生物、大健康等领域;3个软件和信息服务业项目,涵盖自动驾驶高精地图、智能路网、网络直播等领域。

△ 全市产业工人队伍建设改革联席会议暨工作推进会召开。会议宣读市委主要领导对产改工作的批示精神,传达上级会议精神,并研究部署2023年产改工作。市委常委、组织部部长、统战部部长、市产改联席会议召集人朱莹滢参加会议并讲话。

△ 全市村干部学历提升推进会暨2023年春季学期开学典礼举行。江苏开放大学党委常委、副校长牛玉韬,如皋市委常委、组织部部长、统战部部长朱莹滢参加活动。活动现场为新学员代表发放学习大礼包,为2020年秋季班毕业生代表颁发毕业证书,并对优秀学员代表进行颁奖。

△ 2023年妇女"两癌"筛查项目工作专题会议在市公共卫生中心召开。会议对《如皋市2023年妇女"两癌"筛查实施方案》进行细致解读,并对下一步工作进行部署。会议过后,如皋市全面展开2023年适龄妇女乳腺癌、宫颈癌免费筛查。

17日

市委书记何益军主持召开市委常委会会议,就贯彻习近平总书记赋予江苏"在高质量发展上继续走在前列"的重大任务,围绕"在推进农业现代化上走在前"和"在强化基层治理和民生保障上走在前"进行专题学习。会议学习习近平总书记在学习贯彻习近平新时代中国特色社会主义思想主题教育工作会议上的重要讲话精神,以及全省学习贯彻习近平新时代中国特色社会主义思想主题教育动员会议精神,研究贯彻落实工作。

△ 市委书记何益军率队参观全民国家安全教育日主题图片展,带头接受国家安全教育。王鸣昊、司祝建、张元健、丁兴华等市四套班子领导参加活动。

△ 南通市人大常委会党组成员沈红星率队到如皋开展《江苏省信访条例》执法检查。检查组一行实地查看社会治理综合服务中心,详细了解信访工作开展情况。座谈会上,副市长陈刚以及市人民法院、市人民检察院相关负责人分别汇报《江苏省信访条例》贯彻执行情况。

△ 欧洲科学院院士冯新亮一行到如皋考察交流。南通市副市长陈冬梅、如皋市副市长顾凡参加活动。

18日 全市高标准农田建设领导小组会议召开。市领导何益军、丁兴华、顾留忠、黄文斌、张炜龙参加会议。市委书记何益军讲话。会议通报2022年高标准农田建设工作完成情况，讨论2023年全市高标准农田建设工作思路和举措。相关部门及镇(区、街道)负责人进行交流发言。

△ 根据省委关于巡视工作的统一部署，省委第六巡视组巡视于2023年4月18日至6月28日对如皋开展巡视。

△ 省委第六巡视组巡视如皋市工作动员会召开。省委第六巡视组组长陈荣桂作动员讲话，对做好巡视工作提出要求。南通市委书记吴新明就如皋市委接受巡视监督、配合和支持巡视工作提出要求。如皋市委书记、如皋经济技术开发区党工委书记何益军主持会议并作表态发言。

△ 省委驻如皋市乡村振兴工作队携手南通大学公共卫生学院，在九华镇启动以青春"心"成长为主题的如皋市农村学生心理健康关爱活动。省委驻如皋市乡村振兴工作队队长，如皋市委常委、副市长许敬乔参加活动。活动现场进行课程发布。与会领导共同启动如皋市农村学生心理健康关爱活动，南通大学公共卫生学院与九华镇教育管理中心签署长期共建协议。南通大学在九华初级中学设立大学生社会实践基地，并举行授牌仪式。

19日 《人民代表报》2023年度通讯员培训班到如皋现场教学。人民代表报社社长赵树义、总编辑原玉苗，如皋市人大常委会主任司祝建、副主任缪爱诚参加活动。与会人员先后实地参观长江镇人大代表之家、如城街道花名堂人大代表联系点等处，详细了解人大代表"家站点"建设的创新举措、特色做法。

△ 市政协城建委员组开展"国家历史文化名城申报"专题协商议事活动。市政协主席张元健一行先后实地调研集贤里文化广场、冒家巷、如皋城东水关遗址、武庙巷原迎春派出所周边地区和中山钟楼等处，详细了解历史文化名城保护工程施工和周边地区的开发情况，并举行专题协商会，听取相关部门的情况汇报；群众代表、政协委员围绕"国家历史文化名城申报"主题，聚焦问题清单，结合参观调研情况及前期了解的相关内容发表意见建议，形成协商清单。市领导张元健、陈小燕参加活动。

△ 共青团如皋市委十八届二次全体(扩大)会议举行。会议对2022年度共青团工作先进单位和先进个人进行表彰，共青团如皋市委主要负责人作工作报告，回顾总结2022年度工作。市领导朱滢滢、顾凡参加会议。

19—21日

中国作协副主席、中华文学基金会理事长徐贵祥，中华文学基金会副秘书长安亚斌率队到如皋，验收考察如皋市"中国文学之乡"创建工作。验收考察团实地考察部分社区东皋书吧、24小时图书馆、沙元炳纪念馆等地，现场观摩部分社区阅读分享会、文学创作沙龙等活动。江苏省作协党组成员、书记处书记杨发孟，如皋市委常委、宣传部部长高峰参加活动。

20日 上海市徐汇区精神卫生中心——如皋市精神病防治医院共建暨签约活动在如皋市举行。上海市徐汇区卫生健康委员会主任周密，上海交通大学医学院附属精神卫生中心副院长李春波，上海市徐汇区精神卫生中心院长占归来，如皋市委副书记、市长王鸣昊，副市长顾凡参加活动。与会领导共同见证双方签约，相关业内专家学者围绕精神疾病社区管理等主题进行学术交流。

△ 市人大常委会开展"主任接待代表日"活动。市人大常委会主任司祝建率队到磨头镇，与人大代表进行座谈，面对面交流，听取他们关于高质量发展的意见建议。座谈会后，司祝建一行检查经济社会发展情况，先后查看凌力智能制造科技南通有限公司、南通盛鑫食品有限公司等处。

△ 全市各级人大代表"牢记嘱托、感恩奋进"学习实践活动工作会议举行，会议传达学习全省各

级人大代表“牢记嘱托、感恩奋进”学习实践活动工作会议精神，贯彻落实南通相关会议要求，部署学习实践活动。

21日 市委理论学习中心组集中学习（扩大）会暨第四期“雉水科创大讲堂”举行。会议邀请中国科学院分子植物科学卓越创新中心研究员、中国科学院合成生物学重点实验室副主任王勇作专题讲座。何益军、王鸣昊、司祝建、张元健等市委理论学习中心组成员参加学习会。

△ 如皋市举行见义勇为工作总结表彰大会。会议表彰2022年度见义勇为先进个人、积极分子以及见义勇为工作先进单位、个人。市领导程瑞琴、陈刚参加会议。

22日 “第三课堂‘妇’助成长——赋能社区家庭成长计划”项目暨儿童友好社区创建工作启动仪式举行。市委常委、组织部部长、统战部部长朱莹滢参加活动并讲话。活动为如皋市家庭教育专家指导团成员颁发聘书。市妇联相关负责人介绍“第三课堂‘妇’助成长”项目。活动现场为城北街道新生社区“向阳新生”家庭教育指导工作站揭牌，并开展父母课堂、家教沙龙、亲子共读等活动。

23日 市委统战工作会议召开。何益军、王鸣昊、司祝建、张元健等市四套班子领导参加会议。市委书记何益军讲话肯定全市统战工作取得的成绩，并就下一步如何做好全市统战工作提出要求。

△ 如皋市举行2022—2023年度基层党员冬训总结评议会。市委常委、宣传部部长高峰参加会议。各镇（区、街道）分别汇报冬训工作开展情况及创新做法，在场评委按照组织有力有序、以上率下示范、打造特色品牌等评分标准进行打分。会议邀请南通大学马克思主义学院副院长成云雷进行点评。

△ 如皋市举行第十届李渔读书节启动仪式，动员全市社会各界深入开展阅读推广活动，更好地满足人民群众高质量阅读需求，持续提升书香城市建设“美誉度”。活动的主题为“爱读书、读好书、善读书”。活动正式发布李渔读书节品牌标识，并以视频形式介绍南通市委书记吴新明推荐的10本好书。部分乡贤名人通过短片方式分享自己对于阅读的感悟。

24日 如皋市举行一季度市政府民生实事项目督查推进会。各牵头责任部门汇报民生实事项目全年推进计划、工作进展以及需要重点协调事项，各分管副市长进行点评。市领导顾留忠、缪爱诚、黄文斌等参加会议。

△ 市委全面依法治市委员会守法普法协调小组第三次（扩大）会议暨《长江保护法》“谁执法谁普法”专项履职评议会议举行。市委常委、宣传部部长、市委全面依法治市委员会守法普法协调小组组长高峰参加会议。市人民法院、长江镇以及随机抽取的市教育局、石庄镇分别作《长江保护法》“谁执法谁普法”专项履职报告，接受履职评议员的提问。

△ 全市关心下一代工作会议暨“老少心向党、奋斗新征程”主题教育现场推进会举行。与会人员观摩白蒲小学主题教育宣讲，听取该校主题教育系列活动开展情况和市关工委2022年度工作情况的汇报。会议表彰2022年度“如皋市三好标兵”和“如皋市三好标兵竞赛评选活动常态化建设先进单位”，并颁发市校外教育辅导总站兼职辅导员聘书。

25日 市委书记何益军带领相关部门负责人和安全生产专家深入一线，实地查看市奥林匹克体育中心、南通欣晨冷链仓储有限公司、如城街道大殷社区等处，督查安全生产工作。

△ 市委副书记、市长王鸣昊带队督查2023赛季中超联赛如皋赛区筹备工作。王鸣

昊一行实地查看市奥林匹克体育中心比赛场地准备、场馆配套设施完善情况，详细了解人员安排、消防安全、电力供应、交通指引等方面的准备工作，听取相关部门关于如皋赛区筹备工作的情况汇报，现场协调相关问题。

△ 江苏省科技计划成果“进园入县”暨农业科技企业金融服务直通车(南通)专场活动在如皋市启动。江苏省农业科学院、南京农业大学、江南大学、扬州大学等高校科研院所的专家学者共济一堂，进行成果交流。市领导司祝建、顾凡参加活动。市人大常委会主任司祝建致辞。市部分企业与相关院校进行项目合作签约，中国银行江苏省分行、中国银行南通分行向部分企业发放授信支票，中国银行南通分行相关负责人进行“农业科技企业融资服务”政策解读，部分企业发布企业需求。

△ 市委常委、副市长许敬乔带队到下原镇花园小学，开展节前安全生产督查。

△ 如皋市举行文明校园创建工作推进会，全面部署文明校园创建活动。与会人员实地参观实验初中、安定小学、如皋经济技术开发区实验小学，深入了解在推进文明校园创建工作中取得的成果。市委常委、宣传部部长高峰参加活动。

△ 如皋市举行国家卫生城镇复审暨健康县(区)建设工作推进会。会议解读《如皋市 2023—2024 年国家卫生城市复审工作实施方案》《如皋市省健康县(区)建设工作实施方案》，并对相关工作进行点评和部署。市领导高峰、顾凡参加会议。

26日 第十二届中国生态文化高峰论坛在如皋召开。国际竹藤组织董事会联合主席、中国花卉协会会长、中国生态文化协会专家指导委员会主任委员江泽慧，国家林业和草原局副局长谭光明，江苏省自然资源厅副厅长、省林业局局长王国臣，南通市副市长陈冬梅，如皋市领导何益军、丁兴华、黄文斌参加活动。如皋市委书记何益军致辞。江泽慧以《匠心筑梦现代化 自然和谐百姓家》为题作主旨报告；与会嘉宾代表围绕“我国盆景产业发展现状及展望”“肇自然之性，成造化之功：盆景、山水画与园林造景中的生态美学”等主题作特邀报告。

△ 2023 全国精品盆景展暨盆景交易大会在如皋市开幕。国际竹藤组织董事会联合主席、中国花卉协会会长、中国生态文化协会专家指导委员会主任委员江泽慧，国家林业和草原局副局长谭光明，江苏省自然资源厅副厅长、省林业局局长王国臣，南通市委常委、常务副市长陆卫东，以及如皋市领导王鸣昊、丁兴华、张百璘、黄文斌、张炜龙、杜永红参加活动。江泽慧宣布大会开幕，与会领导共同完成启动仪式。如皋市委副书记、市长王鸣昊致辞。会上，中国花卉协会将如皋市确定为“全国盆景标准化生产示范基地”，中国生态文化协会授予如皋绿园“全国生态文化示范基地”称号。活动宣布该次精品盆景展评选出的获奖作品，与会领导为其中的金奖和特等奖作品进行现场颁奖。

△ 市慈善会、慈善基金会三届十次理事会举行。会议宣读市委、市政府主要领导批示精神，审议通过市慈善会、慈善基金会及其监事会 2022 年度工作报告。与会人员实地参观城北街道袁桥社区、搬经镇中心社区、长江镇中心沙社区等地的慈善工作站。

△ 江苏省传统村落和古建筑白蚁危害综合治理现场会在如皋市举行。市委常委、常务副市长顾留忠参加会议。市住建局主要负责人在会上作白蚁防治工作经验交流。

△ 晚 7 点 35 分，2023 赛季中超联赛第 3 轮，南通支云在如皋市奥林匹克体育中心迎来中超首个主场比赛。在主场 13526 名球迷的见证下，南通支云凭借第 78 分钟外援卡斯蒂略的进球，1:0 战胜河南队，取得进入中超赛场的首场胜利。

27日 市委书记何益军主持召开市委常委会会议。会议学习习近平总书记在广东考察时的重要讲话精神，传达学习十四届省委常委会第 83 次会议和十三届南通市委常委会第 59 次会议精神，并听取一季度经济形势分析，研究下一阶段工作。会议还讨论《如皋市 2023 持续推进“营商环境提升年”实施意见》等议题。

△ 南通市政协副主席顾国标带队到如皋调研，实地视察森松（江苏）重工有限公司、江苏华永复合材料有限公司，详细了解企业的生产经营情况。座谈会上，相关负责人汇报市跨江融合发展进程中产业链供应链配套协同基本情况。相关单位和企业作交流发言。部分政协委员就产业链供应链配套协同工作的开展提出建议。

△ 如皋市举行四月份农村人居环境整治提升暨河道长效管护现场推进会。与会人员实地观摩下原镇、城南街道以及丁堰镇河道长效管护工作现场。市领导丁兴华、黄文斌等参加会议。

28日

南通《政风行风热线·市长上线》全媒体直播首站走进如皋。市委副书记、市长王鸣昊带领市教育局、住建局、卫健委、白蒲镇等部门、镇（区、街道）负责人走进直播间，倾听社会各界的意见建议，回应市民群众的关注关切，就物业管理、自来水供水、教育均衡等方面的问题进行解答。王鸣昊介绍如皋经济社会发展情况，对群众反映的问题进行集中交办。

△ 如皋市举行全市农村道路安全大讲坛。与会专家分别以“消除事故隐患 筑牢安全防线”和“农村地区公路基础设施安全建设探索”为主题进行专题辅导。

△ 全市打击治理电信网络诈骗违法犯罪工作推进会举行。会议表彰2022年度“无诈校园”创建先进单位，通报2023年以来全市打击治理电信网络诈骗违法犯罪工作情况。相关单位和镇（区、街道）作交流发言。

△ 如皋市举行弘扬“五四”报国志 践行“四敢”做青锋——2023年如皋市五四青年节主题团日活动。市领导朱莹滢、顾凡参加活动。活动为新团员代表举行入团仪式，表彰先进集体和个人，为青年突击队授旗。市委常委、组织部部长、统战部部长朱莹滢向全市广大青年送上节日问候和祝福。

△ 如皋市顺利完成第三次全国土壤普查1018个样点的外业调查校核工作。

29日

2023年如皋市春季房展会正式开展。市委常委、常务副市长顾留忠参加活动并致辞。市住房和城乡建设局主要负责人介绍城市发展情况，参展企业代表进行交流发言。

△ “十字连心‘桥’首以盼”集体婚礼在磨头镇十字桥村举行，8对新人喜结连理，开启幸福婚姻的新旅程。市委常委、组织部部长、统战部部长朱莹滢参加活动，向新人以及新人家属致以热烈的祝贺和真心的祝福。

2023 年 5 月

4 日 如皋市城市建设管理中心、如皋市住房保障服务中心、如皋市建筑工程质量安全管理中心揭牌仪式举行。市委常委、常务副市长顾留忠和市住建局主要负责人共同为 3 个中心揭牌,并现场参观各中心,详细了解科室设置、职能分工、人员配备等情况。

△ 由如皋市融媒体中心木偶艺术团参与演出的歌伴舞《挺好个人呐》, 亮相央视《奔跑的青春——2023 五四青年节特别节目》。如皋杖头木偶以“相框”为舞台,与著名演员李泽锋等“人偶”同台演出,与演唱者一起互动,跟机器人与蔬菜乐队伴奏协同,向全国观众充分展示如皋杖头木偶的非遗魅力。

△ 如皋市退役军人事务局、如皋市卫生健康委员会联合发文,确定全市 8 家二级以上医院为如皋市退役军人、军人军属和其他优抚对象医疗健康服务定点医院。

5 日 市人大常委会执法检查组开展就业促进“一法一条例”执法检查。会上,市政府办相关负责人汇报市政府对《中华人民共和国就业促进法》和《江苏省就业促进条例》的贯彻落实情况,相关部门作补充汇报。市人大常委会副主任缪爱诚参加活动。

△ 句容市副市长凌华一行到如皋考察学习长期照护保险工作, 实地参观如皋申丞护理院等地, 对长期照护保险工作开展情况进行详细了解。副市长顾凡参加活动。

5—6 日

如皋市召开一季度项目建设观摩会。何益军、王鸣昊、司祝建、张元健、丁兴华等市四套班子领导参加活动。与会人员围绕在建重特大项目、推进缓慢项目和科创载体三大重点,结合项目实际边走边看边议,集中观摩全市 8 个板块的 12 个项目。市委常委、副市长陈鸣华点评一季度项目建设情况,并对下一步相关工作进行部署。市委书记何益军就做好下一步工作,从高效化招商、过程化管控、专业化建设三个方面对与会人员进行深入指导。

△ 全国市域社会治理现代化试点省级验收组到如皋开展实地验收工作。验收组一行先后到如城街道长港村、如城街道许庄社区、城北街道柴湾社区、丁堰镇等点位,通过现场核查、查阅资料、问询交流等形式开展检查验收工作。市委常委、政法委书记程瑞琴汇报市域社会治理现代化试点建设情况。验收结束后,验收组一行对如皋市市域社会治理现代化试点建设情况给予肯定,要求努力打造实战实用实效的社会治理综合服务中心,积极探索高质量平安城市“如皋样本”。南通市委政法委常务副书记殷蓓、南通市委政法委副书记顾德华及如皋市领导程瑞琴、陈刚参加活动。

6 日 江苏省档案局局长顾俊一行到如皋调研档案工作,实地察看如皋市档案馆、江苏省档案馆如皋电影史料馆等处。市领导何益军、丁兴华参加活动。

△ 市委副书记、市长王鸣昊主持召开十八届市政府第十七次常务会议。会议传达学习 2023 年 4 月 28 日召开的中共中央政治局会议精神,学习南通市安委办《关于全省安全生产电视电话会议精神的报告》,讨论其他议题。

7 日 市房地产业协会三届一次会员大会举行。市委常委、常务副市长顾留忠参加会议并讲话。会议审议通过市房地产业协会第二届理事会工作报告,选举产生第三届理事会成员、监事，表彰 2021—2022 年度优秀楼盘、优秀置业顾问，并讨论其他事项。

8日

中共如皋市委党校 2023 年主体班开班仪式举行。市委副书记、市委党校校长丁兴华参加活动并作动员讲话。本期主体班设有市管干部进修班、妇女干部培训班、中层干部能力提升班 3 个培训班，开班时间从 5 月 8 日持续到 5 月 25 日。

9日

如皋市举行五一劳动奖命名大会。会议传达学习省工会第十五次代表大会精神，宣读 2023 年全国、省、南通市、如皋市五一劳动奖和省工会十五大先进集体及先进个人名单，并为先进代表颁奖。"全国五一劳动奖章"获得者韩燕飞代表全市广大职工发出倡议。市领导朱莹滢、顾凡参加会议。

△ 市委市级机关工委、市妇联联合举行"雉水清风·从家出发"思廉日主题活动。市委常委、组织部部长、统战部部长朱莹滢参加活动。大家一起参观《全面从严治党永远在路上》专题展，聆听廉政微党课，观看廉洁家风短片。部分科级干部和家属代表分享自己在廉洁家风建设方面的心得体会。市妇联向全市家庭发出助廉倡议，向部分家庭代表赠送廉洁福袋。

△ 省工业软件+信创产业链党建联盟"强链先锋行动"走进如皋。省工信厅机关党委委员、软件与信息服务业处处长张巍，如皋市委常委、副市长、市科技创新委员会办公室党组书记陈鸣华参加活动。相关专家进行政策宣贯和普法宣传，参会企业进行"智改数转"供需对接交流。陈鸣华致辞。会前，与会人员参观江苏卓远半导体有限公司等地，面对面提供智改数转技术资源与市场资源精准对接等公共服务。

10日

市委书记何益军带队走访搬经镇鞠桥社区、龙桥村，江安镇徐黄社区等处，调研部分村（社区）工作。市委副书记丁兴华参加调研。

△ 2023 年如皋市科创委第一次会议举行，总结阶段性工作，部署下一阶段重点任务。市领导王鸣昊、许敬乔参加会议。

△ 市委党校组织开展 2023 年主体班次学员"三带来"学习论坛。市委常委、常务副市长顾留忠作为点评嘉宾参加活动。

11日

市委书记何益军主持市委常委会会议。会议深入学习贯彻习近平总书记重要讲话精神，传达学习省和南通市有关会议精神，研究贯彻落实工作，并听取四月份全市经济运行情况汇报，研究部署下一阶段经济工作。

△ 市委书记、市委党建工作领导小组组长何益军主持召开市委党建工作领导小组会议，听取 2022 年全市党建特色亮点工作汇报，研究讨论南通市委听取如皋市抓基层党建述职点评意见的整改方案，审议通过《市委党的建设工作领导小组 2023 年工作要点》。

△ 市委宣传部干部会议召开，宣布市委宣传部主要领导调整决定。市委书记何益军，市委副书记丁兴华，市委常委、组织部部长、统战部部长朱莹滢参加会议。朱莹滢宣读干部任免决定：张炜龙同志担任市委常委、宣传部部长，不再担任如皋市人民政府副市长职务；高峰同志不再担任市委常委、宣传部部长职务。

12日

如皋高新技术产业开发区干部会议召开，宣布如皋高新技术产业开发区主要领导调整决定。市委书记何益军，市委常委、常务副市长顾留忠，市委常委、组织部部长、统战部部长朱莹滢参加会议。朱莹滢宣读干部任免决定：陈鸣华任如皋高新技术产业开发区党工委书记；免去石兵如皋高新技术产业开发区党工委书记职务。

△ “长寿之乡·诗意小城”如皋市第十一届文化旅游节开幕式暨徐家桥遗址考古成果发布会举行。南京大学历史学院教授、博士生导师，南京大学文化与自然遗产研究所所长贺云翱发布如皋徐家桥遗址发掘、勘探成果。省人大常委会教科文卫委员会原主任、大运河文化带建设研究院理事长周琪，省人大常委会外事委员会原主任司锦泉，如皋市领导王鸣昊、司祝建、张元健等参加活动。

△ 2023年“理响皋地·青音嘹亮”学习论坛第二期活动举行。市委常委、宣传部部长张炜龙参加活动。该次活动主题为“永远跟党走　奋进新征程——争做新时代好青年”，来自宣传、教育、政法、住建和基层一线的5名青年代表结合工作实际作交流发言。

△ 马绍尔群岛籍“NEWPORT NEWS”轮顺利靠泊中林如皋港1号泊位，该船长299.99米，最大吃水11.60米，载重20.8万吨，为如皋港开港以来靠泊最长、最宽、最大载重吨型海轮，开创如皋港300米超大型船舶靠泊先河。

△ 如皋市平安校园建设工作推进会暨安全教育现场观摩活动在如皋师范学校附属开发区小学召开。

13日 市委副书记、市长王鸣昊主持召开市政府党组理论学习中心组集中学习会。王鸣昊领学二十届中央财经委员会第一次会议精神。市委常委、常务副市长顾留忠，市委常委、副市长许敬乔，副市长顾凡分别结合学习内容与工作实际作交流研讨。

△ 全市农业农村重大项目现场推进会举行。与会人员先后参观万仟梦工厂、花名堂无土栽培小微盆景出口培育基地、溯源食品深加工项目、杨天农业智能水培蔬菜基地、平园池村航空旅游体验项目等农业产业项目。会上，市委副书记丁兴华讲话，市农业农村局主要负责人通报全市农业农村重大项目推进情况，并部署下一阶段工作，市自然资源和规划局、城北街道等单位相关负责人进行交流发言。副市长黄文斌参加会议。

△ 由南京大学历史学院、中共如皋市委员会、如皋市人民政府主办的大运河考古新发现学术研讨会暨徐家桥遗址考古成果发布会在如皋市举办。来自南京大学的专业考古团队公布大运河考古发现的最新成果：“掘沟”的遗址已经被找到，2200多年前由吴王刘濞开凿的运盐河也有望“重见天日”。

15日 市人大常委会主任司祝建率队深入江苏凌氢新能源科技有限公司、江苏碳丰氢能源科技有限公司、南通市鸿博信息科技有限公司、江苏夏威宜环保科技有限公司、江苏微镀新能源科技有限公司等科创企业，检查高新技术企业培育申报、市外高企招引以及科技招商推进情况。

△ 市摄影家协会、市作家协会和8家本地知名自媒体开展“水美如皋”幸福河采风活动，展现美丽如皋水岸自然风光、水系畅通之美、人水和谐之景。

16日 南通市委书记吴新明到如皋调研经济社会发展情况，先后考察高新区霖鼎超精密微纳光学产业基地项目、如城街道孔庙社区邻里活动中心、如皋师范学校附属小学、市社会治理综合服务中心等处。市领导何益军等参加调研。

17日 南通市防汛抗旱工作会议召开。市领导何益军、王鸣昊、顾留忠在如皋分会场收听收看。如皋市委书记何益军进行交流发言。会议结束后，如皋市召开续会，对防汛抗旱工作进行具体部署。

△ 江苏省司法厅副厅长韩震龙一行到如皋开展党建共建活动，实地调研走访中国工农红军第十四军纪念馆、城南司法所、市社会治理综合服务中心、东大街历史文化保护街区等处。活动举行如皋市申报国家历史文化名城规范性文件制定座谈会，韩震龙充分肯定如皋市主动制定规范性文件加强历

史文化保护的先进做法，并对文件的部分条款进行具体指导。如皋市委常委、政法委书记程瑞琴陪同调研。

△ 省委驻如皋市乡村振兴工作队携手如皋市特色田园乡村党建联盟，举行农村集体经济组织法律制度宣讲。南京农业大学教授、博士生导师应瑞瑶以《农村集体经济组织法律制度》为题，深入浅出地讲解农村集体经济组织法律制度的渊源以及发展农村集体经济的典型做法、创新机制。宣讲结束后，工作队举行“共话农村集体经济发展 助推特色田园乡村建设”主题座谈会。省委驻如皋市乡村振兴工作队队长、如皋市委常委、副市长许敬乔参加活动。

18日 南通市委第三巡察组巡察如皋市纪委监委机关工作动员会召开。巡察组组长汤明文就巡察工作作动员讲话，如皋市委书记何益军代表市委出席会议并就配合支持巡察工作提出要求，如皋市委常委、市纪委书记、市监委主任秦金春主持会议并作表态发言。

△ 江苏省司法厅副厅长韩震龙带领调研组在如皋市开展行政规范性文件合法性审核及备案审查工作、重大行政决策合法性审查工作专题调研。无锡市、常州市、苏州市、南通市、盐城市司法局及如皋市司法局分管备案审查工作领导、业务处室负责人参加会议。如皋市政府市长王鸣昊出席会议并致辞。

△ 江苏省教育科学研究院纪委书记常青率省教育科学研究院第二党支部到如皋实验初中，开展心理健康教育专题调研暨“德心相融促成长 深度交流提质量”主题党日活动。如皋市委常委、副市长许敬乔参加活动。

△ 江苏省如皋第一中等专业学校（市高级技工学校）送第二批 19 名学生到霖鼎光学（上海）有限公司见习，并组织 60 名低年级学生到企业参观学习。学生们实地参观企业的工作环境与工作内容，并了解产品研发及生产流程，企业工作人员现场介绍相关专业实践知识。参观结束后，霖鼎光学（上海）有限公司为见习学生举行欢迎仪式。

19日 市委书记何益军采取“四不两直”方式，到西部片区 293# 搬迁项目现场和九华镇南通南热汽车科技有限公司儿童汽车安全座椅及汽车零部件生产项目施工现场等处，实地督查西部片区城市建设及九华镇经济社会发展工作。

△ 如皋市《信访工作条例》宣传月活动启动仪式举行。省政府信访局原副厅职督查专员朱晓波，省政府信访局研究室主任李恩强，南通市信访局副局长成云新，以及如皋市领导王鸣昊、程瑞琴等参加活动。市委副书记、市长王鸣昊致辞，朱晓波宣布如皋市《信访工作条例》宣传月活动正式启动。随后，与会人员共同观摩基层现场。

△ 如皋市城市街道综合养老服务中心启用仪式举行，江苏省社会福利协会副会长兼秘书长陆敏，如皋市委常委、政法委书记程瑞琴参加活动。该中心位于如皋市如城街道宏坝社区，集日间照料、医疗咨询、理疗康复、文娱活动以及休息用餐等多功能为一体，是如皋市首家标准化、规范化城市街道综合养老服务中心。

20日 全市企业上市及新三板挂牌联席会议 2023 年度第一次月度工作推进会举行，总结回顾 2023 年以来全市企业上市挂牌工作情况，进一步认清当前形势，抢抓资本市场机遇，全力推动企业上市挂牌工作取得新突破。市领导王鸣昊、顾留忠参加会议。会议通报企业上市挂牌工作整体情况，并提出相关目标建议；各镇（区、街道）相关负责人递交 2023 年企业上市挂牌工作责任状。拟入轨企业与证券公司、会计师事务所、律师事务所集中签订企业上市挂牌服务协议；相关专家以“全面注册制背景下 A 股 IPO 上市概览”为主题作专题培训。

△ “弘扬‘四敢’精神 凝聚家庭力量”“家国共建”专题暨家庭文明建设主题活动举行。南通市妇

联党组成员、副主席朱云，如皋市委常委、组织部部长、统战部部长朱莹滢参加活动。

△ 如皋市举行2023年度青年人才交流活动暨520集体婚礼，助力青年友好型城市建设，引导全市广大青年树立文明、健康、理性的交友观、恋爱观和婚姻观。市委常委、组织部部长、统战部部长朱莹滢参加活动。活动为16对新人举行集体婚礼。

△ 如皋市“贯彻二十大 奋进新征程”主题宣讲进基层活动启动仪式举行。市委常委、宣传部部长张炜龙参加活动。该次宣讲活动自5月起到12月结束，计划安排活动1000场。活动中，张炜龙为12支市级机关特色宣讲队和14支镇级宣讲队授旗，并举行“贯彻二十大 奋进新征程”主题宣讲进基层理论宣讲骨干培训会。

△ 如皋市举办520登记日活动，为当天登记结婚的21对新人集体颁发结婚证书，并献上美好祝福。市委常委、宣传部部长张炜龙参加活动。

△ 如皋市举办退役军人健康服务基地授牌仪式。为市人民医院、市中医院、深圳精诚医疗集团如皋医院、如皋博爱医院、第三人民医院(石庄中心医院)、第四人民医院(白蒲中心医院)、磨头医院、如皋港人民医院8家优抚定点医院集中举行退役军人健康服务基地授牌仪式。副市长黄文斌参加活动。

△ 第三届江苏发展大会在南京开幕。总投资18亿美元，涵盖年产120万吨高档白卡纸项目、年产10万吨莱赛尔纤维项目、电厂改扩建项目等项目及金鹰物流园在内的金鹰(如皋)产业园二期项目，在第三届江苏发展大会扬子江工商峰会与如皋市进行签约。

22日

市委书记何益军主持召开市委常委会会议。会议学习习近平总书记考察河北省雄安新区、沧州市、石家庄市的重要讲话精神，以及省推进“一带一路”建设工作领导小组会议精神，研究贯彻落实工作。会议听取1—4月份全市经济运行情况汇报，研究部署下一阶段工作。会议还研究其他议题。

22—24日

美国纽黑文大学终身教授、国际刑侦专家李昌钰博士回乡探亲，并现场指导李昌钰刑侦科学博物馆二期展陈工作。李昌钰博士夫妇还应邀参观市公安局“情指行”一体化作战中心，并围绕毒物检测、网络诈骗等领域，进行业务交流。市领导张炜龙、陈刚、崔建村参加相关活动。

23日

如皋市举行李昌钰夫妇回乡探亲座谈会。何益军、王鸣昊、张元健、丁兴华等市领导参加会议。会议现场举行李昌钰刑侦科学博物馆藏品捐赠仪式和李昌钰刑侦科学博物馆微信公众号开通仪式。此次捐赠的藏品计4500余件，包含书籍文献、案件资料、仪器设备等多个种类，其中不少是国内未曾公开过的珍品乃至孤品。会前，李昌钰博士夫妇一行走访东大街历史文化街区、中山钟楼、江苏卓远半导体有限公司、市博物馆等处。

24日

“如皋市社会治理综合服务中心”暨“华东政法大学新时代枫桥经验与中国式现代化研究院理论研究实践基地”揭牌仪式举行。浙江省新时代枫桥经验研究院院长、浙江大学新时代枫桥经验研究院院长金伯中，华东政法大学政府管理学院院长、新时代枫桥经验与中国式现代化研究院院长任勇，南通市委政法委常务副书记殷蓓，如皋市领导何益军、丁兴华、程瑞琴、缪爱诚、陈刚、陈小燕参加活动。如皋市委书记何益军致辞，殷蓓与何益军共同为“如皋市社会治理综合服务中心”揭牌，华东政法大学政府管理学院党委副书记、副院长贾萍与如皋市委副书记丁兴华共同为“华东政法大学新时代枫桥经验与中国式现代化研究院理论研究实践基地”揭牌。

△ 如皋市举行新时代“枫桥经验”与基层社会治理研讨会。浙江省新时代枫桥经验研究院院长、浙江大学新时代枫桥经验研究院院长金伯中，华东政法大学政府管理学院院长、新时代枫桥经验与中国式现代化研究院院长任勇，南通市委政法委常务副书记殷蓓，如皋市领导王鸣昊、丁兴华、程瑞琴等

参加活动。市委常委、政法委书记程瑞琴介绍新时代“枫桥经验”如皋实践。市委副书记、市长王鸣昊致辞。与会人员共同为如皋市“枫桥式”村(社区)创建按下启动键;相关专家学者围绕“更高水平的平安中国的县域实践”“践行新时代‘枫桥经验’的如皋样板”等方面进行主旨演讲与研讨。活动前,与会人员到市社会治理综合服务中心、城北街道东风社区网格驿站等处,实地调研新时代“枫桥经验”多元共治基层实践工作。

△ 如皋市举行“5·23”企业家日活动暨营商环境座谈会。南通市委统战部副部长、南通市工商联党组书记吴亚军,如皋市领导王鸣昊、朱莹滢、陈鸣华等参加会议。吴亚军和如皋市委副书记、市长王鸣昊共同为通商总会如皋商会揭牌。企业家代表及部分外地如皋商会的企业家代表围绕优化营商环境提出意见建议,相关部门就企业家关心的问题进行现场解答。活动为第二批10家商会警务服务站进行授牌,并为如皋市民营企业绿色发展服务站进行揭牌。

△ 南通市人大党组成员陈俊带队到如皋调研泛半导体产业发展情况,实地走访柏承(南通)微电子科技有限公司、海迪科(南通)光电科技有限公司、江苏秦烯新材料有限公司,详细了解企业产品研发、人才引进、市场销售等情况。座谈会上,如皋市副市长唐余宽介绍泛半导体产业发展情况,如皋经济技术开发区、高新区、市发展改革委、市科技局相关负责人及企业代表作交流发言。市领导刘晓洁、唐余宽参加活动。

△ 南通市军人退役“一件事”网上办系统运行工作推进现场会在如皋市举行。省退役军人事务厅规划财务处处长李茂华,如皋市副市长黄文斌参加会议。李茂华肯定如皋市军人退役“一件事”网上办试点工作取得的成效。会前,与会人员实地观摩如皋市退役军人“一站式”智能服务管理系统运行情况。

△ 复旦大学张江研究院在吴窑镇龙游智谷科创中心进行项目路演,6个项目分别涉及生命健康、人工智能、新材料等领域。复旦大学张江研究院常务副院长胡建华,如皋市副市长、第十五批科技镇长团团长唐余宽参加活动。

24—25日

第24期海外华文媒体高级研修班暨感知中国(江苏)行活动走进如皋,来自美国、法国、英国等国家和地区的二十多家海外华文媒体代表用镜头聚焦古城高质量发展的沧桑巨变。媒体代表们参观水绘园风景区、如皋丝毯艺术博物馆,观看如皋杖头木偶戏表演,走访“中国美丽休闲乡村”平园池村、顾庄生态园等地。市委常委、组织部部长、统战部部长朱莹滢参加活动。

25日

市人民检察院举行“护航现代化、建功新征程”讲百案、进千企、访万家法治宣传行动启动仪式暨“检察为民e站”线上服务平台上线仪式。江苏省人民检察院党组成员、副检察长俞昕水,市领导程瑞琴、缪爱诚参加活动。与会领导和嘉宾共同启动“护航现代化、建功新征程”讲百案、进千企、访万家法治宣传行动和“检察为民e站”线上服务平台,并为“检爱皋1°”法治宣讲团授旗。活动结束后,部分与会领导和嘉宾到搬经镇芹界村开展共建活动。

26日

南通市委理论学习中心组召开集体学习(扩大)会。如皋市委书记何益军在南通主会场参加会议,王鸣昊、司祝建、张元健、丁兴华等市四套班子领导在如皋分会场收听收看会议。

△ 市政协主席会议专题协商“加强镇村医疗机构建设、提升基层卫生服务水平”。张元健一行实地查看市中医院三期工程项目、搬经镇万富村卫生室、江安镇卫生院等处,详细了解医疗设备配备、人才储备、管理体系建设等情况,认真分析存在问题,广泛听取意见建议。

27日 第七届全国青少年无人机大赛(江苏省赛)在如皋市举行。江苏省科学技术协会二级巡视员杨文新,中国航空学会副秘书长赵霜红,如皋市委常委、组织部部长、统战部部长朱莹滢参加活动。朱莹滢和赵霜红先后致辞,并共同为江苏省青少年航空航天科普教育基地揭牌。

△ 深圳精诚医疗集团如皋医院举行医教研一体化发展推进会。与会人员共同为南京医科大学社会实践基地、西安交通大学生物医学研究实验中心如皋联合创新基地、延安大学医学院教学医院揭牌。

30日 市第十八届人大常委会第九次会议举行。会议听取和审议市政府关于全市农业龙头企业发展情况的报告、关于康复医疗工作建设情况的报告、关于落实《江苏省优化营商环境条例》执法检查报告情况的报告、关于落实市人大常委会《关于规范养犬管理工作的审议意见》情况的报告,以及市人大常委会执法检查组关于检查《中华人民共和国就业促进法》《江苏省就业促进条例》实施情况的报告。会议通过相关人事任免事项,司祝建为新任命人员颁发任命书,新任命人员进行宪法宣誓。

△ 如皋市举行"弘扬'四敢'精神 凝聚奋进力量 做了不起的劳动者"主题道德讲堂活动。活动通过舞蹈、朗诵、访谈、讲座等形式,集中展现当代大国工匠的精彩故事、身边榜样的动人事迹,激励全市广大职工弘扬劳模精神、争当"四敢"先锋。市委常委、组织部部长、统战部部长、市级机关工委书记朱莹滢参加活动。

△ 全市二季度新时代文明实践所(站)暨农家书屋建设现场推进会举行。与会人员参观磨头镇新时代文明实践所及该镇部分村(社区)新时代文明实践站和农家书屋,听取相关经验介绍。会议就进一步统筹推进新时代文明实践所(站)建设以及深化全国文明城市建设等相关工作进行部署,并对农家书屋标准化建设工作作点评和部署。市委常委、宣传部部长张炜龙参加活动。

31日 南通市委副书记、宣传部部长沈雷带队到如皋,调研党建联系点、走访服务企业。沈雷一行走访调研江苏万达特种轴承股份有限公司、江苏华医大健康服务股份有限公司、南通荣威娱乐用品有限公司和如城街道迎新社区等处,详细了解企业、社区党建工作和业务发展情况。市领导何益军、丁兴华、陈鸣华参加活动。

△ 市委理论学习中心组集中学习(扩大)会召开。会议邀请省委统战部副部长,省民宗委党组书记、主任马连美作专题讲座。马连美以"深入贯彻落实中央民族工作会议、全国宗教工作会议精神,扎实做好新时代民族宗教工作"为主题,深入浅出地阐明新时代民族宗教工作的基本思路、方法和路径以及相关实践问题。何益军、司祝建、张元健等市委理论学习中心组成员参加学习会。

△ 南通市水利局考察组到如皋开展焦港幸福河建设市级初步验收评估。江苏省水利厅原二级巡视员刘丽君,如皋市委副书记丁兴华、副市长黄文斌参加活动。考察组一行到如泰河口凤凰桥十字桥水利文化遗址、焦港水利枢纽管理所等处,实地查看焦港沿河两岸现状,详细了解焦港在水生态、水文化、水智慧等方面建设情况。

△ 市人大常委会主任司祝建带队,检查社区结对共建等工作。司祝建一行走进如城街道孔庙社区,参观社区网格化管理信息平台、如城街道金色人大代表工作站等处,了解社区网格化管理相关工作情况,人大代表、议政代表工作站工作开展情况。市委常委、副市长、高新区党工委书记陈鸣华参加活动。

△ 如皋市举行2023年"安全生产月"启动仪式。市委常委、常务副市长顾留忠宣布如皋市"安全生产月"活动正式启动。

△ 如皋市实验小学举行"红领巾心向党 队旗下共成长"庆"六一"文艺展演暨入队仪式,市委常

委、组织部部长、统战部部长朱莹滢参加活动。仪式现场为新入队少先队员授红领巾,新入队少先队员进行入队宣誓,新入队少先队员代表分享入队感悟。活动为新入队少先队员授中队旗,并为各中队辅导老师颁发聘书。

△ 由森松(江苏)重工有限公司承接的 JGC 巴士拉炼油扩建项目第 1 批模块发货仪式举行。JGC 高级执行副总裁佐藤谕志,森松(中国)集团总裁薛绛颖,森松(江苏)重工有限公司总经理盛晔,如皋市委常委、宣传部部长张炜龙参加活动。该项目合同额 10 亿元,含 99 个模块,总重 3 万吨。

△ 如皋市疾病预防控制局揭牌仪式举行。市委常委、宣传部部长张炜龙,副市长顾凡参加活动,并共同为"如皋市疾病预防控制局"揭牌。

△ 第 36 个"世界无烟日"当日,如皋市在安定广场举行"全民卫生日"暨"世界无烟日"宣传活动。

2023 年 6 月

1 日

市领导分别带队看望慰问少年儿童，向孩子们致以节日的问候，向广大教师和少儿工作者表示亲切慰问。市委书记何益军一行先后走进如皋师范学校附属小学幼儿园、如皋师范学校附属小学。市委副书记、市长王鸣昊一行实地走访李渔小学、东皋幼儿园、安定小学等处。市人大常委会主任司祝建、市政协主席张元健分别率队到市外国语学校、如皋师范学校附属小学新城幼儿园、市实验小学、志颐小学等处。朱莹滢、许敬乔、刘晓洁、顾凡、张亚鸾参加活动。

△ 全市综合考核后进村（社区）整顿提升工作部署会举行。市领导何益军、丁兴华、朱莹滢参加会议。市委常委、组织部部长、统战部部长朱莹滢解读《全市综合考核后进村（社区）整顿提升行动工作方案》；相关部门作交流发言。市委书记何益军对做好整顿提升工作提出要求。

△ 如皋市农业技术推广中心磨头分中心揭牌仪式举行。市委副书记丁兴华、副市长黄文斌参加活动。丁兴华一行实地参观磨头分中心，详细了解分中心的人员配备、职能分工、仪器准备等情况。与会领导共同为市农业技术推广中心磨头分中心揭牌。

△ 韩国忠清南道氢能专家郑道泳一行到如皋考察氢能产业。郑道泳一行实地参观江苏清能动力科技有限公司、国家氢能源汽车研究检测公共服务平台、势加透博洁净动力如皋有限公司等处，详细了解氢能产业发展情况。座谈会上，与会人员共同观看城市宣传片《这就是如皋》，双方交流各自在氢能领域的产业发展情况。

2 日

市人大常委会主任司祝建深入磨头镇，实地走访慰问挂钩联系的南通皋鑫科技开发有限公司和江苏展旺能源科技有限公司和严狄村等处。

△ “寻味九华·枇杷行”九华镇第六届枇杷节暨旅游文化节活动举行。活动为“华杏特色农业产业党建联盟”揭牌，举行枇杷大赛，并为获奖代表颁奖。市领导丁兴华、朱莹滢、许敬乔等参加活动。

△ 市委副书记丁兴华率队深入中皋农产品供应链有限公司生产现场，详细了解黑塌菜深加工流程和标准，检查黑塌菜产业发展情况。

△ 由市文明办、南通市如皋生态环境局、市教育局联合主办的“建设人与自然和谐共生的现代化”六五环境日活动在如皋市安定小学举行。

5—7 日

2023 上海国际糖酒食品交易会在国家会展中心（上海）举行，如皋市中皋农产品科技发展有限公司、江苏皋德食材有限公司、江苏溯源食品有限公司等特色农产品企业积极参展，如皋黑塌菜、蟹黄包、白蒲茶干、君子羊肉等十余款特色农产品亮相交易会。市委副书记丁兴华参加活动。

6 日

市委书记何益军，市委副书记、市长王鸣昊分别带队到如皋中学、第一中学等高考考点，检查高考考前准备工作，看望慰问考务人员。

△ 市人大常委会主任司祝建率队视察市行政审批局、税务局优化营商环境工作，详细了解市民服务中心办事窗口简化、办事流程优化等工作。

△ 南通市总工会党组书记、副主席葛志娟带队到如皋调研县级工会“赋星开新”专项行动开展情况。如皋市委常委、组织部部长、统战部部长朱莹滢陪同调研。与会领导和嘉宾共同为由如皋市总工会

和如皋市江海高级技工学校联合建设的如皋工匠学院揭牌。葛志娟一行还参观位于双钱集团(江苏)轮胎有限公司的技能大师工作室,详细了解工作室人员组成、科技创新、帮学带教等情况。座谈会上,南通市部分县(市、区)总工会负责人进行交流发言。

△ 江苏省交通工程建设局联合中国水产科学研究院淡水渔业研究中心、南通市人民政府、如皋市人民政府在长江如皋段刀鲚国家级水产种质资源保护区共同举办主题为“养护水生生物资源、促进人与自然和谐共生”的珍稀濒危水生生物增殖放流活动。江苏省交通工程建设局张靖皋长江大桥建设指挥部现场指挥长李宏涛、南通市农业农村局局长陈敢、中国水产科学研究院淡水渔业研究中心资源室主任徐东坡及如皋市副市长黄文斌参加活动。

△ 江苏省市场监督管理局发文,同意以如皋市综合检验检测中心为依托单位,筹建“江苏省预制菜产品质量监督检验中心”。

7日 市防汛指挥部办公室举办防指联络员防汛抗旱防台工作培训会。会议邀请南通市水利局财务审计处处长于跃宏以《加强防汛知识 增强安全责任和防范意识》为题,进行防汛防台业务知识培训,各镇(区、街道)、市防指各成员单位的防汛联络员及市水务局、应急管理局相关科室人员参加会议。

8日 市委副书记、市长王鸣昊主持召开十八届市政府第十九次常务会议。会议传达学习《关于认真贯彻落实习近平总书记重要批示精神 在主题教育中推动树立和践行正确政绩观的通知》以及6月2日国务院常务会议精神。会议讨论《关于2023年推动经济高质量发展的激励意见(送审稿)》《关于促进建筑业高质量发展的意见(送审稿)》等议题。

△ 江苏省乡村振兴局副局长刘文俊带队到如皋先后视察城北街道平园池村、九华镇郑甸社区,专题调研产业帮促工作。如皋市领导丁兴华、许敬乔参加活动。

△ 市人大常委会主任司祝建率队深入部分专业园区,督查专业园区建设推进情况。司祝建一行实地走访如皋经济技术开发区电力及智能装备产业园、如皋经济技术开发区氢能产业园、如皋软件园二期等处,详细了解园区建设、项目招引以及企业的产品生产、产品结构、发展规划等情况。座谈会上,如皋软件园、如皋沪苏科创产业园、如皋经济技术开发区氢能产业园、如皋港化工新材料产业园相关负责人汇报专业园区建设推进情况,相关部门负责人作交流发言。陈鸣华对各专业园区建设推进情况进行点评。司祝建就下一步专业园区的打造提出要求。市委常委、副市长、高新区党工委书记陈鸣华,市人大常委会副主任刘晓洁参加活动。

△ 市人大常委会主任司祝建带队到磨头镇,督查该镇各级人大代表“牢记嘱托、感恩奋进”学习实践活动开展情况。司祝建一行实地走访磨头小学、场西村、江苏个德海洋工程设备有限公司、南通华智电气有限公司、南通泛能新材料高密度合金铝自动化生产项目现场等处,详细了解磨头镇各级人大代表在推动教育高质量发展、助力乡村治理、服务企业发展及项目招引等方面的履职情况。座谈会上,司祝建听取磨头镇各级人大代表“牢记嘱托、感恩奋进”学习实践活动开展情况。市人大常委会相关委室负责同志就深入推进学习实践活动进行业务指导。

9日 市委书记何益军主持召开市委常委会会议,学习习近平总书记重要讲话重要指示重要贺信回信精神和省有关会议精神,研究贯彻落实工作,并研究《2023年如皋市深入打好污染防治攻坚战考核办法》等议题。

△ 市委书记何益军以“四不两直”方式,实地调研南通超达装备股份有限公司、城南街道桃北村、江苏神马电力股份有限公司等处,了解相关村重点工作推进和企业生产经营情况。

△ 市人大常委会举行法官检察官履职评议动员会。市人大常委会主任司祝建参加会议。会议解

读《关于对市人民法院法官市人民检察院检察官开展履职评议的实施方案》。

△ 磨头镇举行家庭农场党建联盟电商直播基地揭牌仪式暨首届采摘嘉年华。市委常委、组织部部长、统战部部长朱莹滢参加活动。在磨头镇丁冒村，朱莹滢与磨头镇主要负责人共同为磨头镇家庭农场党建联盟电商直播基地揭牌，并参观磨头镇家庭农场党建联盟活动阵地。在磨头镇新徐村，与会领导共同启动磨头镇首届采摘嘉年华。磨头镇家庭农场党建联盟与市农业技术推广中心磨头分中心进行结对共建，并为相关专家颁发专家顾问聘书，三家家庭农场代表人与经销商进行集中签约。

9—10日

2023国际氢能科创发展大会（如皋）举行。中国工程院院士、中国矿业大学（北京）教授彭苏萍，国务院原参事、国家能源局原局长徐锭明以及如皋市领导王鸣昊、陈鸣华、卢志敏参加活动。市委副书记、市长王鸣昊致辞。发布《如皋氢能产业园产业发展专项规划（2023—2030年）》，并为如皋氢能科技服务站进行揭牌。与会领导嘉宾共同见证6个项目集中签约。氢能高峰论坛、氢能与燃料电池技术创新论坛和圆桌讨论相继举行，与会院士、专家学者、业界精英，共同分享前沿学术知识和先进技术成果，为如皋市在氢能领域的发展出谋划策。会前，与会人员参观国家级经济技术开发区科创中心、上海机动车检测认证技术研究中心有限公司江苏分公司、江苏清能动力科技有限公司、势加透博洁净动力如皋有限公司等处。

10日

由淮阴区委书记、淮安高新技术产业开发区党工委书记王建军，淮阴区委副书记、区长陈张率领的党政代表团到如皋考察。淮阴区党政代表团先后考察城北街道平园池村、江苏思源高压开关有限公司智能组合电器（GIS）项目、南通正海磁材有限公司、江苏华夏电影胶片修复技术有限公司等处，详细了解如皋市在产业经济发展、实施创新驱动战略等方面的做法，就进一步深化合作进行深入交流。市领导王鸣昊、司祝建、张元健等参加活动。

△ 全市深化“红色物业”建设推进会暨“红管家 通通优”业务辅导会举行。市委常委、组织部部长、统战部部长朱莹滢参加会议。会议宣读《关于调整中国共产党如皋市物业行业委员会委员的通知》，对被命名为南通市2022年度党建引领物业管理服务工作市级示范点的六个项目进行表彰授牌。与会领导共同发布“皋城先锋管家”物业行业党建品牌。市城管局主要负责人部署下一阶段的重点工作，如城街道办事处、城南街道平明社区、江苏通城物业集团有限公司城东党支部相关负责人分别作交流发言。对如何做好“红管家 通通优”工作进行业务辅导。

△ 如皋市良种场有限公司、苏州市毛氏阳澄湖水产发展有限公司“浪里王”罗氏沼虾养殖合作项目签约仪式在如皋市长江镇举行。省委驻如皋市乡村振兴工作队队长、如皋市委常委、副市长许敬乔参加活动。与会领导和嘉宾共同见证双方签约。现场投放“浪里王”罗氏沼虾虾苗。

11日

2023年如皋市园区干部专业化能力提升班学员无领导小组讨论学习成果汇报会举行。市委常委、组织部部长、统战部部长朱莹滢参加会议。

12日

如皋市举行申报“国家历史文化名城”工作领导小组会议，要求全市上下进一步统一思想、振奋精神，全力推进“国家历史文化名城”的申报。市领导何益军、王鸣昊、张元健、顾留忠、张炜龙等参加会议。

△ 市委副书记、市长王鸣昊率队调研城市建设工作，实地走访49#建设工程、李昌钰刑侦科学博物馆二期、160#B安置房、新城教育培训中心、青年人才公寓国际社区、如皋初级中学和仙鹤幼儿园新建工程、北门大桥、273#安置房等处，详细了解工程进度，并协调解决项目推进过程中遇到的困难和问题。

△ 市人大常委会督查推进省高品质示范（特色）高中创建工作专题会议举行。市人大常委会主任

司祝建，市人大常委会副主任刘晓洁，副市长顾凡参加会议。会上，市教育局主要负责人汇报创建工作整体情况，其他相关部门、单位相关负责人汇报支持、保障学校发展和创建的有力举措；5所创建学校负责人汇报相关工作推进情况；市人大常委会教科文卫工委负责人汇报外出考察情况。顾凡对创建工作进行点评和部署。司祝建肯定各创建学校的创建工作，就下步创建工作提出要求。

△ 如皋市“侨心永向党”暨“如侨所愿”志愿服务品牌项目启动仪式举行。南通市侨联党组书记、主席蔡宏伟，如皋市委常委、统战部部长、组织部部长朱莹滢参加活动。与会领导和嘉宾共同启动“如侨所愿”志愿服务品牌项目。朱莹滢为获“江苏省华侨文化交流基地”荣誉称号的江苏新空间民族管弦乐团进行授牌。

12—13日

市领导何益军、王鸣昊、司祝建、张元健、丁兴华分别走进挂钩联系城北街道杨宗社区、如城街道城南社区、磨头镇董堡村、白蒲镇蒲东社区、城北街道里庄村等村（社区），集中开展“两代表一委员”接待日活动，围绕“科学有效运用积分制，推动农村人居环境整治提升”进行专题协商议事。

13日

市人大常委会主任司祝建带队视察市市场监管局重点工作开展情况。司祝建一行实地走访市综合检验检测中心、市市场监管局综合指挥中心及党建文化馆，详细了解江苏省预制菜产品质检中心筹建、“双随机、一公开”监管开展、移动执法监管平台运用等工作情况。座谈会上，市市场监管局主要负责人介绍市场监管工作情况及下一步工作打算。司祝建就市场监管工作提出要求。

△ 如皋市举行镇村志编纂工作会议。各镇（街道）相关负责人汇报镇村志编纂工作开展情况。市地方志办负责人传达上级有关实施镇村志编纂文化工程的相关文件精神，对镇村志编纂前期工作进行点评，对下一阶段的工作提出要求。

△ 南通市档案系统消防安全培训暨实操演练在如皋市档案馆举行。活动分为档案消防安全培训和全流程实操演练两个部分。在消防安全知识专题培训中，与会人员现场观摩如皋市档案馆微型消防站和七氟丙烷自动灭火系统，消防专家围绕近年来各地发生的典型火灾案例，讲解常见的火灾成因、火灾电话报警注意事项、灭火器材的使用和火灾应急逃生等知识。在全流程实操演练中，模拟档案馆消毒室消毒舱突发起火引发火情，安全小组根据应急预案迅速响应，依次开展报警求援、先期应急处置、组织人员疏散、实施灭火扑救等一系列措施。

14日

市委书记何益军带队督查推进长江经济带生态环境警示片披露问题整改工作。何益军一行实地督查姜桥港提污泵站、新北路管网、姜桥港2号排口、惠民大桥雨水排口、中国肠衣城等点位整改情况，并召开工作推进会。市领导秦金春、卢志敏、张炜龙参加督查。

16日

如皋市历史文化名城保护中心正式揭牌。省住建厅厅长王学锋，如皋市领导何益军、张元健、顾留忠、崔建村参加活动。王学锋与如皋市委书记何益军共同为如皋市历史文化名城保护中心揭牌。

△ 江苏省住建厅厅长王学锋率队到如皋调研住房和城乡建设工作。市领导王鸣昊、张元健、顾留忠、崔建村参加活动。王学锋一行先后实地走访宏坝河及花港片区城市更新项目现场、如皋市水务集团有限公司、江苏江中集团有限公司、城北街道平园池村等处，详细了解城市建设、城市供排水安全、建筑业发展、特色田园乡村建设等方面的工作情况。

△ 南通市委理论学习中心组举行集体学习（扩大）会。全国政协常委、中国安全生产科学研究院名誉院长张兴凯作专题报告。王鸣昊、司祝建等市四套班子领导在如皋分会场收听收看会议。

△ 全市乡村振兴用地政策专题培训班开班典礼举行。市委副书记丁兴华、副市长黄文斌参加

活动。

△ 如皋市举行“寻美如皋”抖音短视频大赛启动仪式暨“数字赋能 抖 in 如皋”工作室揭牌仪式。南通市委网信办副主任马佩军、南通市侨办专职副主任顾红菊及如皋市委常委、宣传部部长张炜龙参加活动。

△ 南通市退役军人移交安置工作部署会在如皋市举行。南通市退役军人事务局党组成员、副局长朱琪建，如皋市副市长黄文斌参加会议。

△ 抗美援朝一等功臣、二级战斗英雄陆昌荣烈士的女儿陆佳秋、女婿何永生将 24 份珍贵的烈士遗物史料捐赠给如皋市红十四军纪念馆。

19日 如皋市举行二季度项目签约活动。市领导何益军、王鸣昊、丁兴华、顾留忠、卢志敏、杜晓峰参加活动。市委书记何益军介绍经济社会发展情况。21 个项目在现场分批签约，6 个项目在场外进行签约，项目涵盖先进制造业、现代服务业、人工智能、半导体新材料、新能源智能装备、汽车零部件等多个领域。签约企业代表还围绕企业发展、项目推进等情况进行交流发言。

20日 如皋市举行 2023 如皋城市推介会，130 家著名房地产开发企业及已在如皋投资的房地产企业齐聚一堂，共同探寻如皋城市发展新机遇与合作新空间。市委书记何益军致辞，市委副书记、市长王鸣昊围绕发展现状、城市布局、政策支持等方面，作进一步城市推介。会上，复旦大学管理学院副教授李治国以《中国经济运行与房地产企业转型》为题作专题讲座。推介会发布 14 宗优质地块，来自滨江集团、曙光控股集团、朗诗地产等知名企业代表进行交流发言。

△ 市人大常委会主任司祝建率队视察市自然资源和规划局优化营商环境工作。

△ 南通市政协副主席杨曹明带领调研组到如皋调研“完善有事好商量协商议事制度机制”开展情况。市政协主席张元健、副主席张亚鸾参加会议。

△ 深化全国文明城市建设指挥部月度例会举行。城北街道、如城街道、市公安局、市市场监管局、市城管局等单位相关负责人围绕城北市场及周边环境秩序提升、主城区“三定一督”小区垃圾及时有效收集、集贸市场点位达标等创建工作中的有关事项进行汇报交流。市委副书记丁兴华就如何做好下一步工作作要求。市领导张炜龙参加会议。

21日 苏中片区农村人居环境整治提升现场推进会在如皋市召开。副省长徐缨，省政府副秘书长刘建，省委农办主任、省农业农村厅厅长季辉，南通市副市长刘洪，如皋市领导何益军、王鸣昊、丁兴华、卢志敏、黄文斌参加会议。与会人员先后参观如城街道顾庄社区、城南街道桃北村、磨头镇丁冒村、城北街道平园池村等点位。会上，如皋市委书记何益军首先进行交流发言，南通市、泰州市、扬州市江都区、仪征市相关负责人进行交流发言，与会人员共同观看苏中地区村庄环境突出问题暗访情况专题片。

24日 市安委会全体（扩大）会议召开。会议传达学习习近平总书记对宁夏银川市兴庆区富洋烧烤店燃气爆炸事故作出的重要指示精神，传达国家、省、南通市相关安全生产工作会议精神。市委副书记、市长王鸣昊就安全生产工作特别是燃气领域安全生产工作的开展提出要求。

25日 根据南通市委统一部署，2023 年 6 月 25 日至 9 月 12 日，南通市委第六巡察组对如皋市开展乡村振兴专项巡察。

△ 市委政法委、市禁毒委员会联合举行“无悔青春 无毒前行”“6·26”国际禁毒日主题宣传活动。市委常委、政法委书记程瑞琴，副市长、市公安局局长、市禁毒委员会主任陈刚参加活动。

△ 省政府发布批复同意追认薛四、李百泉、李其奎3人为烈士。3人均为南通如皋人，于1946年被捕牺牲。薛四，男，1902年出生，原如皋县薛窑区中心乡人，时任中心乡通讯员。1946年农历8月8日被捕牺牲于镇海寺。李百泉，男，1918年出生，原如皋县九华乡一甲村人，时任民校教师(干部)。李其奎，男，1923年出生，原如皋县九华乡洋港村人，时任分田委员(干部)。1946年10月12日，李百泉、李其奎被捕牺牲于虾儿桥。

26日 市委副书记、市长王鸣昊率领相关部门负责人后查看福寿东路下穿铁路强排泵站、河道堤防所、新跃涵洞、长青沙西南角等重要点位，实地督查防汛防台工作。市委常委、常务副市长顾留忠参加督查。

27日 市委书记何益军带队督查深化全国文明城市建设工作，实地查看龙游湖风景区、如皋师范学校第二附属小学外的公厕、城北街道庆余新村、如城街道皋南新村、城北街道光华水韵等小区、城市部分背街后巷，随机抽查部分网吧，协调解决工作过程中的难点堵点问题。市领导司祝建、张元健、卢志敏、张炜龙参加督查。

△ 市委副书记、市长王鸣昊主持召开十八届市政府第二十次常务会议。会议传达学习习近平总书记对宁夏银川市兴庆区富洋烧烤店燃气爆炸事故作出的重要指示精神，全省安全防范工作紧急视频会议及南通续会、省安委会全体(扩大)会议及南通续会、南通市委常委会会议精神，听取上半年安全生产工作(含“安全生产月”活动)、燃气安全整治、“三合一”场所安全整治情况汇报，讨论《关于促进全市房地产市场平稳健康发展的通知(送审稿)》等议题。

△ 南通市委第六巡察组对如皋市乡村振兴专项巡察工作动员会召开。巡察组组长杨小军作动员讲话，市委副书记丁兴华作表态发言，副市长黄文斌出席会议。巡察组副组长陈四林主持会议。

△ 六月份农村人居环境整治提升暨公共空间治理现场推进会举行，市领导丁兴华、黄文斌、陈小燕参加活动。

△ 省总工会法律工作部党支部与如皋市总工会党总支、双钱集团(江苏)轮胎有限公司党委共建活动暨韩燕飞技能大师工作室揭牌仪式在如皋市举行。活动聘任全国五一劳动奖章获得者韩燕飞为双钱集团(江苏)轮胎有限公司首位高级技师，并为韩燕飞技能大师工作室揭牌。双钱集团(江苏)轮胎有限公司与常州机电职业技术学院、如皋市高级技工学校、如皋中专、如皋市江海高级技工学校进行校企合作签约。活动为劳模技师和结对学员举行高师带徒签约仪式，并现场发布十项创新课题。

28日 市委书记何益军主持召开市委常委会会议，会议学习贯彻习近平总书记重要讲话重要贺信精神，以及中央保密办相关通报、长三角相关会议精神，研究贯彻落实工作。会议学习贯彻习近平总书记对宁夏银川市兴庆区富洋烧烤店燃气爆炸事故作出的重要指示精神，传达学习全省安全防范工作紧急视频会议及南通续会、省安委会全体(扩大)会议及南通续会和南通市委常委会会议精神，听取城镇燃气排查整治工作情况汇报。会议还研究其他议题。

△ 南通正海磁材有限公司投产典礼暨新金属材料国家重点实验室南通正海研发基地揭牌仪式举行。全国政协常委、中国工程院院士李卫，中国科学院院士、南京理工大学教授陈光，正海集团有限公司党委书记、董事长秘波海，南通市副市长、秘书长凌屹，以及如皋市领导何益军、王鸣昊、陈鸣华、刘晓洁参加活动。

△ 市政协民主评议市卫生健康委员会和市医疗保障局工作动员会举行。会议就市政协民主评议市卫健委和市医保局工作进行动员部署。市卫健委、市医保局主要负责人分别汇报卫生健康和医疗保

障工作开展情况以及作风建设情况。市政协主席张元健，副主席杜永红、张亚鸾、郑振明、陈小燕出席会议。

△ 如皋市出台《如皋市创新信用管理与服务试点工作实施方案》。该方案由指导思想、总体目标、主要任务、实施步骤、组织保障5大部分组成，按照职能分工涉及14个主要市级部门单位。

29日 市委理论学习中心组集中学习（扩大）会召开。会议邀请中共江苏省委党校廉政教育研究中心原主任、二级教授王世谊作《关于健全全面从严治党体系的几个问题》专题讲座。司祝建、张元健、顾留忠、秦金春等市委理论学习中心组成员参加学习会。

△ 如皋市举行第三届"合力筑平安 争创示范市"主题征文和抖音新媒体作品大赛表彰活动。活动宣读比赛获奖名单，为获奖单位和个人颁奖，并现场展示获得一、二等奖的作品。市委常委、政法委书记程瑞琴参加活动。

△ 市委常委、常务副市长顾留忠到南通百川新材料有限公司讲授安全生产专题课。顾留忠以《借势"安全生产月" 创建"持续平稳年"》为题，为与会人员讲授安全生产专题课。

△ 由省干部理论教育讲师团团长汪桥红带领的全省基层理论宣讲骨干培训班学员到如皋，开展参观见学活动。培训班学员实地参观全国基层理论宣讲先进集体——姚呈明理论武装工作室，全国优秀党务工作者、全国基层理论宣讲先进个人姚呈明为培训班学员作理论宣讲课。市委常委、宣传部部长张炜龙参加活动。

30日 如皋市举行全市庆祝中国共产党成立102周年大会暨"七一"大党课。何益军、王鸣昊、司祝建、张元健、丁兴华等市四套班子领导参加会议。会议由市委副书记、市长王鸣昊主持。市委书记何益军以《聚力"四敢"扬劲帆 砥砺实干勇争先 奋力谱写中国式现代化如皋实践的新篇章》为题，给党员干部上专题党课，并为老党员代表颁授"光荣在党50年"纪念章。市委副书记丁兴华宣读"七一"表彰决定。与会领导为先进基层党组织、五星级村（社区）党组织、优秀共产党员、优秀党务工作者、"五强"型村（社区）党组织书记标兵进行颁奖。会后，与会领导参观雉水先锋·如皋市机关党员政治生活馆并重温入党誓词。

6月 南通市农业农村局组织专家对位于城北街道润杰家庭农场种植的小麦高产竞赛示范方进行实产验收。专家组对指定的3.01亩验测田块，参照《全国粮食高产创建测产验收办法（试行）》进行实收测产，验收结果显示该田块亩产达到636.5公斤，刷新如皋小麦高产历史纪录。

2023 年 7 月

1日 全市二季度"村(社区)书记大讲坛"召开,何益军、王鸣昊、司祝建、张元健、丁兴华等市四套班子领导参加活动。会前,与会人员到城北街道平园池村,实地参观荷香民俗园、杨天农业智能水培蔬菜基地、积分制管理现场等处,详细了解平园池村产业发展、人居环境整治、基层治理等方面的先进做法。会上,市委书记何益军就落实南通"百千工程"、推动宜居宜业和美乡村建设提要求。与会人员共同观看专题片《从"边缘村"到"示范村"诗画平园池的华丽变身》,部分村(社区)负责人围绕"强化示范引领,推进乡村振兴"主题进行交流发言。

△ 如皋市举行以"奋进新征程,逐梦新时代"为主题的残疾人文化周启动仪式。市委常委、政法委书记程瑞琴,副市长黄文斌参加活动。启动仪式后,举行"党恩润心灵　逐梦新时代——如皋市残联庆'七一'文艺展演"活动。

3日 2023 年如皋市"五方挂钩"工作协调小组会议召开。江苏省教育厅副厅长、党组成员、省委教育工委委员杨树兵,省乡村振兴局副局长刘文俊,如皋市领导何益军、丁兴华、许敬乔、黄文斌参加会议。市委书记何益军介绍经济社会发展及推进乡村全面振兴工作情况。杨树兵肯定如皋市在推进乡村全面振兴方面取得的成效,并就下一步帮促工作进行部署。省委驻如皋市乡村振兴工作队队长、如皋市委常委、副市长许敬乔汇报乡村振兴帮促工作开展情况及下一步工作打算,"五方挂钩"工作协调小组成员单位代表作交流发言。会前,与会人员实地调研如皋市搬经镇农产品加工标准厂房、龙桥村网格服务驿站、万富村网格服务驿站等处,详细了解"五方挂钩"帮促项目建设情况。

4日 市委副书记、市长王鸣昊率队督查夏季高温期间安全生产工作。王鸣昊一行实地督查草原牧歌烤吧、龙游湖风景区水上游船项目、如皋港化工新材料产业园智慧管理中心等处,采取"四不两直"的方式,随机抽查下原镇一处农民自建房、长江镇两家餐饮店和南通泰仓科技新材料有限公司的安全生产工作情况。

△ 如皋市委巡察工作办公室发布十三届市委第六轮巡察公告。根据《2023 年如皋市委巡察工作计划》安排,经巡察工作领导小组研究并报市委决定,从 2023 年 7 月 4 日起,对总工会、妇联、市域治理中心、行政审批局、供销社、团市委、如皋市畜牧兽医站、如皋勘测院有限公司开展巡察,为期 90 天。

5日 丁堰镇举办"传承优秀文化共建美好丁堰"艺术党课,市委常委、市人武部部长夏森,市委常委、组织部部长、统战部部长朱莹滢参加活动。活动现场,丁堰镇展示 14 个"党建引领为民服务·公益市集送'微服务'"党建项目公益市集,搭建起交流、展示、互助的平台,打通暖民心行动"最后一公里"。朱莹滢与丁堰镇主要负责人为"堰小二"党建品牌揭牌,夏森为新业态新就业群体发放爱心礼包。现场全体党员重温入党誓词。

△ 如皋农商银行举行第三轮"党建+金融"干部挂职实践锻炼启动仪式。市委常委、组织部部长、统战部部长朱莹滢参加活动。

△ 市老区建设促进会、市乡村振兴促进会召开"助医助困·大爱如皋"公募捐赠推进会议。市"两会"依托省社会帮扶基金会微信公众号、"公募宝"和"腾讯公募"等公募捐赠平台,依法依规组织开展

"携手助老区""助推乡村振兴""援助红色资源保护利用"等慈善性、公益性公募捐赠活动，广泛动员社会各界爱心人士和爱心企业、单位为革命老区奉献爱心。活动从3月份开始到11月30日结束，捐赠途径为线上捐赠和线下捐赠。

△ 如城街道"一老一小"融合服务中心正式揭牌投入使用。中心内分设综合性养老服务中心、未成年人保护工作站(关爱之家)、残疾人之家和老年人助餐区四个板块，四个板块统筹管理，共享同一场所硬件设施资源以及公共服务资源。中心由原安定幼儿园改造而成，现有建筑面积1100平方米，可同时容纳100名老人、50名儿童一起开展各项活动，能够辐射周边多个村(社区)的居民。

△ 南通市召开全市档案工作会议，总结2022年以来各项工作，部署落实下一步全市档案工作的重点任务。南通市委副秘书长、市委办主任、市档案局局长任新峰出席会议并讲话，南通市档案馆馆长陈海兵作全市档案工作报告。会上，如皋市档案馆馆长谢晓明作交流发言。

6日 由南通市委市级机关工委、如皋市委组织部联合开展的南通如皋联建共建先锋行动启动仪式举行。南通市委市级机关工委常务副书记成小红以及如皋市委书记何益军，市委常委、组织部部长、统战部部长、市级机关工委书记朱莹滢参加活动。南通和如皋市共有61家党组织进行现场结对签约，相关党组织负责人进行交流发言。

△ 全市双拥工作会议暨创建全国双拥模范城动员大会召开，动员全市上下全力争创全国双拥模范城，推动双拥工作再上新台阶。市领导何益军、程瑞琴、夏森、黄文斌参加会议。

△ 人社部社保中心党委副书记、纪委书记郭建华一行到如皋调研企业退休人员社会化管理服务工作，参观如城街道迎新社区居家养老服务中心、社区退休人员社会化管理服务"五心工程"展板以及王桂兰家事调解工作室迎新分室、退休人员议事堂等处，并召开座谈会听取社区企业退休人员社会化管理服务等工作情况的介绍。

7日 市委书记何益军到市域社会治理现代化指挥中心，视频连线各镇(区、街道)和各单位负责人，听取相关情况汇报，调度防汛救灾工作。

△ 中央气象台发布7月6日8时至7月7日8时全国降水量实况图，如皋24小时降水量达234.3毫米，位列全国降水"榜单"第2位。

△ 如皋市受强降雨天气影响，部分河流水位持续上涨，部分道路积水严重。自7月7日8时起，如皋市启动防汛III级应急响应，各镇(区、街道)、各单位全力以赴开展防汛救灾、应急抢险处置工作，及时排除道路、易淹易涝片区积水内涝，确保城市有序运转。

△ 如皋市普降大暴雨、局部特大暴雨，沿江三座中型闸碾砣港闸、焦港闸、如皋港闸全面开闸排水，通过二十余小时持续排水，截至7日晚24时，排水总量约达8920万立方米。

△ 如皋市户外结婚登记颁证基地、如皋市婚姻家庭文化主题公园正式揭牌，成为南通地区首个户外颁证现实样板。

9日 如皋市举行"数字人民币 乐享新生活"数字人民币宣传月启动仪式暨消费体验活动。市委常委、常务副市长顾留忠参加活动。活动介绍数字人民币试点工作开展情况，与会领导和市民共同参与数字人民币消费体验活动。

10日 如皋平园池村夏季"村晚"暨第七届荷花节开幕仪式举行。市领导何益军、丁兴华、朱莹滢、卢志敏、张炜龙、顾凡、陈刚参加活动。

△ 上药原康医疗供应链管理(江苏)有限公司开业仪式暨下原镇医疗器械产业专场活动举行。活动中，市领导顾留忠、朱莹滢、许敬乔分别为上药原康医疗供应链管理(江苏)有限公司开

业、下原镇医疗器械产业党群服务中心、下原镇医疗器械产业园专属网格服务驿站揭牌。活动为下原医疗器械开创团队谢海林、蔡子明、黄龙英分别颁发“开创者”“引领者”“传艺者”纪念章和“下原镇医疗器械产业发展突出贡献奖”奖章，上药原康医疗供应链管理(江苏)有限公司与入驻企业代表集中签约。

△ 如皋市第二期“皋才生”暑期实践锻炼活动正式启动。市委常委、组织部部长、统战部部长朱莹滢出席启动仪式并讲话。大学生代表、导师代表和部分接收单位负责人进行交流发言。市委组织部、人社局和团市委相关负责人为6个实践锻炼小组进行授旗。该次“皋才生”暑期实践锻炼活动岗位分为市级机关部门、镇村基层、企业、志愿服务四类，共有140余名大学生参加。

△ 南通市防汛抗旱(防御台风)指挥部决定，7月10日9时解除海安、如皋、如东三地防汛Ⅲ级应急响应。

11日 南通市委副书记、宣传部部长、政法委书记沈雷带队到如皋，调研基层社会治理工作。沈雷一行实地走访如皋经济技术开发区(城北街道)社会治理综合服务中心、市社会治理综合服务中心、市市域社会治理现代化指挥中心等处，深入了解基层社会治理工作开展情况。市委副书记、市长王鸣昊，市委常委、政法委书记程瑞琴，副市长陈刚参加活动。

△ 高新区(如城街道、城南街道)2023年“七一”表彰大会暨上半年重点工作现场点评推进会举行。市委常委、副市长、高新区党工委书记陈鸣华参加活动。会前，与会人员实地参观霖鼎超精密微纳光学产业基地项目、大明社区及宋家桥社区人居环境整治提升现场等处，了解项目建设及人居环境整治提升相关工作情况。会议为受表彰的先进集体和先进个人进行颁奖，并为老党员代表颁授“光荣在党50年”纪念章；高新区部分条线部门、园区、村(社区)负责人进行交流发言。陈鸣华围绕进一步弘扬党的光荣传统和优良作风这一主题为大家上大党课，就下一阶段工作提要求。

△ 如皋市举行与省级机关部门党组织结对共建工作述职交流推进会。市委常委、组织部部长、统战部部长、市级机关工委书记朱莹滢参加会议并讲话，与省级机关党组织结对共建的市级机关部门依次进行交流发言。

12日 市委书记何益军主持召开市委常委会会议，会议传达学习习近平总书记考察江苏重要讲话精神，以及省委常委会扩大会议、全省领导干部会议和南通市委常委会会议精神，研究部署贯彻落实工作。

△ 南通市人大代表如皋团第一小组就如皋市“智改数转”工作进行视察。人大代表们参观梦百合家居科技股份有限公司模塑、弹簧包装、切割等智能制造车间，听取企业在智改数转、平台创新、研发投入、作业流程优化等方面的工作成果和经验介绍。座谈会上，梦百合家居科技股份有限公司介绍企业基本情况及智能工厂(标杆工厂)打造历程；电信、移动、联通如皋分公司，江苏中天互联科技有限公司和中电山河数字科技(南通)有限公司分别介绍在“智改数转”方面提供的服务；市发展改革委介绍“智改数转”工作推进情况。市人大常委会主任司祝建参加活动。

△ 南通市“七彩的夏日”启动仪式暨二季度新时代好少年颁奖礼在如皋市举行。南通市委宣传部副部长、市文明办主任高峰，如皋市委常委、宣传部部长张炜龙参加活动并致辞。活动宣布南通市2023年第二季度“新时代好少年”名单，如皋市2名少年当选。活动表彰如皋市第十三届“美德少年”和2023年度“新时代好少年”，并发布南通市各县(市、区)“七彩的夏日”重点活动，其中包括如皋市“大爱如皋”研学路线。

15日 如皋市召开“加强全市科创载体建设”重点提案办理推进会，全面检视相关板块科创载体建设成效，明确下一阶段科创载体建设的思路和举措。市领导王鸣昊、张元健、陈鸣华、许敬乔、唐余宽、张亚鸾、郑振明参加会议。会前，与会人员现场观摩凤凰科创园、皋加速科创园、新异科创园、吴窑镇科创载体、合信众创空间、氢能产业园等处，详细了解园区建设、发展规划、企业入驻、招商引资等情况。会上，市政协工商委员组代表介绍提案基本情况；市科创办汇报重点提案办理及全市科创载体建设情况；相关部门、镇（区、街道）进行交流发言。市委副书记、市长王鸣昊就做好下一阶段科创载体建设工作提出要求。

△ 南通市人大代表如皋团第三小组集中调研如皋市推进农业现代化建设工作情况。人大代表们先后参观江苏皋德食材有限公司、江苏和府餐饮管理有限公司、南通杨天农业科技示范基地、如皋市久德农业博览园有限公司、冰琪葡萄生态果园、花名堂无土栽培小微盆景出口培育基地等处。市领导丁兴华、朱莹滢、张百璘参加活动。

18日 市委书记何益军率队调研华医大健康与医养康养产业深度融合工作。何益军一行实地调研如皋申丞护理院二期服务中心、一期颐养楼和综合楼，如城街道"一老一小"融合服务中心等处，详细了解各处日常运营、管理模式、配套设施等情况，并询问是否有亟待解决的实际困难。座谈会上，相关部门围绕"全市养老服务体系建设""推动华医大健康与如皋市居家养老服务深度合作""推动乡镇卫生院转型医养融合养老机构"等方面进行交流发言。何益军就进一步做好医养产业深度融合提出要求。

△ 市人大常委会主任司祝建率队到长江镇，开展"主任接待代表日"活动，与人大代表面对面交流，听取他们对优化营商环境的意见建议。司祝建先后实地走访森松（江苏）重工有限公司、江苏隆昌化工有限公司、南通宏智化工物流有限公司等处，详细了解企业情况，并和企业相关负责人深入交流。同时，司祝建对长江镇各级人大代表"牢记嘱托、感恩奋进"学习实践活动开展情况进行督查，就进一步推进人大代表履职平台建设、深化"牢记嘱托、感恩奋进"学习实践活动提出要求。

△ 南通市政协副主席、致公党南通市委会主委施学雷率队到如皋调研基层医疗卫生工作情况。施学雷一行先后实地调研磨头镇卫生院、如城街道顾庄社区卫生服务站，详细了解基层医疗卫生服务基础设施建设、医共体建设运行、基层医务人员配备、基层医疗机构医保实施等情况，并与患者面对面交流，倾听患者心声。座谈会上，副市长顾凡汇报基层医疗卫生工作情况，市卫健委、市医保局、市财政局、九华镇卫生院、石庄镇卫生院相关负责人分别作工作汇报和交流发言。市政协主席张元健参加活动。

△ 如皋市举行"吴所为居"智能家居产业链妇联揭牌仪式。市委常委、组织部部长、统战部部长朱莹滢参加活动。活动前，与会人员参观"慧协商"妇女议事吧、慧创研学室等产业链妇联活动阵地，并听取组织架构、工作内容、目标定位等情况介绍。活动为"吴所为居"智能家居产业链妇联揭牌，并为产业链巾帼先锋队授旗。吴窑镇相关负责人介绍家居产业链相关情况。

19日 市委副书记、市长王鸣昊主持召开十八届市政府第二十一次常务会议。会议学习贯彻习近平总书记在江苏考察时的重要讲话精神及省、南通市相关会议精神，听取2023年上半年食品安全工作情况汇报，并讨论《关于推进镇（区、街道）合法性审查工作的意见（送审稿）》等议题。

△ 市人大常委会主任司祝建带队到丁堰镇、白蒲镇、下原镇，督查推进各级人大代表"牢记嘱托、感恩奋进"学习实践活动。督查组实地走访丁堰镇"企·行"人大代表工作室、"如意丁香"人大代表联系点、白蒲镇民生实事项目观察点、下原镇"医健事"人大代表联系点等处，详细了解活动开展情况，并就进一步深化"牢记嘱托、感恩奋进"学习实践活动提要求。

△ 全市新材料产业链党建工作推进会在长江镇举行。市委常委、组织部部长、统战部部长朱莹滢参加活动。与会领导和嘉宾共同为新材料产业链链上企业"攻坚党小组"代表进行授牌。如皋市新材料产业链党委与南通大学化学化工学院、如皋农商银行签署合作协议。活动发布为企服务清单，并为"红

色帮帮团”成员单位代表授旗。活动结束后,与会人员参观如皋港化工新材料产业园党建阵地和智慧管理中心。

△ 2023 年如皋市妇联干部业务培训班举行开班典礼,市委常委、组织部部长、统战部部长朱莹滢参加活动。

△ 如皋市举行 2023 年网络安全应急演练活动。演练由市委网信办、市公安局和市市域社会治理现代化指挥中心联合主办,通过“弱口令破解”“信息泄漏”“页面篡改”等常见的网络安全问题来展示遇到突发事件后的处置方法,梳理有效应对突发事件的工作流程。演练结束后,开展网络安全专题培训活动。

22 日 市委书记何益军主持召开市委常委会(扩大)会议暨上半年经济运行形势分析调度会。王鸣昊、司祝建、张元健、丁兴华等市四套班子领导参加会议。市委副书记、市长王鸣昊传达南通市委常委会(扩大)会议暨上半年经济运行形势分析调度会会议精神。何益军就做好下半年工作,提出“大干三季度、打赢下半场,推动经济运行率先整体好转”的要求。

△ 2023 年为奥运喝彩“拥抱巴黎·炸舞阵线”中国霹雳舞文化推广系列活动首站在如皋市开幕,这标志着此项由“为奥运喝彩”组委会与霹雳舞行业内知名 IP“炸舞阵线”合作推出的文体项目正式启动。国际奥委会委员、中国奥委会副主席于再清,第九届中国文联党组成员、副主席、书记处书记杨承志,江苏省体育局二级巡视员范金华,如皋市领导王鸣昊、崔建村参加活动。市委副书记、市长王鸣昊致辞。中国美术家协会会员、中国水墨画院青年画院院长吴彤向如皋市赠送霹雳舞主题绘画作品,“为奥运喝彩”艺术写生团团长何加林分享“拥抱巴黎”Logo 的设计理念,与会嘉宾共同按下活动启动键。

23 日 如皋市举行“奏响‘四敢’最强音 礼赞党的二十大”文艺展演活动暨雉水人社 LOGO 发布会。市委常委、常务副市长顾留忠,副市长崔建村参加活动。与会领导为雉水人社 LOGO 揭牌,并为人社系统 2022 年度局优秀共产党员代表、2022 年度市级优秀共产党员代表颁奖。市人社局主要负责人为人社系统各党支部授旗。

24 日 市人大视察民生实事项目暨市政府民生实事二季度推进会举行,回顾 2023 年以来为民办实事项目进展情况,进一步统一思想、明确目标,确保市政府为民办实事项目顺利开展、取得实效。市领导王鸣昊、司祝建、顾留忠、缪爱诚、张百璘等参加会议。

25 日 全市“双招双引”百日会战动员部署暨重大项目建设推进会举行,全面总结上半年项目招引和建设成效,客观分析短板、深刻剖析问题,动员全市上下以决战决胜姿态攻坚“双招双引”和项目建设两大中心工作,为如皋高质量建设南通跨江融合发展样板区作出新的更大贡献。市领导何益军、王鸣昊、丁兴华、顾留忠等参加会议。

△ 如皋市举行“文明实践 感谢有你”如皋市第 13 届小亭志愿服务月主题活动。市领导何益军、丁兴华、张炜龙参加活动。

△ 市第十八届人大常委会第十次会议举行。市委副书记、市长王鸣昊向市人大常委会提请任命孙得利为如皋市人民政府副市长。随后,新提请任命人员作供职发言。会议采取联组审议的形式,审议并表决通过人事任命事项。市人大常委会主任司祝建为新任职人员颁发任命书,新任职人员进行宪法宣誓。

△ 南通市基层党建工作“看学赛促”观摩活动在如皋市举行。活动观摩如城街道贺洋社区党总支、白蒲镇合兴村党总支、城北街道平园池村党总支等基层党组织抓党建促乡村振兴的工作现场。座谈会上,如皋市汇报抓党建促乡村振兴、发展壮大集体经济的做法。各县(市、区)委组织部职能科室负

责人交流 2023 年以来的特色亮点工作。南通市委组织部组织一处处长、四级调研员周锋杰，南通市委组织部组织二处处长、四级调研员刘建军，如皋市委常委、组织部部长、统战部部长朱莹滢参加活动。

26 日 如皋市优化营商环境监测点暨市政务服务中心人大代表联系点启动仪式举行。市人大常委会主任司祝建，市委常委、常务副市长顾留忠参加活动。司祝建和顾留忠共同为如皋市优化营商环境监测点和市政务服务中心人大代表联系点揭牌。参加活动的人员参观打造“如意”一流政务环境相关活动展板，以及市政务服务中心住建、公安等办事窗口，了解政务服务代办、“无证明城市”建设等相关工作。

△ 如皋市举行钢结构厂房施工安全生产观摩活动。与会人员到江苏通压压缩机有限公司厂房项目现场，对钢结构厂房施工中挂设安全绳、安装兜网、预留挂扣等安全措施进行观摩。活动对市住建局组织的村镇监管人员跟班见学活动中获评优秀学员的参培人员进行表彰，并围绕《钢结构施工指导手册》相关内容开展专项培训。

27 日 市委常委、组织部部长、统战部部长朱莹滢率队走访慰问抗美援朝志愿军老战士陈步前和朱邦富，向他们致以崇高敬意和亲切问候。

28 日 2023 年如皋市科创委第二次会议举行，会议传达南通市科创双月例会相关精神，点评上半年科技创新工作相关情况，部署下一阶段重点任务。市领导王鸣昊、陈鸣华、唐余宽参加会议。

△ 由中国发明协会主办的新产品研发高级专业人才能力提升高级研修班在如皋市开班。中国发明协会党委书记、常务副理事长兼秘书长余华荣，如皋市委副书记、市长王鸣昊参加活动。中国发明协会新材料创新分会和长江绿色纤维创新研究院正式揭牌成立；余华荣介绍中国发明协会的主要工作和发展情况；与会专家、学者围绕“国家科技体制改革举措实施情况”“提升知识产权保护和运用能力激励和保障高水平创新与高质量发展”“纺织工业新材料的可持续发展”等主题进行授课。

△ 市政协经济界别(一)委员组、白蒲镇政协委员组民主评议市卫健委、市医保局工作。政协委员们实地参观白蒲镇蒲东社区卫生室、如皋市第四人民医院“医保服务站”、白蒲镇为民服务中心“15 分钟医保服务圈”南通市级示范点等处，对市卫健委、市医保局的各项工作进行全面评价，并提出相关意见和建议。市政协主席张元健参加活动。

△ “慧创她时代 奋进新征程”——2023 江苏巾帼科技创新大赛南通选拔赛暨南通市第六届“通创荟”巾帼科技创新大赛决赛在如皋市举行。南通市妇联党组书记、主席张洪晖，如皋市委常委、组织部部长、统战部部长朱莹滢参加活动并致辞。

△ 南通市妇联党组书记、主席张洪晖率队到如皋，实地走访市人民检察院、磨头镇丁冒村、梦百合家居科技股份有限公司等处，调研妇联工作。市委常委、组织部部长、统战部部长朱莹滢陪同调研。

△ 市委宣传部举办“激扬‘四敢’强‘四力’ 守正创新作表率”主题演讲比赛。市委常委、宣传部部长张炜龙参加活动。

△ 2023 年东皋大讲堂第二场讲座开讲。活动邀请上海市教育科学研究院研究员、上海学生心理健康教育发展中心副主任沈之菲以《学生危机的识别与辅导》为题，为各学校六百多名教职工们带来一场精彩的讲座。

29 日 市委召开座谈会，就市委十三届七次全体(扩大)会议报告(征求意见稿)征求老领导意见。市委书记何益军，市委常委、组织部部长、统战部部长朱莹滢参加会议。

30日 如皋市举行“雉水续荣光 双拥谱华章”——庆祝中国人民解放军建军96周年暨纪念延安双拥运动80周年双拥文艺晚会。活动宣布如皋市第二届“最美退役军人”、第二届“最美军嫂”名单，与会领导为获得“最美退役军人”“最美军嫂”先进典型颁奖。活动为现役官兵发放立功奖励金。市领导程瑞琴、夏森、黄文斌参加活动。

31日 市委书记何益军主持召开市委常委会会议，会议就贯彻习近平总书记赋予江苏“四个新”重大任务，围绕“在科技创新上取得新突破”进行专题学习，并讨论《关于学习贯彻习近平总书记重要讲话精神常态化调度推进督查的工作机制》等议题。

△ 市政协十五届六次常委会会议召开。会议重点围绕“聚焦优化各类资源要素，推动高新技术企业发展，助力国家创新型县（市）建设”进行协商议政，并协商调整部分市政协委员。市政协主席张元健主持会议。

△ 2023年度如皋市国有企业领导人员研修班开班典礼举行，市委常委、常务副市长顾留忠参加活动。

7月 如皋市2023年度“惠企政策直通车”首轮宣讲活动在如皋经济技术开发区举办，把各项惠企政策直接送到企业手中。该轮集中宣讲活动共分六场，对本年度新出台系列政策及各层级项目申报要点进行现场推送和解读，活动预计覆盖全市全部规模以上工业企业。

△ 如皋市首例新生儿出生“一件事一次办”业务成功办结。市民孟某领取到孩子的《出生医学证明》、户口页、社保卡和预防接种证。

2023 年 8 月

1日 中共如皋市委十三届七次全体(扩大)会议在市行政中心礼堂召开。市委书记何益军代表市委常委会作《稳中求进谋发展 实干拼搏共奋进 加快“强富美高”新如皋现代化建设步伐》的讲话。市委副书记、市长王鸣昊部署工作。全会审议并通过《中国共产党如皋市第十三届委员会第七次全体(扩大)会议决议》。何益军作总结讲话。会议期间,与会人员进行分组讨论,何益军分别参加如皋经济技术开发区(城北街道)、高新区(如城街道、城南街道)的分组讨论,市委副书记、市长王鸣昊参加长江镇分组讨论。市科技局、市发展改革委、如皋市申报国家历史文化名城工作领导小组、市委政法委、高新区等单位在会上作交流发言。会前,与会领导共同观摩“龙虎榜”展板,并听取项目建设、招商引资、人才引培、科技创新等工作情况的汇报。

△ 如皋高新技术产业开发区管理委员会与江苏力星通用钢球股份有限公司举行“高端精密重载轴承滚子智能制造项目”签约仪式。市领导何益军、王鸣昊、陈鸣华、孙得利参加活动。江苏力星通用钢球股份有限公司计划在如皋高新区沪苏科创产业园建设“高端精密重载轴承滚子智能制造项目”,项目产品应用于高速和超高速(时速350千米以上)铁路轴承、大型风电机组主轴、盾构机主轴等特殊领域,替代进口。项目一期计划投资2.6亿元,新建厂房38000平方米,达产转化可实现年利税超6000万元。

△ 市委副书记、市长王鸣昊率队走访慰问市军休所、市人武部、市消防救援大队、武警如皋中队等处,开展“八一”走访慰问活动。

2日 全省深化源头治理推进矛盾纠纷多元化解“一站式”平台建设苏中片区现场会在如皋市召开。省委常委、政法委书记刘建洋出席会议并讲话,省法院院长夏道虎出席会议,省检察院检察长石时态主持会议。省委主题教育办有关人员到会指导。南通市领导吴新明、张彤、沈雷、高山、凌屹,如皋市领导何益军、王鸣昊、程瑞琴、卢志敏、陈刚参加有关活动。刘建洋一行先后现场考察如皋市社会治理综合服务中心、如皋经济技术开发区(城北街道)社会治理综合服务中心、城北街道平园池村、如城街道顾庄社区市、镇、村三级矛盾纠纷多元化解平台。会上,南通市、扬州市邗江区、泰兴市分别介绍有关经验做法,如皋市委书记何益军就相关工作进行交流发言。省法院、省司法厅、省信访局分别作工作部署。刘建洋就进一步深化源头治理推进矛盾纠纷多元化解“一站式”平台建设提出要求。

2—3日

7月28日以来,河北省涿州市因强降雨影响,辖区内城镇和农村发生洪涝灾害,被困人员较多,救援困难大。2日,如皋市雉安应急救援队首批出动队员6名、越野车辆2部以及相关救援装备若干,火速驰援河北省涿州市。3日凌晨1时20分,队员们抵达涿州境内,按照当地应急管理平台统一调度,在涿州市靖雅学校周围实施救援。3日下午,如皋市雉安应急救援队第二、三批次队员整装完毕,继续集结驰援河北省涿州市洪灾救援。

3日 市委副书记、市长、市征兵领导小组组长王鸣昊带队到市人民医院征兵体检站,视察征兵体检工作。市领导夏森、黄文斌参加活动。

△ 中国广电集团党委委员、副总经理,中国广电网络股份有限公司党委副书记、总

经理吕建杰一行到如皋调研智慧广电建设工作，实地参观“智慧九华”融合管理服务平台，详细了解平台功能、社区建设、覆盖应用等情况。江苏有线党委书记、董事长姜龙，如皋市委常委、宣传部部长张炜龙参加活动。

△ 由市老科协主办、市农业农村局和市老科协农业农村分会承办的“亚夫富民大讲堂”正式启动。“亚夫富民大讲堂”围绕农业科技新成果、新技术和农业产业化经营等内容，以市农业农村局老干部志愿服务队成员为业务骨干，为老科协会员、老科协助力的科技示范新型经营主体授课。

△ 2023 年南通市城市管理亮点特色工作流动现场会暨年中工作会议在如皋举行。南通市城管局党组书记、局长赵国，如皋市副市长崔建村参加活动。会前，与会人员参观东皋桥旁的皋城 e 站、如皋市垃圾分类科普展馆、如城街道花园社区城管工作室等处，了解如皋市市容环卫责任区管理、行政执法规范化建设、城管进社区等工作情况。会上，与会人员观看如皋市城管队伍建设专题视频，各县（市）区城市管理部门相关负责人汇报特色亮点工作。

4 日

市委审计委员会召开第七次会议。市领导何益军、顾留忠、秦金春、朱莹滢参加会议。会议传达并学习二十届中央审计委员会第一次会议、省委相关会议、十三届南通市委审计委员会第二次会议精神，听取《2023 年全市上半年审计工作情况报告和下半年工作要点》，审议《关于如皋市 2022 年度市级预算执行和其他财政收支情况的审计工作报告》和《关于组织人事监督、机构编制监督与审计监督贯通协同高效工作办法（讨论稿）》，研究部署 2023 年下半年审计工作。

△ 南通市政协主席黄巍东率队到如皋，围绕“丰富有事好商量协商议事制度化实践 走好新时代群众路线”开展专题调研。黄巍东一行先后实地调研长江镇“章艾华委员工作室”、长江镇“有事好商量”协商议事室、市政协经济界委员（二）组活动室、城北街道平园池村等处。市领导何益军、张元健、张亚鸾、陈小燕参加活动。

△ 市委理论学习中心组集中学习会召开。市委常委、宣传部部长张炜龙领学《习近平新时代中国特色社会主义思想学习纲要（2023 年版）》第十二章“让现代化建设成果惠及全体人民——关于新时代中国特色社会主义社会建设”；市委书记何益军，市委副书记丁兴华，市委常委、政法委书记程瑞琴分别围绕学习主题，结合个人思想和工作实际作交流发言；南通市巡学考学第九工作组到会指导，现场点题问答并进行点评。

△ 市委理论学习中心组集中学习（扩大）会召开。会议邀请全国新冠专家组成员、省预防医学会首席专家、省卫生厅原副厅长、主任医师汪华以《新时代完善公众健康治理体系的思考》为题作专题讲座。司祝建、丁兴华、程瑞琴、秦金春、张炜龙等市委理论学习中心组成员参加学习会。

△ “家乡也挺好”2023 年如皋高校毕业生专场招聘会暨万达广场人才夜市火热开市，本地近 70 家优质企业在现场摆摊设点，近 2000 个岗位吸引众多年轻人前来求职。

△ 江苏“双减”工作省级联席会议办公室向社会公布全省第一批校外培训机构“白名单、黑名单”（均截至 2023 年 7 月 23 日），如皋市知禾川科技培训中心有限公司等 27 家校外教育培训机构进入“白名单”。

6—9 日

如皋黑塌菜慰问推介活动在南部战区南海舰队某部、海警局某部举行。市委副书记丁兴华参加活动。军地与会人员观看专题宣传片《如皋黑塌菜》并进行交流发言，为如皋市特色农产品走进海军、走向“深蓝”提出宝贵的建议。市农业农村局、供销合作总社、城南街道、富皋万泰集团有限公司等单位参加活动。

7日 市委副书记、市长王鸣昊带队到226省道如皋段工程施工现场，督查工程建设情况并慰问一线工作人员。市委常委、政法委书记程瑞琴参加活动。

△ 如皋市举行欢迎仪式，欢迎如皋援"涿"勇士凯旋。市雉安应急救援队相关负责人分享驰援河北省涿州市抗洪抢险的体会。市委常委、宣传部部长张炜龙向援"涿"勇士致以诚挚的敬意并为他们逐一颁发感谢牌，同时为市雉安应急救援队颁授锦旗，发放慰问金。

7—8日

市第十八届人大常委会第十一次会议举行。市人大常委会主任司祝建，副主任缪爱诚、张百璘、刘晓洁出席会议。会议听取和审议市政府关于《如皋市国民经济和社会发展第十四个五年规划和二〇三五年远景目标纲要》实施中期评估报告、关于如皋市2023年国民经济和社会发展计划上半年执行情况的报告、关于如皋市2023年上半年财政预算执行情况的报告、关于如皋市2022年度市级预算执行和其他财政收支情况的审计工作报告、关于落实市人大常委会《关于〈关于打造"高质量教育县域样板、长三角北翼教育名城"的议案〉办理情况和相关决议落实情况的审议意见》情况的报告等，以及市人民检察院关于开展公益诉讼检察工作情况的报告。会议表决通过《如皋市人大常委会关于批准2022年市级财政决算的决议》《如皋市人民代表大会专门委员会工作规则》。顾留忠作表态发言。

8日 如皋市举行国家卫生城镇长效管理工作推进会，动员全市上下全力以赴做好国家卫生城镇长效管理工作。市卫健委主要负责人对国家卫生城镇长效管理督查情况进行点评。

△ 市妇幼计生服务中心组织开展新生儿先天性心脏病筛查项目专题培训，全市各镇(区、街道)卫生所的儿保医生、各助产机构的先天性心脏病筛查项目管理人员及筛查人员参加培训。

9日 如皋市与长江生态环保集团有限公司签订共抓长江大保护合作框架协议。此次签订的框架协议以"五水共治"(治污水、防洪水、排涝水、保供水、抓节水)为切入点，围绕股权合作、供水厂和污水处理厂提质增效、农村人居环境综合整治等方面开展合作，促进如皋市水环境水安全本质提升，打造全国城市水治理的典范和样板。长江生态环保集团党委副书记、总经理朱向东，如皋市领导何益军、王鸣昊、顾留忠参加活动。

△ 市人大常委会专题召开国家创新型县(市)建设督查推进座谈会。市领导司祝建、陈鸣华、刘晓洁参加会议。

10日 全市推进乡村振兴工作座谈会举行。市委书记何益军、市委副书记丁兴华参加会议。会前，何益军一行实地走访如城街道龙游河村、城南街道新华社区、白蒲镇合兴村、磨头镇丁冒村和下原镇的江苏源味农业科技有限公司，就花木产业转型升级、村级集体经济发展壮大、示范村项目推动产业融合、农村电商助力乡村振兴等进行现场调研。座谈会上，何益军肯定推进乡村振兴工作取得的阶段性成效，就推进乡村振兴建设提出要求，相关部门和镇(区、街道)围绕如何培育打造乡村振兴示范村、先进村进行交流发言。

△ 如皋市举行妇女儿童维权联席会议暨平安家庭创建推进会。市委常委、政法委书记程瑞琴参加活动并讲话。

△ "龙腾皋地 多彩云苏"如皋——腾冲铸牢中华民族共同体意识活动启动仪式在如皋市举行。两地签署包括铸牢中华民族共同体意识共建、民营企业进腾冲、"龙腾皋地"教育合作、"皋腾互助 同心共富"富民强村合作、皋腾两地劳务协作、旅游促进皋腾两地各民族交往交流交融等多项合作协议，并为青少年手拉手活动授旗，为"腾冲市农产品如皋直销点"揭牌。南通市委统战部副部长，市民宗局党组书记、局长陆军，腾冲市委常委、统战部部长孟继早，如皋市委常委、统战部部长、组织部部长朱莹滢参加活动。

11日 全市各级人大代表"牢记嘱托、感恩奋进"学习实践活动现场推进会举行。市人大常委会主任司祝建,副主任缪爱诚、张百璘、刘晓洁参加会议。会前,司祝建一行实地参观如城街道"花名堂"乡村振兴人大代表服务站、高新区(城南街道)泛半导体产业链人大代表工作站、丁堰镇"企·行"人大代表工作室、城北街道荷塘"曰"室人大代表工作站等处,详细了解活动开展情况。会上,丁堰镇、白蒲镇人大以及部分人大代表进行交流发言,司祝建就下一阶段学习实践活动提出要求。

△ 市人大常委会举行全市师资队伍建设专题调研督查会。市人大常委会主任司祝建、副主任刘晓洁,副市长顾凡参加会议。

△ 长江联防片区度汛风险隐患重点防御工作现场会在如皋市召开。省长江干流联防指挥部指挥,省水利厅党组成员、副厅长方桂林,如皋市委副书记丁兴华参加活动。与会人员实地参观如皋市防汛物资仓库、长青沙西南缘险段、皋张汽渡防汛块石堆放点,查看重点风险点巡查及抢险力量配置图,详细了解长青沙西南缘险段抢险组织指挥体系建设、防汛抢险队伍落实等情况,听取防汛责任人工作汇报,共同观看长青沙西南缘险段防御应急预案推演。

△ 2023年如皋市建筑施工标准化建设观摩会举行。会前,与会人员实地参观部分地块项目现场,了解建筑施工生活区标准化建设、智慧工地建设等情况。会上,部分建筑企业相关负责人交流建筑施工标准化建设相关亮点举措;市住建局主要负责人点评上半年建筑施工工作,并部署下半年相关工作。江苏省建筑安全监督总站站长王佳强,南通市住房和城乡建设局党组成员、副局长凌云飞,如皋市副市长崔建村参加活动。

12日 市领导何益军、王鸣昊分别带队深入保供单位、工程建设现场等处,慰问坚守在一线岗位的工作者们。市委书记何益军一行先后到金融城建设工地、双钱集团(江苏)轮胎有限公司、国网如皋市供电公司、万达广场等处,市委副书记、市长王鸣昊一行到大润发路口民警执勤点、国网如皋市供电公司设备部变电运维一班、如皋市第一中学新校区、顺丰速递绿园营业部等处,向冒着高温守护城市安宁、保障城市运行、为城市建设添砖加瓦的各行各业劳动者表示崇高敬意,感谢大家用辛勤汗水保障城市平稳运行。市领导丁兴华、顾凡、陈刚、崔建村参加活动。

△ 交通运输部"四好农村路"全国示范县评估验收组到如皋,通过听取汇报、查阅资料、实地考察等方式,对"四好农村路"全国示范县创建工作进行评估验收。黑龙江省公路事业发展中心三级调研员陈国栋,如皋市领导王鸣昊、程瑞琴、崔建村参加活动。

△ 市委副书记、市长王鸣昊主持召开十八届市政府第二十二次常务会议,会议学习贯彻全国生态环境保护大会精神、中央财经委员会第二次会议精神以及省安委会全体(扩大)会议精神,听取2023年以来12345热线运行情况汇报,并讨论《2023年"长寿皋地·苏新消费"消费促进活动方案(送审稿)》等议题。

14日 南通通商总会会长(扩大)会议在如皋市召开。南通市委常委、统战部部长王小红以及如皋市领导王鸣昊、朱莹滢、杜永红参加会议。会议传达学习习近平总书记考察江苏重要讲话精神以及《中共中央 国务院关于促进民营经济发展壮大的意见》等文件精神,通报上半年工作情况并对下半年工作进行部署。在如皋期间,与会人员参观考察南通荣威娱乐用品有限公司和江苏卓远半导体有限公司。

△ 市委副书记、市长王鸣昊带队调研历史文化名城保护工作,实地走访集贤里历史地段、东大街历史文化街区、如城街道迎新社区唐代中禅寺遗址、中山钟楼、石合泰民居群等处多个点位,详细了解每一处历史建筑保护利用以及历史肌理恢复、地下管网更新等情况。

△ 市人大调研矛盾纠纷多元化解"一站式"平台建设座谈会举行。市人大常委会主任司祝建一行

走进市社会治理综合服务中心，听取相关负责人的介绍，详细了解中心建设、案件办理等情况。座谈会上，市委常委、政法委书记程瑞琴介绍矛盾纠纷多元化解"一站式"平台建设情况，司祝建就推进矛盾纠纷多元化解"一站式"平台建设提出要求。市领导缪爱诚、张百璘、刘晓洁参加活动。

15日 南通市人大常委会《南通市科技创新促进条例》《南通市优化营商环境条例》立法调研座谈会在如皋市举行。南通市人大常委会副主任葛玉琴，如皋市人大常委会主任司祝建、副主任缪爱诚参加会议。如皋市相关部门及部分企业家代表、人大代表围绕人才回流、科技成果转化、低效用地盘活、知识产权维权等方面，对两部条例提出意见建议。

△ 市领导张元健、朱莹滢分别带队深入江苏万达特种轴承股份有限公司、江苏九鼎新材料股份有限公司生产车间、康瑞新材料科技（南通）有限公司等企业用工现场和如皋邮政分公司城区营业一部，慰问高温下坚守岗位、辛勤工作的一线工作者们。

△ 江苏省住房和城乡建设厅总工程师路宏伟带队到如皋，通过听取汇报、查阅资料、实地考察等方式，对省级绿色建筑和建筑节能综合提升奖补城市创建工作进行验收评估。经过讨论，验收评估组形成验收意见，一致同意如皋市绿色建筑和建筑节能综合提升奖补城市通过验收。

△ 如皋市举行餐饮场所安全专项整治百日攻坚行动部署动员会。会议对《如皋市餐饮场所安全专项整治百日攻坚行动实施方案》进行解读，部分镇（区、街道）和相关部门就如何开展好餐饮场所安全专项整治工作作交流发言。

△ 广东省蕉岭县政协原副主席、蕉岭县长寿文化研究会会长吴忠带队到如皋考察交流。座谈会上，如皋市长寿研究会会长佘鸣皋详细介绍长寿文化建设情况。会后，蕉岭县长寿文化研究会一行参观水绘园风景区、东大街历史文化街区、搬经镇长寿文化园等处，走访部分养老机构，并与百岁寿星面对面交流。

16日 市委书记何益军会见全国台企联常务副会长、南通市顺隆康复器材有限公司董事长吴胜丰一行。双方就如何加强全方位、多方面的深入合作展开会谈。市领导陈鸣华、杜晓峰参加活动。

△ 市人大常委会主任司祝建带队调研市人民法院优化法治营商环境工作。座谈会上，市人民法院主要负责人汇报法院优化法治营商环境工作开展情况，介绍相关典型案例，向调研组汇报工作中存在的困难和问题以及下一步工作安排。司祝建就下一步工作开展提出要求。市委常委、常务副市长顾留忠参加活动。

△ 市人大常委会主任司祝建带队走访市消防救援大队、如皋经济技术开发区科创中心等处，慰问坚守在高温一线岗位的工作者，感谢他们为守护城市安全稳定和推动如皋高质量发展付出的不懈努力和作出的积极贡献。

△ 华夏电影展示馆"江苏省对台交流基地"揭牌仪式举行。江苏省台办副主任封志成，南通市台办主任杨建，如皋市委常委、统战部部长、组织部部长朱莹滢参加活动。揭牌仪式上，参加活动的人员观看台湾地区电影行业人员互动视频和华夏电影展示馆宣传视频；封志成、杨建以及华夏电影展示馆负责人共同为"江苏省对台交流基地"揭牌。

△ 如皋市举行新录用公务员"雉水启航"计划启动仪式。南通市委组织部副部长、市公务员局局长吴陈钢，如皋市委常委、组织部部长、统战部部长朱莹滢参加活动并致辞。活动发布《如皋市新录用公务员"雉水启航"计划实施方案》，并表彰2021年、2022年"雉水'星'兵"。

△ 如皋市拥军优属促进会第一届会员大会举行。会议讨论通过《如皋市拥军优属促进会章程（草案）》《如皋市拥军优属促进会会员会费收取与管理办法（草案）》《如皋市拥军优属促进会选举办法（草案）》，选举产生促进会第一届理事会，随后选举产生会长、副会长、秘书长。与会领导共同为如皋市拥

军优属促进会揭牌，并分别为相关成员单位授牌。

16—22 日

市委副书记、市长王鸣昊带队赴新加坡及马来西亚新山、沙巴开展招商引资活动，全方位推进双边经贸合作，推动全市开放型经济高质量发展。王鸣昊一行实地考察 C-LNG Solutions Pte.Ltd.、KPN Corp、新加坡金鹰国际集团，马来西亚德源控股有限公司、森松戴乐子公司等企业。

17 日

如皋市召开组织工作会议，对下半年的组织工作进行具体部署。市领导何益军、丁兴华、秦金春、朱莹滢参加会议。

△ 2023 年如皋市园区干部专业化能力提升班结业典礼举行。市领导何益军、朱莹滢参加活动。

△ 全市“村庄清洁日”暨农村人居环境整治提升双月现场会举行。市领导丁兴华、黄文斌、郑振明参加会议。与会人员实地观摩东陈镇南庄村和城北街道里庄村，详细了解河道整治、垃圾分类、美丽庭院建设、破落建筑整治等农村人居环境整治提升情况。会上，磨头镇、东陈镇南庄村和城北街道里庄村围绕相关工作推进情况进行交流发言，部分 7 月份黑榜村进行表态发言。市委副书记丁兴华就做好下一阶段农村人居环境整治提升工作提要求。

△ 法护科企暨如皋高新区专场推介会在上海举行。市委常委、副市长、高新区党工委书记陈鸣华出席活动并致辞。与会人员集中观看专题宣传片《科创皋地扬帆起》；如皋高新区相关负责人就如皋及如皋高新区经济社会发展情况、科创人才政策作推介；有关企业负责人作科创项目路演。

△ “‘皋’歌——迈向新征程”南通市 2023 年“濠滨夏夜”环西文化广场文艺演出如皋市专场上演。如皋市委常委、宣传部部长张炜龙参加活动。

18 日

江苏皋鑫电子有限公司半导体芯片项目举行开工仪式。市委书记何益军，市委常委、副市长、如皋高新区党工委书记陈鸣华，副市长孙得利参加活动。与会领导和嘉宾共同为开工项目培土奠基。此次开工的半导体芯片项目主要从事半导体材料与器件的生产研发，总投资 10 亿元，项目建成后年产 1200 万片器件芯片用硅扩散片、8 亿支特种高压二极管和 4 亿支汽车用高功率二极管，实现年应税销售 10 亿元，税收 4500 万元。

△ 市人大常委会举行 2023 年评议工作动员会。市领导司祝建、顾留忠、缪爱诚、张百璘、刘晓洁、石兵参加会议。根据工作部署，市人大常委会拟于 8 月至 10 月，采取座谈汇报、现场调研、资料查阅、实地走访、问卷调查等形式开展评议工作，对市民政局、市司法局、市城管局、市农业农村局、市文体广电和旅游局、如皋海关 6 家单位的工作情况进行全面检视。动员会上，被评议单位汇报工作开展情况，并就迎接评议作表态发言。

△ 中国人寿江苏省分公司党委书记、总经理张文亮带队到如皋，考察乡村振兴帮促点搬经镇龙桥村的工作开展情况。省委驻如皋市乡村振兴工作队队长、如皋市委常委、副市长许敬乔参加活动。

△ 全市妇女儿童工作会议举行。市妇联主要负责人作妇女儿童工作报告，会议解读《2023—2024 年市政府妇儿工委 10 件实事》《南通市建设儿童友好城市行动计划（2022—2025 年）》，有关镇（区、街道）、市级机关部门相关负责人作交流发言。副市长顾凡参加会议。

19 日

深化全国文明城市建设指挥部月度例会举行。市领导丁兴华、张炜龙参加会议。与会人员深入大明老镇区、苏浙大市场、犬只留检所等地，仔细查看道路基础设施建设、文明交通、文明养犬等工作开展情况，查死角、清盲点，梳理前一阶段实体建设中存在的问题和不足。市委副书记丁兴华要求相关部门积极担责，立即整改，同时加强精细化管理，举一反三、查摆不足，及时发现并补齐问题短板，确保问题整改到位、日常管理到位。

△ 如皋市举行庆祝第六个“中国医师节”专场文艺演出活动。市委副书记丁兴华、市人大常委会副主任刘晓洁、副市长顾凡、市政协副主席张亚鸾参加活动。

△ 如皋市2023年市级机关、企事业单位党务干部能力提升培训班开班，71名市级机关、企事业单位党务干部参加培训。市委常委、组织部部长、统战部部长、市级机关工委书记朱莹滢出席开班仪式。

21日 市委书记何益军主持召开市委常委会会议，会议就学习贯彻习近平总书记赋予江苏“四个新”重大任务，围绕“在强链补链延链上展现新作为、在建设中华民族现代文明上探索新经验”进行专题学习，并讨论其他议题。

22日 南通市首个户外结婚登记颁证基地在如皋市正式启用。当天，市民政局在此举行“燃情龙游 缘定七夕”结婚登记集体颁证活动。南通市民政局四级调研员唐爱民，如皋市委常委、政法委书记程瑞琴，副市长黄文斌参加活动。活动为如皋市民政局婚姻登记处户外结婚登记颁证基地暨如皋市婚姻家庭文化主题公园揭牌，并为12对新人举行集体婚礼，享受户外颁证服务。

△ “童声里的中国”国际青少年文化交流体验活动走进如皋。奥地利、澳大利亚、西班牙、阿联酋等国家的30余名海外华校师生参观水绘园风景区和城北街道平园池村，观看如皋杖头木偶表演，与安定小学的师生一起进行户外实践活动，体验中华书法、非遗面塑、机器人编程等课程。市委常委、统战部部长、组织部部长朱莹滢参加活动。

△ 南通市人大常委会党组成员陈俊率队到如皋调研康复医疗发展情况，实地查看如皋博爱康复医院、市人民医院康复治疗中心等处，认真了解医疗设施配备、药品价格、医疗费用、就医环境及从业人员等情况。市人大常委会副主任刘晓洁、副市长顾凡参加活动。

23日 市政协举行反映社情民意和宣传信息工作培训会议。会议邀请南通市政协研究室主任傅杰作《小信息彰显大情怀——浅谈社情民意信息撰写》专题讲座。市政协主席张元健、副主席陈小燕、秘书长冒海清参加会议。

△ 2023年“理响皋地·青音嘹亮”学习沙龙第四期活动在石庄镇邹蔡村举行。江苏省习近平新时代中国特色社会主义思想研究中心特约研究员、南通大学新时代理论武装研究中心主任黄正平，如皋市副市长黄文斌参加活动。活动主题为“激扬‘四敢’精神推进乡村振兴”，来自乡村振兴工作一线的青年代表结合工作实际作交流发言，黄正平现场点评。

24日 市人大常委会副主任缪爱诚一行督查交通重点工程建设现场，实地踏勘项目推进情况。督查人员实地查看北沿江高铁站前8标段制梁场、张靖皋长江大桥2标段、5标段等现场工作实况，听取有关情况介绍，进行座谈交流，提出意见建议。

25日 如皋市收听收看南通市第五次全国经济普查动员部署电视电话会议并召开如皋市第五次全国经济普查动员部署工作会议。市领导王鸣昊、顾留忠参加会议。与会人员收听收看南通市第五次全国经济普查动员部署电视电话会议，市委副书记、市长王鸣昊在如皋分会场作交流发言。随后召开续会，动员部署第五次全国经济普查工作。

△ 市政协调研矛盾纠纷多元化解“一站式”平台建设工作。市政协主席张元健一行实地参观市社会治理综合服务中心为民服务、联席会办、指挥调度三个区域，详细了解中心建设、案件办理等情况。交流会上，市委常委、政法委书记程瑞琴介绍矛盾纠纷多元化解“一站式”平台建设情况，听取相关负责人的介绍。

△ 市妇联系统“百千工程”实施方案落实暨“美家美户，美好‘院’景”如皋“美丽庭院”创建推进会举行。与会人员参观搬经镇万全村茉莉姐妹议事室、党群服务中心家事调解室、“美丽庭院”创建示范点、积分制推进示范点等现场。各镇（区、街道）相关负责人围绕“美丽庭院”创建工作、人居环境整治提升工作进行交流发言。

26日 如皋市党政代表团到陕西省洋县开展对口协作工作。在双方召开的2023年如皋·洋县对口协作联席会议上，如皋市与洋县签订2023年对口协作框架协议，向洋县捐赠协作资金和物资，九华镇、丁堰镇分别向洋县华阳镇、黄金峡镇捐赠协作资金，市工商联向洋县工商联捐赠协作资金和物资。洋县县委书记赵斌，县委副书记、县长张军，县委副书记彭军亮等洋县四套班子领导，如皋市委书记何益军，市委副书记丁兴华，市委常委、组织部部长、统战部部长朱莹滢，副市长顾凡，以及双方相关部门、乡镇主要负责人共同参加会议。会前，何益军一行慰问在洋县挂职干部及专业技术人才，实地考察参观洋县有机米粉肽生产线建设现场、华阳山水茶园、龙亭稻蛙共养基地等苏陕协作项目。

27—29日

住房和城乡建设部总经济师、中国城市规划学会理事长杨保军带队到如皋调研历史文化保护传承工作。杨保军一行实地调研水绘园风景区、东大街历史文化街区、中山钟楼、华夏电影展示馆、白蒲镇“市大街”等处，与有关部门进行交流，为如皋保护和传承好历史文化，加快申报国家历史文化名城指明方向、拓宽思路。中国城市规划学会常务副理事长兼秘书长石楠，省住房和城乡建设厅厅长王学锋，省住房和城乡建设厅副厅长金文，南通市住房和城乡建设局党组书记、局长王开亮，何益军、王鸣昊、司祝建、张元健、丁兴华等如皋市四套班子领导参加活动。在如皋历史文化名城保护工作汇报会上，市委书记何益军致辞，副市长崔建村汇报历史文化名城保护工作，王学锋讲话，相关单位分别汇报历史文化名城保护规划（2021—2035）编制工作以及历史文化片区保护规划项目。在随后的历史文化保护与传承研讨会上，来自住建部、中国城市规划学会、中国城市规划设计研究院、清华大学等相关部门和单位的专家学者，围绕“突出价值特点、价值的分析提炼、与时俱进落实历史文化名城制度”等主题，提供了一批具有前瞻性、可操作性的意见建议。杨保军还应邀为如皋市委理论学习中心组作题为《和合共生 守正创新——高质量推进城乡历史文化保护传承》的辅导报告，分享在历史文化名城保护方面的研究成果和思考，并紧密联系如皋发展实际、工作实际，解答相关问题。

28日 市委书记何益军会见中国农业机械化科学研究院集团有限公司党委委员、副总经理赵庆亮一行，双方就如何加强全方位、多方面的深入合作展开会谈。市委常委、副市长、如皋高新区党工委书记陈鸣华参加活动。

△ 市妇联、市慈善基金会、市工商联主办的“我们在你身边——如皋市‘一户一策微关爱计划’”主题活动举行。市妇联发布2023年“情暖雉水·妇助成长”9·9公益项目，并与市工商联签署合作备忘录，相关爱心企业现场捐赠资金和物资。市委常委、组织部部长、统战部部长朱莹滢参加活动。

29日 如皋市举行2023年慈善一日捐暨网络募捐启动仪式。何益军、王鸣昊、司祝建、张元健、丁兴华等市四套班子领导参加活动。市委副书记、市长王鸣昊宣读《市政府关于通报表扬第十一届“如皋慈善奖”获奖单位和个人的决定》，市委书记何益军讲话，市四套班子领导现场扫码捐赠；部分爱心企业和单位进行举牌捐赠，累计捐赠1916万元。

31日 2023如皋（上海）“招商引资·招才引智”推介会在上海举行。来自长三角地区知名企业、创投机构、商协会，复旦大学、同济大学等高校，以及相关科技园的负责人齐聚一堂，共谋发展。市领导何益军、丁兴华、朱莹滢、陈鸣华、卢志敏、杜晓峰参加活动。会上,高纯湿电子化学品及配套项目、思源储能系统及电力电子项目、高端装备集成模块项目、康瑞钛合金金属材料项目、港华零碳园区打造项目、年产 20 万吨胶乳项目等 48 个项目进行签约。

△ 江苏省体育局局长陈少军带队到如皋调研体育工作。陈少军一行实地走访如皋市体育中心国家投掷训练基地、南通市青年少校园足球“满天星”训练营、南通支云足球俱乐部训练基地及位于文昌路的中国体育彩票站点等处,详细了解体育设施建设、全民健身活动、体育后备人才培养以及体彩市场运行、创新经营和管理服务等方面的情况。南通市体育局局长江华、如皋市副市长崔建村参加活动。

2023 年 9 月

1日 市委副书记、市长王鸣昊带队到如皋市志颐小学、如皋经济技术开发区实验初中、江苏省如皋师范学校附属小学、如皋高新区实验幼儿园，检查学校秋季开学准备工作。

△ 市政协主席会议专题协商"重塑支柱产业优势，推进建筑业健康发展"。市政协主席张元健、副市长崔建村等市领导参加会议。

△ 如皋市举行"雉水'青'缘'友'你相伴"青年人才露营交友派对活动。市委常委、组织部部长、统战部部长朱莹滢参加活动并致辞。与会领导和嘉宾共同发布如皋市青年交友服务品牌——"雉水'青'缘"。活动为 2023 年度"亲"春驿站进行授牌，为 4 家新增"青年人才驿站"揭牌，并为"公益红娘"颁发聘书，向驻如皋部队单身青年代表赠送祝福礼包。活动结束后，单身青年开展联谊活动。

2日 全市政府数字化转型工作推进大会召开。南通市大数据管理局局长、南通市市域社会治理现代化指挥中心主任李俊以及如皋市领导王鸣昊、陈刚、孙得利参加会议。会议宣读《关于成立如皋市政府数字化转型工作领导组的通知》，解读《如皋市数字政府建设实施方案》，并举行江苏东皋大数据集团有限公司揭牌仪式、新时代技防城项目签约仪式以及如皋市产业经济大脑上线启动仪式。会后，全国大数据技术标准推进委员会专家周健雄以《如皋市数字经济产业发展研讨》为题，给与会人员作专题讲座。

△ 如皋市举行"党建+法律服务"结对共建暨"法润乡村"活动启动仪式。省司法厅原副厅长张武林，如皋市委常委、组织部部长、统战部部长朱莹滢参加活动。与会领导和嘉宾共同启动"党建+法律服务"结对共建暨"法润乡村"活动，朱莹滢为张武林颁发"党建+法律服务"结对共建活动总顾问聘书。活动发布"法润乡村"法律服务项目，并为"法润乡村"律师服务团代表授旗。

△ 如皋市举行首届下原蘘荷文化节暨首届下原蘘荷直播节，对下原蘘荷进行推介。活动邀请知名厨师和"网络红人"成为下原蘘荷的品牌推广大使，围绕下原蘘荷的种植、销售以及特色品牌的运营和使用进行项目签约。多名"大厨"进行蘘荷美食制作"现场大比拼"，中式烹调师高级技师孙国军等"重量级"嘉宾对蘘荷美食进行品鉴和点评。

3日 位于如皋市东大街历史文化街区的季恺事迹馆正式开馆。中国共产主义运动先驱李大钊之孙、安徽省政协原副主席、"七一勋章"获得者、党的二十大代表李宏塔，江苏省委统战部副部长徐东海，南通市委常委、秘书长王洪涛，以及如皋市领导何益军、王鸣昊、朱莹滢等参加活动。揭牌仪式由市委副书记、市长王鸣昊主持，如皋市委书记何益军致辞，与会嘉宾观看季恺事迹专题片《把一切交给党安排的人》。李宏塔，徐东海，何益军，南通市委统战部常务副部长、二级巡视员马建清，无锡市住房和城乡建设局党委委员、副局长刘韶岭，季恺孙女季凡渝共同为季恺事迹馆揭牌。朱莹滢代表市委统战部接受季恺哥哥季藩后人、济南市长清区政协原主席周宝华赠送的《季恺纪念文集》。

△ 如皋市举办季恺事迹座谈会。季恺后代及亲属、与季恺经历有关联的革命后代、老党史工作者、新四军研究会有关领导等分别讲述自己祖辈、父辈与季恺先生有关的故事，并就新时期如何更好地传承红色基因、汲取奋进力量进行交流发言。市委常委、统战部部长、组织部部长朱莹滢参加活动并讲话。

5日 如皋市与中国邮政储蓄银行江苏省分行举行政银合作交流座谈会。中国邮政储蓄银行江苏省分行党委书记、行长王辉，中国邮政储蓄银行南通市分行党委书记、行长吴铮，如皋市委副书记、市长王鸣昊，副市长孙得利参加座谈。如皋市与中国邮政储蓄银行南通市分行签署战略合作协议。

7日 焦港南通市级河长工作推进会在如皋市举行。南通市副市长、焦港河市级河长陈冬梅，海安市委常委、高新区党工委书记郝三旺，如皋市委常委、副市长许敬乔，南通市级相关部门负责人，海安市、如皋市焦港河段长、相关部门及沿河镇区主要负责人参加活动。陈冬梅一行乘船巡查焦港（如皋段）现场情况，参观河长制公园和焦港水情馆。座谈会上，海安、如皋两地焦港河段长及相关南通市级部门，汇报2023年上半年焦港整治推进情况、焦港幸福河建设情况和下一阶段工作计划。

8日 如皋市召开第39个教师节庆祝表彰大会。何益军、王鸣昊、张元健等市四套班子领导参加会议。与会人员观看教育专题片《教育皋地 育见未来》。市委书记何益军致辞。与会领导为获评雉水教坛常青树、“感动如皋教育”个人、如皋市“四有”好老师、如皋市“四有”好老师团体等的先进典型进行颁奖。会上，来自教育系统的13对新人在现场举行集体婚礼，与会教师、学生们共同观看“奔跑吧，教育治沙人”专场文艺演出。

△ 全市民政系统迎接市人大常委会评议工作动员部署会议暨重点工作推进会举行，市领导程瑞琴、缪爱诚、黄文斌参加会议。

△ 如皋市召开2023年下半年定兵会议。南通军分区党委常委、动员处处长苏长江以及如皋市委常委、市人武部部长夏森，副市长黄文斌参加会议。

9日 江苏省政协原副主席、省档案局原局长陆军到如皋考察档案工作情况，实地参观江苏如皋电影史料馆。省档案馆办公室（政策研究室）主任袁光，南通市档案馆副馆长程建丽参加活动。

△ 高新区（如城街道、城南街道）开展第39个教师节庆祝活动。市委常委、副市长、如皋高新区党工委书记陈鸣华参加活动。

11日 如皋市召开沙元炳企业家精神座谈会，数十位专家学者以及如皋文化、工商等各界代表齐聚一堂，共同挖掘、传承、弘扬沙元炳企业家精神。江苏省政协原副主席、江苏国际文化交流中心理事长、江苏省张謇研究会名誉会长罗一民，南京大学党委常委、副校长邹亚军，江苏省张謇研究会会长、南京艺术学院原党委书记管向群等嘉宾，以及如皋市领导何益军、王鸣昊、司祝建、张元健、张炜龙、崔建村参加座谈会。市委书记何益军就进一步传承弘扬沙元炳企业家精神讲话。与会嘉宾围绕沙元炳的生平考证、以及他对如皋的长远影响、给现实生活带来的启示等方面，畅谈各自对沙元炳优秀精神品质的研究和理解。市部分企业家代表结合个人生活和企业发展实际，分享交流学习心得和下一步工作计划。

△ 电视纪录片《沙元炳》首映式在如皋市文化馆小剧场举行。上海市原副市长、沙元炳曾孙沙麟，江苏省政协原副主席、江苏国际文化交流中心理事长、江苏省张謇研究会名誉会长罗一民等嘉宾应邀而来，与数百名如皋各界人士一起走进岁月深处，重温先贤荣光。南通市政协党组副书记、副主席，张謇企业家学院院长单晓鸣，以及王鸣昊、司祝建、张元健、丁兴华等如皋市四套班子领导参加活动。《沙元炳》全片共分上下两集，总时长约112分钟，以翔实的历史事实为依据，结合实地采风、寻找实物遗

存、专家访谈等表现手法，向观众展现沙元炳先生那份震古烁今的企业家精神、教育家思想，以及爱国爱乡的为民情怀。

△ 省教育厅副厅长顾月华一行到如皋，先后到丁堰镇刘海小学、如皋市第一中学、南通师范高等专科学校（如皋校区）等处，调研开学相关工作。市委常委、副市长许敬乔，副市长顾凡参加调研。

12日 市委书记、如皋经济技术开发区党工委书记何益军到城北街道杨宗社区，开展“两代表一委员”接待日活动。何益军实地走访居民陆传美、黄玉美、葛仁美等家庭，详细了解部分“五保”老人、失能老人、百岁老人日常生活情况和相关优待政策落实情况。

△ 全国半导体材料标准工作会议在如皋市举行。有色金属技术经济研究院有限责任公司副总工、全国半导体材料标委会主任委员贺东江，市委常委、副市长、高新区党工委书记陈鸣华参加会议并致辞。与会人员对11项半导体材料标准项目进行审定和预审。

△ 南通市政协副主席顾国标带队到如皋调研残疾人工作。调研组一行通过实地查看、听取汇报、座谈交流等形式，深入了解残疾人教育、就业、社会保障等工作开展情况。如皋副市长黄文斌、市政协副主席陈小燕参加活动。

13日 如皋洋县联络组在洋县黄家营镇初级中学举办“如洋携手行冬暖校园”第一季活动，将由如皋华理商会订制的100套崭新的冬季校服发放到学校里孩子们手中。洋县县委常委、副县长（挂职）王建云参加活动。如皋洋县联络组根据在洋县调研情况，向如皋市工商联和如皋爱心企业发出“捐献爱心，情暖校园”的倡议，共筹集到34万元资金、4000条毛毯、53箱童装及150套学生床上用品。捐款分别用于为山区学生定制秋冬款校服以及为山区学校安装净化热水器。此次捐赠的第一批校服正是用捐款采购、由如洋对口帮扶服装企业生产的。

14日 市委书记何益军主持召开全市上半年高质量考核短板指标分析会暨经济运行分析调度会。王鸣昊、张元健、丁兴华等市四套班子领导参加会议。

△ 南通市人大常委会副主任潘建华带队到如皋调研供销为农服务工作。如皋市领导司祝建、张百璘、黄文斌参加活动。潘建华一行实地走访江苏皋德食材有限公司，详细了解企业主营业务、销售模式、仓库容量、收入等情况，并现场参观和府捞面的面条生产线，询问面条生产的产量、技术、销售等情况。座谈会上，如皋市人大常委会主任司祝建汇报人大在供销为农服务工作中取得的成效。潘建华对如皋市供销为农服务工作取得的成绩表示肯定，并就下一阶段工作的开展提出具体工作要求。

15日 如皋市召开党建工作现场推进会。会前，与会人员集中观摩城北街道东风社区第一网格服务驿站、如城街道宏坝社区瑞景华府小区、如皋市雉安应急救援队等处，深入了解党建引领基层治理和物业服务、园区企业、社会组织等领域党建工作的经验做法。会上，市委书记何益军肯定2023年以来全市党建工作取得的成效，并研究部署下一阶段重点工作。市领导何益军、丁兴华、程瑞琴、朱莹滢、陈鸣华、卢志敏、张炜龙参加会议。

△ 如皋市举行“如皋市供应链金融公共服务平台”上线发布会。中国服务贸易协会商业保理专业委员会主任、商务部国际贸易经济合作研究院信用研究所所长、研究员韩家平，以及如皋市领导何益军、丁兴华参加活动。“如皋市供应链金融公共服务平台”由富皋万泰集团有限公司打造，2022年11月试运行，至2023年9月该平台已邀请550家企业入驻，开单、流转交易460笔，整体运行效果良好，已具备正式运行条件。活动中，与会嘉宾共同按下平台发布启动键，相关负责人对该平台进行主题推介，富皋万泰集团有限公司下属子公司江苏中皋投资控股集团有限公司分别与建筑业、制造业、长寿特色

农业、房地产的企业代表和金融机构代表签订合作意向书。

△ 市委副书记、市长王鸣昊主持召开十八届市政府第二十三次常务会议，传达学习习近平总书记重要讲话精神，讨论《2023 年如皋科技人才洽谈会工作方案（送审稿）》《如皋市企业行政合规指导清单（安全生产领域）（送审稿）》等议题。

△ 南通市人大常委会副主任陈本高一行到如皋调研侨务工作，走访江苏卓远半导体有限公司、金鹰（如皋）产业园等处。南通市委统战部副部长、市侨办主任金志伟，如皋市领导司祝建、朱莹滢、陈鸣华、张百璘参加活动。

△ 如皋市举行城镇燃气安全专项整治工作部署推进会。副市长崔建村、杜晓峰参加会议。

16日 市委书记何益军主持召开市委常委会会议。会议就贯彻习近平总书记赋予江苏“四个新”重大任务，围绕“在推进社会治理现代化上实现新提升”进行专题学习。会议学习省委书记信长星在南通调研时的讲话要求以及中央、省委和南通市委关于深入开展学习贯彻习近平新时代中国特色社会主义思想主题教育有关会议精神，研究部署贯彻落实工作，并讨论其他议题。

△ 南通伟腾半导体科技有限公司半导体专用材料项目在高新区举行开工仪式。市委常委、副市长、如皋高新区党工委书记陈鸣华参加活动并致辞。与会领导和嘉宾共同为开工项目培土奠基。南通伟腾半导体科技有限公司成立于 2020 年，是一家集晶圆级高精微切割刀片研发、生产、销售、咨询服务于一体的专业企业。此次开工的半导体专用材料项目计划总投资 2.4 亿元，占地面积 30 亩。

△ 市卫生健康系统举行首届集体婚礼。6 对新人在现场嘉宾和亲朋好友的祝福下，交换戒指，许下相伴一生的誓言，开启幸福婚姻的新旅程。

17日 如皋市举行电视纪录片《胡瑗》拍摄工作座谈会。特级教师、江苏省教育学会名誉会长陆志平，南京师范大学党委副书记、南京师范大学泰州学院党委书记、院长贲国栋，知名电视片导演、《胡瑗》纪录片总编导夏骏，东南大学网络通信与安全紫金山实验室密钥安全方向负责人、教授、博导、胡瑗后裔胡爱群，以及何益军、王鸣昊、司祝建、张元健等如皋市四套班子领导参加会议。市委书记何益军致辞，夏骏介绍拍摄准备情况，相关领域的专家学者还结合历史背景、个人经历、学术专长，为电视纪录片《胡瑗》的拍摄提供大量的历史考证、采访线索及建议意见。

18日 2023 年度如皋—洋县对口协作联席会议召开。洋县县委书记赵斌，洋县县委常委、政法委书记王永红，洋县县委常委、副县长何天华，洋县县委常委、副县长王建云，如皋市领导何益军、王鸣昊、司祝建、张元健参加会议。与会人员共同观看如皋市城市宣传片《这就是如皋》，如皋、洋县两地结对帮扶相关镇签订对口协作框架合作协议，两地文旅部门签订合作协议。赵斌一行实地考察金鹰（如皋）产业园、苏中国际码头、江苏海通海洋工程装备有限公司、龙游湾生态景观带等处，看望慰问洋县在如皋务工人员。

△ 市政协民主评议市卫健委、医保局工作总结会议举行。市领导张元健、顾凡、杜永红等参加会议。

△ 如皋港口岸顺利通过南京海关口岸公共卫生核心能力动态管理现场考核。副市长杜晓峰参加活动。

19日 如皋高新区—颐高集团园区合作暨入驻项目集中签约仪式举行。颐高集团副总裁蔡晓君，如皋市领导何益军、王鸣昊、陈鸣华参加签约仪式。市委书记何益军致辞。颐高集团还与杭州软通信息技术服务有限公司、杭州元杰环保科技有限公司、杭州罗丽网络科技有限公司、浙江糖禾农业科技发展有限责任公司进行首批入驻项目集中签约。

△ 全省农家书屋工作推进会在如皋市召开。省委宣传部常务副部长、省新闻出版局（省版权局）局长梁勇，省委网信办副主任王万军，省文化和旅游厅副厅长钱钢，省农业农村厅二级巡视员王昭，及如皋市委常委、宣传部部长张炜龙参加会议。会议为江苏省获评2023年第二届全民阅读大会年度最美农家书屋、乡村阅读推广人、农家书屋创新示范案例的代表授牌。无锡市、淮安市和张家港市、如皋市、盐城市盐都区、宿迁市宿城区的相关负责人进行交流发言。会前，与会代表实地观摩如城街道顾庄社区、钱长村和城南街道肖陆村的农家书屋。

20日

如皋市召开全市自然资源重点工作推进会。市领导王鸣昊、顾留忠、黄文斌、孙得利参加会议。

21日

市政府出台《如皋市政府投资基金管理办法》《如皋市引导产业投资基金管理办法》《关于加强国有企业出资设立基金管理的实施意见》。

23日

如皋市科学技术协会第十次代表大会召开。会议选举产生市科学技术协会第十届委员会主席、副主席、常委，对市科协系统2018—2023年度先进集体和先进工作者代表进行表彰。南通市科学技术协会党组书记、主席葛伟，如皋市领导司祝建、张元健、丁兴华、程瑞琴等参加活动。

△ 如皋市举行“关爱新群体 护航新业态”——“十个一”暖“新”系列服务活动启动仪式。活动发布“十个一”暖“新”系列服务项目，并举行医疗单位党组织与新业态行业党委结对共建仪式以及新锋司机、新锋骑手、新锋保安颁奖仪式。市委常委、组织部部长、统战部部长朱莹滢参加活动并讲话。

△ 2023年市级机关篮球比赛在市奥体中心篮球馆火热开赛。市委常委、组织部部长、统战部部长、市委市级机关工委书记朱莹滢参加开幕式。

26日

市委书记何益军主持召开市委常委会会议。会议传达学习习近平总书记在浙江、山东枣庄考察时的重要讲话精神，并研究贯彻落实工作。会议听取市领导挂钩联系重点企业走访情况汇报，并研究经济运行工作等议题。

△ 市委副书记、市长王鸣昊主持召开十八届市政府第二十四次常务会议。会议传达学习习近平总书记在浙江考察时的重要讲话精神、9月20日国务院常务会议精神、《南通市安委会办公室关于切实做好中秋、国庆期间安全生产工作的通知》精神，听取全市餐饮场所安全专项整治百日攻坚行动推进情况汇报，研究部署下一步重点工作。

△ 省文明办副主任尤健率队到如皋，实地走访如城街道武定苑小区、孔庙社区、长巷社区、秀水社区，市新时代文明实践中心、市爱心城市馆等处，对文明创建工作进行走访调研。市委常委、宣传部部长张炜龙参加活动。

27日

市委书记何益军带队督查节前安全生产工作，实地走访大润发超市、奥体中心、如皋南站、瑞景华府、龙游湖欢乐世界、如城街道龙游河村农民自建房等处。市领导王鸣昊、丁兴华、顾留忠参加督查。

△ 市委书记何益军接待来访群众，会商解决信访疑难积案。就来访群众反映的土地出让附属建筑物补偿问题，何益军详细听取前期信访矛盾推进化解情况，会商研究工作推进中遇到的困难和问题，组织相关单位理思路、找对策、定措施，竭力推动疑难矛盾问题得到公平处理和合理解决。市领导程瑞琴、陈鸣华参加接访活动。

△ 如皋市召开结对共建工作现场推进会，梳理总结结对共建工作阶段性成效，研究部署下一阶段重点工作。会前，与会人员实地参观双钱集团（江苏）轮胎有限公司与省总工会法律工作部党支部、市综合检验检测中心与省市场监管局认可与检验检测监督管理处党支部、市市域社会治理现代化指挥中心与南通市市域社会治理现代化指挥中心机关第三党支部结对共建项目现场。市领导朱莹滢参加会议。

△ 南通市深化公路超限超载联合执法现场推进会在如皋举行。南通市治超工作领导小组办公室主任、南通市交通运输局党组成员、局长助理段土生，如皋市副市长崔建村参加会议。会议传达省、市治超联合执法相关要求。如皋市交通运输局、如东县公安局交通警察大队主要负责人作经验介绍。会后，举行道路交通安全风险防控专题培训。

△ 市政协对市自然资源和规划局民主评议整改工作进行"回头看"。评议组实地视察长江镇田王村规划师下乡工作站、城北街道双楼庄等村的省级投资土地整治项目、如城街道红星社区违法用地整改现场及市不动产登记中心服务大厅，对市自然资源和规划局民主评议整改工作所取得的成效表示肯定。市政协副主席陈小燕参加活动。

△ 金鹰（如皋）产业园亚太森博年产100万吨白卡纸项目现场送电验收测试最后一项步骤完成，220KV亚太森博输变电工程启动冲击带负荷一次成功，电气设备运行状态良好。此次送电成功，意味着金鹰（如皋）产业园一期项目取得重大进展，同时也为项目投入运行营造良好开端。

28日

如皋市举行第二届"荣威杯"城河皮划艇竞逐赛。市领导何益军、王鸣昊、张元健、朱莹滢、张炜龙、崔建村参加活动。

△ "你好，邻居"中秋游园会文明实践活动在龙游河生态公园开场。市领导丁兴华、陈鸣华、张炜龙参加活动。

△ 2023年如皋市秋季房展会正式开幕。此次秋季房展会吸引27家房地产企业参展。活动中，市住建局发布如皋市房地产领域最新激励政策，市自然资源和规划局现场进行土地推介。活动现场举行不动产登记"交房即办证"仪式，为具备交付和办证条件的业主代表现场颁发不动产权证书。市委常委、常务副市长顾留忠，副市长崔建村参加开幕式。

△ 市委常委、宣传部部长张炜龙带队实地走访如皋伟宏新材料有限公司、如皋市永盛印刷有限公司、市融媒体中心（传媒集团）、南通荣合计算机科技有限公司、万达影城等处，检查安全生产工作。

△ 如皋市开展2023年地震灾害事故综合应急救援演练。南通市应急管理局副局长陆文杰、如皋市副市长黄文斌参加活动。

29日

中秋之夜，南通支云迎来2023中超联赛第27轮赛事。市委书记何益军率队实地查看市奥体中心比赛场地准备、场馆基础设施配套情况，督查中超联赛如皋赛区赛前准备工作。省公安厅治安总队副总队长凌玉富，南通市公安局副局长程军现场指导工作。如皋市领导陈刚、崔建村参加督查。

△ 磨头镇磨头小学举办建校110周年庆祝活动。副市长顾凡参加活动。

30日

如皋市举行烈士纪念日缅怀先烈公祭活动。市四套班子全体领导，市法院院长、市检察院代检察长，市级机关各部门、驻如皋部队官兵代表、烈属代表、退役军人代表、社会各界代表、学生代表等近200人参加活动。

2023 年 10 月

3 日

“百年绽芳华 青春向未来”江苏省如皋中学高质量发展大会举行，历届优秀校友代表济济一堂，畅叙教育励志情怀，共谋教育发展大计。省教育厅副厅长顾月华，省政府办公厅一级巡视员、省副总督学邹宁华，南通市委常委、宣传部部长、市政府副市长陈冬梅，何益军、王鸣昊、张元健等如皋市四套班子领导参加活动。活动由市委副书记、市长王鸣昊主持。校友代表南京大学党委常委、副校长邹亚军，资深电视编导、制片人夏骏，江苏红豆基金管理有限公司董事长、总经理汤嵩寅和高校代表全国政协常委、民盟中央常委、东南大学副校长金石进行交流发言。市委书记何益军致欢迎词，顾月华、陈冬梅先后致辞。会议颁发“百年如中优秀校友突出贡献奖”，举行文艺演出、发展论坛、科技讲座等活动。

8 日

市政协委员联系界别群众工作动员会举行。市政协主席张元健，副主席杜永红、张亚鸾、郑振明、陈小燕，秘书长冒海清参加会议。

△ 2023 年市委党校秋季学期主体班开班仪式举行。市委常委、组织部部长、统战部部长朱莹滢主持开班仪式。市委副书记、市委党校校长丁兴华围绕“以学促干”和“走在前、做示范”，从“厚植思想根基”“提升能力本领”“锤炼作风形象”三个方面，为学员们讲授“开班第一课”。

△ 首届斯堪尼亚工业运营校企合作订单班开班典礼在如皋中专举行，这是斯堪尼亚在亚洲开设的首个校企合作订单班。

9 日

市委书记何益军带队走访调研江苏九鼎新材料股份有限公司，倾听企业发展诉求，助企纾困解难。

10 日

全市三季度“村(社区)书记大讲坛”召开。何益军、司祝建、张元健、丁兴华等市四套班子领导参加会议。会前，与会人员先后参观如城街道沿河村、钱长村、石庄镇邹蔡村、江安镇周庄社区、城北街道天河桥村等处。会上，何益军就做好产业振兴工作提出要求，与会人员共同观看专题片《产业织锦绣 “农”墨谱新篇》，部分村(社区)负责人进行交流发言。

△ “i 南通·@ 南通”2023 南通网络内容建设观摩推进会在如皋市召开。省委网信办网络传播处二级调研员童光晶，南通市委宣传部副部长、网信办主任俞雷，如皋市委常委、宣传部部长张炜龙参加活动。此次活动以“i 南通·@ 南通”为主题，分篇章展示各地各单位网络内容建设的经验做法、典型案例、特色活动。活动启动 2023 年“网聚正能量 南通更出彩”网络传播精品和正能量达人大赛。

11 日

市委常委会召开会议。会议学习贯彻习近平总书记重要讲话重要指示精神和有关会议、有关文件精神，研究贯彻落实工作。会议听取全市学习贯彻习近平新时代中国特色社会主义思想主题教育启动以来开展情况汇报，研究部署 10 月份重点工作。会议听取三季度经济运行工作情况汇报，研究部署四季度相关重点工作。会议还讨论了其他议题。

△ 南通市政协主席黄巍东率队到如皋，围绕“完善政协民主监督、委员联系界别群众制度机制”开展现场研学活动。黄巍东一行实地走访观摩位于长江镇的“章艾华委员工作室”，参观如皋市公益诉讼检察指挥中心生态环境法治教育展厅，并集中观看《如皋政协创新实施融合监督 助力农村人居环境

整治提升纪实》宣传片。南通市政协主席会议成员、各县(市、区)政协、园区政协工委主要负责人员,住南通全国政协委员和省、市、县(市、区)四级政协委员代表以及南通政协机关委办负责人员等参加活动,市领导何益军、张元健、陈小燕参加活动。

12日 全市历史文化保护传承工作推进大会召开。市委书记何益军就做好历史文化保护传承和申报国家历史文化名城工作提出要求,为历史文化保护传承突出贡献人物和志愿者代表颁发证书,并为“如皋市规划建筑设计院名城所”揭牌;市住建局、市文体广旅局等相关单位作交流发言。市领导王鸣昊、司祝建、张元健等参加会议。

△ 如皋市女企业家协会举行第四次会员大会,审议通过市女企业家协会第三届理事会工作报告和修改后的《如皋市女企业家协会章程》,选举产生新一届理事会,并为女科技工作者联盟揭牌。市领导朱莹滢、顾凡参加活动。

△ 市人大常委会举行农村道路建设与管理工作专题询问会。市人大常委会主任司祝建,市人大常委会副主任缪爱诚、张百璘、刘晓洁、石兵,副市长崔建村参加会议。市人大常委会委员组成的“考官团”针对农村道路建设与管理工作进行专题询问。崔建村和各部门相关负责人结合实际情况,现场对问题进行逐一答复。

△ 如皋市举办2023年河长制工作专题培训班。各市级河长联系部门分管领导、各镇(区、街道)河长制工作分管领导、水利站站长、市河长办全体工作人员等共计60余人参加培训。

12—13日

市第十八届人大常委会第十二次会议举行。会议听取和审议市政府关于2022年度行政事业性国有资产管理情况的报告、关于落实《中华人民共和国城乡规划法》执法检查报告情况的报告、关于落实《南通市畜禽养殖污染防治条例》执法检查报告情况的报告,听取市人大常委会任命的部分员额法官、检察官履职情况报告和部分南通市人大代表履职情况报告,书面审议《市政府关于2022年度国有资产管理情况的综合报告》。会议对市人大常委会任命的部分员额法官、检察官履职情况进行满意度测评,通过相关人事任免事项。司祝建为新任命人员颁发任命书,新任命人员进行宪法宣誓。

13日 南通市第一人民医院与如皋市第四人民医院帮扶签约暨医联体揭牌仪式举行。南通市卫健委党组书记、主任张兵,南通市中医药管理局专职副局长糜大国,如皋市委副书记、市长王鸣昊,副市长顾凡参加活动。活动中,南通市第一人民医院与如皋市第四人民医院签订合作协议。南通市第一人民医院选派业务精湛的管理人员、专家团队到如皋市第四人民医院开展查房、学术讲座、业务培训、疑难病例讨论等活动,帮助如皋市第四人民医院建设特色专科,打造“拳头科室”。张兵和王鸣昊共同为“南通市第一人民医院医联体协作医院”揭牌。

△ 第4期“紫琅精研荟”·南通市党校系统马克思主义基本理论和党史党建学科集体备课交流会在如皋市举行。各县(市、区)委党校常务副校长、分管教学副校长、马克思主义基本理论和党史党建学科专职教师,南通市委党校分管学科建设领导、马克思主义基本理论和党史党建学科专职教师、教务处负责人、教研室(所)主要负责人参加活动。

13—14日

水利部专家组对焦港闸进行水利工程标准化管理评价验收。专家组一行查看工程现场,听取管理单位自评工作情况汇报,查阅相关台账资料,并对有关问题进行质询。专家组按照水利部《水利工程标准化管理评价办法》,从工程状况、安全管理、运行管护、管理保障、信息化建设等五个方面,对焦港闸进行全面评价并对照标准逐项赋分,最终焦港闸高分通过水利部水利工程标准化管理评价验收,成为全省首批通过水利部标准化管理评价的水闸之一。

14日 由市委市级机关工委主办，市城管局、市文体广旅局、富皋万泰集团有限公司承办的“弘扬‘四敢’精神 争当时代先锋”2023年市级机关篮球比赛圆满落幕。市委常委、组织部部长、统战部部长、市委市级机关工委书记朱莹滢出席比赛颁奖仪式，为冠军队伍颁发奖牌、奖杯和获奖证书。

△ 2023年市总工会集体婚礼暨青年联谊活动在搬经镇举行。市委常委、组织部部长、统战部部长朱莹滢参加活动。此次活动以“花好‘悦缘’·爱满搬经”为主题，10对新人都是奋战在基层一线的年轻人，朱莹滢向所有新人朋友送上祝福。集体婚礼后，现场还举行青年联谊活动。

18日 由宿迁市委常委、政法委书记刘海红率领的宿迁市政法系统考察团到如皋，实地参观如皋经济技术开发区（城北街道）社会治理综合服务中心、如城街道顾庄社区党群服务中心、市社会治理综合服务中心等处，考察矛盾纠纷多元化解“一站式”平台建设相关工作。南通市委副书记、政法委书记沈雷，南通市委政法委常务副书记殷蓓，如皋市领导何益军、程瑞琴、卢志敏参加活动。

△ 南通市政协主席黄巍东带队到如皋开展视察活动，实地考察白蒲镇文著社区南通锦隆红木工艺品有限公司、文津河等处。如皋市领导王鸣昊、张元健、杜永红参加活动。

△ 市委副书记、市长王鸣昊主持召开十八届市政府第二十五次常务会议，传达学习习近平总书记在进一步推动长江经济带高质量发展座谈会上的重要讲话精神和10月10日国务院常务会议精神，讨论《如皋市建设国家创新型县（市）三年行动方案（2023—2025年）（送审稿）》《如皋市深化国家信用示范区建设三年行动计划（2023—2025）（送审稿）》等议题。

19日 如皋市举行王桂兰家事调解“1+6+N”工作机制启动仪式。南通市中级人民法院党组书记、院长刘坤，如皋市领导何益军、程瑞琴、朱莹滢参加活动。与会领导共同完成启动仪式。市委常委、组织部部长、统战部部长朱莹滢宣读表彰决定，与会领导分别为首席调解员王桂兰、优秀基层人民调解员、优秀“老舅妈”调解员进行颁奖。市人民法院主要负责人解读王桂兰家事调解“1+6+N”工作机制的实施方案。王桂兰就下一阶段工作，进行交流发言。

△ 市委党校2023年秋季学期主体班次学员“三带来”学习论坛举办。学员代表分别围绕友好城市、教育强市和正确政绩观三个议题进行汇报交流。市委常委、常务副市长顾留忠，副市长顾凡参加活动。

△ 市长寿研究会举行第五届第一次会员大会，听取并审议市长寿研究会第四届理事会工作报告，选举产生市长寿研究会第五届理事会、会长、副会长、秘书长，宣布有关理事单位和人员的决定，并为理事单位进行授牌。

20日 如皋市召开经济运行分析调度会议，点评三季度经济运行工作，部署四季度重点任务。何益军、王鸣昊、司祝建、张元健等市四套班子领导参加会议。

△ 南通市卫生健康委党组书记、主任张兵带队到如皋看望慰问东陈镇洪桥社区百岁老人费金兰、凌云社区的百岁老人吴兰芳、老中医仲润生等老人，开展重阳节慰问活动。市委常委、宣传部部长张炜龙参加活动。

△ 如皋市融媒体中心（传媒集团）、洋县融媒体中心共同策划实施的《如洋一家亲 乡村共振兴》大型融媒体直播节目顺利举办。直播全景式展示双方在历史文化、产业发展、劳务输出、人才交流、社会扶助等方面所取得的成效。如皋、洋县两地融媒体中心主持人走进洋县有机食品展厅共同推介洋县有机产品和如皋长寿食品。

21日 吕公祠开馆仪式在白蒲镇举行。吕岱,字定公,东汉广陵郡海陵县人,三国时期东吴名将,93岁官拜大司马,96岁病故后归葬高阳荡(今白蒲镇)。开馆仪式后,与会人员实地参观吕公祠展陈以及吕岱将军墓。市政协主席张元健参加活动。

△ 市政协主席张元健视察江苏元辰安装集团有限公司,听取集团党建工作和企业发展情况的汇报。

△ 全市城镇燃气安全专项整治工作推进会举行。会议对燃气安全专项整治落实情况提出质询,各镇(区、街道)和相关部门有关人员现场进行答复。大家的回答切中要害、抓住关键,对策实在、措施有力,表明开展好燃气安全专项整治工作的信心和决心。

23日 何益军、张元健、程瑞琴、秦金春、朱莹滢等市四套班子领导分别走访慰问如皋部分百岁老人,给他们送去党委、政府的关怀与温暖,并致以重阳节的问候。

△ 2023年如皋香堂芋品鉴评比会举行。28位评委对全市11家种植基地的香堂芋从外形、硬度、糯性、质地、口感和香味6项指标进行评比,最终来自石庄镇豪旺家庭农场的香堂芋获得金奖,农场当天与如皋市农产品沪皋流通销售商会签订销售协议。

△ 如皋市举行第十七届"九九重阳"敬老联谊活动,大家欢聚一堂,共话重阳,共叙情谊,共谋发展。市人大常委会副主任刘晓洁、副市长顾凡参加活动。

24日 市委反腐败领导小组第一次会议召开。会议听取市委换届以来反腐败斗争工作情况汇报,市委书记何益军就下一步工作推进提出要求,相关单位作交流发言。市领导秦金春、朱莹滢、陈刚参加会议。

△ 如皋市优化营商环境工作推进会举行。会议听取相关部门关于2023年全省营商环境评价相关指标完成情况汇报,听取相关部门《关于优化营商环境问题协调解决推进会的专题会议纪要(第29期)》落实情况汇报,会商优化营商环境第二批堵点问题解决举措。市委常委、常务副市长顾留忠对相关工作进行点评,并就部分问题进行现场协调和交办。市人大常委会主任司祝建就进一步做好营商环境工作提要求。

△ 中国书法家协会2022年度新会员培训开班暨入会颁证仪式在如皋举行。中国书法家协会主席孙晓云,如皋市领导丁兴华、张炜龙参加活动。

△ 德国柏林勃兰登堡州汽车供应商协会会长哈格德·布莱迈斯特、ProIT汽车协会会长哈根·林斯豪森教授、柏林bbw应用技术大学副校长乌韦·卡施卡教授等一行到如皋考察,并出席中德合作项目洽谈会。如皋市委常委、如皋经济技术开发区党工委副书记卢志敏出席签约仪式。

25日 南通市委第六巡察组向如皋市反馈乡村振兴专项巡察情况。南通市委第六巡察组组长杨小军代表巡察组向如皋市进行反馈,如皋市委副书记丁兴华主持会议,并作表态发言。

△ 如皋人大代表讲坛举行。市人大常委会主任司祝建以《坚定人民代表大会制度自信 推进全过程人民民主如皋实践》为题,带领与会人员学习人大制度的相关理论知识,并介绍人大的实践做法。

△ 南通市委常委、市纪委书记、市监委主任姜东一行到如皋调研政治监督等工作,实地参观市龙游湾生态景观带、金鹰(如皋)产业园项目,了解纪检监察机关加强政治监督护航长江大保护、推动重大项目建设等方面的情况。如皋市委常委、市纪委书记、市监委主任秦金春陪同调研。

△ 如皋市召开全市宣传思想文化系统习近平文化思想集中学习会,邀请全国优秀党务工作者、全国基层理论宣讲先进个人姚呈明,围绕首次提出"习近平文化思想"意义何在、习近平文化思想的内容体系是什么、如何运用习近平文化思想指导工作等方面就习近平文化思想进行领学。市委常委、宣传部部长张炜龙参加活动。

26日 市委书记何益军主持召开市委常委会会议。会议学习贯彻习近平总书记对宣传思想文化工作作出的重要指示和全国宣传思想文化工作会议精神、省委常委会第104次会议精神、全省农业产业高质量发展现场推进会精神以及全省重大事故隐患专项排查整治行动调度会精神，传达省党政代表团赴广东考察交流相关情况，并讨论了其他议题。

△ 2023如皋智能路网产业创新发展大会举行。业内专家、知名行业协会负责人、产业链头部企业代表、产业投资机构代表等齐聚一堂，共商高质量发展新路径。上海社科院原副院长何建华，市领导何益军、王鸣昊、顾留忠、陈鸣华、郭超参加会议。会上，市委书记何益军致辞。何建华以《经济发展地图与如皋产业机遇观察》为题，结合发展大势和如皋实际，作主旨演讲。市委常委、副市长、如皋高新区党工委书记陈鸣华推介高新区的投资环境。会议发布《智能路网白皮书2.0》，进行《如皋智慧停车与智能路网建设的思路与实践》的报告。与会领导共同见证7个项目的集中签约，涵盖数字孪生城市、智慧交通软件服务开发、静态交通物联网感知等多个尖端领域。会议为智慧交通车态感知国家新一代人工智能开放创新平台南通中心、九识智能配送车南通区域运营中心进行揭牌，成立智能路网产业链投资联盟。会议还以"人工智能与智能路网建设投资趋势前瞻"为主题，邀请业内知名企业、投资机构、律师事务所的负责人参与圆桌论坛，畅谈相关行业的风险机遇，为智能路网产业发展出谋划策。

△ 2023年如皋市"农商行杯"梦想之星创新创业大赛举行决赛。活动中，分布式驱动底盘及关键零部件项目、高效微生物抗菌抗病毒防护纤维等10个优秀项目轮番上场，同台路演，接受评委提问。决赛现场角逐出一等奖1名、二等奖2名、三等奖3名、优秀奖4名，大会评委对参赛项目进行点评。市领导陈鸣华、刘晓洁、郭超、郑振明参加活动。

△ 第十一届"创业江苏"科技创业大赛氢能专项赛在如皋市举行。22个入围总决赛的创业项目进行路演。市委常委、如皋经济技术开发区党工委副书记卢志敏参加活动。比赛前，活动举行对接会，参赛选手参观如皋经济技术开发区科创园及部分企业，并观看如皋经济技术开发区宣传片，听取如皋经济技术开发区发展情况和科技人才政策介绍。

△ 市政府制定出台《如皋市困难群众临时救助实施办法》。在《实施办法》中，如皋市临时救助工作突出扩大覆盖、便民快捷、分层分类、综合高效等特点，将坚持"应救尽救，救助及时；适度救助，解决基本生活困难；公开、公平、公正；政府救助、社会帮扶、家庭自救相结合"原则，进一步健全分层分类的社会救助体系，加大低收入人口救助帮扶力度，不断织密扎牢民生兜底保障安全网。

27日 市委书记何益军带队调研李昌钰刑侦科学博物馆二期工程进展情况。何益军一行到李昌钰刑侦科学博物馆二期工程项目工作组，看望相关工作人员，详细了解工程当前进度。市委常委、常务副市长顾留忠参加活动。

△ 市人大常委会评议大会举行。市领导司祝建、顾留忠、缪爱诚、张百璘、刘晓洁、石兵参加会议。市人大常委会六个工委代表市人大评议调研组分别通报对市民政局、市司法局、市城管局、市农业农村局、市文体广电和旅游局、如皋海关六家被评单位的评议情况；被评单位负责人汇报接受评议情况并作整改表态发言。会议还对被评单位的工作进行满意度测评，并现场公布测评结果。市委常委、常务副市长顾留忠要求各被评单位虚心接受评议意见，着力构建长效机制，落实有效举措，确保评议成果发挥最大功效。市人大常委会主任司祝建就下一步工作开展提出要求。

△ 如皋市举行人居环境整治提升现场推进会，对2023年以来农村人居环境整治提升尤其是农村户厕改造工作进行总结回顾，部署下一阶段工作。市领导丁兴华、黄文斌、陈小燕参加会议。

28日 2023如皋科技人才洽谈会开幕。中国科学院院士、南京理工大学教授陈光，中国科学院院士、清华大学教授费维扬，南通大学党委副书记、校长杨宇民等来自全国近30所知名高校、院所的200多位专家学者和国内外部分知名企业、院校、机构、协会负责人，以及如皋籍在外高端人才齐聚一堂，共话发展。江苏省科学技术厅党组成员、副厅长蒋洪，江苏省商务厅党组成员、副厅长孙津，南通市委副书记、政法委书记沈雷以及何益军、王鸣昊、司祝建、张元健、丁兴华等如皋市四套班子领导出席活动。此次洽谈会主题为“智汇皋地共创未来”。市委书记何益军以《智汇皋地共创未来》为题作主旨演讲。活动发布《如皋市建设国家创新型县（市）三年行动方案》《如皋市青年和人才友好型城市建设行动方案》《如皋市深化国家信用示范区建设三年行动计划》，重点企业、高校、客商代表围绕各自领域进行交流发言。活动为“如皋市 2023 年科技强企人物”、第十一届“创业江苏”科技创业大赛氢能源专项赛获奖选手、第九届如皋市“梦想之星”创新创业大赛决赛获奖企业进行颁奖，为“国家创新型县（市）”“国家社会信用体系建设示范区”“思源全球工程技术服务中心”“如皋合成生物中试熟化基地”揭牌。开幕式上，产业、科创和人才等 49 个重点项目进行集中签约，总投资 190.5 亿元。

△ 第三届中国鼎·中国盆景国家大展暨 2023 中国（如皋）盆景贸易大会开幕式举行。市领导丁兴华、黄文斌、杜永红参加活动。中国盆景艺术家协会会长鲍世骐与协会秘书长苏放分别为“中国盆景产业名城”“中国盆景年度城市”授牌；中国盆景艺术家协会、中国花卉协会、中国风景园林学会、如皋市人民政府、中国花卉协会盆景分会以及清华大学建筑学院绿色疗法与康养景观研究中心共同发起将“中国盆景技艺”列入“联合国教科文组织人类非物质文化遗产代表作名录”的申遗申评项目，清华大学建筑学院绿色疗法与康养景观研究中心主任李树华代表申遗报告起草小组作发言。活动还邀请国家林业和草原局生态保护修复司原司长、中国花卉协会副会长赵良平；江苏省住房和城乡建设厅原副厅长、原巡视员，中国风景园林学会副理事长王翔参加。开幕式结束后，与会领导嘉宾共同参观展会。

29日

全市“双招双引”百日会战总结会暨双月收官冲刺会召开，部署年末经济运行、项目建设、科技创新等各项重点工作，激励全市各级党员干部保持攻坚态势、坚定决胜信心，全力以赴打赢双月收官战。何益军、王鸣昊、司祝建、张元健、丁兴华等市四套班子领导参加会议。

△ 如皋市举行斯堪尼亚动力总成项目暨重大产业项目集中开工仪式。南通市委书记、南通市人大常委会主任吴新明，以及何益军、王鸣昊、司祝建、张元健、丁兴华等四套班子领导参加活动。斯堪尼亚亚洲工业运营总裁 Ruthger de Vries 向与会嘉宾介绍项目情况。市委书记何益军致辞。与会领导共同为项目开工培土奠基。此次共有 13 个重大产业项目集中开工，预计总投资 125 亿元，涵盖汽车及零部件、电力装备、新材料以及生命健康等多个领域。

△ 2023 中国鼎——中国盆景年度之夜颁奖活动在如皋市举行。活动揭晓中国盆景艺术成就奖、2023 中国盆景文化传承年度人物奖、2023 中国鼎国家大展首席大奖、2023 中国鼎——中国盆景非遗文化传承奖、2023 中国盆景非遗杯等多个奖项。

30日

市委理论学习中心组集中学习会召开。市委副书记丁兴华传达学习习近平总书记有关主题教育最新重要讲话精神；市委书记何益军领学习近平总书记参加十四届全国人大一次会议江苏代表团审议时的重要讲话精神和习近平总书记考察江苏重要讲话精神；王鸣昊、秦金春、陈鸣华等围绕学习主题，结合工作实际作研讨交流。

△ 如皋市举行首批“长寿村（社区）”“寿星幸福家庭”授牌仪式，为评选出的 14 个“长寿村（社区）”和 11 个“寿星幸福家庭”进行授牌。

31日

南通市人大常委会常务副主任、党组副书记庄中秋带队到如皋考察调研。南通市人大常委会党组成员陈俊，南通市人民政府副市长刘洪，如皋市领导何益军、司祝建、陈鸣华等参加活动。庄中秋一行先后考察“花名堂”乡村振兴人大代表服务站、江苏泰慕士针纺科技股份有限公司、城南街道桃北村卫生室、磨头镇卫生院等处，并专题督办南通市人大2号议案，《关于后疫情时代加快基层防病治病和健康管理能力建设的议案》办理情况。

△ 市政协主席会议专题协商“优化港澳台侨资企业发展环境，推进企业高质量发展”。市政协主席张元健，市政协副主席杜永红、郑振明、陈小燕，秘书长冒海清参加活动。

△ 市建筑行业协会举行第七届第一次会员大会。会议听取并审议市建筑行业协会第六届协会理事会工作报告，审议表决关于修改《如皋市建筑行业协会章程》的说明、协会会费缴纳和使用管理办法、协会换届选举办法以及协会第七届理事会组成方案，选举产生市建筑行业协会第七届协会理事、监事、会长、副会长及秘书长。

10月

中秋、国庆“双节”期间，全市纳入监测系统的13家旅游接待单位共接待游客19.56万人次，同比增长35.74%，按可比口径较2019年增长3.9%。其中，水绘园风景区共计接待游客8万余人次，外地游客占比约30%。

△ 如皋市首笔涉公积金贷款“带押过户”业务顺利办理，这是如皋市不动产“带押过户”业务的又一新进展。

2023 年 11 月

2 日 市委书记何益军主持召开市委常委会会议。会议学习贯彻习近平总书记在同中华全国总工会新一届领导班子成员集体谈话时的重要讲话精神、全省新型工业化推进会议精神和省长许昆林在南通调研时的讲话精神，研究贯彻落实工作，并研究《省委巡视如皋反馈意见整改任务分解表》等议题。

3 日 2023 年新型电力装备发展大会在如皋市举办，来自全国各地的 200 多名行业翘楚、专家学者相聚如皋，为新型电力装备产业高质量发展共商良策、聚势赋能。工信部装备工业二司重大技术装备处处长片飞，省工信厅副厅长徐军，南通市副市长凌屹，如皋市领导何益军、王鸣昊、卢志敏、孙得利参加活动。市委副书记、市长王鸣昊主持大会开幕式，市委书记何益军致辞。中国工程院院士沈国荣发表视频致辞；片飞就《电力装备行业稳增长工作方案（2023—2024 年）》进行解读；部分与会嘉宾围绕“创新 智能 绿色——新型电力装备高质量发展之路”主题作专题报告。大会还举行江苏省新型电力装备集群专家委员会成立仪式、产教融合两化融合人才联合培养签约仪式以及产业项目落户签约仪式，并对《2023 新型电力装备集群优秀创新案例》和《新型电力（智能电网）行业揭榜挂帅项目需求》进行发布。会前，与会领导和嘉宾集中参观江苏思源赫兹互感器有限公司、江苏思源高压开关有限公司等处。

△ 由如东县委书记陈慧宇率领的党政代表团到如皋考察。代表团先后参观亚太森博高档白卡纸项目现场、如皋经济技术开发区科创中心等处，一路走、一路看、一路交流，如皋市在产业发展、科技创新、生态保护等方面的做法给代表团留下深刻印象。如皋市领导何益军、司祝建、张元健等参加活动。

7 日 青海省政协原副主席、省慈善总会会长李选生，中华慈善总会荣誉副会长徐镱轩一行到如皋考察。江苏省慈善总会副会长高晓平，南通市慈善总会副会长叶沈良、沈华，以及如皋市政协主席张元健、副市长黄文斌参加活动。活动中，青海省海南藏族自治州贵德县民政局主要负责人介绍南通市慈善总会与贵德县慈善会共建情况。随后，南通市慈善总会与贵德县慈善会签订两地共建协议。李选生一行还实地考察城北街道袁桥社区慈善光伏发电项目。

△ 如皋市举行以“预防为主、生命至上”为主题的“119”消防宣传月活动启动仪式。市委常委、常务副市长顾留忠参加活动并致辞。

△ 如皋洋县联络组在洋县黄金峡镇中心小学举办“如洋携手行冬暖校园”第二季活动。南通杨天机电设备有限公司向学校捐赠 10 万元助学金，北京华远达公益基金会（云帆渡助学专项）捐赠 10 万元助学金，如皋吾悦广场援助学校净水工程 5 万元。

8 日 市委书记何益军带队到上海杨浦调研，考察国家级如皋经济技术开发区（上海）科创中心及入驻的企业与项目，并与上海智能产业创新研究院及中心入驻项目的有关负责人围绕前沿产业培育、优势产业提升、科研成果转化等方面进行座谈交流。

△ 市委副书记、市长王鸣昊主持召开十八届市政府第二十六次常务会议。会议传达学习习近平总书记重要讲话精神、全省新型工业化推进会议精神，以及省长许昆林在南通调研时的讲话精神。会议传达学习省市相关安全会议精神，通报全市重大事故隐患专项排查整治行动开展情况。会议讨论

《如皋市 2024 年农村水利工作实施意见(送审稿)》等议题。

△ 市委副书记、市长王鸣昊主持召开市政府党组理论学习中心组集中学习会。王鸣昊领学习近平总书记在中央金融工作会议上的重要讲话精神、习近平总书记在同全国妇联新一届领导班子成员集体谈话时的重要讲话精神、习近平总书记向第六届中国国际进口博览会致信精神,顾留忠、顾凡、杜晓峰分别结合学习内容与工作实际作交流研讨。

8—9 日

水利部河湖保护中心副主任叶炜民带队到如皋,开展焦港幸福河湖建设成效复核评估工作,项目顺利通过复核评估。省水利厅二级巡视员黄良勇,南通市水利局党组书记、局长吴晓春,如皋市副市长黄文斌参加活动。

9 日

如皋市举行 2023 年建议提案办理工作督查推进会议,重点督查全市 2023 年建议提案面上办理情况、重点建议提案以及 2022 年 B 类建议提案办理落实情况。市领导顾留忠、石兵、张亚鸾参加会议。

△ 第二十届中国国际农产品交易会在青岛开幕。江苏展团在现场组织开展江苏农业品牌精品推介会,如皋市组织 3 家企业携黑塌菜、黑鱼片、梓韵大米等特色农产品参会。市委副书记丁兴华在会上为黑塌菜作专题推介。

10 日

由南通市委宣传部组织的"新征程 新实践"媒体见面会走进如皋,《中国日报》、人民网、中国新闻社、央广网、国际在线、《新华日报》等 10 多家媒体深入采访调研,切身感受如皋高质量教育成果。南通市委宣传部常务副部长蔡忠,如皋市领导何益军、张炜龙、顾凡参加活动。

△ 如皋市举行"新征程·新实践"市领导网友见面会。南通市委网信办二级调研员成继唐,以及如皋市领导王鸣昊、张炜龙、黄文斌、顾凡参加会议。网友代表围绕交通出行、物业管理、农村规划等方面畅所欲言,市委副书记、市长王鸣昊带领相关部门负责人对反映的意见建议,逐一进行回应。与会人员还共同观看《雉水同心 e 路同行》短视频,回顾 2022 年以来网友们记录如皋的优秀作品。与会领导为 2022 年度"十佳新媒体作品"和"十佳正能量账号"进行颁奖。

△ 如皋市举行庆祝第二十四个中国记者节主题活动。活动穿插精彩纷呈的文艺汇演,举行相关奖项颁奖仪式,并对市融媒体中心 2024 年融合传播资源及经营项目进行推介。30 家单位与市融媒体中心成功签约,成为新一轮如皋融媒数字生活"合伙人"。市领导王鸣昊、张炜龙、刘晓洁、张亚鸾参加活动。南通市委网信办副主任、网信办机关党支部书记张光明,苏州大学传媒学院教授、博士生导师、新闻系主任、融媒体发展研究院副院长曾庆江等领导和嘉宾应邀参加活动。

△ 市委政法委员会第四次全体委员(扩大)会议暨全市政法工作现场推进会举行。市领导程瑞琴、陈刚参加会议。

△ 如皋市举办 2023 全国老年人健步走大联动主会场、江苏省老年人体育节闭幕式暨江苏省老年人体育协会成立 40 周年文艺汇报演出。

△ 由中国铁建大桥局承建的世界最大跨度悬索桥——张靖皋长江大桥北航道桥北索塔首节钢塔吊装到位,设计总高达 217 米的主塔正式进入钢塔施工阶段。

10—11 日

江苏省住建厅会同省文物局领导带领专家组到如皋,开展国家历史文化名城申报省级评估工作。如皋市相关工作顺利通过评估。省住建厅设计处处长何伶俊、省文物局文物保护处副处长杨丽霞,何益军、王鸣昊、张元健等如皋市四套班子领导参加活动。

11日 市委书记何益军主持召开市委常委会会议。会议学习贯彻习近平总书记重要讲话重要贺信精神，以及中央有关会议精神，研究贯彻落实工作。会议研究《如皋市委关于省委巡视反馈意见整改方案》《如皋市委关于十四届省委第三轮巡视专项检查巡察工作情况整改方案》《如皋市委关于十四届省委第三轮巡视选人用人专项检查整改工作方案》《如皋市委关于十四届省委第三轮巡视意识形态工作责任制落实情况专项检查反馈意见整改方案》等议题。

△ 2023全国老年人健步走大联动主会场启动仪式暨江苏省老年人体育节闭幕式在如皋市举办，来自全市1300多名老年人相聚如皋龙游河畔，以健步走的方式结伴同行，共赏古城美景，畅享运动乐趣。中国老年人体育协会副主席兼秘书长林洁，江苏省老年人体育协会会长王雪非，江苏省体育总会副会长熊伟，南通市委常委、宣传部部长、市政府副市长陈冬梅，如皋市领导何益军、司祝建、刘晓洁参加活动。

13日 市委常委会召开领导班子巡视整改专题民主生活会。南通市纪委监委第二监督检查室主任吴晓春、南通市委组织部干部三处处长黄天一到会指导。

13—15日

由国家发展改革委指导，新华社和郑州市人民政府主办的第五届中国城市信用建设高峰论坛在河南省郑州市举办，如皋市委副书记、市长王鸣昊围绕“社会信用体系建设示范区创建”作经验交流。

14日 市委书记何益军主持召开市委常委会会议，举行“牢记嘱托、感恩奋进、走在前列”大讨论，围绕“走在前列的要求是什么”“我们的差距在哪里”“下一步怎么干”等方面开展交流研讨。各位市委常委围绕主题，结合各自负责领域的重点工作、难点问题，谈思想认识、谈感悟体会、谈差距不足、谈对策建议，着力推动思想解放、能力提升、作风转变和工作落实。

△ 市委书记何益军到江苏万达特种轴承股份有限公司、如城街道迎新社区等基层党建联系点现场调研指导主题教育工作，听取意见建议、帮助解决问题。

15日 第一届长三角(如皋)合成生物产业发展大会暨江苏省食品科学与技术学会2023年度学术会议举行启动仪式。中国工程院院士、中国科学院上海生命科学研究院研究员杨胜利，华东理工大学校长轩福贞，江苏省科学技术协会党组成员、副主席李千目，南通市委副书记、市长张彤，以及如皋市领导何益军、陈鸣华、许敬乔、郭超参加活动。与会领导分别为如皋合成生物中试熟化基地、江苏省中国科学院植物研究所如皋合成生物产业研究院进行揭牌，并共同见证7个项目的集中签约。杨胜利等业内学术大咖围绕数字合成生物学、粮油营养健康加工新技术、高值化合物合成、合成生物学国内外发展态势等主题，作学术报告。

△ 如皋市举行大型电视纪录片《胡瑗》拍摄开机仪式。国际著名刑侦鉴识专家、美国纽黑文大学终身教授李昌钰博士及其夫人蒋霞萍，何益军、司祝建、张元健等四套班子领导，知名电视片导演、《胡瑗》纪录片总编导夏骏，电视纪录片《胡瑗》赞助人、江苏九鼎集团董事长顾清波参加活动。市委书记何益军为李昌钰等嘉宾颁发“历史文化名城特别贡献奖”；与会嘉宾共同为电视纪录片《胡瑗》揭彩开机。

△ 第一届长三角(如皋)合成生物产业发展大会专家论坛在如皋市举办。此次专家论坛是第一届长三角(如皋)合成生物产业发展大会暨江苏省食品科学与技术学会2023年度学术会议的子活动之一，由华东理工大学生物工程学院院长、教授叶邦策主持。来自湖北大学、南京工业大学、美国卡耐基梅隆大学的专家学者和行业知名企业家围绕合成生物学研究进展、技术创新、成果转化等方面，分别作题为《合成生物学技术及产业发展》《基于合成生物学的仿生ECM材料及再生医学应用》《高难工业废水治理用微生物菌剂的研发与应用》《益生菌科技创新与健康应用》《合成生物行业投资策略》的精彩报告，深入剖析当前行业的最新动态和前沿技术，明确未来发展方向。随后举行的“圆桌论坛”，从产业、技术、投资三个角度，聚焦合成生物产业的发展方向、科技成果转化中的痛点、投资机遇等问题，探

讨合成生物产业的未来发展。如皋市委书记何益军，市委常委、副市长、如皋高新技术产业开发区党工委书记陈鸣华参加论坛。

△ 市委常委、政法委书记程瑞琴带队到南通师范高等专科学校如皋校区，实地调研平安校园建设工作。

16日 如皋市举行“江苏省见义勇为模范”座谈会。市委常委、政法委书记程瑞琴代表市委、市政府向“江苏省见义勇为模范”石秀峰致以崇高敬意。石秀峰分享个人先进事迹。

△ 如皋市青少年历史文化主题征文颁奖活动在市实验小学礼堂举行。市政协副主席张亚鸾参加活动。

17日 李昌钰刑侦科学博物馆二期开馆仪式暨第四届国际司法警政刑侦科学教育文化大会开幕式在如皋举行。国际著名刑侦鉴识专家、李昌钰鉴识科学研究中心创始人李昌钰博士，中国科学院院士杨焕明，最高人民法院咨询委员会副主任、中国法学会案例法学研究会会长胡云腾，江苏省委统战部副部长、省侨办主任徐开信，江苏省侨联党组书记、主席刘标，南通市委常委、统战部部长王小红，以及何益军、司祝建、张元健、丁兴华等如皋市四套班子领导，与来自20多个国家和地区的法庭科学和刑事司法领域300多位领导和专家参加此次活动。

18日 市政府党组举行“牢记嘱托、感恩奋进、走在前列”大讨论，对标对表习近平总书记重要讲话重要指示批示精神，开展交流研讨。市委副书记、市长王鸣昊主持会议。各位市领导围绕主题，结合各自负责领域的难点问题、重点工作，谈思想认识、谈感悟体会、谈差距不足、谈改进措施，达到相互启发、共同提高的目的。

△ 江苏省人社厅副厅长顾潮率队到江苏省如皋市高级技工学校调研指导工作。顾潮一行实地走访霖鼎光学产教融合车间、“森松产业学院”焊接实训中心、“汤臣汽配”机加工制造实训中心、“建筑产业学院”装配式建筑实训中心等地，听取学校关于技师学院创建工作的汇报。市领导王鸣昊、顾留忠、杜晓峰参加调研。

19日 江苏力星通用钢球股份有限公司举行区域化发展发布会。国家产业基础专家委员会委员蔡惟慈、中国轴承工业协会理事长周宇，以及如皋市领导何益军、司祝建、张元健、丁兴华、顾留忠、孙得利参加活动。力星股份创始人、董事长施祥贵回顾企业筚路蓝缕的创业之路和持续创新的发展之路。力星股份传承人、总经理施波从运营团队、全球业务布局、战略投资项目等方面，介绍未来几年企业发展规划。市委书记何益军致辞，向施波赠送电视纪录片《沙元炳》光碟，以示勉励。

20日 市委理论学习中心组集中学习会召开。市委副书记、市长王鸣昊，市委常委、组织部部长、统战部部长朱莹滢分别领学《习近平新时代中国特色社会主义思想学习纲要(2023年版)》部分章节；市委书记何益军，市委副书记丁兴华，市委常委、政法委书记程瑞琴，市委常委、常务副市长顾留忠，市委常委、宣传部部长张炜龙分别围绕“以中国式现代化全面推进中华民族伟大复兴”这一主题，结合所学所思所悟和工作实际作交流研讨。

△ 市委书记何益军带队督查深化全国文明城市建设工作，对前期交办的问题进行回头看，并随机抽查部分点位。市领导王鸣昊、丁兴华、张炜龙参加督查。

△ 如皋市在沪企业家商会“帮扶慰问 振兴乡村”捐赠仪式举行。如皋市在沪企业家商会以及5家成员单位向民政系统、市工商联慈善基金、如城街道等部门和镇(区、街道)捐赠资金共计61万元。该资金将主要用于民生实事、乡村振兴等方面。市领导王鸣昊、黄文斌、杜永红参加活动。

△ 市四套班子老领导对如皋经济技术开发区(城北街道)经济社会发展情况进行调研走访。调研组一行先后走访如皋经济技术开发区科创中心、势加透博洁净动力如皋有限公司、康瑞新材料科技(南通)有限公司、斯堪尼亚制造(中国)有限公司,实地考察相关企业的管理运营和项目建设情况,并听取项目负责人介绍。座谈会上,市委常委、如皋经济技术开发区党工委副书记卢志敏介绍如皋经济技术开发区(城北街道)经济社会发展情况,并现场征求老领导们的意见。

21日 全市四季度安委会消委会全体(扩大)会议暨市危化品"全链条"专项整治会议举行。会议通报2023年以来安全生产工作情况,部署危化品"全链条"专项整治工作,并对四季度安全生产工作提出建议。市领导王鸣昊、顾留忠、顾凡、陈刚、崔建村参加会议。

△ 2023年如皋市科创委第三次会议举行,总结全市科技创新阶段性工作,部署四季度及2024年重点任务。市领导王鸣昊、陈鸣华参加会议。

△ 如皋市委巡察工作办公室发布十三届市委第七轮巡察公告。根据《2023年如皋市委巡察工作计划》安排,经巡察工作领导小组研究并报市委决定,从2023年11月21日起,对东陈镇、吴窑镇、下原镇、审计局、如皋市富港水处理有限公司开展巡察,为期90天。

22日 市委副书记、市长王鸣昊带队调研养老服务工作,实地走访如皋申丞护理院、如皋市安康通健康服务有限公司、如城街道"一老一小"融合服务中心等处,详细了解各处日常运营、管理模式、人员配备、设施设备等情况。座谈会上,市民政局主要负责人汇报养老服务体系建设及未成年人保护工作情况,江苏皋开投资发展集团有限公司相关负责人汇报康养板块市场化运行情况。王鸣昊就下一步工作推进提出要求。副市长黄文斌参加调研。

△ 全市城镇燃气安全专项整治工作推进会举行,副市长崔建村参加活动。

23日 2023年亚太森博BM13开机仪式暨客户交流会在如皋举行。金鹰中国董事长陈昱廷,如皋市委书记何益军,市委常委、常务副市长顾留忠等参加活动。行业领导、百名来自全国各地的优秀战略合作伙伴齐聚一堂,共同探讨展望行业和企业发展的绿色未来。

24日 按照主题教育工作安排,市委书记何益军围绕"以习近平新时代中国特色社会主义思想为指导 加快谱写'强富美高'新如皋现代化建设崭新篇章"讲授专题党课。

△ 如皋市召开经济运行分析调度会,传达学习南通市委常委会(扩大)会议精神,点评整体经济运行工作,就做好下一阶段工作提出要求。何益军、王鸣昊、司祝建、丁兴华等市四套班子领导参加会议。

25日 全市安全生产工作专题会议召开。何益军、王鸣昊、司祝建、张元健、丁兴华等市四套班子领导参加活动。市委书记何益军传达省、南通市相关安全生产工作会议精神,并就抓好年终岁末安全生产工作进行部署。

△ 市委常委会开展主题教育正面典型案例解剖式调研,围绕贯彻落实党的二十大精神和习近平总书记关于教育的重要论述,将教育工作作为主题教育正面典型并就相关案例开展解剖式调研。何益军、王鸣昊、司祝建、张元健、丁兴华等市四套班子领导实地调研李渔小学、如皋中学和如皋中等专业学校3所学校,并召开专题会议。会上,市委书记何益军宣读首届如皋市领军校长表彰决定并进行颁奖,市教育局、市委办分别汇报办好人民满意教育情况和《关于我市义务教育阶段基础设施利用情况及未来需求趋势的调研报告》,王鸣昊、程瑞琴、顾留忠等分别围绕主题作交流发言。

26日 纪念陈从周先生105周年诞辰活动暨陈从周纪念馆落成仪式在水绘园风景区内举行。陈从周长女陈胜吾，市领导何益军、崔建村参加活动。市委书记何益军致辞。与会领导、嘉宾共同为纪念馆揭牌，何益军为陈胜吾姐妹颁发名誉馆长证书，国家外汇管理局首任局长、中国人民银行原副行长、中国交通银行原董事长殷介炎向陈从周纪念馆赠送瓷瓶，何益军、陈胜吾共同为陈从周铜像揭幕。仪式结束后举行纪念陈从周105周年诞辰暨第5期“水绘讲堂”开讲活动，正式成立“名匠工作站”和“水绘园风景区保护与发展专家委员会”。

27日 市政府党组开展主题教育正面典型案例解剖式调研。市委副书记、市长王鸣昊主持会议并讲话。会前，与会人员实地查看市政务服务中心、市域社会治理现代化指挥中心、如皋农商银行总部等处，详细了解税务服务情况，“无证明城市”平台、远程踏勘系统和企业信用分级分类监管平台建设运用情况，以及企业开办一站式服务情况。会上，市领导顾留忠、杜晓峰、孙得利结合分管领域就进一步优化营商环境进行交流发言，市发展改革委汇报打造“万事好通·如皋如意”营商环境品牌工作情况。

△ 如皋市举行国家机关及其工作人员进“家站点”活动推进会。与会人员观摩市人民法院、市人民检察院开展进“家站点”活动的经验做法，副市长陈刚对国家机关及其工作人员进“家站点”活动作进一步部署。市领导司祝建、石兵参加会议。

28日 市委副书记、市长王鸣昊带队调研氢能产业发展情况。王鸣昊一行先后到江苏凌氢新能源科技有限公司、五源（南通）航天科技有限公司、南通安思卓新能源有限公司等处，实地调研企业生产车间，仔细询问各家企业技术路线、产业配套和生产经营情况，认真听取企业对氢能产业发展的意见建议。座谈会上，如皋经济技术开发区氢能产业园主要负责人汇报全市氢能产业发展及专业化园区建设推进情况，部分企业代表和部门相关负责人进行交流发言。

△ 市人大常委会主任司祝建带队督查高中实验室建设及“双减”政策实施工作。司祝建一行实地走访江安高级中学、搬经中学，现场查看两所学校高中实验室改造提升工程实施进展情况，并听取两所学校实验室仪器设施配备、人员安排等情况介绍。座谈会上，市教育局主要负责人汇报高中实验室建设情况和“双减”政策实施情况，相关单位负责人结合自身工作职能，围绕规范整治校外培训机构工作进行交流发言。会议还就相关问题进行会商。

29日 南通市委书记吴新明率队到如皋调研，深入走访梦百合家居科技股份有限公司、南通海泰科特精密材料有限公司等处。市委书记何益军参加活动。

△ 市委副书记、市长王鸣昊主持召开十八届市政府第二十七次常务会议，会议传达学习习近平总书记近期重要讲话精神和有关会议精神，讨论《涉企免罚轻罚不予实施强制措施清单（2.0版）（送审稿）》，学习《中华人民共和国行政复议法》，就有关议题进行研究讨论。

△ 市第十八届人大常委会第十三次会议举行。会议听取和审议市政府关于办理市十八届人大二次会议代表建议情况的报告、市政府关于落实《中华人民共和国就业促进法》和《江苏省就业促进条例》执法检查报告情况的报告、市人大常委会执法检查组关于检查《历史文化名城名镇名村保护条例》实施情况的报告，表决通过《如皋市人大常委会关于践行全过程人民民主 推进民生实事项目全链条监督的实施办法（试行）（草案）》等，审查和批准2023年市级财政预算调整方案，作出关于召开如皋市第十八届人民代表大会第三次会议的决定。会议通过相关人事任免事项，司祝建为新任命人员颁发任命书，新任命人员进行宪法宣誓。

2023 年 12 月

2 日 市委书记何益军主持召开市委常委会会议。会议学习贯彻习近平总书记重要讲话重要指示重要致信致辞精神以及省相关会议精神，研究贯彻落实工作。会议分析月度经济形势，研究下一阶段工作。会议听取市委主题教育阶段性情况汇报，研究部署 12 月份重点工作，并讨论其他议题。

4 日 市人大常委会主任司祝建带队调研市人民法院优化法治营商环境工作。市人民法院主要负责人围绕提升司法服务品质、降低维权成本、帮助企业纾困解难等方面汇报法院优化法治营商环境工作开展情况，介绍相关典型案例，向调研组汇报工作中存在的困难和问题以及下一步工作安排。司祝建对市人民法院在优化法治营商环境工作方面所体现的担当作为、积极创新和取得的成效予以肯定，并就下一步工作开展提出要求。

5 日 省人大常委会委员、省人大教科文卫委主任委员陆永泉带队到如皋调研卫生、教育文化等方面民生实事项目实施情况。调研组实地调研申丞护理院、东方智能教育培训中心、市人民医院、江安镇卫生院，以及市第一中学、丁堰镇智慧广电项目建设现场、城南街道肖陆村送戏下乡活动现场、石庄中学等点位，详细了解养老服务、幼儿托育、医共体建设、教育品牌打造、公共服务项目建设等民生实事项目实施情况。市领导司祝建、顾留忠、缪爱诚、顾凡、崔建村参加活动。

△ 如皋市举行第十七届“法治创和谐”文艺巡演校园专场活动。市领导程瑞琴、陈刚参加活动。

△ 如皋市举行纪念反“清乡”斗争胜利 80 周年座谈会。会议传达南通市纪念反“清乡”斗争胜利 80 周年座谈会精神，回顾反“清乡”斗争历史，深切缅怀革命先辈不朽业绩。与会人员集中观看历史资料片《人民斗争的胜利》，市新四军研究会会员代表交流反“清乡”斗争史学习心得。市委常委、宣传部部长张炜龙参加活动。

6 日 2023 年全市政法系统领导干部专题研讨班举行，围绕“坚持和发展新时代‘枫桥经验’，加强基层社会治理，强化矛盾纠纷源头化解，防范化解安全风险”主题展开研讨。市领导何益军、程瑞琴、秦金春、陈刚，市人民法院院长唐明渠，市人民检察院代检察长何海晏参加活动。市委书记何益军以《学思想、强党性、重实践、建新功 为“强富美高”新如皋现代化建设提供坚强政法保障》为题讲授主题党课，市委常委、政法委书记程瑞琴以《积极探索基层治理能力现代化的有效途径 奋力打造基层社会治理“善治皋地”》为题上一堂主题党课，市委常委、市纪委书记、市监委主任秦金春以《激浊扬清正风纪 担当作为谱新篇》为题上一堂廉政党课。活动还围绕主题，结合工作实际，进行研讨交流。

△ 江苏省人大常委会副主任、省总工会主席魏国强一行到如皋调研，实地踏勘市老工人文化宫以及汽车客运站、龙游河三期西岸、龙游湖时尚街区等处，就新工人文化宫意向性选址进行走访调研，并现场给予指导。南通市人大常委会副主任、南通市总工会主席葛玉琴，南通市总工会党组书记、副主席葛志娟，如皋市委副书记、市长王鸣昊，市人大常委会主任司祝建参加活动。

△ 市人大常委会主任司祝建带队调研住建领域优化营商环境工作。市委常委、常务副市长顾留

忠参加活动。

△ 如皋市对口帮扶洋县联络组在洋县黄家营初中举行“如洋携手行”冬暖校园第三季活动。江苏和府集团与洋县人民政府在活动中签订结对帮扶协议，双方商定，江苏和府集团每年向洋县黄家营初中捐赠资金30万元，连续三年共计90万元，用于学校运动场建设及教学、生活设施添置。此次捐赠是由洋县学校“点单”，如皋爱心企业积极响应的社会帮扶典范案例。

△ 市政府办公室印发《如皋市内河水上搜救突发事件应急预案(2023年修订版)》的通知。

7日

市委全会重点课题调研成果汇报会举行，全面总结2023年工作成效，认真研判当前形势任务，科学谋划2024年工作思路，高质量筹备好市委十三届八次全会。市领导何益军、王鸣昊、司祝建、张元健、丁兴华等参加会议。各课题调研组牵头市领导分别就“乡村振兴”“社会事业”“生态文明”“社会治理”“党建和人才”“项目建设”“工业经济”“国民经济”“科技创新”“招商引资”“现代服务业”等课题作专题汇报。相关部门围绕调研成果，结合各自所涉及的主题展开讨论，提出有针对性的建议和措施。

△ 如皋市举行四季度安委会、消委会联席会议暨冬春火灾防控工作部署会，部署安全生产和防灾减灾工作，通报火灾形势，并明确冬春火灾防控工作具体要求。

△ 江苏省市场监管局组织专家对如皋市综合检验检测中心承担的“肉制品及农产品农(兽)药残留及食品中微生物、重金属检验检测能力提升”项目进行验收。专家组综合审阅验收材料、现场质询、实地勘察等作出评价，一致同意该项目通过验收。

8日

市委理论学习中心组现场研学暨集中学习会召开。市委书记何益军领学中共中央政治局会议精神和习近平总书记在上海主持召开深入推进长三角一体化发展座谈会上的重要讲话精神。会前，市委理论学习中心组深入如皋水上绿色综合服务区、龙游湾沿江生态景观带开展现场研学，实地了解相关工作推进情况。

△ 南通市特色田园乡村党建联建现场会暨示范基地揭牌仪式在如皋市举行。市委常委、组织部部长、统战部部长朱莹滢参加活动并致辞。活动发布《南通市特色田园乡村党建联建实施方案》，举行南通市特色田园乡村党建联建示范基地揭牌仪式。活动介绍如皋市特色田园乡村党建联建工作历程，相关单位签订联建共建合作协议。

△ 南通明成企业管理有限公司法定代表人王昊娟在如皋市行政审批局市场准入窗口，顺利领取“一照多址”营业执照。这是南通市域发出的首张跨县(市、区)“一照多址”营业执照。

8—12日

如皋市木偶艺术团应邀参加第七届中国泉州国际木偶展演。联合国教科文组织国际木偶联会主席凯伦，副主席蒂托、安妮特，国际木偶联会美国中心理事大卫，国际木偶联会中国中心主席、中国木偶皮影艺术学会会长、原文化部副巡视员陈迎宪，国际木偶联会执委、亚太委员会主席唐大玉等国内外木偶界领导专家到晋江戏剧中心观看如皋市木偶艺术团创排的大型儿童木偶剧《布罗镇的邮递员》演出，并给予一致好评。

9日

市委书记何益军主持召开市委常委会会议。会议学习贯彻习近平总书记重要讲话、重要贺信精神，以及省相关会议精神，研究贯彻落实工作，并研究南通市“江海英才”计划如皋子项——如皋市“雉水英才”引进计划(2023年第一期、第二期)拟资助项目等议题。

△ 市委常委会主题教育调研成果交流会召开。市委书记何益军主持会议并讲话，各市委常委围绕各自调研课题进行成果交流。王鸣昊、司祝建、张元健、丁兴华等市四套班子领导参加会议。

10日 如皋市举行年产2万吨高性能芳纶及复合材料项目签约仪式。中芳新材料有限公司总经理连业科,如皋市领导何益军、王鸣昊、丁兴华、顾留忠、卢志敏、杜晓峰、孙得利参加活动。市委书记、如皋经济技术开发区党工委书记何益军对项目签约落户表示欢迎。活动中,中芳新材料有限公司还与中国农业银行如皋支行签订全面合作框架协议。

11日 全市科技创新工作务虚会举行,全面总结科技创新工作成效,研判分析短板问题和当前形势,为持续强化创新驱动、加快激发新质生产力集思广益、献计献策。何益军、司祝建、张元健等市四套班子领导参加会议。会前,何益军一行还专题调研百林科制药、纤谷新型纤维、卓远半导体、科沃光电等重点企业。

12日 南通市委理论学习中心组举行集体学习(扩大)会。何益军、司祝建、张元健等市四套班子领导在如皋分会场收听收看。

△ 市政府党组主题教育调研成果交流会召开。市委副书记、市长王鸣昊主持会议并讲话,市政府班子成员围绕各自调研选题进行成果交流,进一步明确加强和改进工作、推动高质量发展的新思路新举措,取得预期效果。

△ 市老科技工作者协会第五届会员代表大会举行。会议听取和审议市老科协第四届理事会工作报告及财务工作报告,选举产生新一届理事会,并为荣誉会长颁发证书。会议审议通过《如皋市老科技工作者协会章程(修正案)》,表彰先进老科技工作者。南通市老科协会长顾裕岳,如皋市领导朱莹滢、缪爱诚、郭超、郑振明参加会议。

△ 全市2024年度城乡居民医保筹资暨"医保码""江苏医惠保1号"推广工作动员会举行,副市长顾凡参加会议。

13日 国家文物局党组成员、副局长罗文利带队到如皋调研如皋国家历史文化名城申报和博物馆高质量发展工作。罗文利一行实地参观李昌钰刑侦科学博物馆、如皋市博物馆、中山钟楼、水绘园风景区、东大街历史文化街区、如皋丝毯艺术博物馆等处,对国家历史文化名城申报和文物保护工作进行现场调研指导。国家文物局博物馆与社会文物司司长刘洋,南通市委常委、宣传部部长、市政府副市长陈冬梅,国际著名刑侦鉴识专家、李昌钰鉴识科学研究中心创始人李昌钰博士,如皋市领导何益军、王鸣昊、张元健等参加活动。

△ 如皋市举行南京大屠杀死难者国家公祭日主题活动。部分市级机关、村(社区)党员代表及部分学校师生代表到中国工农红军第十四军纪念馆,共同为南京大屠杀死难者默哀,悼念所有惨遭日本侵略者杀戮的死难同胞,缅怀为中国人民抗日战争胜利献出生命的革命先烈和民族英雄。活动结束后,部分人员实地参观中国工农红军第十四军纪念馆。

△ 江苏省生态环境厅、发展改革委及财政厅联合发文,公布2023年第二批江苏省生态环境导向的开发模式(EOD)试点项目入库名单,如皋长江"生态岛"建设及科创智谷开发EOD项目成功纳入省级EOD项目库。

14日 市委副书记、市长王鸣昊走进挂钩联系村(社区)如城街道城南社区,开展"两代表一委员"接待日活动,与群众代表面对面交流,收集老百姓关心关注的热点难点问题,切实为群众办实事,围绕"解决群众急难愁盼"进行专题协商议事。

△ 市政协十五届七次常委会会议召开,围绕"深化平安如皋建设,高质量创建'平安中国建设示范县(市)'"议题进行协商议政。会议协商审议通过《深化平安如皋建设,高质量创建"平安中国建设示范县(市)"的建议案(草案)》,审议通过《关于召开政协如皋市第十五届委员会第三次会议的决定》,协

商通过相关人事事项。市政协主席张元健主持会议。市委常委、政法委书记程瑞琴，市政协副主席张亚鸾、郑振明、陈小燕，市政协秘书长冒海清参加会议。

△ 如皋市举行文化旅游协会成立大会。南通市旅游协会会长朱晋，南通市文化广电和旅游局党组成员、副局长杨晓龙，如皋市委常委、宣传部部长张炜龙，副市长崔建村参加会议。会议宣读《关于同意如皋市文化旅游协会注册登记的通知》，与会领导和嘉宾共同为如皋市文化旅游协会揭牌。会前，举行如皋市文化旅游协会一届一次会员大会，审议通过协会章程、会费标准及管理、选举办法等文件，并选举产生一届理事会、监事会。

△ 市水务局举行“自己的河道自己管护”经验推广新闻发布会。

15日 市人大常委会开展民生实事项目完成情况集中视察活动。市人大常委会主任司祝建率队实地走访龙游河慢行步道建设、现有居住小区充电设施建设、老旧小区改造、危桥改造、下原镇消防站建设、九华初中综合实验楼、农路改造等工程、项目的部分点位，了解项目完成情况。市委常委、常务副市长顾留忠，市人大常委会副主任缪爱诚、张百璘等参加活动。

△ 2023年东皋大讲堂第四场讲座开讲。活动邀请北京邮电大学经济管理学院工商管理系教师、央视《百家讲坛》主讲人之一的赵玉平，以《传统文化中的人生智慧》为题为大家作讲座。

△ 如皋市举行智慧充电网新闻发布会，向社会公布如皋市智慧充电网项目建设相关情况。自2023年1月份以来，如皋市陆续建成43座公共充电站，同步配套开发“如e充电”微信小程序，为广大市民提供站点查询、站点导航、充电支付等服务。

16日 市委书记何益军主持召开市委常委会会议。会议学习贯彻习近平总书记重要论述重要讲话精神，传达省有关精神，学习相关法律，研究贯彻落实工作。会议听取深化全国文明城市建设和新时代文明实践中心建设工作汇报，并讨论其他议题。

△《如皋市国土空间总体规划(2021—2035年)》规划成果新闻发布会举行。副市长孙得利从工作遵循、重大意义、主要内容、特色亮点四个方面介绍《如皋市国土空间总体规划(2021—2035年)》。市自然资源和规划局主要负责人回答记者提问。

18日 省级机关服务高质量发展先锋行动队“惠企为民如皋行”结对共建项目推进情况座谈交流会在如皋市举行。省委省级机关工委副书记李恩和、南通市委市级机关工委常务副书记成小红以及如皋市领导何益军、朱莹滢参加会议。会上，市委书记何益军致辞，市委常委、组织部部长、统战部部长、市委市级机关工委书记朱莹滢汇报结对共建工作开展情况，共建双方部分党组织负责人进行交流发言。

△ “洋河梦之蓝水晶版”全民夺“掼”挑战赛——“如e如皋”App上线启动仪式在万达广场举行。副市长崔建村参加活动。

19日 市委书记何益军会见中车大连机车车辆有限公司董事长林存增一行。双方就如何加强全方位、多方面的深入合作展开会谈。如皋市人民政府和中车大连机车车辆有限公司举行“海上风电装备制造产业链基地项目”签约仪式。市领导顾留忠、孙得利参加活动。

△ 南通市老区开发促进会、乡村振兴促进会、乡村发展基金会理事长秦厚德一行走访如皋市福欣家庭农场、如城街道十里社区等处，检查验收产业帮扶项目。市委常委、组织部部长、统战部部长朱莹滢参加活动。

△ 由南通辰同智能科技有限公司自主研制的6米超高精度风电主轴承水浸超声波自动探伤装备在如皋高新区成功下线交付，这是全球首台能够以超高精度检测6米风电主轴承的超声波检测

设备。

△ 市政府办公室印发《如皋市2024年农村水利工作实施意见》。

20日 如皋市举行新时代文明实践中心建设述职会，总结回顾2023年工作成果，深入谋划2024年新时代文明实践工作。市委常委、宣传部部长张炜龙参加活动。活动表彰2022—2023年度志愿服务典型、第四届“微爱”公益项目大赛获奖项目，发布2023年如皋市优秀新时代文明实践站名单。获奖项目与文明单位、首批新时代文明实践指导员与新时代文明实践站分别进行“伙伴计划”签约。

21日 市委副书记、市长王鸣昊主持召开十八届市政府第二十八次常务会议。会议传达学习习近平总书记近期重要讲话精神和有关会议精神和南通市《关于树牢过紧日子思想进一步加强支出管理的通知》精神，听取2023年建议提案办理情况汇报及市人大常委会审议情况报告，并讨论其他议题。

△ 12月18日，甘肃省临夏州积石山县发生6.2级地震。如皋市雉安应急救援队火速发出倡议面向社会募集震区救援所需物资。21日晚7时许，应急救援队队员将募集到的冲锋衣、电热毯、棉被、手套、矿泉水、饼干等价值10余万元的救援物资运到集合地点，整装出发，驰援甘肃。

△ 由南通市文学艺术界联合会、北京慈善艺术院等主办的“云水心境——吴学根山水画作品展”在北京开幕。吴学根是如皋籍中国美术家协会会员，尤工山水，此次展览的近百幅作品，大部分为其对景写生创作。

22日 2023年度镇、街道人大工作交流会议举行，对各镇、街道人大一年来的工作进行总结和回顾，研究探讨新一年做好基层人大工作的思路和举措。市人大常委会主任司祝建，副主任缪爱诚、张百璘等参加会议。

△ 2023年度镇(区、街道)宣传思想文化工作述职评议会举行。市委常委、宣传部部长张炜龙参加会议。

△ 市政协副主席陈小燕实地调研退役军人事务工作。陈小燕一行参观走访九华镇红色主题教育基地、如城街道安定街双拥示范店、市税务局“戎耀之家”等处，听取退役军人服务、管理、保障等工作介绍，进一步了解转业军官安置、退役军人就业创业等情况。座谈会上，大家共同观看市退役军人事务局工作纪录片。

23日 由市工商业联合会(总商会)、如皋经济技术开发区汽车及零部件产业园、如皋市汽车及零部件商会主办的新能源汽车产业发展研讨会在如皋市召开。国家信息中心副主任、高级经济师、国家发展和改革委员会高级经济师评审委员会委员、国家发展和改革委员会战略性新兴产业专家委员会专家、商务部市场战略专家徐长明，清华大学汽车发展研究中心主任、清华大学教授、博士生导师李显君，南通市委统战部副部长、南通市工商联党组书记吴亚军，何益军、王鸣昊、司祝建、张元健等如皋市四套班子领导参加活动。市委书记何益军致辞。活动对汽车及零部件产业发展进行推介，李显君、徐长明分别就《汽车产业核心趋势与传统车企转型》《新形势下汽车产业发展趋势》作学术报告。活动中，如皋市汽车及零部件商会分别与江苏省工商联汽车销售商会、宁波市新能源产业商会、常州市汽车产业协会等商(协)会进行签约，一汽解放集团股份有限公司、三一重卡研究院等主机厂企业代表作企业介绍。

△ 如皋市汽车及零部件商会一届二次会员大会举行，市政协副主席、市工商联(总商会)主席(会长)杜永红参加会议。会议听取商会工作和财务报告，表决通过关于《商会会费收缴标准及使用管理办

法》的修改意见(草案),宣读商会表彰、增补副会长、增补理事以及吸收新会员的决定。会议还为如皋市汽车及零部件商会颁发“先进商会”奖牌,为优秀个人、优秀单位颁奖,为新加入的会员授牌。

23—25 日

2023(第十一届)中国(如皋)园林绿化苗木供需对接会顺利召开。活动由中国花卉报社、江苏省苗木商会主办,如皋市花木盆景产业联合会承办,来自江西、江苏、山东、上海、浙江、安徽、河南等 10 多个省市的 400 多位花木专家、园林绿化行业企业家、苗木经纪人相聚如皋,共话苗木供需对接,共商花木产业发展大计。《中国花卉报》社副社长王振海,江苏省苗木商会会长周志英,市领导张百璘、黄文斌参加活动。开幕式上黄文斌、王振海、周志英等先后致辞,来自江苏省中国科学院植物研究所、江苏农林职业技术学院的专家学者现场向与会嘉宾分享苗木种植相关的专业知识。现场举行苗木供需签约仪式,表彰行业先进集体和个人。开幕式结束后,与会嘉宾参观如皋市万禾花木生态园、如皋市旭艺园林造景有限公司、启东市奥林苗木园艺场等 8 家特色苗木基地。

25 日

市委书记何益军带队实地走访小菜园南京餐饮管理有限责任公司如皋万达广场分公司、李渔小学、海迪科(南通)光电科技有限公司、新桃园泵站、江苏路翔交通工程有限公司等处,就食品安全管理、危化品储存使用、特种设备作业、突发事件应急处置等安全生产工作开展情况进行督查。市领导王鸣昊、顾留忠、孙得利参加活动。

26 日

市委召开座谈会,就《市委十三届八次全体(扩大)会议报告(征求意见稿)》征求老领导意见。市领导何益军、丁兴华、朱莹滢参加会议。

△ 市委书记何益军主持召开市四套班子领导重点工作交流会。市四套班子领导逐一交流挂钩联系走访情况,针对存在的困难问题进行深入分析,并就下一步工作推进提出建议。在听取大家发言后,何益军就重点工作推进提出要求。

△ 市委书记何益军主持召开市委常委会会议。会议学习贯彻习近平总书记重要讲话重要指示精神和中央有关会议精神,传达学习省委全会、省委经济工作会议和南通市委常委会(扩大)会议暨经济形势分析会精神,研究贯彻落实工作,并讨论其他议题。

△ 市委副书记、市长王鸣昊主持召开十八届市政府第二十九次常务会议。会议传达学习习近平总书记在广西考察时的重要讲话精神、习近平总书记对低温雨雪冰冻灾害防范应对工作作出的重要指示精神、中共江苏省委十四届五次全会精神及省委经济工作会议精神和《如皋市人大常委会关于践行全过程人民民主推进民生实事项目全链条监督的实施办法(试行)》精神,讨论《如皋市人民政府 2023 年民生实事项目完成情况和 2024 年民生实事候选项目计划安排的报告(送审稿)》《关于如皋市实施建筑垃圾管理区域范围、市容环卫管理区域范围及主要街道和重点地区范围的公告(送审稿)》等议题。

△ 市人大常委会主任司祝建深入磨头镇,走访慰问挂钩联系的南通皋鑫科技开发有限公司、江苏展旺能源科技有限公司、华都精工(南通)精密机械有限公司等企业和严狄村低收入家庭。

△ 2023 如皋高新区(上海)投资环境说明会在上海举行,市委常委、副市长、高新区党工委书记陈鸣华,市政府党组成员郭超参加活动。

△ 如皋市举行“世界长寿乡·如皋推荐特色产品”授牌仪式。活动宣读推荐产品名单,并为 32 家单位和企业进行集中授牌。

△ 如皋市举行 2023 年“如皋好大米”品鉴活动,对全市范围内的优质大米进行品评。活动邀请南京农业大学农学院副院长、教授、博士生导师,江苏水稻产业体系岗位专家李刚华到现场。现场专家评委根据大米的生米外观、米饭外观、米饭气味、米饭口感、冷饭质地等情况,对参赛的优质稻米进行品鉴。活动最终评选出特等奖 2 名、金奖 4 名、优质奖 9 名。

27日 如皋高新区举办首届“身边的榜样”颁授仪式暨元旦迎新主题活动。市领导何益军、司祝建、张元健、丁兴华、陈鸣华、刘晓洁、郭超参加活动。

△ 市政协主席会议专题协商“财政收支预算执行情况，增强财政保障能力”。市财政局主要负责人汇报全年财政工作情况及下一步工作打算，市政协主席张元健就下一步工作开展提出要求。

28日 市第十八届人大常委会第十四次会议举行。会议听取和审议市政府关于2022年度市级预算执行和其他财政收支审计整改情况的报告、关于疫情防控管理方面审计发现问题整改情况的报告、关于2023年民生实事项目完成情况和2024年民生实事项目编排情况的报告，审议通过市第十八届人民代表大会第三次会议2024年政府民生实事项目票决办法、市第十八届人民代表大会第三次会议有关事项、市人大常委会工作报告、市人大常委会2024年工作要点、市人大常委会关于相关表彰事项的决定。会议通过相关人事任免事项，司祝建为新任命人员颁发任命书，新任命人员进行宪法宣誓。会议还审议其他议题。顾留忠作表态发言。会议还听取市人大常委会任命的市政府相关部门人员履职情况的报告。

△ 全市农村人居环境整治提升双月现场推进会举行。会前，市委副书记丁兴华一行实地观摩如城街道安定村、磨头镇新联社区，详细了解河道整治、垃圾分类、美丽庭院建设、农村户厕改造等农村人居环境整治提升工作情况。会议对农村人居环境整治提升工作进行回顾总结、部署安排，通报全市农村人居环境整治提升全年村（社区）考核红黑榜情况，并解读《如皋市2024年农村人居环境整治提升工作考核细则（征求意见稿）》。市委副书记丁兴华就农村人居环境整治提升工作提出要求。市领导黄文斌、陈小燕参加会议。

△ “同谱军民鱼水情 携手共赴新征程”迎新年慰问演出活动在空军驻如皋部队大礼堂举行，为部队官兵献上一场精彩纷呈的文化盛宴。

29日 中共如皋市委十三届八次全体（扩大）会议在市行政中心礼堂召开。全会由市委常委会主持。市委书记何益军代表市委常委会讲话。市委副书记、市长王鸣昊部署工作。全会书面审议《中共如皋市委常委会2023年度落实全面从严治党主体责任情况报告》，审议并通过《中国共产党如皋市第十三届委员会第八次全体（扩大）会议决议》。全会结束前，何益军作总结讲话。会议期间，与会人员进行分组讨论，市委书记何益军先后参加高新区（如城街道、城南街道）、如皋经济技术开发区（城北街道）分组讨论，市委副书记、市长王鸣昊参加长江镇分组讨论。如皋经济技术开发区、高新区、长江镇、市发展改革委、市商务局、市科技局在会上作交流发言。会前，与会领导共同观摩展板，听取项目招引、双月收官冲刺产业项目、2023年科技人才洽谈会签约项目推进等情况的汇报。

△ 如皋市召开2023年度抓基层党建述职评议会议，市委书记何益军主持会议。南通市委党建工作领导小组成员，南通市委农办主任，南通市农业农村局党组书记、副局长、一级调研员张军到会指导并讲话。如皋市领导王鸣昊、丁兴华、程瑞琴等参加会议。

△ 由市委宣传部、市文体广电和旅游局、市融媒体中心（传媒集团）主办的2024如皋市第十二届《新空间之春》新年音乐会在市行政中心礼堂上演。南通市委宣传部常务副部长蔡忠，如皋市领导张炜龙、崔建村、张亚鸾参加活动。此次新年音乐会由江苏新空间民族管弦乐团、南通大学民族室内乐团倾情演出，分为《启航春天》《国风家园》《新的征程》三个篇章，共11个节目。

30日 如皋高新技术产业开发区举行贯彻落实市委全会精神专题讨论会议，市委书记何益军，市委常委、副市长、如皋高新技术产业开发区党工委书记陈鸣华，高新区（如城街道、城南街道)副科职以上干部参加讨论。高新区各街道、各园区、各条线、各部门负责人围绕会议主题依次发言。

△ 如皋经济技术开发区举行贯彻落实市委全会精神专题会议,市委副书记丁兴华,市委常委、如皋经济技术开发区党工委副书记卢志敏,市政府副市长顾凡,如皋经济技术开发区党工委班子成员参加讨论。如皋经济技术开发区各条线、各部门依次围绕会议主题进行发言。

31日

市委书记何益军发表二〇二四年新年贺词。

△ 如皋老北门大桥新建含接线改造工程竣工,正式开放通行。如皋北门大桥,建于1972年,是连接城北街道与主城区的重要通道。后因桥体破损严重,经专业机构检测为危桥,2021年立项拆除。如皋市老北门大桥新建工程于2023年3月份开工,前后历经9个月的建设。新建北门大桥上部结构为三跨中承式钢结构拱桥,桥梁全长74米,满足五级航道通行要求。

12月

如皋市综合检验检测中心顺利通过检验检测机构资质认定CMA扩项评审,再添117项检验检测资质参数,涉及食品、生活饮用水、农产品等。